U0918454

“十三五”国家重点出版物出版规划项目

食品安全社会共治研究丛书

丛书主编　于杨曜

食品安全治理创新研究

徐景和　著

·上海·

上海高校服务国家重大战略出版工程资助项目

图书在版编目(CIP)数据

食品安全治理创新研究 / 徐景和著. —上海：华东理工大学出版社,2017.12
(食品安全社会共治研究丛书)
ISBN 978-7-5628-5328-2

Ⅰ.①食… Ⅱ.①徐… Ⅲ.①食品卫生法—研究—中国 Ⅳ.①D922.164

中国版本图书馆 CIP 数据核字(2017)第 324339 号

项目统筹 / 马夫娇　李芳冰
责任编辑 / 李佳慧　马夫娇
装帧设计 / 吴佳斐
出版发行 / 华东理工大学出版社有限公司
地址：上海市梅陇路 130 号,200237
电话：021-64250306
网址：www.ecustpress.cn
邮箱：zongbianban@ecustpress.cn
印　　刷 / 上海中华商务联合印刷有限公司
开　　本 / 710 mm×1000 mm　1/16
印　　张 / 25.5
字　　数 / 376 千字
版　　次 / 2017 年 12 月第 1 版
印　　次 / 2017 年 12 月第 1 次
定　　价 / 158.00 元

序 言

preface

走进新时代　开辟新未来

食品安全是国际社会共同关注的重大问题。新世纪之初，我国食品安全事件多发频发，社会各界高度关注，改革呼声强烈。顺应时代发展的需要，倾听人民群众的呼唤，2003 年，我国对食品安全监管体制进行重大改革，组建国家食品药品监督管理局，拉开了新世纪我国食品安全改革的大幕。

我国的食品安全问题，是世界食品安全问题的缩影，也是我国社会问题的缩影。作为一个处于社会主义初级阶段的发展中大国，面对十三多亿人口的巨大消费需求，有效保障公众饮食安全，我国比发达国家面临着更大的压力，需要付出更艰辛的努力。这是一场凝聚智慧、展示力量的伟大变革和创造。

美国肯尼迪大法官有句名言：法律，是昨天的故事、今天的知识和明天的梦想。从事食品安全监管，深化食品安全改革，需要深入了解这场变革和创造的昨天、今天和明天。只有把昨天、今天与明天有机地链接起来，理性思考、科学认知并积极探索，才能在全球化、信息化、社会化的大时代中开辟出一条体现中国智慧和中国方案的新道路。

一

从“安全”出发。新世纪以来，我们对食品安全价值的认知，经历了生命安全、公共安全、国家安全和人类安全的四个阶段。早期，食品安全属于个体的生命安全，为个体的偶发事件，一般不会引发社会的普遍关注。今天，食品安全问题因触点多、燃点低，极易引发社会关注，成为公共安全的重要组成部分。同时，食品安全问题作为非传统安全问题，随着时代的发展，已成为国家安全和人类安全的重要内容,引起全社会甚至全人类的高度重视。与上述阶段的变化相适应,对食品安全关注的主体也在不断扩展。今天,食品安全已拥有最广泛的利益相关者,需要建立最紧密的命运共同体。

从"问题"出发。新世纪以来,我们对食品安全问题的认知,经历了重大的社会问题、重大的经济问题、重大的民生问题和重大的政治问题四个阶段。"三鹿"奶粉事件前,食品安全问题被定位于重大的社会问题,人们更多从维持社会和谐、稳定和秩序的角度来认知食品安全。"三鹿"奶粉事件的爆发,使国人尤其是地方政府第一次真正认识到,食品安全问题关系着经济的健康发展,不重视质量安全就不是科学发展。解决食品安全问题,必须转变经济发展方式,推动经济结构战略性调整。党的十八大以来,随着民生改善和健康中国的推进,食品安全问题被作为重大的民生问题提上日程。今天,食品安全关系着人民群众生命健康安全,关系着经济社会可持续发展,关系着中华民族的未来。食品安全问题已成为事关人心向背的重大政治问题,需要下最大的气力,抓紧抓好、抓出成效。

从"体制"出发。新世纪以来,围绕"科学、统一、权威、高效"的目标,我国不断深化食品安全监管体制改革,走过了从分散监管、综合监管到统一监管的艰难过程。2003 年国务院进行第五轮行政管理体制改革,组建国家食品药品监管局,负责食品安全综合监督、组织协调和重大食品安全事故查处。2008 年国务院进行第六轮行政管理体制改革,国家食品药品监管局划归卫生部管理。卫生部负责食品安全综合监督,国家食品药品监管局负责餐饮服务食品安全监管。2010 年国务院设立国务院食品安全委员会,其办公室担负食品安全综合协调的重责。2013 年国务院进行第七轮行政管理体制改革,组建国家食品药品监督管理总局,同时加挂国务院食品安全委员会办公室牌子,负责食品生产、流通和餐饮服务的监管和食品安全综合协调工作。经过十年的改革和探索,我国逐步迈入统一、权威的食品药品监管体制。

从"法制"出发。新世纪以来,我国坚持依法治国的基本方略,不断夯实食品安全的法制基础。2004 年 9 月 1 日国务院发布《关于进一步加强食品安全工作的决定》(国发〔2004〕23 号),提出完善食品安全法律法规和部门规章,要求国务院法制办抓紧组织修订《食品卫生法》。2009 年 2 月 28 日第十一届全国人民代表大会常务委员会第七次会议通过《中华人民共和国食品安全法》(以下简称《食品安全法》)。《食品安全法》体现了预防为主、科学管理、明确责任、综合治理的食品安全工作指导方针,明确了分工负责与统一协调相结合的食品安全监管体制,为全面加强和改进食品安全工作,实现全程监管、科学监管,提高监管成效、提升食品安全水平,提供了重要的法律制度保障。2013 年,我国食品安全监管体制进行重大调整。国务院决定对 2009 年实施的《食品安全法》进行修订,以解决食品安全工作中面临的突出问题,进一步增强食品安全工作的科学性和有效性。2015 年 4 月 24 日第十二届全国人民代表大会常务委员会第十四次会议审议通过了新修订的《食品安全法》。新《食品安全法》确定了食品安全工作实行预防为主、风险管理、全程控制、社会共治,建立科学、严格的监管制度。该法被称为史上最严的《食品安全法》。

从“战略”出发。新世纪以来,我国食品安全工作经历了从监管理念到治理理念的重大转变。2003 年,国家食品药品监管局成立后,积极倡导食品安全治理理念。按照 1995 年联合国全球治理委员会的研究报告《我们的全球伙伴关系》,治理是各种公共的或者私人的机构协调其内部共同事务的诸多方式的总和,是使诸多不同的甚至是相互冲突的利益得以协调以至采取联合行动的持续过程。治理并不是对监管的否定,而是对监管的扬弃,它型构了从纵向型到轮状型、从线性型到网状型、从命令型到互动型的新型关系,建立了多元、协同、互动、共享的新型关系,实现了从封闭到开放、从一元到多元、从被动到主动的重大转变。从监管理念到治理理念,食品安全工作的视野更加开阔,力量更加汇聚,道路更加宽广,前景更加美好,食品安全工作进入了新时代。

二

食品安全治理属于世界性难题。有效破解这一世界性难题,需要进行系统的创新。创新是引领发展的第一动力。实践启示我们,惟创新者进、惟创新者强、惟创新者胜。新世纪以来,我国坚持问题导向,坚持立足国情,坚持国际视野,在食品安全领域进行了理念创新、体制创新、法制创新、机制创新、方式创新、战略创新、文化创新等一系列重大创新。创新无禁区,创新无止境。正是这些充满智慧和力量的创新,才有效破解了食品安全领域的诸多难题,推动食品安全治理不断走向深入。

理念是事物运行的灵魂,体现着对事物运行的哲学思考和应然判定。2004 年,在《食品安全法》起草过程中,在追问食品卫生、食品质量、食品安全三者关系时,研究的路径逐步从内涵外延式研究转轨到理念变革式研究上。古希腊哲学认为:一个新概念的出现,绝不是事物内涵外延的简单调整;一个新概念的出现,往往标志着一个新时代的到来。近年来,也有人主张:一个新概念的出现,往往标志着一个新力量的产生。这一论断启示我们:食品安全概念的出现,预示着什么时代的到来。或者说,什么时代的到来,使食品卫生让位于食品安全。结论必然是:食品安全概念的出现,标志着风险治理、全程治理和社会治理新时代的到来。它表明食品安全比食品卫生具有更深的基础、更宽的领域和更高的视野,彰显了食品安全工作科学性、社会性和政治性的有机统一。在这三大治理理念的基础上,根据监管工作的实际需要,食品药品监管部门逐步提出了食品安全责任治理、效能治理、能动治理、分类治理、专业治理、阳光治理、简约治理、审慎治理、智慧治理等基本理念。这些基本治理理念是风险治理理念的派生或者延伸。其中,风险治理理念的提出在食品安全史上具有重要的转折点意义。因为找到了风险治理理论,就找到了食品安全治理的切入点、着力点和制高点。唯物辩证法告诉我们:对立统一规律是做好食品安全工作的制胜法宝。在安全与风险的对立中,可以把握食品安全的奥秘;在安全与风险的统一中,可以掌握食品安全的精髓。

体制是事物运行的格局,体现着对事物运行的宏观统筹和战略安排。近年来,党中央、国务院多次强调建立统一权威的食品安全监管体制。这充分体现了党中央、国务院坚持以人民为中心的发展思想,对食品安全工作规律的深刻把握,对民生福祉和健康中国的高度重视,对广大人民群众呼声的积极响应。研究食品安全监管体制,需要从普通商品与特殊商品、个体安全与公共安全、综合执法与统一监管、垂直管理与分级管理、集中监管与属地监管、中国国情与世界趋势等方面进行科学把握。我国属于发展中的社会主义大国,研究我国的食品药品监管体制改革,须臾不可忘记这一基本国情。纵观全球,独立监管、统一监管和专业监管,已是食品药品监管的基本定式。我国食品药品监管体制改革应当始终坚持国际视野,尊重科学规律,顺应时代潮流,倾听人民呼唤,在世界舞台上展示我国以人民为中心的社会主义大国的良好形象。

法制是事物运行的轨道,体现着对事物运行的规律把握和方向掌控。按照新时期中央有关食品安全“四个最严”的要求,食品安全各项制度的设计,应当有利于风险的全面防控和责任的全面落实,有利于体系的全面推进和能力的全面提升。《食品安全法》修订过程中注重把握了理念与制度、体制与机制、体系和能力、政府与企业、中央和地方、监管与治理等多方面关系,着重完善了企业主体、政府监管和社会共治三大制度体系,进一步增加了法律制度的科学性、统一性、协调性、针对性和可操作性。

机制是事物运行的动力,体现着事物运行的外在条件和内在要求。新世纪以来,在食品安全综合监督、综合协调阶段,围绕如何整合治理资源、增强治理力量、激发治理动力,食品药品监管部门开展了一系列治理机制的创新。从激励和约束企业的角度看,先后推出分类监管机制、信用奖惩机制、综合评价机制、绩效考核机制、能力评价机制、典型示范机制、量化分级机制、责任约谈机制、责任连带机制、责任追究机制等;从激励和约束部门的角度看,先后推出沟通协作机制、信息通报机制、行刑衔接机制等;从激励和约束地方政府的角度看,先后推出综合评价机制、绩效考核机制、典型示范机制、督查督办机制等;从激励社会的角度看,先后推出有奖举报机制、贡献褒奖机制、信息公开机制等。这些具体、生动的机制,有力推动了食品安全治理从一元到多元、从分散到统一、从被动到主动的变革,开辟了食品安全治理的新境界。

方式是事物运行的方法,体现着事物运行的实现路径和基本手段。新世纪之初,世界卫生组织曾指出:过去数十年,传统的食品安全措施已被证明不能有效地控制食源性疾病。国际社会必须改变某些现行的方法,以确保适应全球食品安全出现的新挑战。在食品安全综合监督、统一监管的各阶段,围绕着如何转变政府职能、提高监管效能、激发市场活力,食品药品监管部门解放思想、开动脑筋,进行了一系列治理方式的探索,如默示许可、备案登记、后置审批、风险监测、驻点监督、远程监控、飞行检查、风险交流、召回停售、风险控制等,这些鲜活、有效的方式,有力推动了食品安全治理从传统到现代、从外延到内涵的转变,开创了食品安全治理的新局面。

三

党的十九大提出了我国已经进入中国特色社会主义新时代,我国社会的主要矛盾已经转化为人民日益增长的美好生活需要和不平衡不充分的发展之间的矛盾。在新时代,人民群众对食品消费的需求不会仅仅满足于食品的安全保障,对食品的质量、营养、美味等将提出更多更高的要求。亚里士多德曾说过:事业是理念与实践的生动结合。在新时代,满足广大人民群众日益增长的美好生活需要,在食品安全领域,必须坚持新发展理念,通过系统改革创新,全面提升食品安全保障水平。

完善食品安全治理体系。食品安全治理体系是对食品安全治理目标、原则、环境、要素、流程等的系统安排。只有建立强大的食品药品监管部门,才能出色地保护公众的饮食用药安全。而强大的食品药品监管部门有赖于完善的食品安全治理体系。完善的食品安全治理体系包括政府监管体系、企业管理体系和社会共治体系。政府监管体系是在食品安全法制体系统筹下的食品安全标准、风险监测、风险评估、审评审批、检验检测、执法检查、信息公开等体系。企业管理体系是保障企业食品生产经营活动有效运行的质量安全管理体系,如 GMP、HACCP 等。社会共治体系包括风险交流、投诉举报、信用奖惩等体系。只有各方面均立足于使命,加快完善相关治理体系,食品安全保障才能有坚实的基础。

强化食品安全治理能力。食品安全治理属于基于风险的专业治理,没有强大的治理能力就难以完成保障食品安全的艰巨任务。完善的食品安全治理体系为强大的食品安全治理能力提供了重要基础,但强大的食品安全治理能力还需要优秀的管理人员。食品安全治理能力包括风险管理能力、依法监管能力、沟通协作能力、危机处理能力等,永远是个开放的包容的体系。当前,应当按照职业化、专业化队伍建设的要求,加快职业化检查员队伍建设,明确资质条件、培训内容、考核要求、薪酬待遇等,加快打造一支政治坚定、业务精湛、作风优良、能力突出的监管队伍,最大限度地满足新时代监管工作的需要。

创新食品安全治理战略。食品安全治理战略是指食品安全监管部门制定的有关食品安全治理工作的全局性、方向性的目标和策略。研究制定食品安全治理战略,就是要进一步明确食品安全工作的发展目标、发展方向、发展重点、发展步骤和发展方法等,总揽全局、协调各方,更加积极主动地适应经济社会发展和食品安全监管工作的需要,努力提升食品安全全面统筹能力,不断开创食品安全工作的新局面。党的十八届五中全会和党的十九大提出实施国家食品安全战略。食品安全治理战略涉及理念创新、体制改革、产业提升、科技支撑、标准提高、行业自律、社会共治、机制创新、方式变革、责任落实、国际合作等内容。进入新时代,加快编制国家食品安全战略,有利于推动食品安全治理从微观运作到宏观统筹、从战术运用到战略统筹、从立足当前到谋划长远的历史性转变,全面提升我国食品安全治理水平。

提升食品安全治理文化。食品安全治理是一项极富挑战性的世界性难题。全面提升我国食品安全治理水平,需要创新食品安全治理文化。因为"文化"是社会治理的"灵魂"。从全球的范围来看,食品安全治理文化创新属于食品安全治理创新体系中最为艰难、最具创造性、最富智慧的创新。文化是一个复合体,包括知识、艺术、法律、宗教、习俗以及其他社会现象;文化是由社会环境所决定的生活方式的整体;文化是分层次的,包括物质层、制度层、心理层等形式;文化具有传承性、渗透性、持久性等特征。食品安全的治理使命、治理愿景、治理价值、治理战略等,是食品安全治理文化中最核心、最本质、最精髓的内容。伟大的食品药品监管事业呼唤伟大的食品药品治理文化。伟大的食品药品治理文化孕育伟大的食品药品监管事业。当前,应当深入贯彻落实党的十九大精神,以高度的责任感和使命感,积极探索建立具有时代特点、体现中国特色、展示民族精神的食品药品安全治理文化,进一步提升全社会食品药品治理的凝聚力、创造力和战斗力。

目　录

contents

第一章 综合创新篇

食品作为一种经济命题和一种生物现象，其两种角色之间的鸿沟，就是今天我们所要应对的最大挑战。

［美］保罗·罗伯茨

第一节 迎接食品安全治理的新时代①

食品安全直接关系广大人民群众的身体健康和生命安全，关系经济发展、社会和谐和国家形象。新世纪以来，随着经济全球化和贸易自由化步伐的加快，食品安全问题已成为国际社会面临的共同问题，成为各国政府福利民生、促进发展和保持稳定的重大课题。近年来，围绕着如何完善我国食品安全监管体制、全面提高食品安全保障水平，专家学者对我国食品安全问题进行了多方面的研究和思考。随着研究的深入，人们逐步认识到，从食品卫生、食品质量到食品安全，从具体监管到综合监督，这绝不仅仅是内涵外延的简单调整，而是食品安全治理理念的深刻变革，它标志着食品安全治理新时代的到来。

一、全程治理时代的到来

食品生产经营包括种植、养殖、生产、加工、贮存、运输、销售、消费等诸多环节。传统的食品安全保障重点基本锁定在食品的加工环节。治理的基本信条是：只要抓好食品加工这一关键环节，食品安全就能得到有效的保障。然而，近年来，各种食源性疾病的相继爆发彻底粉碎了人们的美好设想。许多食源性疾病的爆发大都是因食物链的某个环节，尤其是源头出现了某种问题，如疯牛病的爆发就与饲料被污染存在着一定的联系。面对着食源性疾病的频发，消费者对种植、养殖、生产、加工、贮存、运输、销售等活动能否为公众健康提供有力的保障已经心存忧虑。消费者在食品消费时，除了要知晓他们正在吃的是什么，还特别想了解他们所吃的食品究竟来源于哪里？是如何生产出来的？

在迎接食源性疾病挑战的过程中，人们逐步认识到，食品生产经营的

① 徐景和："迎接食品安全治理新时代的到来"，载《中国食品质量报》2006年1月12日。

任何环节存在缺陷，都可能导致整个食品安全保障体系的崩溃。仅在最后阶段对食品采用检验和拒绝的手段，是无法为消费者提供充分有效的保障的，而且这也违背了市场经济奉行的经济原则，为此，国际社会逐步探索出了保障食品安全的新方法，即食物链控制法，要求食品安全治理竭尽所能地向两端延伸。最前端要延伸到农畜水产品的种植、养殖环节，甚至农业投入品的生产和使用环节，最末端要延伸到食品的消费环节。通过强化食品在消费前各环节的密切联系，来实现对食源性疾病的全面预防和风险的全程控制。为最大限度地保护消费者，必须将全程治理的理念深深地嵌入到食品安全治理的各项工作中。如果说，当食品保障局限于养殖以后的部分环节时，食品卫生、食品质量还能游刃有余的话，那么，当这种保障继续向前延伸时，食品卫生、食品质量则实在难以担负起这天大的责任，让位于食品安全则成为历史的必然。与食品卫生、食品质量相比，食品安全拥有更为广阔的发展空间。

二、政府治理时代的到来

随着经济全球化和贸易自由化步伐的加快，各种化学和生物污染在全球范围内以超乎寻常的广度和深度进行扩散着，各国已无边界可守。食品安全问题已跨越国界，成为人类社会共同面临的课题。保障食品安全不仅是各国政府对本国国民的责任，同时也是对国际社会的责任。在食品安全保障上，各国政府应当通力合作，共同应对挑战。

今天，食品安全是广大人民群众最关心、最直接、最现实的问题。在食品安全这一被全球放大的社会问题上，政府在全社会的期盼中承担着沉重的压力和巨大的责任。食品安全已经成为各国公共安全乃至国家安全的重要部分，成为衡量政府执政为民、考验政府执政能力的重要内容。在全球化和信息化时代，政府食品安全保障能力的提升速度如何逼近消费者对食品安全的渴望程度，始终是发展中国家面临的重大课题。

近年来，食品安全政府治理一直为国际社会所普遍关注和特别重视。2003 年联合国粮农组织和世界卫生组织联合出版了《保障食品的安全和质量：强化国家食品控制体系指南》，阐述了食品安全政府治理的重要地位、基本原则、基本策略和基本措施。该指南的出版旨在促进各国，尤其是发展中国家的主管部门完善食品控制体系，并为国际社会食品控制体系的立法、基础结构以及实施机制选择最佳的方案。国家食品控制体系的主要目标是：通过减少食源性疾病的风险，保护公众健康；保护消费者免受不卫生、有害健康、错误标识或者掺假的食品之危害；维持消费者对食品体系的信任，为国内及国际的食品贸易提供合理的法规基础，促进经济发展。

将食品安全融入到公共安全乃至国家安全之中，突显了食品安全的基础地位，提升了食品安全的战略价值。在食品安全问题上，政府治理的主要内容是：倡导科学理念，确定发展战略，完善保障规则，健全保障体系，整合监管资源，加强基础投入，强化运行监管、优化社会环境等，从而全面提高食品安全保障水平。对国际社会而言，各国政府应当逐步统一食品安全法律、标准、信息、检测等治理规则和治理内容，向国际社会发出统一而和谐的声音。对本国国民而言，各国政府应当整合食品安全监管资源，逐步建立起统一、高效、权威、便民的食品安全监管体制，全面提高食品安全保障水平。

三、科学治理时代的到来

在市场经济条件下，无论是政府的治理，还是企业的治理，都必须以科学的原理和规则为基础，讲究科学方法，突出治理效率。食品安全监测技术、检测技术、评估技术、评价技术、预警技术、追溯技术等的广泛应用，使食品安全治理无不反映出科学技术支撑的价值。食品安全治理的目标和任务就是预防和减少食品风险，因此，食品安全科学治理的核心内容就是风险治理。近年来，国际社会开展了以风险评估、风险管理和风险交流为主要内容的食品风险分析的有益探索。政府逐步以风险为基础来配置监管资源，确定监管力度；企业逐步以风险分析来确定安全保障的关键控制点。

目前，国际上对食品安全风险分析的框架已达成广泛的共识。食品安全风险分析包括风险评估、风险管理和风险交流。其中，风险评估作为一个以科学为依据的过程，旨在确定与食品相关的风险程度，并回答以下三个问题：会出什么问题（情况）？这个问题可能会如何出现（可能性）？如果出现了，会产生什么结果（严重性）？风险评估大体分为危害确定、危害定性、影响评估以及风险定性四个步骤。风险管理旨在确定是否需要和需要何种监管措施方可将食品安全风险降低至社会可以接受的水平。在处理食品安全风险时，应当制定风险管理方案并对其有效性进行评估，同时应当考虑每一方案对于利益相关者以及产业发展的影响。风险交流是在风险分析的整个过程中，就危害和风险、与风险有关的因素及风险观念问题在风险评估人员、风险管理者、消费者、产业界、学术界以及其他的利益相关者之间进行信息和观点的交互式交流，其中包括对风险评估结果的解释和风险管理决定的依据。

四、协作治理时代的到来

为全面提高食品安全保障水平，各国普遍对食品的生产经营活动进行全程治理。但是，因经济发展水平、社会治理理念等不同，各国在全程治理上也采取不同的方式：有的采取分环节治理的方式，有的采取分品种治理的方式，有的则将两者有机地结合起来。近年来，为进一步提高食品安全治理的效率，许多国家对传统的食品安全治理进行改革。改革大体上是按照一个方向采取两种方式进行的。“一个方向”，就是全面提高监管效能；“两种方式”，就是将过去分散的监管予以适当的统一或者协调。随着全程治理时代的到来，各监管部门逐步意识到，食品安全治理不仅要强调专业分工、实现专业治理，更要强调专业协作、实现社会治理，从而共筑食品安全保障体系。为了强化协作的广度与深度，有些国家建立起综合协调机构，以超脱的平台实现了事业的超越。目前，我国食品安全治理实行综合监督与具体监管相结合的独特体制，其中具体监管采取的是分段监管为主、品种监管为辅的监管方式。综合监督部门的重要职责之一就是对具体监管进行协调，通过协调不仅要实现段段清、段段明，而且要实现段段连、段段合，从而全面提高食品安全的治理水平。

五、统一治理时代的到来

从当前国际社会的发展趋势来看，在食品安全治理方面，各国并没有将改革的步伐停滞在“协调”这一量的积累，而是在积极推进“统一”这一质的飞跃。当然，在统一的内涵与层次上，各国推进的速度、深度和力度有所不同，有的是监管机关的统一，有的是监管要素或者监管方式的统一。一般说来，监管机关的统一往往涉及多方利益的调整和诸多制度的改革，所面临的困难、承受的压力、展示的魄力和带来的效果往往更大些。而监管要素或者监管方式的统一，则因所涉及的事项相对集中和简单而更容易被采纳。目前，这种统一方式主要表现在以下三个层面：一是决策层面的统一，包括政策、法律、标准和规划等的统一；二是执行层面的统一，在由多部门决策时由一个部门综合执行；三是监督层面的统一，无论是哪个层面的统一，都是避免多头监管、重复监管，以提高监管效能。实践证明，对跨越环节、跨越部门的管理或者服务要素，如政策、法律、标准、计划、监测、信息、检测等予以统一规范，是市场经济社会中确保分段治理实现最佳效果的最优手段。

六、效能治理时代的到来

当前，国际食品安全治理呈现以下趋势：一是监管体制的相对集中化。联合国有关食品安全的专家曾经指出，当今世界食品安全的监管体制分为三种，即单一型体制、多元型体制和综合型体制。其中，综合型体制是多元型体制向单一型体制的过渡性体制。二是监管规则的法典化。近年来，在食品安全监管体制逐步统一化的进程中，各国政府逐步开始统一食品安全的各项规则，其显著标志就是食品安全法律和标准的法典化。法典化的根本目标在于基于共同的原则形成体系完整、结构科学、价值和谐的制度体系，从而避免因制定机关过滥、制定层次过多而增加治理成本。我国已初步建立起保障食品安全的法律框架和标准框架，但与建立起价值统一、体系科学、结构合理、制度完备、规范协调的食品安全法律和标准体系之间还有较大的距离。当前，健全我国食品安全法律体系和标准体系是食品安全的当务之急。三是技术服务的社会化。食品安全技术服务是指由专业技术人员依靠其专业知识或者专业技能对受托的特定食品安全事项进行检测、检验、监测、鉴定、评价等并出具相应专家意见的专业技术与科学实证活动。在食品安全技术服务的认识上，国际社会经历了以下若干转变：在基本属性的定位上，经历了从行政权力到技术服务的转变；在服务对象的把握上，经历了从服务权力机关到服务整个社会的转变；在资源价值的发挥上，经历了封闭所有到开放利用的转变。四是信息保障的集成化。基于食品安全形势预测和风险管理的急迫要求，国际社会特别强化信息整合和综合利用，通过建立畅通的信息网络体系，实现互联互通和资源共享，形成统一、规范、科学的食品安全风险评估和预警体系，及时分析食品安全形势，对食品安全问题做到早发现、早预防、早整治、早解决。食品安全治理的上述四个趋势，集中反映出新时代的食品安全治理必须走内涵式的发展道路，通过不断整合监管资源，减少治理成本，提高监管效率，促进良性发展，实现食品安全和经济效益的共同提升。

食品安全是天大的事、永恒的事、大家的事。今天，食品安全治理的新时代已经到来。登高望远，把握规律，驾驭全局，因势而导，顺势而为，乘势而上，未来的中国食品安全治理一定能够更加体现时代性、把握规律性、富于创造性，一定能够在构建社会主义和谐社会中创造出更加辉煌的业绩，为经济健康发展和社会全面进步做出更大的贡献。

第二节　科学把握食品安全的概念①

关于食品安全、食品卫生、食品质量的概念以及三者之间的关系，国内专家、学者存在不同的认识。在我国，确立“食品安全”的法律概念，

① 徐景和：“明确食品安全内涵不是玩概念游戏”，载《中国质量万里行》2004 年第 9 期。

并以此种概念涵盖“食品卫生”“食品质量”等属概念，以《食品安全法》替代《食品卫生法》，具有重要的价值和意义。以食品安全统筹食品标准，可以避免目前食品卫生标准、食品质量标准、食品营养标准之间的交叉与重复。近年来，有些地方和部门努力把握食品安全的发展趋势，对食品安全立法进行了有益的探索。

近期，围绕如何进一步提高我国食品安全保障水平，有关专家、学者对食品安全法制、体制、机制等问题进行了较深入细致的研讨。在研讨过程中，对于如何把握食品安全、食品卫生、食品质量间的关系，专家、学者展开了激烈的讨论。令人感到困惑的是，在我国食品安全问题不断考验我们治理能力的时刻，为什么专家、学者还在讨论食品领域中这些最基本、最基础的概念呢?

一、把握时代趋势　科学确定内涵

关于食品安全、食品卫生、食品质量的概念以及三者之间的关系，有关国际组织在不同文献中有不同的表述。国内专家、学者对此也有不同的认识。1996 年世界卫生组织将食品安全界定为“对食品按其原定用途进行制作、食用时不会使消费者健康受到损害的一种担保”，将食品卫生界定为“为确保食品安全性和适用性在食物链的所有阶段必须采取的一切条件和措施”。食品质量则是指食品满足消费者明确的或者隐含的需要的特性。从目前的研究情况来看，在食品安全概念的理解上，国际社会已经基本形成如下共识。

首先，食品安全是个综合概念。作为种概念，食品安全包括食品卫生、食品质量、食品营养等相关方面的内容和食品（食物）种植、养殖、加工、包装、贮藏、运输、销售、消费等环节。而作为属概念的食品卫生、食品质量、食品营养等（通常被理解为部门概念或者行业概念）均无法涵盖上述全部内容和全部环节。食品卫生、食品质量、食品营养等在内涵和外延上存在许多交叉，由此造成食品安全的重复监管。

其次，食品安全是个社会概念。与卫生学、营养学、质量学等学科概念不同，食品安全是个社会治理概念。不同国家以及不同时期，食品安全所面临的突出问题和治理要求有所不同。在发达国家，食品安全所关注的主要是因科学技术发展所引发的问题，如转基因食品对人类健康的影响；而在发展中国家，食品安全侧重的则是市场经济发育不成熟所引发的问题，如假冒伪劣、有毒有害食品。我国的食品安全问题则包括上述全部内容。

再次，食品安全是个政治概念。无论是发达国家，还是发展中国家，食品安全都是企业和政府对社会最基本的责任和必须做出的承诺。食品安全与生存权紧密相连，具有唯一性和强制性，通常属于政府保障或者政府强制的范畴。而食品质量等往往与发展权有关，具有层次性和选择性，通常属于商业选择或者政府倡导的范畴。近年来，国际社会逐步以食品安全的概念替代食品卫生、食品质量的概念，更加突显了食品安全的政治责任。

最后，食品安全是个法律概念。20 世纪 80 年代以来，一些国家以及有关国际组织从社会系统工程建设的角度出发，逐步以食品安全的综合立法替代卫生、质量、营养等要素立法。1990 年英国颁布了《食品安全法》，2000 年欧盟发表了具有指导意义的《食品安全白皮书》，2003 年日本制定了《食品安全基本法》。部分发展中国家也制定了《食品安全法》。综合型的《食品安全法》逐步替代要素型的《食品卫生法》《食品质量法》《食品营养法》等，反映了时代发展的要求。

基于以上认识，食品安全的概念可以表述为：食品（食物）的种植、养殖、加工、包装、贮藏、运输、销售、消费等活动符合国家强制标准和要求，不存在可能损害或者威胁人体健康的有毒有害物质以导致消费者病亡或者危及消费者及其后代的隐患。该概念表明，食品安全既包括生产安全，也包括经营安全；既包括结果安全，也包括过程安全；既包括现实安全，也包括未来安全。

在我国，确立“食品安全”的法律概念，并以此种概念涵盖“食品卫生”“食品质量”等属概念，以《食品安全法》替代《食品卫生法》，具有以下重要价值和意义。

首先，突出了全局性。食品安全可以涵盖食品生产经营的多环节和多要素，也可以涵盖食品企业、监管部门、中介机构等多单位和多部门，可以克服目前部门立法或者环节立法的缺陷，构建环节紧密、要素齐全的食品安全保障体系。

其次，突出了科学性。从目前国际社会来看，《食品卫生法》与传统社会治理相联系，突出政府许可和处罚，属于第一代食品保障法。而《食品安全法》则与现代社会治理相联系，以科学的风险评估为基点，兼顾行政许可与行政指导、政府宏观监管与企业微观保障，属于第二代食品保障法。

再次，突出了统一性。目前，我国基本确立了以分段监管为主、品种监管为辅的食品安全监管体制。以食品安全可以统一各环节、各部门的准入条件、标准内容等，而避免目前的在同一环节对同一企业进行卫生、质量等多要素的重复监管。

二、明确相互关系　建立和谐体系

以食品安全还是以食品卫生或者食品质量为要素来构筑我国的食品保障体系，绝不是简单的概念游戏，而是社会治理理念的变革。食品安全、食品卫生、食品质量等概念体现出不同的理念。

食品安全与食品卫生：食品安全是种概念，食品卫生是属概念。食品卫生具有食品安全的基本特征，包括结果安全（无毒无害，符合应有的营养等）和过程安全，即保障结果安全的条件、环境等安全。食品安全和食品卫生的区别：一是范围不同。食品安全包括食品（食物）的种植、养殖、加工、包装、贮藏、运输、销售、消费等环节的安全，而食品卫生通常并不包含种植环节的安全。二是侧重点不同。食品安全是结果安全和过程安全的完整统一。食品卫生虽然也包含上述两项内容，但更侧重于过程安全。所以，《食品工业基本术语》将“食品卫生”定义为“为防止食品在生产、收获、加工、运输、贮藏、销售等各个环节被有害物质（包括物理、化学、微生物等方面）污染，使食品有益于人体健康、质地良好所采取的各项措施”。

食品安全与粮食安全：粮食安全是指保证任何人在任何时候都能得到为了生存与健康所需要的足够食品。食品安全是指品质要求上的安全，而粮食安全则是数量供给或者供需保障上的安全。食品安全与粮食安全的主要区别是：一是粮食与食品的内涵不同。粮食是指稻谷、小麦、玉米、高粱、谷子及其他杂粮，还包括薯类和豆类。而食品的内涵要比粮食更为广泛，包括谷物类、块根和块茎作物类、油料作物类、蔬菜和瓜类、糖料作物类、水果和浆果类、家畜和家禽类、水产品类等。二是粮食与食品的产业范围不同。粮食的生产主要是种植业，而食品的生产则面向整个国土资源，包括种植业、养殖业、林业等。三是发展战略和评价指标不同。粮食安全主要是供需平衡，评价指标主要有产量水平、库存水平、贫困人口温饱水平等。而食品安全主要是无毒无害、健康营养，评价指标主要是理化指标、生物指标、营养指标等。

食品安全与生物安全：生物安全是指现代生物技术的研究、开发、应用以及转基因等生物产品的跨国、跨境转移，不存在可能损害或者威胁生物多样性、生态环境以及人体健康和生命安全的物质。食品安全与生物安全属于交叉的关系，其中与生物产品消费相关的安全属于食品安全的范畴，而其他与生物种群、生态环境影响相关的安全则不属于食品安全的范畴。

从上面的分析可以看出食品安全、食品卫生、食品质量的关系，三者之间绝不是相互平行，也绝不是相互交叉。食品安全包括食品卫生与食品质量，而食品卫生与食品质量之间存在着一定的交叉。以食品安全的概念涵盖食品卫生、食品质量的概念，并不是否定或者取消食品卫生、食品质量的概念，而是在更加科学的体系下，以更加宏观的视角来看待食品卫生和食品质量工作。以食品安全来统筹食品标准，就可以避免目前食品卫生标准、食品质量标准、食品营养标准之间的交叉与重复。

三、加强法制建设　提高保障水平

近年来，有些地方和部门努力把握食品安全的发展趋势，对食品安全立法进行了有益的探索。如北京市政府于 2002 年 12 月 31 日颁布了《北京市食品安全监督管理规定》，广州市政府于 2004 年 2 月 28 日颁布了《广州市食品安全监督管理办法》，2004 年 4 月 28 日苏州市政府颁布了《苏州市食用农产品安全监督管理办法》。这些立法探索为我国《食品安全法》的出台积累了宝贵的经验。

实事求是地讲，改革开放以来，我国食品安全法制建设取得了一定的成绩，初步奠定了我国食品安全保障的基本框架。但是，我国食品安全的法制建设也存在着时代发展遗留的缺陷：重权力，轻权利；重程序，轻实体；重局部，轻全局；重职权，轻责任；重处罚，轻促进。随着我国从传统社会向现代社会转变，从封闭社会向开放社会转变，从人治社会向法治社会转变，我国食品安全法制建设已进入了新的变革时代。

未来的《食品安全法》所调整的食品安全关系，应当包括以下几个方面：食品生产经营企业内部的食品安全管理关系，食品生产经营企业之间的食品安全协作关系以及食品安全监管机关与食品生产经营企业之间的食品安全管理关系。《食品安全法》应当成为食品安全的基本法，确立起我国食品安全的基本原则、基本体制和基本制度。基本原则可以包括：食品生产经营者对食品安全承担首要责任的原则；充分依靠科技进步不断提高食品安全水平的原则；广泛开展食品安全交流与合作的原则等。基本体制可以包括：综合监督与具体监督相结合的体制，部门决策与综合执法相结合的体制等。基本制度包括从农田到餐桌全过程的各项重要制度。《食品安全法》可以基本制度的有机联系来安排篇章结构。同时，《食品安全法》应当成为食品安全的综合法，既包括食品安全的实体内容，也包括食品安全的程序内容；既包括食品安全的监管内容，也包含食品安全的促进内容。

未来的《食品安全法》可以按照两个方案来设计。大方案包括：监管体制、监管要素、监管手段、监管环节以及法律责任。小方案包括监管体制、监管要素、监管手段以及法律责任。无论是大方案还是小方案，其内容都应当体现公正与效率价值目标的科学统一、权利与权力辩证关系的有机互动、监管与服务基本要素的合理配置。

第三节　食品安全治理创新的地位与价值[1]

破解食品安全问题是当今国际社会共同面临的重大挑战。从全球的角度看，食品安全的历史是一部错综复杂的“问题史”。食品安全问题具有严重性，即便是发达国家每年也约有三分之一的人受到食源性疾病的侵扰；食品安全问题具有复杂性，传统的食品安全问题尚未彻底解决，新的问题却又接踵而至，新老问题交错叠加；食品安全问题具有广泛性，没有哪个国家的食品安全存在“零风险”，也没有哪个国家可以独善其身；食品安全问题具有艰巨性，破解这一难题既要打好攻坚战，也要打好持久战，付出巨大的努力和创造。当前，我国仍处于社会主义初级阶段，食品安全问题更加凸显、更加敏感、更加复杂，有效破解这一重大社会问题更具挑战性。食品安全治理创新是我国社会治理创新的重要试验田、先行者和突破口。

一、食品安全治理创新：社会治理创新的试验田

党的十八届三中全会提出，全面深化改革的总目标是完善和发展中国特色社会主义制度，推进国家治理体系和治理能力现代化。从社会管理建设到社会治理建设，虽然只有一字之差，但却标志着我国社会建设理念和模式的重大转变。食品安全治理具有社会治理所蕴涵的逻辑、气势和神韵，已成为我国社会治理创新的切入点和试验田。

一是食品安全治理确认利益主体多元化。保障多元利益主体共同参与是推进社会治理的重要前提。食品是人类生存和发展最基本的物质资料之一。食品是人人消费、终生消费的重要产品。因此，食品安全拥有最广泛的利益相关者，如企业、行业协会、地方政府、监管部门、检验机构、认证机构、新闻媒体、消费者等。在这些利益相关者中，政府占有着十分重

---

① 徐景波：“食品安全治理创新的地位与价值”，载《中国食品安全报》2014 年 1 月 9 日。

要甚至主导的地位，但政府并不能包揽一切，企业、行业协会、检验机构、认证机构、新闻媒体、消费者等均拥有一定的利益，承担着一定的责任。在食品安全治理中，各利益相关者均拥有各自的利益，有的是公共利益，有的是私人利益，但这并不妨碍这些利益相关者各定其位、各尽其力、各得其所。权利与义务、利益与风险彼此相伴，多元利益主体构建的格局必然是多元治理格局和多元责任格局。企业负责、行业自律、政府监管、部门协同、社会参与、媒体监督，成为食品安全社会共治的基本格局。

二是食品安全治理追求共同利益最大化。推进追求共同利益是实现社会治理的重要目标。食品安全治理倡导在不同利益相关者各自利益的前提下追求共同利益或者社会利益的最大化，也就是在承认不同利益相关者各自利益的前提下努力追求共同利益或者社会利益的最大公约数。尽管各利益相关者拥有不同的利益，但食品安全是这些利益相关者实现各自利益的共同基础。离开食品安全，所有利益相关者的利益都将荡然无存。高脚杯中可以盛放各利益相关者渴望的“美酒”，这“美酒”就是各利益相关者的共同利益，而“杯座”就是“安全”。如果一不小心撞断“杯座”，“美酒”都会倾泻在地。所以，必须建立最紧密的命运共同体，共同倾心呵护“杯座”，以确保共同利益得以实现。

三是食品安全治理确定治理关系网络化。推动新型治理关系是实现社会治理的重要手段。当今社会，食品安全风险复杂多变，食品安全治理关系已不再仅仅是政府与企业之间命令与服从的简单线性关系，而是企业、政府、社会之间交流与互动的复杂网状关系。这种网状结构塑造着各利益相关者间平等、交流、合作、协商、协作、协同的新型伙伴关系，构造互动、互助、互利、共治、共享、共赢的新型治理格局。如食品安全风险交流，就是食品安全监管部门、食品安全风险评估机构，按照科学、客观、及时、公开的原则，组织食品企业、行业协会、技术机构、消费者协会以及新闻媒体等，就食品安全风险评估信息和食品安全监督管理信息进行交流，并依法向社会公布有关情况，提供科学、客观、全面、准确的信息，维护消费者和食品企业的合法权益。

从食品安全管理到食品安全治理，预示着食品安全工作将实现从一元到多元、从局部到全局、从线性到网状的转变，视野将更开阔、格局将更舒展、气势将更磅礴，从而进入治理的新境界。

二、食品安全治理创新：社会治理创新的先行者

在社会治理的诸多领域，食品安全治理扮演着先行者、排头兵乃至领跑者的角色。这是因为新世纪以来，我国食品安全问题凸显，食品安全事件时有发生，党和政府高度重视，社会各界高度关注。困则思变，难则求进。新世纪以来，我国坚持以人为本、执政为民、科学发展，在食品安全治理方面进行了不懈的探索和实践，取得了重要的阶段性成果。

一是创新食品安全治理理念。理念事关食品安全治理的灵魂。解决中国的问题需要世界的眼光。从我国长期处于社会主义初级阶段的最大现实国情出发，积极借鉴国际食品安全治理的有益经验，探索我国食品安全人本治理、风险治理、全程治理、社会治理、责任治理、效能治理、能动治理、依法治理、和谐治理、综合治理、专业治理等，努力实现从结果治理到过程治理、从被动治理到主动治理、从经验治理向科学治理、从传统治理向现代治理的转轨，开辟了食品安全治理的新天地。

二是创新食品安全治理体制。体制事关食品安全治理的格局。新世纪以来，我国进行了食品安全监管体制改革，确立了科学、统一、权威、高效的价值目标，为此进行了积极的探索。监管体制改革是食品安全改革的首选领域，贯穿我国食品安全改革的全过程。从“双轨”变“单轨”，“小综”变“大综”，“多段”变“少段”，我国食品安全监管体制改革逐步逼近预期目标。2013 年国家食品药品监管总局的组建，标志着我国食品安全工作翻开了崭新的一页，开创了食品安全治理的新格局。

三是创新食品安全治理法制。法制事关食品安全治理的轨道。2009 年颁布实施的《食品安全法》在我国食品安全发展史上具有“里程碑”“划时代”的重要意义。从食品卫生到食品安全，这绝不仅仅是事物内涵外延的简单调整，而是食品治理理念和治理模式的重大变化，它标志着食品安全治理新时代的到来。适应新时期食品安全工作的新变化，当前我国正在

加快修订《食品安全法》，努力使其理念更加现代、价值更加和谐、制度更加完备、机制更加健全，进一步增强食品安全治理工作的科学性和有效性。

四是创新食品安全治理机制。机制事关食品安全治理的动力。食品安全拥有最广泛的利益相关者，应当建立最紧密的命运共同体。为使纸面上的法律转化为行动中的法律，我国积极探索建立激励与约束、褒奖与惩戒、动力与压力、自律与他律相结合的食品安全治理机制，努力使食品安全治理资源和治理力量整合起来，使食品安全治理责任和治理措施落实下去，进一步增强食品安全治理工作的积极性、主动性和创造性。

五是创新食品安全治理方式。方式事关食品安全治理的效能。早在新世纪之初，世界卫生组织就曾指出："过去数十年，传统的食品安全措施已被证明不能有效地控制食源性疾病"，国际社会必须"改变某些现有的方法，以确保适应全球食品安全出现的新挑战"。新世纪以来，我国坚持国际化视野、社会化思维、信息化手段、专业化队伍、科学化管理、法治化基础的战略要求，不断探索食品安全治理方式方法的创新，如综合评价、责任约谈、飞行检查等，努力推进监管方式从传统向现代转轨，进一步提升食品安全治理能力和水平。

六是创新食品安全治理战略。战略事关食品安全治理的未来。新世纪以来，许多国家和地区更加注重食品安全治理战略的创新，以抢占食品安全治理的制高点、赢得主动权。我国逐步探索食品安全治理的理念创新战略、产业提升战略、行业自律战略、社会参与战略、标准提高战略、科技支持战略、法制健全战略、机制创新战略、责任落实战略、国际合作战略等，逐步从微观运作向宏观总揽、从消极应对到积极谋划的转变，谱写了食品安全治理的新篇章。

三、食品安全治理创新：社会治理创新的突破口

党的十八届三中全会提出推进国家治理体系和治理能力的现代化。食品安全治理是我国国家治理体系的重要组成部分。食品安全治理能否成为

我国社会治理创新的突破口，为我国社会治理创新积累经验、开辟道路，令人值得期待。为实现这一目标，需要将食品安全治理摆上更加突出、更为重要的位置。

一是将食品安全治理创新摆上我国社会治理创新的优先地位。食品安全问题是百姓最关心、最直接、最现实的利益问题。当前，食品安全问题凸显，能否给百姓一个满意的交代，已成为对党和政府执政能力的重大考验。新一届政府组建以来，我国将食品安全工作摆上了更为优先的战略地位。国务院组建的第一个部门就是国家食品药品监督管理总局，出台的第一个“三定”规定就是有关国家食品药品监管总局的“三定”规定，下发的第一个机构改革的指导文件就是有关地方改革完善食品药品监督管理体制的指导意见。党的十八大、十八届三中全会、中央经济工作会议、中央农村工作会议等都对加强食品安全工作进行了部署和安排，食品安全工作得到了前所未有的高度重视。地方各级党委和政府应当按照中央的要求，从重大的社会问题、重大的经济问题、重大的民生问题、重大的政治问题的高度出发，将食品安全工作提升至社会治理创新的优先地位，优先谋划、优先投入、优先保障、优先落实，努力开辟食品安全治理更加美好的前景。

二是将食品安全治理创新纳入我国社会治理创新的重点领域。党的十八届三中全会指出，要紧紧围绕更好保障和改善民生、促进社会公平正义，深化社会体制改革，改革收入分配制度，促进共同富裕，推进社会领域制度创新，推进基本公共服务均等化，加快形成科学有效的社会治理体制，确保社会既充满活力又和谐有序。食品安全治理与民生福祉、社会和谐相关，与社会公正、政治进步相连。食品安全治理创新无疑是社会治理创新的重中之重。当前，各地应当按照《国务院关于地方改革完善食品药品监督管理体制的指导意见》的要求，深刻认识改革完善食品药品监管体制的重要性和紧迫性，加快整合监管职能和机构，加快整合监管队伍和技术资源，加快推进监管能力建设，加快健全基层管理体系，加快推进地方食品安全监管体制改革步伐，努力形成一体化、广覆盖、专业化、高效率的食品药品监管体系，为实现食品安全的长治久安奠定更为坚实的组织基础。

三是将食品安全治理创新纳入我国国家治理战略的大格局。食品安全问题作为全人类普遍关注的重大问题，反映着一个政党的执政理念，反映着一个国家的发展水平，反映着一个政府对国民的责任，反映着一个民族对人类的担当。新世纪以来，我国对食品安全的认识不断深化，经历了从重大社会问题、重大经济问题、重大民生问题到重大政治问题的转变，食品安全的基础性、全局性、战略性地位更加凸显。从全球的角度看，目前发达国家对食品安全的认识，已逐步完成从公共安全到国家安全再到人类安全的历史性转变。有的国家和地区已从粮食安全、生物反恐、转基因安全等角度，将食品安全问题纳入国家治理战略中。我国从经济社会发展的全局出发，已将食品安全治理纳入公共安全领域，而公共安全是国家安全的重要组成部分。在此意义上讲，食品安全治理战略是国家治理战略的有机组成部分。食品安全是国家软实力的重要组成部分，将食品安全纳入公共安全、国家安全和人类安全，凸显了食品安全治理的战略地位和政治责任。将食品安全治理纳入国家治理战略中，需要深入研究食品安全治理的规律、模式、格局、方式、战略、文化等重大问题，加快推进食品安全治理体系和治理能力的现代化。

第四节　关于食品安全的若干思考[①]

食品安全问题事关民生福祉、经济发展、社会和谐、民族尊严和国家形象，已成为当今国际社会普遍关注的重大社会问题。从 2003 年探索建立食品安全综合监督体系开始，我国食品安全监管改革已走过近十年的历程。这十年是我国食品安全监管制度不断完善的十年，是我国食品安全整顿治理逐步深化的十年，是我国食品安全监管能力稳步提高的十年，也是我国食品安全形势逐步好转的十年。当前，食品安全工作已进入新的发展阶段。多年的实践启示我们，应当从多角度、多领域、多视野来认识和把握“食品安全”这一重要命题。

① 徐景和：“关于食品安全的若干思考”，载《中国食品安全报》2012 年 7 月 3 日。

一、健康性产品　支柱性产业

食品是人类赖以生存和发展最基本、最重要的物质基础。食品消费属于全球性消费、全民性消费、必需性消费、终身性消费和一次性消费，这种消费事关每个国家、每个民族、每个家庭和每个人的健康与幸福。有哲学家曾经将健康作为国家和社会所仰仗的一切欢乐和幸福的基础，称健康为人生的第一财富。鉴于健康对家庭、社会、民族和国家的特殊重要性，1953 年世界卫生组织就响亮地提出“健康是金子”的主题口号，号召全世界更加关注健康问题。随着人们生活从温饱型向小康型、享受型的转变，全社会对健康问题的关注程度越来越高，对食品安全的关注程度也越来越高。食品安全问题必然成为公众最关心、最直接、最现实的问题之一。关注食品安全，就是关注人类的生存和发展，就是关注自身的健康与幸福。

作为健康性产品，食品应当具有健康性产品的共同要求，即安全与有效（加工产品往往还包括稳定）。安全性是指产品无毒无害，不给消费者的健康造成各种危害的属性；有效性是指各类健康产品应当符合其应有功能的属性。不同产品的功能属性有所不同，食品的功能属性是营养性，即食品应当具备其应有的营养，能够维系和促进人的健康。安全是法律对各类健康性产品属性的最低要求。食品生产、经营与消费的前提是：食品必须安全，能够保障人的健康。食品如果跌破安全底线，就会丧失其作为食品的基本属性。鉴于食品与人类健康密切相关，在古代，有些部落和民族往往将食品与圣洁、纯净等联系在一起，坚信、固守食品是不可被玷污的。所以，有效保障食品安全，必须坚持安字为首、严字当头、好字为先的基本要求，对食品生产经营活动实行严格的标准、严格的管理，对非法生产经营行为实行严厉的惩戒。

食品产业属于永恒不衰的生命产业。在许多国家和地区，食品产业属于支柱性产业。对于支柱性产业，人们有不同的认识。有学者主张：在目标期内增加值能达 GDP 总量的 5%以上的产业为支柱性产业。对食品产业属于支柱性产业，许多人往往感到诧异甚至迷惑。将食品产业确定为支柱性产业，需要从食品产业的数量、规模、结构、产值和效益等方面进行综合分析。从产业形态上看，食品产业涉及第一产业中的农业、林业、畜牧业和渔业，第二产业中的农副食品加工业、食品制造业、饮料制造业，第三产业中的餐饮业等三个业态；从跨越环节上看，食品生产经营涉及种植养殖、生产加工、市场流通、餐饮消费等多个环节。根据国家统计局统计，2011 年全年国内生产总值为 471 564 亿元，比上年增长 9.2%；全国规模以上食品工业企业 31 735 家，实现现价食品工业总产值 78 078.32 亿元，同比增长 31.6%，占全国工业总产值比重的 9.1%。截至 2011 年底，全国持证餐饮服务单位约 250 万家，餐饮业零售额达到 20 635 亿元，同比增长 16.9%，占社会消费品零售总额的 11.2%。食品产业具有业态多、链条长、产值高等显著特点。食品产业属于支柱性产业，食品安全问题自然成为事关国民经济运行的重大经济问题。三鹿婴幼儿奶粉事件对我国乳制品产业的巨大影响启示国人：食品安全问题事关国计民生，关注食品安全问题就是关注经济发展。各级政府不仅要从社会和谐、民生改善的角度思考食品安全，也要从经济发展、社会进步的角度把握食品安全，要更加自觉地把食品安全与经济发展、经济实力等有机地结合起来，将食品安全纳入经济发展的重要指标体系中。

二、永恒性主题　世界性难题

食品安全问题贯穿于人类社会发展的全过程。从发展进程来看，早期的食品安全问题主要表现为食品供给问题，也就是数量安全问题。这时的食品安全问题往往也被称为粮食安全问题。联合国粮农组织多次召开世界粮食大会，共同研究如何解决食品数量供给，使人类免于饥饿的长期困扰。此时，解决食品安全问题的主力部门是各国的农业部门（当然也包括其他部门的参与）。在食品供给问题初步解决后，新的食品安全问题，即生物性风险和化学性风险凸显出来。破解食品中的生物性风险，许多国家的主力部门为卫生部门、健康部门或者食品药品监管部门。无论是从发现问题的角度，还是从解决问题的角度来看，这些部门大都可以得心应手，因为整个国际社会对食品中的生物性风险问题已有了较充分的认识，破解这些难题不仅有相关的技术标准，而且还有相关的检验方法等。

面对化学性风险问题，由于其风险的复杂性、广泛性和不可预测性，许多国家的卫生部门、健康部门或者食品药品监管部门受监管能力的限制，往往难以做到游刃有余，时常受到社会的质疑甚至责骂。从国际经验看，这种食品安全风险破解的主力部门基本转移到公安部门（卫生部门、健康部门或者食品药品监管部门，也会随着监管实践的不断丰富而逐步完善化学性风险的破解方法），因为公安部门在侦破案件、打击犯罪方面往往拥有更多的资源、技术和方法等。为适应这种需求，有的国家食品安全监管部门与公安部门建立了良好的合作机制，也有的国家赋予了食品安全监管部门一定的刑事侦查权力。此外，随着新原料、新设备、新技术、新工艺的广泛使用，新的食品安全问题仍将接连不断出现。纵观世界，食品安全的历史其实就是一部问题史，而发现问题、解决问题的无数探索和实践，不断推动着食品安全监管实现螺旋式甚至跨越式的进步。

食品安全问题属于非传统安全问题，具有跨国性、全球性、社会性、突发性、动态性等显著特点。随着经济全球化和贸易自由化步伐的加快，各种化学性和生物性的污染在全球范围内以超乎寻常的广度和深度扩散着。食品安全问题已跨越国界，严重影响着人类的生存和社会的发展，成为人类社会共同面临的重大课题。

2000 年，世界卫生组织召开第 53 届世界卫生大会，通过《关于食品安全的 WHA53. 15 号决议》。该决议指出：鉴于食品中致病微生物、生物毒素和化学污染物有关的食源性疾病对世界上成百万人民的健康造成的严重威胁，大会敦促成员国共同采取行动来努力提高食品安全的保障水平。2002 年，世界卫生组织通过《全球食品安全战略：增进健康需要更加安全的食品》，分析了国际社会在食品安全方面所面临的挑战，提出了全球食品安全战略的主要目标是降低食源性疾病对健康及社会的影响，并为此提出加强食源性致病菌监测体系等七项具体措施及行动方案。2003 年，联合国粮农组织和世界卫生组织联合出版了《保障食品的安全和质量：强化国家食品控制体系指南》，强调在全球范围内，食源性疾病的发病率日趋上升，食品安全和质量要求不断出现的争端严重阻碍了国际食品贸易的发展。全球食品贸易的崭新环境促使进口国和出口国均要履行重要的义务，以加强各自的食品安全保障体系。

此后，联合国粮农组织和世界卫生组织多次召开会议，研究解决食品安全问题的策略、手段和行动。破解食品安全这一世界性难题，已逐步成为国际社会的共识与行动。在食品安全领域，没有哪个国家可以独善其身，也没有哪个国家可以高枕无忧，更没有哪个国家可以沾沾自喜。解决食品安全这一非传统安全问题，无论是发达国家，还是发展中国家，都需要树立新的安全观，坚持平等、互信、合作、共赢的原则，通过强化协作共担，最大限度地减少食品安全风险给各方带来的损失。

三、无限性需求　有限性供给

食品安全问题与公众的身体健康和生命安全紧密相连。在人类的生存问题基本解决后，各种发展问题便纷至沓来，且相互叠加，呈现出更大的复杂性、广泛性和艰巨性。随着健康意识、权利意识的不断提升，公众往往对食品安全问题采取“零容忍”的态度，要求所有的食品都无毒、无害，符合应当有的营养要求，对人体健康不造成任何急性、亚急性或者慢性危害。也就是说，食品安全应当达到完美的境地。

消费者对食品安全这种无限性、绝对性、完美性的需求，源于人的生命和健康的不可侵害性，源于食品提供营养、促进健康的特殊功能，源于食品一次性消费、全民性消费、终身性消费等显著特点。公众对食品安全的无限性、绝对性、完美性需求，是推进食品安全监管工作不断接近目标、实现超越的巨大动力。然而，与公众对食品安全的无限性需求相比，社会对保障食品安全的能力供给则是有限的。这一问题在发展中国家存在，在发达国家也同样存在，在发展中国家则表现得更为突出。

首先，食品安全从来就是个相对的概念。脱离现实环境下的绝对食品安全是不存在的。古希腊有句名言：万物皆有毒，关键看剂量。中国古代也有类似的说法，如万物皆有毒，只要分量足。因此，食品安全问题说到底是个标准问题，即食品安全中的危害因素不得超过标准规定的阈值。危害因素被控制在一定限量内的食品，就是法律意义上的安全食品。

其次，食品安全问题与人类认知水平密切相关。随着食品安全知识的不断积累和认识能力的不断提升，人们对食品安全风险的认识不断深化。"瘦肉精"事件就是典型事例。最初"瘦肉精"是作为科技进步的成果予以推广的，后来随着实践的不断深入，人们才发现其存在的危害性。事实上，没有一定数量和程度的累积，食品安全往往并不会以"问题"的形态展现出来。

再次，食品安全问题与社会发展阶段密切相关。食品安全不仅与经济发展、科技进步有关，而且与环境保护、社会管理相连。影响食品安全的因素可以从经济、社会、技术、文化等多方面进行分析，这里既有产生决定力的近因，也有发挥影响力的远因。食品安全是多种因素综合作用的结果。

所以，食品安全问题在一定程度上是社会问题乃至人类问题的折射。解决食品安全问题不能仅就食品安全问题论食品安全问题。目前，无论是发展中国家，还是发达国家，食品安全问题的破解能力都有待进一步提升。在全球化时代，有效解决食品安全问题，发展中国家比发达国家面临着更大的挑战，承受着更大的压力。

对于公众的食品安全预期，需要以科学、理性、务实的态度予以引导。食品消费存在偶然风险，这在世界各国并无差别。消费者进行食品消费应当进行必要的选择，如不购买无生产合格证明的食品，不到无许可证的餐饮服务单位就餐，不食用国家法律明令禁止的食品。

在许多国家和地区，食品安全监管部门的使命往往被定位在最大限度地"减少"和最大限度地"提高"上。所谓最大限度地"减少"，是指最大限度地减少食源性疾病对个人、家庭、社会的影响；所谓最大限度地

"提高"，是指最大限度地提高国民对食品安全或者食品消费的信任和信心。

四、阶段性特征 跨越性进步

当前，我国食品安全领域的主要矛盾，是广大人民群众对食品安全快速增长的需求同社会主义初级阶段相对滞后的食品安全生产力之间的矛盾。在我国，食品安全工作具有明显的阶段性特征，这是由我国将长期处于社会主义初级阶段的现实国情所决定的。

改革开放以来，伴随着经济的快速发展，我国食品产业的产业化、规模化、集约化水平不断提升，但食品产业多、小、散、低的现象依然较为严重；各级政府对食品安全工作的投入力度不断增大，但广大基层的食品安全监管力量依然较为薄弱；食品安全监管体制改革不断推进，但监管力量的整合和监管效能的提升依然需要强化；食品安全监管制度不断完善，但监管机制和监管方式方法仍然需要不断创新。正确认识我国食品安全的阶段性特征，必须始终坚持实事求是的思想路线，把理想与现实有机地结合起来，统筹兼顾、科学安排、因地制宜、循序渐进，推进我国的食品安全不断取得新进展。

改革开放以来，我国食品生产经营和消费格局发生了深刻变化，生产经营主体多元化，消费需求多层次，食品产量持续增加，质量逐步提高，食品供给由长期以来的总体短缺、品种单调转变为数量充足和品种多样。伴随着这些变化，我国食品安全监管事业不断发展与进步。

近年来，我国颁布《食品安全法》，食品安全监管理念和机制不断创新；成立国务院食品安全委员会，实现食品安全监管的高端协调；改革食品安全监管体制，实现一个环节由一个部门监管的阶段目标；建立国家食品安全风险评估中心，初步确立食品安全科学监管的基础；加快食品安全标准建设步伐，逐步实现食品安全标准的统一；深入开展食品安全专项整治和综合治理，加快破解食品安全突出问题；全面加强食品安全宣传教育，稳步提升全社会的食品安全意识。食品安全监管工作正在实现跨越性进步，为继续深入推进食品安全改革和发展奠定了良好的基础。今天，我国已经站在新的起点上谋划食品安全监管工作。

五、社会性问题　优先性领域

食品安全问题属于重大社会问题，其涉及多环节、多部门、多层次、多领域，对社会诸多方面有着重要的影响；涉及每个人、每个家庭乃至整个国家，受到社会的普遍关注；受到产业发展、社会管理、诚信发育等影响和制约，需要多方面综合治理。食品安全已成为国家软实力的重要组成部分。食品安全监管领域完全可以成为我国社会管理创新的重要试验田。在食品安全领域，政府、企业、消费者、行业协会等不同的利益相关者存在着共同的利益基础——安全。在命运共同体下，食品安全治理绝不是单个利益主体的单边活动，而是多个利益主体的共同活动，是不同利益主体之间的互动。许多食品安全风险需要社会各方面共同认识、共同管理、共同应对。

随着改革开放的逐步深化，全社会的食品安全需求不断提高，食品安全意识在不断提升，食品安全视野在不断拓展，食品安全文化在不断丰富。在此新的发展时期，解决食品安全问题必须坚持大社会治理观，更加自觉地把食品安全工作放在大趋势、大格局中去思考和谋划，坚持多策并举、综合施治的工作思路，从理念、法制、体制、机制、方式等方面进行创新，从责任、体系、能力、监管、考核等方面狠抓落实。

食品安全属于基本民生问题，近年来被纳入民生改善领域予以强调。在 2011 年和 2012 年国务院政府工作报告中，食品安全工作被列入“加强社会建设和保障改善民生”部分，要求各级政府优先重视、优先投入、优先安排、优先发展、优先保障。相对于当前我国经济建设取得的突出成就，社会建设仍相对滞后，而食品安全在整个社会建设中还处于薄弱方面。因此，为适应经济的协调发展和社会的全面进步，应当将食品安全工作摆上更为突出的位置，在政策支持、经费投入、队伍建设、项目安排等方面给予更多的倾斜。只有食品安全得到切实的保障，社会主义和谐社会和小康社会才能有坚实的基础。

六、聚焦性关注　放大性传播

在食品领域，安全与风险对立统一、此消彼长。有效解决食品安全问题，必须积极预防食品安全风险。纵观世界各国，这种积极预防食品安全风险、强化食品安全监管的成效，大多以解决问题的方式展示出来，然而解决的过程和结果往往却被人们所忽略，问题却成为全社会关注的焦点。这种聚焦往往会产生晕轮效应，使得简单问题复杂化、复杂问题简单化，或者局部问题全局化、全局问题局部化，形成光怪陆离的集合与放大现象。在当前这样一个信息化、全媒体时代，食品安全问题在许多国家都容易成为社会情绪的表达对象。食品安全监管工作往往被赋予了更大的社会责任，在一定程度上超越了其职责和能力，需要全社会给予更多的理解。

在信息化、全媒体时代，食品安全问题被聚焦、集成后往往会快速性、放大性传播。食品安全问题往往成为媒体与观众的“偏爱”，有时“真理还在穿鞋，谎言却已走遍天下”，在时空压缩与时空延伸现象并存的世界里，食品安全永远是风险高发的领域。在这种环境下，食品安全问题往往更容易成为公众所关注的焦点。食品安全问题的放大，往往是风险影响的放大、社会情绪的放大、监管责任的放大。当前，食品安全工作已成为重大的政治问题和社会问题，需要从全局性和战略上科学把握和积极应对。

七、全局性建构　渐进性改革

食品安全工作涉及体制、法制、机制、文化等多领域，涉及种植、养殖、生产、流通、贮存、销售、消费等多环节，涉及监督、监测、评估、标准、检验、信息、评价、宣传、教育等多要素。应当按照统筹兼顾、科学安排、稳步推进的原则，对食品安全监管体系进行全局性、系统性建构。这里的建构，既包括中央和地方的关系，也包括行政和技术的关系，还包括政府与社会的关系。当前，我国食品安全监管机构、组织、要素、手段等已基本具备，如何按照科学监管的要求，以最大限度、最佳方式整合资源、优化结构、凝聚力量、提升效能，是我国食品安全监管改革所应关注的重要问题。食品安全监管改革应当有明确的预期目标和具体的线路图，以激励和引导社会各界向着预期的目标不断努力。

食品安全监管改革涉及多方面，核心内容是监管体制。随着食品安全监管工作不断走向深入，监管体制改革不可避免地成为改革的重点。进入新世纪以来，我国已进行了多次食品安全监管体制改革。在具体监管上，实现了“双轨”变“单轨”的目标，即在一个监管环节上由卫生、质量两要素监管变为一个监管环节由安全一要素监管；在综合协调上，基本实现了“部分”变“全部”的目标，即把跨环节、跨部门的监管要素从部分纳入综合协调到全部统一纳入综合协调。当前，我国食品安全监管体制改革已取得了阶段性成效。从国际社会改革看，食品安全监管体制是许多国家食品安全改革的首选项目。食品安全监管体制的选择往往受到宪政体制、监管理念、产业发展、社会文化等方面的影响。近十年来，我国食品安全监管体制改革的目标始终定位在科学、统一、权威和高效上。随着食品安全监管工作不断走向深入，监管体制改革已成为改革的重点。食品安全监管体制的改革，应当有利于最大限度地整合监管资源、提高监管效能，有利于最大限度地提振国民对民生改善、社会进步的信心。

我国的食品产业是世界食品产业的缩影，我国的食品安全管理是我国社会管理的缩影。两个“缩影”表明，无论从产业发展的角度来看，还是从安全监管的角度来看，我国的食品安全工作都处在从传统向现代快速转轨的过程中。在这一过程中，我们有进步的快乐，也有成长的烦恼，但成长本身就是希望。随着经济的快速发展和社会的全面进步，食品安全这一世界性难题在我国必将逐步得以破解，食品安全保障水平也必将不断提升。

第五节　食品安全治理的若干理论视角①

食品安全是全人类共同关注的重大社会问题。在长期的治理实践中，国际社会逐步探索出一些与食品安全治理相关的理论。深入研究这些理

① 徐景波：“食品安全治理的若干理论视角”，载《中国食品安全报》2013 年 2 月 28 日。

论，有利于科学把握食品安全治理规律，制定食品安全治理策略，推动食品安全治理工作的科学发展。

一、健康产品理论

食品属于维持和促进人体健康与生命安全的健康产品。与衣、住、行等其他消费相同，食品消费属于全球性消费、全民性消费、终身性消费。但与其他消费不同，食品消费属于健康性消费和一次性消费。

首先，食品属于健康性产品。食品是人类生存与发展最基本的物质资料，其存在的价值在于维持和促进人的生命健康。安全是食品生产、经营与消费的基本前提与最低要求。不安全的食品不仅不能维持人的生命健康，反而会损害人的生命健康。健康产品理论强调：直接作用于人体且维系人的生命健康的食品必须是安全的。

其次，食品属于一次性产品。有些产品在使用过程中如发现问题时可以进行修复和补救。但食品是不能通过消费来对其安全性进行判断或者验证的。因为食品一经消费就会对人的生命健康产生一定的影响。由此可见，食品在消费前就应当被证明是安全的、无毒无害且符合应当有的营养，不会对人体造成任何急性、亚急性或者慢性危害。

由于食品消费属于健康性消费、全民性消费、终身性消费、一次性消费，所以食品安全属于政府严格监管的领域。在许多国家和地区，食品与药品作为健康产品，往往由政府实行统一监管，采取特殊的监管措施，严格市场准入，严格安全检查，严格依法惩处。食品生产经营者必须严格执行有关法律和标准，对消费者和全社会负责，确保食品安全。

二、有效供给理论

食品生产经营的目的在于满足消费。在人类早期漫长的发展中，由于生产力水平的低下，食品需求与供给之间的矛盾曾长期困扰人类。在相当长的历史时期，人们对食品安全的要求受到极大的制约。

众所周知，食品消费的目的在于满足生命健康所需要的营养和能量。

如果食品不能提供生命健康所需要的营养和能量，那么食品消费就没有意义。从需求与供给的关系来看，只有满足生命健康需求的供给，才属于有效供给。无论从生产角度还是从消费角度；无论从经济角度还是从生理角度，背离安全的食品供给都不是有效的供给。所以说，安全是保障食品有效供给的前提和基础。

在当代社会，食品安全应是食品量的安全与质的安全的有机结合。早期的食品安全有效供给主要表现在量的供给方面。这一问题在世界范围内时至今日并未彻底解决。当前，我国食品安全有效供给问题主要表现在质的供给方面。实现食品质的有效供给需要从多方面予以保障。从要素安全的角度看，其包括食品原料安全、食品添加剂安全、食品相关产品安全、场所环境安全、从业人员健康等；从过程安全的角度看，其包括种植养殖安全、生产加工安全、贮存流通安全、餐饮消费安全等。必须深刻地认识到：任何一个要素或者任何一个环节出现问题，都有可能导致食品安全问题的产生。

有经济学家提出需求创造供给理论的同时，也有经济学家提出供给创造需求理论。实践证明，在消费可以选择的条件下，供给可在一定程度上影响需求。假冒伪劣食品的存在，将在一定程度上影响消费者对该类食品的需求。只有安全的食品供给，才是真正满足消费需求的有效供给，才是具有经济价值的供给。没有安全保障的食品供给，不是有效的供给，而只能是巨大的浪费。食品生产经营企业应当采取有效措施，确保食品供给属于具有经济价值和社会价值的有效供给。

三、生命周期理论

任何事物都有自己的生命周期。产品的生命周期，不仅影响着产品的生产经营，而且还影响着产品的使用消费。1966 年美国学者雷蒙德·弗农（Raymond Vernon）提出产品生命周期理论。与人的生命周期相似，产品也要经历开发、成长、成熟、衰退等阶段。弗农的产品生命周期理论主要是从产品市场营销的角度进行考量的。具体说来，产品的生命周期就是新产品从进入市场到被市场淘汰的整个生命过程。

从食品安全的角度看，食品的生命周期可以分为自然生命周期和商业生命周期。自然生命周期，是指食品按照其自然规律所表现的生命周期。各种食品在自然条件下都有可供消费的时间限制。这种生命周期为食品生命的自然属性。从最初的种植养殖，到后来的加工制作，再到最后的使用消费，食品的自然生命周期是相对确定的。尊重食品的生命周期，就是尊重食品的自然属性，就是尊重人类的健康权益。

商业生命周期，是指食品在市场上进行商业流通的生命周期。在食品成为商品后，由于科技发展或者商业利润的驱动，食品的自然生命周期与商业生命周期之间往往形成一定的鸿沟。令人遗憾的是，今天这种鸿沟还在不断地扩大或者加深。从积极的角度来看，新材料、新技术、新方法的应用，有效延长了食品的生命周期，使食品可以在更长的时间、更广的领域进行大流通，极大地满足了广大消费者的需求。从消极的角度来看，疯狂的商业利益往往驱使不法商贩唯利是图、不择手段，在食品中违法添加各类非食用物质，食品安全的张力时刻都面临着崩裂的可能。

生命周期理论启示我们，现代科学技术的发展可以适当延长食品的生命周期，满足人类不断增长的健康需求。但这种延长必须是有条件的，即符合科学规律、确保食品安全。任何技术的发展都不是其自然价值的简单释放，都必须遵循法律和道德的约束。食品生命周期的延长，如果是违背法律法规和安全标准的无节制的延长，那只能给消费者的生命健康带来风险和危害。对此，食品安全监管部门要强化对超越自然生命周期的食品的风险监测与评估，防止食品安全事故的发生。

四、社会责任理论

任何组织都在社会中生存和发展。在从农业社会向工业社会、个人本位向社会本位转变的进程中，社会责任理论应运而生。工业社会以来，企业财产的社会性、企业关系的社会性和企业影响的社会性等日益突显，传统的企业责任理论受到挑战，社会责任理论由此产生并逐步从伦理责任走向法律责任。

1924 年美国学者欧利文·谢尔顿（Oliver Sheldon）在其所著《管理的哲学》一书中首次提出企业社会责任的概念。但迄今为止，学术界关于企业社会责任还没有统一的定义。一般认为，企业社会责任就是企业在创造商业利润、对股东利益负责的同时，还要对员工、债权人、消费者、社区、环境等承担维护职工权益、参与环境保护、支持慈善事业、捐助社会公益、保护弱势群体等责任。企业社会责任超越了以往企业只对股东负责的狭隘视野，要求企业在实现自身经济利益的同时，也要对社会发展与进步承担更多的责任。

我国《食品安全法》规定，食品生产经营者应当依照法律、法规和食品安全标准从事食品生产经营活动，对社会和公众负责，保证食品安全，接受社会监督，承担社会责任。在食品安全领域，一般认为，企业社会责任是指食品企业在承担强制性的安全责任以外的其他道义性责任，即生产经营安全食品以外的其他责任，包括生产经营更有质量，更有营养、更加健康、更加经济、更加美味等的食品。也有学者认为，企业社会责任包括强制性责任和道义性责任两部分。

从历史发展与逻辑关系来看，企业社会责任应当为企业承担的强制性责任以外的其他道义性责任。生产经营安全的食品是食品企业必须履行的法定义务，而不属于企业应当承担的社会责任。国家和社会应当要求食品企业依法承担保障食品安全的法律责任，应当鼓励食品企业积极承担促进食品质量等不断升级的社会责任。

五、企业公民理论

企业不仅是经济活动中的主体，也是社会活动中的主体。与公民一样，企业也具有社会属性，在享有一定权利的同时，也应当承担一定的责任。企业成功与否，与社会的健康发展密切相关。任何企业都不能脱离社会而存在、不能背离社会而发展。企业应当将其生产经营活动与社会的基本价值相融合、相协调。企业在获取经济利益时，应当通过各种方式积极回报社会，为社会的发展与进步做出应有的贡献。优秀的企业公民应当自觉而又出色地履行社会责任。

企业公民理论始于 20 世纪 80 年代，目前在全球范围内越来越受到重视，有关组织已开始制定相关国际标准。企业公民建设的目的是寻求企业发展与社会和谐的契合点，达到互惠与双赢。近年来，我国相关组织也积极开展企业公民理论研究及企业公民绩效评价。

企业公民理论是个开放的体系。随着时代的发展和社会的进步，企业公民理论的内涵不断丰富。一般认为，企业公民的基本要求有以下几点：一是尊重法律和道德，包括遵守国际标准和商业道德行为准则、维护中小股东利益、防范腐败贿赂等；二是维护员工权益，包括落实员工安全计划、保障就业机会均等、维护薪酬公平等；三是保障利益相关者利益，包括注重保护消费者、供应商、社区等利益；四是注重环境保护，包括减少污染物排放、使用清洁能源、注重废物回收再利用、共同应对气候变化、保护生物多样性等；五是促进社会发展，包括传播国际标准、向贫困社区提供产品和服务等。

一般认为，企业公民理论是企业社会责任理论的最新表达。事实上，企业公民理论更加强调企业权利与义务的对等性与一致性，更加注重企业社会责任的有效落实。企业公民理论要求食品企业应当最大限度地履行社会成员的责任，在为消费者提供安全食品、依法获得商业利润的同时，还应当积极主动地承担更多的社会责任。

六、利益攸关理论

与其他任何产品相比，食品作为人类生存的必需品，拥有最广泛的利益相关者。食品安全关系到全世界的每一个人，关系到每个人的每一天。正因为食品与人类的生存和生活息息相关，保障食品安全才需要全社会的共同参与。企业生产经营的目的在于满足社会对食品消费的需要。与食品企业间具有一定关系的人都是食品安全的利益相关者，对企业的生产经营活动都享有一定的参与权、知情权、监督权与表达权，企业对这些利益相关者应当承担一定的义务。

国际上研究利益攸关理论或者利益相关者理论的学者很多。如美国的卡罗尔（Archie B. Carroll）认为，利益相关者是指在企业经营和决策过程中具有所有权、索取权的集团或者个人，包括业主、顾客、员工、社区、供应商、公众等。企业对这些利益相关者承担的社会责任，是一个由经济、法律、道德等组成的金字塔。加拿大的克拉克森（MaxB. E. Clarkson）则认为，企业的利益相关者可以分为首要利益相关者和次要利益相关者。前者是指那些在过去、现在或者未来在企业活动中享有索取权、所有权以及利益的个人或者集团，主要包括股东和投资者、员工、顾客、供应商以及政府和社区；后者亦包括能够影响企业和受企业影响的个人或者集团，诸如媒体、非政府组织。而企业社会责任就是企业对首要利益相关者的责任。

在食品安全领域，利益相关者主要包括生产者、经营者、消费者、股东、员工、政府等。食品企业应当对各利益相关者承担相应的责任。应当强调的是，安全是所有利益相关者的共同利益基础。食品如不安全，每个利益相关者的利益都将受到损害。与此同时，安全应当成为所有利益相关者共同的价值追求。食品只有安全，企业才能健康成长、持续发展，各利益相关者的利益才能得以实现。

七、公共利益理论

公共利益，通常是指符合社会大多数成员需要并能为其带来积极意义的利益。公共利益往往被视为法律保护的目标、制度设计的取向和行为选择的标准。一般认为，公共利益的界定既是协调利益冲突、实现社会和谐的重要前提，同时也是降低交易成本、提高社会福利的基本途径。公共利益是与私人利益相对应的概念，具有以下特点：一是客观性。公共利益是客观存在的，其不同于私人利益、国家利益、集体利益，也不同于社会利益、共同利益。公共利益最终往往能够确定为特定民事主体的私人利益。与任何人不相干的公共利益不具有正当性。二是抽象性。公共利益是一个与诚实信用、公序良俗等相类似的框架性概念，具有高度的抽象性和概括性。三是开放性。公共利益的边界模糊，其范围随着时代的发展而发展、变化而变化。实践中往往需要行政机关或者司法机关根据实际情况自由裁量。四是共享性。公共利益可以为多数人所共享。仅为某个人所独享的利益不是公共利益。

食品安全的历史就是公共利益和商业利益长期博弈的历史。公共利益和商业利益之间的关系具有二重性，两者之间既有和谐统一的一面，也有矛盾冲突的一面。公共利益理论要求：在公共利益和商业利益方向和谐统一时，政府要切实依法保护企业的正当权益；在企业冲破法律和道德底线、公共利益和商业利益发生冲突的时候，政府要始终坚定不移地站在公共利益一边，毫不动摇地维护公共利益，坚持不懈地做公众健康的守护神。这也是公益优先原则在食品安全领域的具体体现。

八、风险治理理论

风险是人类社会面临的永恒主题。食品生产经营的全过程和各方面都存在着一定的风险。食品安全治理的目标就是最大限度地防范食品安全风险，最大限度地保障公众饮食安全。

20 世纪 90 年代以来，在应对一些重大食品安全事件上，国际社会逐步探索出食品安全风险治理理论。2006 年，联合国粮农组织、世界卫生组织出版了《食品安全风险分析——国家食品安全管理机构应用指南》，这标志着食品安全风险治理理论走向成熟。

防范食品安全风险，需要从技术、行政和社会三维的角度展开。风险评估主要是从技术的角度来识别食品安全风险，风险管理主要是从行政的角度来排查食品安全风险，风险交流主要是从社会的角度来应对食品安全风险。风险治理理论的确立，标志着食品安全治理正在从经验治理走向科学治理、从传统治理走向现代治理、从事后应对走向事前防范。这标志着食品安全治理新时代的到来。

风险治理理论主要包括以下几个方面：一是风险评估，主要是对食品、食品添加剂、食品相关产品中生物性、化学性和物理性危害对人体健康可能造成的不良影响进行科学评估；二是风险交流，是将已知风险在食品生产经营企业、政府监管部门、科技支撑单位、行业协会等之间进行交流；三是风险管理，主要是食品生产经营企业和政府监管部门根据风险分布状况研究治理的具体治理措施，实行动态治理，落实治理责任。

风险治理理论启示我们，安全与风险之间是对立统一、此消彼长的辩证关系。不在安全与风险的对立中研究食品安全，就不知道食品安全的奥妙；不在安全与风险的统一中把握食品安全，就不知道食品安全的真谛。在不同国家以及不同发展阶段，食品安全风险并不相同。食品安全风险因素众多，只有坚持综合施策，才能形成治理合力，有效化解食品安全风险。

从我国现实情况出发，实施食品安全风险治理，一要坚持能动治理，通过主动排查风险，将食品安全风险消灭在萌芽状态；二要坚持全程治理，从农田到餐桌实施全过程治理，防止因某一环节存在缺陷导致体系崩溃；三要坚持分类治理，食品安全风险有轻有重、有缓有急，应当根据不同的情势实行分类治理，以提高治理效率；四要坚持精细治理，食品安全风险往往隐蔽在众多的细节中，只有注重细节才能有效发现风险并解决风险；五要坚持综合治理，影响食品安全的因素很多，必须坚持综合施策、协同治理。

九、全程治理理论

食品生产经营包括种植、养殖、生产、加工、贮存、运输、销售、消费等诸多环节。传统的食品安全保障体系基本上将保障重点锁定在生产加工环节，其信奉的原则是：只要抓好生产加工这一关键环节，食品消费最终就能得到有效保障。然而，各种食源性疾病的相继爆发，彻底粉碎了人们这种纯真而善良的愿望。

在迎接食源性疾病挑战的过程中，人们逐步认识到：食品生产经营的任何环节存在缺陷，都可能导致整个食品安全保障体系的最终崩溃。仅在最后阶段对食品采用检验和拒绝的手段，是无法对消费者提供充分有效的保障，而且这也违背了市场经济奉行的效益原则。为此，国际社会逐步探索出保障食品安全的新方法，即食物链控制法，要求食品安全治理竭尽所能地向两端延伸，并强化食品在消费前各个环节的密切联系，从而实现对食源性疾病的全面预防和风险的全程控制。

全程治理理论启示我们：仅将全程治理理解为从农田到餐桌的概念是不充足的。全程治理至少包括以下要点：一是全程覆盖，即食品安全治理应当涵盖从种植、养殖、生产、加工到贮存、运输、销售、消费等全部环节，避免因食品生产经营中的某一环节存在缺陷而导致整个食品安全保障体系的崩溃。二是全面预防。在食品生产经营的全过程要采取积极有效的控制措施来防止食品安全问题的发生，最大限度地保障公众切身利益。三是注重源头。尽管食品生产经营可以分为若干环节，但每一个环节都有其源头，只有从源头把关，才能确保食品安全。四是注重联系。食品生产经营各环节间要保持密切的联系，防止因出现断档而产生监管盲点和盲区。五是强化统一。凡是跨环节的监管和服务要素，如风险评估、检验检测等都应当实行统一管理。六是强化尽责。食品生产经营的每一环节都必须尽职尽责，必须将风险解决在本环节内，而不能将风险放逐到下一环节。

十、社会治理理论

如果将食品生产经营过程比作一条河流，那么，全程治理则是这条河流主航道上游、中游和下游全过程的治理。掌控这条河流的主航道对于保障食品安全至关重要。然而，食品安全问题的产生绝不仅仅源于主航道。影响食品安全的因素是多方面的。在加强主航道治理的同时，必须实施食品生产经营全流域的治理。

食品安全问题的产生是多要素、多环节、多方面综合作用的结果。这里既有产业因素，也有文化因素；既有科技因素，也有管理因素；既有环境因素，也有生态因素；既有国内因素，也有国外因素。坚持食品安全社会治理，有利于形成纵横交错的食品安全治理网络，及时发现食品安全隐患，促进食品企业依法生产经营，不断提高食品安全水平。

政府是食品生产经营活动的监管者。在社会主义市场经济条件下，政府承担着经济调节、市场监管、社会管理和公共服务的职能。对食品安全进行监管，是政府履行职责的应有之意。随着经济全球化和贸易自由化的发展，各国政府在食品安全保障方面面临着越来越严峻的挑战，而发展中国家比发达国家承受着更大的压力。在食品安全治理体系中，由于政府是公共利益的忠实代表，政府治理往往被认为是最权威、最坚决、最公正的治理。

作为食品的生产经营者，企业是食品安全的第一责任人。企业对食品安全承担主体责任。随着科学技术的发展，从农田到餐桌的食品生产经营活动日趋复杂，只有食品生产经营企业才能对其生产经营活动了如指掌，深知其风险隐患，才能采取有效的措施应对食品安全风险。企业的食品安全意识、安全措施以及管理水平直接影响乃至决定着企业的食品安全状况。没有企业完善的保障措施，即便再完善的政府监管也恐怕难以取得理想的效果。在食品安全治理体系中，企业治理往往被认为是最直接、最根本、最经济的治理。

消费者、食品行业协会、新闻媒体等是社会治理的重要组成部分。《食品安全法》规定，食品行业协会应当加强行业自律，引导食品生产经营者依法生产经营，推动行业诚信建设，加强食品安全知识宣传、普及。新闻媒体应当开展食品安全法律、法规以及食品安全标准和知识的公益宣传，并对违法行为进行舆论监督。任何组织或者个人有权举报食品生产经营中的违法行为，有权向有关部门了解食品安全信息，对食品安全监督管理工作提出意见和建议。在食品安全治理体系中，社会治理往往被认为是最广泛、最彻底、最及时的治理。

第六节　最广泛的利益相关者与最紧密的命运共同体[①]

食品安全事关民生福祉、经济发展、社会和谐、国家形象和民族尊严，既是重大的社会问题，也是重大的经济问题；既是重大的民生问题，

① 本文为2015年10月食品安全法治讲座内容。

也是重大的政治问题。关注食品安全问题，就是关注公众的健康与幸福、关注社会的和谐与进步、关注民族的命运与未来。历史的发展启示我们，必须从全局和战略的高度看待和把握食品安全工作。

一、食品安全拥有最广泛的利益相关者

从食品消费的角度看，食品是人类社会赖以生存和发展的物质资料。食品消费属于全民性消费，地球上的每一个人都需要消费一定数量的食品，以获取其生命存续和健康保障所需要的各种营养；食品消费属于终身性消费，人从出生到死亡，几乎在其生命的全周期都需要消费食品；食品消费属于必需性消费，人类要健康地生存，就必须消费食品，且这种消费不分民族、年龄、性别、贫富、强弱；食品消费属于一次性消费，食品安全不能通过人体来进行验证，食品一经消费就会对人体的健康产生影响。食品在消费之前必须是安全的。由此可见，在人类所创造的各类产品中还没有其他任何产品与每一个人的每一天有如此直接、广泛、必要、重要的联系，食品安全拥有最广泛的利益相关者。

从历史发展的角度看，人类对食品安全的认知大体经历了生命安全、公共安全、国家安全和人类安全的发展阶段。与这些阶段的演变相适应，对食品安全问题关注的主体也在不断地扩展着。在生命安全认知阶段，关注食品安全的主体主要是食品的生产者、经营者、消费者以及食品安全的管理者、服务者；在公共安全认知阶段，关注食品安全的主体范围有了进一步的拓展，信息管理、舆论引导、犯罪侦查等公共安全部门的关注明显提升。在这一阶段，食品行业协会、学术团体、消费者保护组织等社会权利机构的参与监督意识空前高涨，社会共治的要求日趋强烈；在国家安全认知阶段，关注食品安全主体的层次不断提升，科学技术、国家安全等部门积极投入；在人类安全认知阶段，食品安全关注主体的影响不断扩大，不同国家和地区、国际组织和机构，都在积极参与食品安全治理。从重大的社会问题、重大的经济问题、重大的民生问题到重大的政治问题、重大的国际问题，关注食品安全的主体范围在拓展、层级在提升、影响在扩

大。今天，食品企业、行业协会、监管机构、检验机构、认证机构、新闻媒体、消费者等都是食品安全的利益相关者。

食品安全拥有最广泛的利益相关者，这一重要命题无时无刻不在告诫我们，食品安全是广大人民群众最关心、最直接、最现实的问题，而最广大人民群众最为关注的问题就是当今中国最大的政治问题。首先，应当更加清晰地认识到：食品安全是所有利益相关者的共同利益基础。在市场经济条件下，每个市场主体都有各自的利益。但食品安全与人的生存权紧密相连，是维持健康的最低保障和强制要求。安全是食品安全利益相关者的最大公约数。突破食品安全底线，食品存在的基础就会发生动摇，所有相关者的利益就可能荡然无存。维护食品安全，既是维护所有利益相关者的共同利益，也是维护每个利益相关者的个人利益。其次，应当更加深刻地认识到：保障食品安全应当成为所有利益相关者的共同价值追求。价值是指引人类社会发展与进步的钥匙。在市场经济条件下，每个利益主体都有自己的价值追求，但安全完全可以成为各利益相关者共同的价值追求。离开安全这一基础性、根本性保障，各利益相关者的价值追求将是“缘木求鱼”“水中捞月”。

二、建立最紧密的食品安全命运共同体

党的十八届三中全会提出实现国家治理的现代化。食品安全领域是国家治理现代化的试验田、前行者。从全球的角度来看，今天的食品安全问题具有多样性、广泛性、复杂性、叠加性、高发性等特征，而作为最大的发展中国家，我国食品安全面临的问题更复杂、更敏感、更艰巨、更急迫。在这一形势下，必须组织和动员全社会的力量，积极参与食品安全治理，推动建立新型治理关系，实现食品社会共治的大格局。

首先，应当创新食品安全治理新理念。理念是事物运行的灵魂。从社会管理到社会治理，是我国社会建设理念的重大进步。当今社会，食品安全问题十分复杂，食品安全风险来源的广泛性、食品安全风险影响的社会性、食品安全治理措施的综合性等多种因素，决定了食品安全应当实行社

会治理。在新的历史时期，食品安全关系已不再仅仅是政府与企业之间命令与服从的简单线性关系，而是企业、政府、社会之间互助与互动的复杂网状关系。这种特殊结构正不断塑造着各利益相关者间平等、合作、伙伴的新型关系，从而构造出互动、互助、互利的新型格局。要通过有效的机制建设，加快构建企业负责、政府监管、行业自律、部门协同、公众参与、社会监督、法治保障的食品安全共治大格局。《食品安全法》确立了食品安全社会治理理念。如食品行业协会应当加强行业自律，引导食品生产经营者依法生产经营，推动行业诚信自律，宣传、普及食品安全知识。国家鼓励社会团体、基层群众性自治组织开展食品安全法律、法规以及食品安全标准和知识的普及工作，倡导健康的饮食方式，增强消费者食品安全意识和自我保护能力。新闻媒体应当开展食品安全法律、法规以及食品安全标准和知识的公益宣传，并对违法行为进行舆论监督。任何组织或者个人有权举报食品生产经营中的违法行为，有权向有关部门了解食品安全信息，对食品安全监督管理工作提出意见和建议。这些制度有着丰富的发展内涵和广阔的拓展空间。

其次，应当创新食品安全治理新机制。机制是事物运行的动力。为使纸面上的治理理念转化为行动中的治理实践，应当加快建立激励与约束、褒奖与惩戒、动力与压力、自律与他律相结合的食品安全治理机制，努力使食品安全治理资源和治理力量整合起来，使食品安全治理责任和治理措施落实下去，进一步增强食品安全治理工作的积极性、主动性和创造性。要加快完善多元参与机制、有奖举报机制、责任保险机制、部门协同机制、区域协作机制、案件移送机制、行刑衔接机制等，通过有效的平台和载体，为多方参与食品安全治理提供有效的制度安排；要充分运用民事法律手段，在各类民事主体之间建立连带法律关系，使各类食品安全主体从最紧密的责任共同体成为最紧密的命运共同体。如集中交易市场的开办者、柜台出租者和展销会举办者未履行法律义务、发生食品安全事故的，应当与经营者承担连带责任；网络食品交易第三方平台提供者未履行法定义务、使消费者的合法权益受到损害的，应当与经营者承担连带责任；广告经营者、发布者设计、制作、发布虚假食品广告使消费者的合法权益受到损害的，应当与食品生产经营者承担连带责任；社会团体或者其他组织、个人在广告中向消费者推荐食品时有虚假宣传行为、使消费者的合法权益受到损害的，应当与食品生产经营者承担连带责任；食品检验机构和检验人员、食品认证机构和认证人员，出具虚假检验报告或者认证结论进而给消费者造成损害的，应当与食品生产经营者承担连带责任。

食品安全拥有最广泛的利益相关者，但如何建立起最紧密的命运共同体，还需要多方面进行深入的研究和探索。应当看到，食品安全社会共治的理念已经建立，但更为艰巨的任务是如何建立行之有效的制度机制使食品安全社会共治得到真正落实。对此，必须坚持大健康观、大安全观、大社会观、大治理观，通过更加科学的制度机制安排，协调好政府、部门、企业、行业、公众、媒体等多方面的关系，努力形成纵横交错、密切协作、职责清晰的食品安全治理网络，共同保障食品安全。

第七节　科学把握食品安全的国际发展趋势[①]

进入新世纪以来，随着经济全球化步伐的加快，食品安全问题已引起世界各国的广泛关注，成为各国政府促进发展、保持稳定、福利民生的重大课题。为进一步提高食品安全水平，切实保障广大人民群众的饮食安全，我国正在全力推进食品安全事业的各项改革。解决中国的问题需要世界的眼光，理性认知食品安全的国际发展趋势是科学推进我国食品安全事业改革的重要前提。

一、食品安全监管体制的统一化

食品安全是指食品符合有关法律、标准的规定，以免食用后对当代或者后代的生命、健康造成有害的影响。食品安全涉及种植、养殖、生产、加工、贮存、运输、销售、消费等社会化大生产的诸多环节。世界各国均

① 徐景和：“科学把握食品安全的国际发展趋势”，载《中国质量万里行》2004 年第 11 期。

对食品生产经营的各个环节进行适当的监管，以通过提高生产经营过程的安全实现最终消费的安全。然而，因经济发展水平、诚信发育状况、历史文化传统、社会治理理念等的不同，世界各国在食品安全监管体制上存在着一定的差异。近年来，为提高食品安全监管效率，许多国家对传统的食品安全监管体制进行改革。改革大体上通过两种方式进行：一是将过去分散的管理部门予以适当统一，如澳大利亚与新西兰组建了澳大利亚新西兰食品标准局，将食品安全标准的分散部门制定改革为统一的部门制定，统一规划、统一制定、统一发布，保证了食品安全标准的统一与权威；二是对传统的分散的管理部门予以适当协调，如澳大利亚与新西兰在过去部门分散决策的基础上成立了两国的食品安全部长级会议，作为协调机构负责两国食品安全政策的统一。各食品安全相关部门按照统一的政策制定相关的法律和标准。

食品安全监管制度包括监管机关、监管内容、监管方式等内容。而监管体制的统一化包含着多层面的含义，既可以是监管机关的统一，也可以是监管要素的统一，甚至可以是监管方式的统一。目前，有些国家在食品安全的监管机关上逐步实现相对的统一，如美国食品安全的管理主要为人类与健康服务部的食品药品管理局、农业部的食品安全检验局和动植物健康检验局；也有些国家在食品安全的监管要素上逐步实现完全的统一，如澳大利亚在食品安全的标准上实现了完全的统一。一般说来，监管机关的统一往往涉及多方利益的调整和诸多制度的改革，所面临的困难、所承受的压力、所下定的决心、所展示的魄力和所带来的效果往往更大些。而监管要素的统一则因所涉及的事项相对集中和简单而更容易被采纳。目前，食品安全监管要素的统一主要表现在以下三个层面：一是决策层面的统一，包括法律、标准、政策和规划的统一等；二是执行层面的统一；三是监督层面的统一。在不同国家和地区中，统一的层面存在差异，有的是一个层面的统一，有的是两个或者三个层面的统一。无论是哪个层面的统一，都是为了避免多头监管、重复监管，从而提高监管效能。

在食品安全制度建设中，监管体制建设占有特别重要的地位，对监管要素制度的建立具有重要的影响。一段时期以来，在食品安全保障方面，我国实行分散的监管体制：横向上实行部门分段管理、纵向上实行系统垂直管理。在这种体制下，决策、执行、监督往往是分散的，甚至在同一环节上还存在着要素的分散管理，如在生产加工领域，既由卫生部门实施卫生准入管理，也由质检部门实施质量（生产）准入管理，而仔细分析卫生、质量两者的关系，不难发现两者在内涵外延、准入条件以及相关标准等方面存在着许多相同的元素。这种监管体制必然造成社会资源的极大浪费。令人欣慰的是，近期国务院出台的《关于进一步加强食品安全工作的决定》，在现行综合监督与具体监管相结合的监管体制上，对具体监管体制做出了进一步的改革，即按照一个监管环节由一个部门监管的原则，采取分段监管为主、品种监管为辅的方式，进一步理顺食品安全监管职能，明确责任。这项改革将有利于我国食品安全监管效能的提高和食品安全保障水平的提升。

二、食品安全保障规则的法典化

食品安全保障规则，包括食品安全的政策、法律、标准等。近年来，在食品安全监管体制逐步统一化的进程中，各国政府逐步开始统一食品安全的各项保障规则，其显著标志就是食品安全法律和标准的法典化。法典化的根本目标在于基于共同的原则形成体系完整、价值和谐的科学体系，从而避免因制定机关过滥、制定层次过多而增加治理成本、降低治理效能。

在法律方面，因各国宪政体制、法律传统、立法体制等不同，食品安全的法律体系、法律形式、法律原则、法律制度等方面存在着一定的差异。但总体看来，许多国家已逐步将过去分散的食品安全法律规范予以编撰形成覆盖食品生产经营全过程的食品安全法典。如美国制定的《联邦食品、药品和化妆品法》《食品质量保护法》等；英国制定的《食品安全法》《食品标准法》等；日本制定的《食品安全基本法》《食品卫生法》等。上述法律有的侧重于实体，如英国的《食品安全法》；有的侧重于程序，如日本的《食品安全基本法》，但这些法律基本定位于基本法或者综合法。在标准方面，许多国家逐步在统一规则下构建食品安全的基础标准、管理标准、方法标准和产品标准等标准体系。英国、澳大利亚等国家组建了独立的食品标准局，具体负责食品安全标准的制定等工作。此外，许多国家将食品安全标准列入食品安全法律中，称之为食品安全技术法规，具有强制性。

当前我国已初步建立起保障食品安全的法律框架和标准框架，但与建立起价值统一、体系科学、结构合理、制度完备的食品安全法律和标准体系之间还有较大的距离。目前，有关食品安全的法律制度和标准还缺乏系统性、协调性，尚不能涵盖食品生产经营的各环节、各领域，还存在着交叉与空白，执法无法可依或者有法难依的现象依然存在。为切实保障我国食品安全水平能够得到明显提高，必须尽快健全我国食品安全的法律体系和标准体系。

三、食品安全技术服务机构的社会化

食品安全技术服务机构是指由专业技术人员依靠自己的专业知识或者技能对受托的食品特定事项进行检测、检验、监测、鉴定、评价等并出具相应意见的专业技术支撑机构。其包括食品安全检测机构、食品安全检验机构、食品安全监测机构、食品安全鉴定机构、食品安全评价机构等。

在食品安全技术服务的认识上，国际社会经历了若干转变：一是在基本属性的定位上，经历了从行政权力到技术服务的转变。过去习惯于将食品安全技术服务活动作为行政活动或者其延伸，将技术服务机构作为行政机构或者其派生机构，以行政权力构造食品安全技术服务体系，错误地强调食品安全技术服务机构的行政隶属性和行政层级性。目前，许多国家已经将食品安全检测等机构明确作为食品安全的技术服务机构。二是在服务对象的把握上，经历了从服务权力到服务社会的转变。食品安全技术服务机构服务的对象不仅包括行政机关、司法机关，而且包括食品生产经营企业、消费者等社会各类组织乃至个人。技术服务不仅可以弥补权力机关认知能力的有限性，而且也可以弥补社会其他机构乃至个人认知能力的局限性。三是在资源价值的发挥上，经历了封闭所有到开放利用的转变。在市场经济社会，政府应当购买社会服务而不是自营社会服务，政府不必建立大而全、小而全的自我封闭体系，而是应当充分利用各种社会资源，走社会分工与社会协作的道路。

长期以来，我国食品安全监管部门自营食品安全技术服务机构，部门所有、重复建设、自成体系、各自为战，造成了资源的极大浪费。全面提升我国食品安全技术服务机构的服务质量，必须按照社会化、公益化的要求重新构建我国的食品安全技术服务体系，逐步统一食品安全技术服务机构的资质、人员的资格以及服务的程序、标准，以实现食品安全技术服务资源的科学、系统和优化配置。

第八节　我国食品安全监管问题及对策[①]

“民以食为天，食以安为先”，这句古语一直在警示人们：安全是食品生产、经营和消费的第一要义。食品安全关系着广大人民群众的切身利益和健康安全，关系着经济发展、社会和谐、民族尊严和国家形象。多年来，我国政府坚持以人为本、执政为民，积极推进食品安全监管战略，不断完善食品安全监管体制机制，深入开展食品安全综合治理和专项整治，严惩重处食品安全违法犯罪行为，食品安全形势总体稳中向好。但近年来，塑化剂、地沟油、瘦肉精等食品安全事件多发频发，我国食品安全基础仍然薄弱，食品安全监管任重道远。只有立足当前、谋划长远、综合施治、科学监管，食品安全工作才能不断开创新局面。

一、我国食品安全监管存在的主要问题

（一）食品安全监管法律标准体系有待健全

《食品安全法》的颁布实施，标志着我国以风险治理为核心的科学治

① 徐景波：“我国食品安全监管问题及对策”，载《中国食品安全报》2012 年 2 月 21 日。

理理念和以食品安全为要素的监管体制的确立，食品生产经营和监督管理的主要方面已经有法可依，我国食品安全法制建设进入了新的发展阶段。

当前，我国食品安全法制建设存在以下突出问题：一是有些急需制定或者修订的配套法规规章尚未出台。《食品安全法》实施已近三年，《保健食品监督管理条例》尚未出台，《农药管理条例》等尚未修订，法律规定由省级人大常委会制定的有关食品生产加工小作坊和食品摊贩的管理办法在多数省区尚未出台。部分食品安全监管规章急需制定或者修订。此外，某些领域的食品安全监管制度过于原则、粗放，疏于精雕细琢，缺乏可操作性，急需进一步细化充实。二是食品安全法律责任与食品安全形势不适应。有效遏制重大食品安全事件，必须坚持重典治乱。《食品安全法》在处罚力度上虽然比之前的《食品卫生法》有所强化，但总体看来仍然失之于轻，而且部分违法违规行为缺乏相应的法律责任匹配，对违法违规者难以起到应有的震慑作用。在食品安全标准方面，《食品安全法》将过去的食品相关标准统一为食品安全标准，这是我国食品安全标准建设的重大进步。目前，卫生部已公布食品安全国家标准 185 项，有了良好的开端。但我国食品安全标准建设还不能很好地适应当前食品安全监管和行业发展的需要，有些重要标准或者重要指标如配套检测方法、食品包装材料等标准仍然缺失，一些标准标龄较长，食品产品安全标准通用性不强，部分标准指标欠缺风险评估依据。卫生部在《食品安全国家标准“十二五”规划》征求意见稿中表示，要在 2015 年基本完成食用农产品质量安全标准、食品卫生标准、食品质量标准以及行业标准中强制执行内容的清理整合工作。从当前食品安全形势、公众利益保护以及安全监管需要来看，食品安全标准的建设步伐急需进一步加快。

（二）食品安全监管体制有待完善

新世纪以来，围绕建立科学、统一、权威、高效的食品安全监管体制，我国进行了积极探索和实践。从 2003 年开始，我国逐步探索建立综合监督与具体监管相结合的食品安全监管体制。2004 年，按照一个环节由一个部门监管的原则，国务院确立了“分段监管为主、品种监管为辅”

的食品安全监管体制；2009 年，《食品安全法》颁布实施，进一步明确了分工负责与统一协调相结合的食品安全监管体制；2010 年，国务院设立食品安全委员会，作为国务院食品安全工作的高层议事协调机构。目前，国务院食品安全委员会成员单位有 20 多个。从表面看，这种体制似乎可以强化多重协同保障，但实际操作中往往因职责不清导致监管重复或者空白，因大量协调导致成本增大效率低下，因重复检测导致资源浪费。在这种体制下，各监管部门往往有“盲人摸象”的感觉，监督执法往往“画地为牢”，各部门难以全局思考、统筹安排、集中有限资源着重解决当前突出问题，监管效能在一定程度上打了折扣。近年来，如何确保食品安全综合协调部门凝聚智慧抓高端协调、具体监管部门集中精力抓具体落实，也需要在实践中不断摸索。

（三）食品安全薄弱环节监管有待加强

我国是食品生产和消费大国，但我国食品产业的规模化、组织化、集中化程度相对较低。食品产业多、小、散、乱的现象，给我国食品安全监管带来巨大挑战。目前，除了大量已取得生产经营许可的单位外，还存在众多无证无照的单位。这些单位往往缺乏食品安全的基本保障条件，具有较强的流动性和隐蔽性，多数没有纳入监管部门的治理视野。《食品安全法》重申我国食品安全实行分段监管为主的体制。从理论上看，食品生产、食品流通、餐饮服务的界限十分明确，但随着食品产业的快速发展，许多企业已跨环节、跨地区经营，食品生产、流通和消费之间难免出现模糊地带。《食品安全法》从大格局上明确了中央层面的食品安全监管体制，同时也赋予了地方人大常委会明确食品生产加工小作坊和食品摊贩监管部门的权限，而且还规定县级以上地方政府应当建立健全食品安全全程监管的工作机制。目前许多地方仍然没有确定跨环节食品生产经营行为的具体监管部门，这给基层食品安全监管工作带来了一定的困难。此外，城市郊区、广大农村、偏远山区的食品安全监管，由于监管力量薄弱、经费投入不足、交通往来不便等问题，往往成为监管的空白或者薄弱地区，有的地方甚至成为假冒伪劣食品的集散地，严重损害了农村广大消费者的切身利益。

（四）食品安全科学监管能力有待强化

《食品安全法》规定国家建立食品安全风险监测制度和食品安全风险评估制度，这是我国食品安全从传统监管走向现代监管、从经验监管走向科学监管的重要标志。《食品安全法》颁布实施前，我国的食品安全风险监测和风险评估处于起步探索阶段。目前，该项工作正处于全面建设时期。由于现行分段监管体制、监测经费投入不足、检验检测技术落后、机构独立性不强等原因，我国食品安全风险监测的作用还没有得到充分发挥。通过实施风险监测来事先发现食品安全风险还比较困难。"监管部门总是慢一拍"的印象在公众心目中尚未根本改变。食品安全风险评估工作仍处于起步探索阶段，许多领域亟待拓展和加强。

（五）食品违法犯罪行为惩处力度有待加大

2011 年全国人大常委会通过《刑法修正案（八）》，加大了对食品安全犯罪的处罚力度。2011 年，各级公安机关共侦破食品安全类犯罪案件 5 200 余起，抓获涉案人员 7 000 余人；各级检察机关共依法从快批捕制售有毒有害食品等犯罪嫌疑人 1 801 人，提起公诉 1 254 人；各级人民法院共审结生产销售有毒有害食品、生产销售不符合卫生（安全）标准的食品等案件 333 件，刑事处罚 416 人，其中有 286 人被追究责任。纪检监察机关加大了对食品安全监管失职渎职人员责任的追究力度，共有 3 895 人受到法律制裁。严惩重处正在成为食品安全治理的常态。但总体上看，食品安全违法犯罪的处罚力度还是偏轻。《食品安全法》对食品安全违法行为，除规定没收违法所得、违法生产经营的食品、食品添加剂和用于违法生产经营的工具、设备、原料等物品外，还规定最高可处以货值金额十倍的罚款并吊销许可证的处罚。在实际执法中，由于地方保护、行政执法与刑事司法衔接不畅等问题，有些案件往往是以罚款或者没收财产等形式结案。由于违法成本过低，一些违法犯罪分子往往存在侥幸心理，明知故犯，甚至铤而走险。法律的震慑作用还没有得到充分发挥。

二、国外食品安全监管探索的基本经验

食品安全问题是当今国际社会普遍关注的重大社会问题。如何对食品安全进行更加科学有效的监管，多年来许多国家和地区都在积极探索，逐步形成了一套比较完善的监管思路和制度。

（一）建立相对统一的食品安全监管部门

新世纪以来，食品安全监管体制改革成为世界食品安全改革的优先领域。不少国家和地区在食品安全改革中，逐步将食品安全监管主要职责集中到一个部门。联合国粮农组织和世界卫生组织曾将世界食品安全监管体制概括为单一制、多元制和综合制，并深刻指出三种体制各自的利弊得失。需要说明的是，所谓单一制或者多元制，通常是对食品生产、经营、消费环节监管体制的划分，这里并不包括食用农产品监管体制。因为在绝大多数国家，食用农产品的监管都是由农业部门负责的。如果不考虑食用农产品的监管，目前多数国家和地区实行的是以一个部门为主的监管体制。如加拿大于 1997 年设立食品检察署，统一负责加拿大食品安全、动物健康和植物保护的监管，基本实现了“从农田到餐桌”的食品安全全程监管。事实上，美国食品安全监管也基本上是以美国食品药品监管局为主。目前国内有些学者认为美国实行的是多元体制，其实这种观点并没有抓到问题的本质。在美国，与食品安全相关的部门和机构虽然不少，但这些部门和机构的食品安全方面的职责绝不是等量齐观的。在美国的食品安全监管中，食品药品监管局发挥着绝对的主体作用，承担着 80% 以上食品的监管。应当说，美国食品安全监管实行的是以一个部门为主的监管体制。从近年来国际社会食品安全改革的经验来看，食品安全监管体制的选择，在坚持保障安全的前提下，必须充分考虑监管成本和可持续发展问题。实践证明，多元且平行的监管体制既不符合市场经济规律，也不符合行政管理改革的要求。

（二）不断完善食品安全监管法律法规

完善的法律法规体系是食品安全监管的重要基础。食品安全的发展史其实就是一部问题史，而问题史本身就是成长史或者进步史。新世纪以来，面对食品安全事件的多发频发，许多国家和地区都在大力加强食品安全法制建设，完善食品安全监管体制机制，创新食品安全监管方式方法。如自称为全球食品安全监管领跑者的美国，近年来紧紧把握食品安全形势变化，于2009年和2011年分别制定了《食品安全加强法》和《食品安全现代化法》，强化现代食品安全监管理念和监管方式，努力提高食品安全监管效能和水平。特别是全球化食品安全监管战略的提出，极大地提升了美国食品药品监管局的地位。加拿大注重食品安全风险管理和精细治理，于2011年修改了《蛋条例》《蛋制品条例》《新鲜果蔬条例》《蜂蜜产品条例》《加工产品条例》等。欧盟于2000年通过《食品安全白皮书》，确立了食品安全法律法规体系的基本原则和框架，2002年通过《基本食品法》，此后，又通过法规、指令或者决议，在饲料添加剂、食品污染物、农药残留、兽药残留、食品接触物、食品标签、食品添加剂、转基因食品、动物副产品、酒类产品、肉类产品等方面制定了大量具体、明确的规定。经过持续的建设，这些国家的食品安全法治水平都有了显著提升。

（三）建立追溯体系为每份食品建“档案”

与药品、医疗器械、化妆品等其他健康产品不同，食品，无论是生产单位，还是经营单位，往往规模庞大、数量众多，管理水平参差不齐，这就决定了食品安全监管面临的突出问题是如何增强监管的“可测性”和“可控性”。为此，许多国家和地区适应信息化时代发展的要求，逐步建立现代食品安全追溯体系。为应对疯牛病问题，早在1997年欧盟就开展食品追溯制度的研究，2000年欧盟《食品安全白皮书》指出：成功的食品政策需要实现对饲料和食品及其成分的可追溯，必须引进适当的程序、手段、步骤来实现可追溯。2002年欧盟《基本食品法》要求强制实行可追溯制度，凡在欧盟国家销售的食品必须具有可追溯性，否则不允许上市。2006年，欧盟推行“从农场到餐桌”的全程追溯管理，对食品生产经营各环节提出了更加明确的要求。同样是基于应对疯牛病，日本于2001年开始研究建立食品“可追溯体系”。在日本政府的主导下，各民间机构和企业纷纷开始研究“可追溯体系”的操作平台。目前日本的食品可追溯体系已扩展到米面、果蔬、肉制品和乳制品等方面。在法国，由于疯牛病、二噁英、禽流感、口蹄疫等与食品安全相关的问题不断出现，法国从食品源头开始实行严格监控措施。食用牲畜都挂有识别标签，并由计算机系统进行追踪监测。肉制品上市要携带“身份证”，标明其来源和去向。上述措施的实施与推广，基本实现了食品“来源可追溯、去向可查询、原因可核实、责任可追究”的目标，且追溯领域不断拓宽、追溯环节不断延长，促进了公众食品消费信心的提升。

（四）严厉惩处制售假劣食品违法犯罪行为

食品产业属于健康产业。食品生产经营和监督管理必须严字当头、好字为先。近年来，食品安全事故多发频发，许多国家和地区严惩重罚，利剑飞扬。2004年，韩国曝出了“垃圾饺子”风波后，及时修改《食品卫生法》，规定故意制造、销售劣质食品的人员将被处以1年以上有期徒刑；对国民健康产生严重影响的，有关责任人将被处以3年以上有期徒刑；制造或者销售有害食品被判刑者，10年内禁止从事经营活动，并附以高额罚款。2010年底，德国西部北威州的养鸡场发现饲料遭二噁英污染。德国检察部门对肇事者提起刑事诉讼，受损农场提出民事赔偿，数额高达每周4 000万至6 000万欧元。在英国，违反食品安全法规者，不仅需对受害者做出民事赔偿，而且还要视违法情节承受相应的行政处罚乃至刑事处罚。对一般违法行为处以5 000英镑以下罚款或者3个月内监禁；对出售不达标食品或者有损消费者健康的食品者，处以最高2万英镑罚款或者6个月以内监禁；对违法后果十分严重者，处以无上限罚款或者两年以内监禁。

三、强化我国食品安全监管的对策建议

（一）加快制定食品安全长远发展战略

新世纪以来，国务院出台了多部有关强化食品安全监管、深化食品安全整治的政策文件，对有效提升我国食品安全水平发挥了重要作用。可以预见，在未来的十年乃至更长的时间内，随着经济的健康发展和社会的全面进步，食品安全问题将是全社会高度关注的重大社会问题和基本民生问题。当前，立足新起点、适应新形势、顺应新期待，应当加快制定我国食品安全长远发展战略，对食品安全各项工作进行系统研究、科学规划、全面安排，提出明确的发展目标、工作重点、具体措施，并制定具体的路线图和时间表。食品安全长远发展战略，除了监管体系和监管能力建设外，还应当包括产业发展、体制改革、法制完善、标准健全、技术进步、机制创新、方式变革、文化提升、社会管理、国际交流等方面。通过制定食品安全长远发展战略，可以进一步彰显党中央、国务院坚持以人为本、执政为民的意志和决心，进一步表明各级党委和政府系统建设、科学监管的能力和水平，进一步展示社会全面进步中食品安全事业发展的愿景和蓝图。

（二）加快构建相对集中的食品安全监管体制

从国际经验看，全面快速提升食品安全水平，必须加快建立科学、统一、权威、高效的食品安全监管体制，对食品安全实行强有力的监管。建议借鉴发达国家的先进经验，在国务院食品安全办和国家食品药品监管局的基础上，将目前分散在卫生、质检、工商、商务等部门的食品安全监管职责集中起来，成立国家食品药品监督管理委员会或者健康产品部，实现对食品、保健食品、化妆品、药品、医疗器械等健康产品的统一监管。在此基础上，可以继续保留国务院食品安全委员会，使其成为研究制定重大食品安全政策的高端协调决策机构。目前，陕西省渭南市率先实施食品安全一条龙的监管体制，整合原属于农业、畜牧、商务、工商、卫生、质检等部门的食品监管资源，成立渭南市食品药品监督管理委员会，组建渭南

市农产品食品执法检查支队，12 个区县按人口万分之三的人员配置比例在乡镇设立食品药品监督管理所，形成覆盖全市城乡的食品安全监管网络。这一举措将“九龙治水”转化为“一龙治水”的探索，值得认真总结和大力推广。一般说来，基层食品安全监管部门的主要职责是具体执法监督，不涉及重大问题决策，完全可以采取相对集中的监管体制。考虑现行的投资与经费渠道等因素，可以探索实行一个机构多个牌子的过渡办法。从国内外探索经验看，相对集中的监管体制，有利于强化基层基础，有利于节约监管资源，有利于提高监管效率和水平。

（三）加快建立独立的食品安全检验体系

食品检验检测是食品安全监管的重要技术支撑。在科技时代，食品检验检测是保障监管部门科学执法、文明执法的重要基础。为此，要进一步加大对食品检验检测研究和应用的投入，使检验检测方法紧随标准的修订而完善；要建立健全检验检测培训考核机制，加强执法监管人员和食品检验检测专业技术人员的业务技能培训，提高检验检测结果的准确性和公正性；要逐步实现检验检测资源的整合和共享，政府检验检测机构与监管部门脱钩，减少部门间的重复检验检测，逐步建立检验检测共享数据库；要推动检验检测资源的合理区域分布，保证省、市、县三级检验检测机构结构优化，实现检验检测职能的合理分工；要出台相关扶持政策，鼓励发展食品安全检验检测社会中介机构，逐步实现检验检测体系的体系化、专业化、社会化。

（四）强化基层食品安全监管全覆盖

生产加工小作坊和食品摊贩在广大农村和城乡接合部大量存在，监管难度比较大，已成为监管的薄弱环节。各省级人大常委会应当以《食品安全法》及其《实施条例》为基础，加快出台有关食品生产加工小作坊和食品摊贩管理的地方性法规，确保食品生产经营者和监管部门有法可依。在地方人大出台相关地方性法规之前，省级政府可以制定相关地方性规章。为加快立法进程，可以鼓励有关科研院校和社会团体起草有关加强食品生产加工小作坊和食品摊贩管理的示范法，供各地立法机关借鉴参考。

针对基层食品安全监管力量不足的难题，应当加强乡镇食品安全协管员、信息员队伍的组织管理，实施工作绩效考核，落实工作补贴，有效发挥其作用。食品安全违法犯罪行为隐蔽性强，仅仅依靠监管部门的有限力量，很难及时发现和查处，应当充分发挥社会力量加强食品安全监督，有效弥补目前监管资源的严重不足。应当进一步落实食品安全有奖举报制度，形成公众参与、社会监督的良好氛围。

(五) 严惩重处让不法者望“罚”生畏

严厉处罚违法违规行为是维护消费者权益行之有效的措施。近期，有关组织调查表明，食品已成为我国民众信任度最低的产品。恢复民众对食品安全的信心，必须坚持对违法犯罪行为严惩重罚。各监管部门要严把食品生产经营准入关，加强对许可后的监管和检查。对不能持续满足许可条件的企业，要依法撤销许可；对存在严重食品安全问题的，要依法加大行政处罚力度，直至停产整改、吊销证照；对隐瞒食品安全隐患、故意逃避监管的，要依法从重处罚；对涉嫌犯罪的，要及时移交公安机关。要抓紧出台食品安全事故调查处理办法，完善责任调查处理机制。强化行政监察和问责，对监管中的失职渎职行为，要依法依纪严肃追究相关责任人的责任。

食品安全状况是衡量一国经济发展和社会进步的重要指标之一。我国社会主义初级阶段的基本国情决定了我国现阶段的食品安全状况。食品安全监管既是一场攻坚战，也是一场持久战。只要各级政府把食品安全监管工作放在优先地位并持之以恒强化监管，我国的食品安全水平就会不断实现新跨越，就会为社会主义和谐社会建设做出更多的新贡献。

第九节　积极探索我国食品安全监管理论体系[①]

食品安全问题事关民生福祉、经济发展、社会和谐、民族尊严和国家形象，已成为当今国际社会普遍关注的重大社会问题。从 2003 年探索建

---

① 徐景和：“积极探索我国食品安全监管理论体系”，载《中国食品药品监管》2012 年第 6 期。

立食品安全综合监督体系开始，我国食品安全改革已经走过近十年的探索历程。十年来，伴随着我国经济社会的快速发展，我国食品安全改革不断深化。《食品安全法》颁布实施，食品安全监管理念发生重大变化；国务院食品安全委员会成立，食品安全高端协调机制建立；国家食品安全风险评估中心建立，食品安全科学治理的基础加快形成；食品安全专项整治和综合治理持续深入推进，食品安全突出问题逐步破解；食品安全宣传教育广泛开展，全社会食品安全意识稳步提高。尽管当前食品安全事件还时有发生，食品安全监管基础仍较为薄弱，食品安全形势仍不容乐观，但总体看，我国食品安全监管工作正稳步向前推进，食品安全形势稳中向好，食品安全监管工作已进入新的发展阶段。

食品安全问题既是社会问题，也是经济问题；既是民生问题，也是政治问题。对于食品安全问题、食品安全形势和食品安全工作，需要全方位、多视角、宽领域进行思考和把握。我国的食品产业是世界食品产业的缩影，我国的食品安全管理是我国社会管理的缩影。两个缩影表明，无论从产业发展的角度看，还是从安全监管的角度看，我国都在从传统向现代转轨。当前，我国正处于全面建设小康社会的关键时期。全面提升食品安全水平，必须以科学发展观为指导，大力践行科学监管理念，认真总结国内外食品安全监管规律，积极探索我国食品安全监管理论体系，努力推动我国食品安全监管从经验监管向科学监管的转变。从社会管理创新的角度看，我国食品安全监管理论体系应当以科学监管、确保安全为主线，以监管理念、监管体制、监管法制、监管机制、监管方式、监管文化、监管战略为基本框架。

一、丰富监管理念

所谓理念，通常是指人们经过长期的理性思考及实践所形成的体现事物运动内在规律、对事物发展具有重要指导意义的哲学基础、指导思想、根本原则、核心价值的抽象概括。一般认为，理念因具有基础性、根本性、全局性、方向性、核心性等特点，而成为监管理论的基础。理念是事物发展的灵魂，决定着事物的发展方向。理念解决的是思想力、领导力的问题。有不同的监管理念，就有不同的发展方向和发展道路，不同的发展动力和发展局面。

近年来，国家局党组从全局和战略的高度提出科学监管理念。从管理学的角度出发，科学监管理念回答了“为何监管、为谁监管、怎样监管、靠谁监管”等基本命题。从国际食品安全监管经验看，食品安全监管理念包括人本治理、全程治理、风险治理、社会治理、依法治理、责任治理、效能治理、综合治理、精细治理和专业治理等基本要素。这些要素的独立与包容在一定程度上反映出不同国家、不同时代、不同阶段食品安全治理的普遍规律和特殊需求。

一是人本治理。人本治理主要解决的是“为谁治理”的根本问题。坚持人本治理，就是要坚持把保障公众身体健康和生命安全作为食品安全监管的出发点、落脚点和生命线，做到监管为民、监管利民、监管亲民。坚持人本治理理念，一要把握好公共利益和商业利益的关系。这涉及社会立场问题。在社会主义市场经济条件下，公共利益和商业利益之间的关系具有二重性，两者之间既有和谐统一的一面，也有矛盾冲突的一面。公共利益和商业利益之间的博弈问题在食品安全监管领域几乎始终存在。在两者发生冲突时，监管部门应当毫不动摇地维护公共利益。二要把握好安全监管与产业促进的关系。这涉及监管体制问题。长期以来，两者关系并未引起各国的足够重视。在食品安全状况良好时，两者间的关系问题并不突显。但在状况恶化时，两者间的冲突就会立刻显现出来。由于两者在价值定位、服务对象、利害关系等方面存在一定的差异，因此，如果一个部门同时承担两项职责，在两项职责发生冲突时，政府的天平在现实利益的捆绑或者羁绊下往往会发生倾斜。从国际社会来看，实行行政监管与行业管理分立体制，更有利于强化食品安全监管。

二是全程治理。全程治理主要解决的是治理的空间问题。这与监管体制问题密切相关。传统的食品安全保障体系基本将保障的重点锁定在生产加工环节。随着科学迷信的破灭和经济规律的张扬，人们逐步认识到：食品生产经营的任何环节存在缺陷，都可能导致食品安全保障体系的崩溃。

为最大限度地保护消费者，必须将全程治理理念深深地嵌入到食品安全保障体系中。坚持全程治理理念，一要把握好部门分工与社会协作的关系。将全程治理仅仅理解为全程覆盖和全面预防是不充足和不到位的。应当特别注意的是部门分工与社会协作的关系，或者说是单独负责与共同保障的关系。分工是为了提高专业化效能，协作是为了提高全局化水平。无论何种监管体制，都需要进行适当的分工，并形成有效的协作机制，否则监管就会出现空白和断层。二要把握好全程控制与源头负责的关系。食品生产经营可以分为若干环节，但每一个环节都有其源头，上一环节的末端就是下一环节的源头。只有从源头开始把关，才能减少风险传播，才能确保食品安全。分段监管绝不意味着有关监管部门只对该环节存在的风险承担责任，事实上，各监管部门应当对源于该环节的风险承担全程控制责任。可以有分段的监管体制和模式，但不能有分段监管的胸怀和视野。

三是风险治理。风险治理主要解决的是治理的方法问题。近二十年来，在食品安全领域，最大的变革就是风险治理理念的提出，其对食品安全工作具有全局性和方向性的重大影响。自 20 世纪 90 年代以来，风险治理理论已经走过了启蒙酝酿阶段，进入了成熟应用阶段。坚持风险治理理念，一要把握好风险评估、风险管理与风险交流的关系。食品安全风险的应对，需要从技术、行政和社会三维的角度展开。风险评估主要是从技术的角度来认识食品安全风险，而风险管理主要是从行政的角度来解决食品安全风险，风险交流主要是从社会的角度来应对食品安全风险。当前，在食品安全风险分析模式中，风险评估和风险交流还相当薄弱，需要加快推进。二要把握好全面监管与重点监管的关系。食品安全与食品风险是相对应的概念。就风险而言，从绝对的意义上看，风险无处不在、无时不有；从相对的意义上看，风险有轻有重、有缓有急。通过开展风险评估，可以就特定环节、特定品种、特定场所的食品安全风险状况进行科学分析，在全面监管的基础上确定监管的重点。

四是社会治理。社会治理主要解决的是治理的视野问题。保障食品安全是全社会的共同责任。应当以宽广的胸怀，充分调动社会各方面的积极性、主动性和创造性，共同保障食品安全。坚持社会治理理念，要把握好政府治理与企业治理、社会治理的关系。在社会主义市场经济条件下，对食品安全进行监管，是政府履行职责的应有之意。在不同的国家，政府监管食品安全的深度、广度和强度有所不同，这主要与管理体制、社会文化、历史传统等有关。企业是食品的生产者和经营者，生产经营安全的食品是食品企业存续的前提。食品企业安全意识、安全条件以及安全措施直接影响乃至决定着企业的食品安全状况。食品生产经营者应当依照法律、法规和食品安全标准从事生产经营活动，对社会和公众负责，保证食品安全，接受社会监督，承担社会责任。除了政府治理和企业治理外，消费者、食品行业协会等社会治理不可忽视。

五是效能治理。效能治理主要解决的是治理的持续发展问题。食品安全治理，除了安全的目标外，还必须考虑效能的目标，这是食品安全治理可持续发展的重要前提。食品安全治理应当坚持以最小的投入获得最大的效益。影响食品安全治理效能的因素很多，这里既有宏观层面的问题，如食品安全监管体制；也有中观层面的问题，如食品安全监管方式；也有微观层面的问题，如食品安全监管行为。如何才能最大限度地实现食品安全监管的目标，监管体制、监管法制、监管机制、监管方式等至关重要，应当积极推进食品安全监管各要素的科学化、现代化水平。

六是责任治理。责任治理主要解决的是治理任务的落实问题。食品安全责任体系包括食品安全责任主体、责任原则、责任形式、责任构成、责任落实、责任追究等食品安全责任制度和运行机制。坚持食品安全责任治理理念，除了要把握好地方政府、监管部门、食品企业以及其他利益相关者的责任外，还要把握好政治责任、法律责任和社会责任的关系。政治责任是指承担重大决策与管理的高级政府官员因决策失误或者失职、渎职导致人民生命财产或者国家利益、公共利益遭受重大损失时，所承担的引咎辞职、被罢免、被弹劾、被免职等消极法律后果。应当依法规范承担重大决策与管理的高级政府官员对食品安全的政治责任。社会责任是指企业作为独立的食品生产企业者，应当将其食品生产经营行为与公众健康福祉紧密结合起来，在生产经营安全的食品外，还应当承担“公民企业”责任，生产经营更有营养、更高质量、更加经济、更加便利的食品。

除了坚持上述监管理念外，当前我国食品安全监管还应当特别强调依法治理、分类治理、专业治理、精细治理和综合治理等理念。这些治理理念包含着十分丰富的内容，需要认真思考并深入研究。

二、改革监管体制

在监管理念问题基本解决后，研究的重点应当是事关全局的监管体制问题。新世纪开始前后，全球食品安全问题凸显，国际社会困则思变，许多国家和地区积极推进监管体制改革，努力维护公共利益、塑造政府形象。

善变者通，善行者远。新世纪以来，我国已进行了几次食品安全监管体制改革，在具体监管上，实现了“双轨”变“单轨”的目标，即在一个监管环节上由卫生、质量两要素监管变为一个监管环节由安全一要素监管；在综合协调上，基本实现了“部分”变“全部”的目标，即把跨环节、跨部门的监管要素从部分纳入综合协调到全部纳入综合协调，我国食品安全监管体制改革取得了阶段性成效。

从国际社会改革看，食品安全监管体制是许多国家和地区食品安全改革的首选项目。监管体制的选择往往遵循一定的原则，如安全监管与产业促进相分立、风险评估与风险管理相分立、宏观决策与具体执行相分立、安全保障与效率提升相统一、行政许可与监督执法相统一的原则等。我国食品安全监管体制改革应当遵循哪些原则，需要结合我国具体国情和行政管理体制改革的目标进程认真研究。

对于食品安全监管体制，国际社会并没有统一的制度安排。综合分析，大体上可以分为三种类型，即统一型（单一部门型）、分散型（多部门型）和综合型（统一与分散相结合型）。食品安全监管体制的选择往往受到宪政体制、监管理念、产业发展、社会文化等方面的影响。

近十年来，我国食品安全监管体制改革的目标始终定位在科学、统一、权威和高效上。随着食品安全监管工作不断走向深入，监管体制改革已成为改革重点。近年来，专家、学者提出了三种方案进行选择。大方案是设立健康产品部或者国务院食品药品监督委员会，统一负责食品、保健食品、化妆品、药品、医疗器械等健康产品的安全监管。这是因为上述五大产品都属于健康产品，都具有与普通产品不同的特殊属性。实行健康产品统一监管不仅能够最大限度地整合监管资源、提高监管效能，而且能够最大限度地树立国家和政府的良好形象，提振国民对民生改善、社会进步的信心。中方案是设立国家食品安全监管局，即以国务院食品安全办为基础，将相关部门的食品安全监管职能整合起来，统一负责食品安全监管。小方案是维持现有的综合监管体制，而将具体监管职责进行整合，适当减少具体监管部门，可实行食用农产品监管部门、加工食品（预包装食品）监管部门和即食食品监管部门三段监管体制。

食品安全监管体制改革除了监管职责的横向配置外，还包括监管职责的纵向配置。应当深化政府职能转变，将监管资源和重心进一步向基层倾斜，强化基层基础。食品安全监管体制改革应当有明确的发展目标和具体的行动线路，需要精心论证、科学设计、审慎选择、稳步推进。

三、健全监管法制

法律是公共幸福的制度安排。《食品安全法》的颁布实施引起了国际社会的广泛关注。《食品安全法》按照“理念现代、价值和谐、体系完备、制度完善”的总要求，遵循安全性原则、科学性原则、预防性原则、教育性原则、全面性原则和效益性原则，按照综合协调制度与具体监管制度相结合、环节监管制度与要素监管制度相结合、过程保障制度与结果保障制度相结合的原则，建立健全了食品安全监管体制、食品安全标准制度、食品安全风险监测制度、食品安全风险评估制度、食品生产经营基本准则、食品生产经营许可制度、食品添加剂生产许可制度、食品召回制度、食品检验制度、食品进出口制度、食品安全信息制度、食品安全事故处置制度、食品安全责任追究制度等，提升了我国食品安全工作的法治化水平。

从国际社会看，食品安全应当是全要素与全过程的安全。全要素安全包括食品原料安全、食品添加剂安全、食品相关产品安全、食品场所环境卫生安全、食品从业人员卫生健康安全、食品终产品安全等；全过程安全是指食品生产经营全过程的安全，包括种植养殖安全、生产加工安全、运输流通安全、餐饮消费安全等。任何要素和任何环节出现问题，都可能导致食品安全事故的发生。

食品安全立法应当注意把握好食品安全的基本定位，如健康性产品、支柱性产业；永恒性主题、世界性难题；无限性需求、有限性供给；社会性问题、优先性领域；跨越性进步、阶段性特征；系统性建构、渐进性变革等。应当在绝对与相对、有限与无限、宏观与微观、动态与静态的对立统一中把握食品安全工作的基本规律，不断提升食品安全治理的科学化、法治化水平。

四、创新监管机制

所谓机制，可以从两个角度来把握：一是工作载体或者工作平台，如综合协调机制、全程监管机制、应急处理机制、案件移送机制等，其主要功能是整合治理资源、增强治理合力；二是成长机理和发展动力，如责任追究机制、绩效考核机制、信用奖惩机制、社会参与机制等，其主要功能为落实治理责任、激发治理活力。两类机制都具有提升治理效能的重要功能。

监管机制具有以下几个特点：一是适应性强。机制一般为制度安排，也可以为非制度安排。在社会转型期，在相关制度成型前，机制往往具有较大的运行空间。二是灵活性强。食品安全保障涉及众多利益相关者，这些利益相关者各自的条件和期待不同，所依靠的激励和约束也有所不同，各级政府、监管部门完全可以根据不同的对象，采取灵活多样的手段进行牵引和驱动。三是导向性强。任何机制的设定都有特定的目标指引，具体机制设计往往体现着一定的政策性和方向性，能够引导有关方面向着预期的目标迈进。四是补充性强。由于灵活性和适应性强，机制可以在一定程度上弥补体制、法制的缺陷。

如果说，理念解决的是思想力、领导力和感召力的问题，那么机制则主要解决的是执行力、创造力和亲和力的问题。在思想力、领导力和感召力的问题基本解决后，执行力、创造力和亲和力的建设则成为最为迫切的现实问题。通过几年的监管实践，可以总结出一些激励与约束、褒奖与惩戒、动力与压力、自律与他律相结合的食品安全治理机制。

一是沟通协作机制。目前，我国食品安全监管实行的是分段监管为主、品种监管为辅的综合型体制。为减少或者避免分段监管出现的监管空隙，各部门应当加强沟通、密切配合。近年来，各地区、各部门从实际出发，建立了多层次、多部门、多领域的食品安全沟通协作机制，努力实现监管视野无盲区、监管环节无断档、监管对象无遗漏。在这类机制建设中，应当注意把握好分工与协作、牵头与配合、会同与协同等关系，切实做到依法行政、职责清晰、优势互补、形成合力，最大限度地发挥此类机制凝聚智慧、共谋发展的优势。

二是责任追究机制。责任是法律关系的基本属性。《食品安全法》确立了“地方政府负总责、监管部门各负其责、企业是第一责任”的食品安全责任体系。目前，由于多种因素的制约，食品安全责任并没有得到全面的落实。将食品安全法律责任落实到位，还需要进一步细化责任要求，明确尽责保障，严格责任追究，切实做到责任划分清晰、具体，履责条件匹配、适应，责任追究公正、恰当。

三是绩效考核机制。激励是管理的第一原则。应当坚持过程考核与结果考核、定性考核与定量考核、年终考核与日常考核的有机结合，积极探索食品安全监管绩效考核机制，动态反映地方监管工作的实际情况，努力实现主观愿望与客观效果、价值取向与功能效用的和谐统一。

四是能力评价机制。我国食品安全治理的基础比较薄弱，广大基层尤其是中西部地区，普遍缺乏人员、设备和经费，监管工作面临挑战。国家应当尽快出台地方食品安全监管能力建设标准，明确规定不同地区、不同层级食品安全监管能力的最低要求，对地方政府食品安全保障情况进行考核，并加大对保障能力不足地区的监督力度。

五是典型示范机制。我国食品生产经营主体的产业化、集约化、标准化程度不高，多、小、散、低现象较为严重，食品企业的风险意识、责任意识、诚信意识和法治意识还比较薄弱。应当坚持全面推进与重点突破相结合的原则，在一些领域建立示范基地，充分发挥示范单位的引领、辐射作用，逐步达到共同发展、全面提高的目标。

六是分类监管机制。我国食品产业发展迅猛，但总体不平衡，不同区域、不同类型的食品企业差别较大，必须从现实国情出发，实行分级分类监管策略。应当积极探索诚信制度建设与分类监管制度的有机结合方式，促进食品生产经营单位强化自我约束、自我激励、自我提高。

七是信用奖惩机制。目前，部分食品企业冲破道德底线，绞尽脑汁逃避监管，制售假冒伪劣、有毒有害食品，严重损害了广大消费者的切身利益。应当加快建立健全科学的食品企业信用评价机制，将各行各类食品企业全员纳入信用征集、评价、披露网络，其信用状况全面、客观、及时予以披露，便于广大消费者进行消费选择，便于监管部门进行分类监管，便于食品企业强化自律管理。

八是社会参与机制。确保食品安全需要全社会的共同参与。经验表明，仅仅依靠监管部门的有限力量进行监管，无论是监管的广度，还是监管的深度，都将受到一定的制约和影响。食品安全有奖举报机制的建立，激发了广大人民群众参与食品安全监督的积极性和创造性。此外，公益诉讼机制、集团诉讼机制也是调动社会参与食品安全监督、有效震慑违法犯罪行为的有效手段。

九是督查督办机制。为保障中央有关食品安全治理的各项方针政策和重大举措能够在基层得到有效落实，近年来各级政府普遍开展了食品安全督查督办工作。为保障各项治理任务能够按时保质完成，上级监管部门有必要坚持过程控制，对下级监管部门工作情况及时进行检查，以便及时发现问题，及时督促整改。为强化督查督办的权威和效果，有必要将督查督办与绩效考核、信息公开有机结合。

十是案件移送机制。近年来，食品违法犯罪行为猖獗，其中重要的原因之一就是以罚代刑、以罚代管。应当建立刑事案件及时移送机制，加大刑事处罚力度，提升法律的威慑力和震撼力。

五、探索监管方式

监管方式在监管理论体系中占有着独特的地位。长期以来，人们往往将监管方式作为监管机制的组成部分。时代发展已要求将监管方式从监管机制中分离出来进行系统研究。监管方式问题事关监管的执行力、震慑力和亲和力。从监管理念到监管方式，监管理论从宏观走向微观，从抽象走向具体。

早在 2001 年，世界卫生组织在《全球食品安全战略：增进健康需要更加安全的食品》中就强调："过去数十年，传统的食品安全措施已被证明不能有效地控制食源性疾病"，国际社会必须"改变某些现有的方法，以确保适应全球食品安全出现的新挑战"。

2011 年，美国食品药品监管局在其《通向全球产品安全和质量之路》中指出，"为应对即将出现的大量根本性变化，FDA 致力于从根本上转变监管全球产品安全和质量的方式""全球化已从根本上改变经济和安全格局，要求 FDA 对固有的工作方式做重大调整，从而保护和提升美国人民的健康状况""数十年来，在产品安全标准方面。FDA 始终是全世界公认的领跑者。但展望未来，FDA 不能再依靠以往管理产品的手段、行动及策略"。

一般说来，食品安全监管方式可以分为日常性监管方式和应急性监管方式、行政性监管方式和技术性监管方式、传统性监管方式和现代性监管方式等。监管方式事关监管工作的质量、效率、形象、能力和水平。近年来，在监管方式创新上，有关部门和地区正在积极探索，主要有以下类型。

一是风险监测方式。《食品安全法》确立国家建立食品安全风险监测制度，对食源性疾病、食品污染以及食品中的其他有害因素进行监测。风险监测属于预防性监管方式。我国食品安全风险监测已探索多年，目前正逐步走向科学化、系统化和规范化。

二是风险评估方式。《食品安全法》确立国家建立食品安全风险评估制度，对食品、食品添加剂中生物性、化学性和物理性危害进行风险评估。风险评估既属于预防性监管方式，也属于应急性监管方式。目前，风险评估在我国刚刚起步，亟待加快推进。

三是溯源管理方式。为加强食品安全风险控制和管理，有关部门和地方正在积极探索食品安全全程溯源管理。溯源管理方式正在从传统的票证管理发展为利用现代技术手段的电子监管方式。

四是远程监控方式。随着工业化、信息化、城镇化、市场化、国际化的快速发展，食品生产经营活动往往发生时空分离，监管难度增大。监管部门可以充分利用现代科技手段对高风险产品、场所、环节等进行实时动态远程监管，以便及时发现和解决食品安全问题。

五是飞行检查方式。针对食品安全违法犯罪行为的隐蔽性、智能化等特点，监管部门可以对食品生产经营单位进行突击性检查，及时发现、有效解决食品安全突出问题。

六是驻场监督方式。对一些高风险产品、场所、环节，监管部门可以选派专业人员进行驻点进行监管。应当进一步明确驻场监督的原则、程序、方式、责任等。

七是责任约谈方式。应当及时对存在重大食品安全风险隐患的食品生产经营单位的主要负责人进行责任约谈，约谈内容及相关处理结果必要时可以向社会公开。

八是绩效考核方式。对地方和部门的食品安全监管绩效进行考核。为推动监管责任落实、提升监管效能，可以积极探索监管绩效的动态考核。

九是监督抽检方式。这是食品安全监管中普遍采取的方式。当前，应当以鼓励发现问题为导向，进一步改革监督抽检方式，增强监督抽检的科学性、针对性和有效性。

十是分类监管方式。针对食品生产经营单位的特点，对其进行量化分级监管，促进食品生产经营单位加强规范管理和诚信经营，不断提升食品安全管理水平。

我国是个食品生产经营大国，我国的食品安全问题具有广泛性、多样性、复杂性等特点。在破解食品安全监管难题上，广大基层监管人员坚持人民性、体现规律性，创造了许多具体鲜活且富于时代精神的监管方式方法，急需认真总结、科学提升和积极推广。

我国食品安全监管理论体系还包括监管体系、监管队伍、监管文化、监管思维、监管战略等。经过近十年的发展，在食品安全监管理论创新上，我国已有所创造、有所积淀、有所收获。当前，应当按照“中国的问题、世界的眼光”“火热的心情、冷静的头脑”的要求，组织和动员政治、经济、文化、社会、管理等方面的专家、学者和具有丰富经验的监管一线人员，深入研究食品安全监管规律，着力提升我国食品安全监管理论水平，努力推动我国食品安全监管工作不断实现新跨越，为保障公众饮食安全做出新贡献。

第十节　加快建立全国统一权威的食品安全指数①

食品安全是全社会高度关注的重大问题。如何全面客观评价全国或者地区食品安全状况，已为社会各界所高度关注。《食品安全法》第 118 条规定，国家食品安全总体情况由国务院食品药品监督管理部门统一公布。加快建立全国统一权威的食品安全指数，全面客观评价我国食品安全状况，科学理性推进我国食品安全监管，是实现食品安全治理体系和治理能力现代化的重要内容。

一、我国食品安全状况的总体评价

科学分析食品安全状况是做好新时期食品安全工作的重要基础。围绕如何全面客观评价我国食品安全状况，2004 年国家食品药品监管局曾提出建立食品安全指数（FSI）的设想。此后，相关地区和部门开始探索建立食品安全指数，推进评价体系和评价方法研究，取得了一些重要成果。

---

① 徐景波：“加快建立全国统一权威的食品安全指数”，载《中国食品安全报》2016 年 3 月 3 日。

如2006年北京市开始建立食品安全指数，2008年浙江省开始建立食品安全指数模型。然而，时至今日，全国统一权威的食品安全指数尚未建立。有关部门、地区和组织基于不同的内容、指标，对食品安全状况开展的评价，其覆盖面和影响力不尽相同，有必要加快建立全国统一权威的食品安全指数。

（一）国务院及其有关部门的评价

新世纪以来，国务院及其有关部门多次对我国食品安全总体状况作出评价。如2004年9月1日，《国务院关于进一步加强食品安全工作的决定》（国发〔2004〕23号）指出："党中央、国务院历来高度重视食品安全，近几年一直把打击制售假冒伪劣食品等违法犯罪活动作为整顿和规范市场经济秩序的重点，采取了一系列措施加强食品安全工作。各地区、各部门做了大量工作，取得一定成效。总的看，生产销售假冒伪劣食品案件多发的势头有所遏制，食品安全形势趋于好转。但是食品安全问题仍然比较严重，种植养殖、生产加工、市场流通、餐饮消费等方面存在的问题还很突出，食品安全监管体制、法制、标准等方面存在缺陷，地方保护、有法不依、执法不严、监管不力的现象时有发生。"

2007年11月26日，国务院领导在国际食品安全高层论坛上指出："经过多年坚持不懈的努力，中国初步形成了比较完整的食品安全法律和法规体系、标准体系和监管体系。食品的生产加工、流通、消费的各个环节的安全监管能力和监管水平不断得到提高。""中国的食品总体上是安全和放心的。今年上半年，28大类525种食品的抽查合格率在90%以上。中国还建立了比较严格的进出口食品安全保障体系，出口食品的合格率多年来一直保持在99%以上。"

2012年6月23日，《国务院关于加强食品安全工作的决定》（国发〔2012〕20号）指出："各地区、各部门认真抓好贯彻落实，不断加大工作力度，食品安全形势总体上是稳定的。但当前我国食品安全的基础仍然薄弱，违法违规行为时有发生，制约食品安全的深层次问题尚未得到根本解决。"

2013 年 9 月 11 日，国务院食品安全委员会第一次会议指出：今年以来我国食品安全形势总体稳定，人民群众饮食安全基本得到保障，食品安全管理体制改革积极稳妥推进。但是，食品安全问题时有发生，隐患风险依然存在，和人民群众的希望还有较大差距，食品安全面临的形势仍十分严峻。

2015 年 1 月 29 日，国务院食品安全委员会第二次会议指出：各部门单位紧紧围绕食品安全重点工作，齐抓共管，综合施策，标本兼治，巩固和发展了食品安全形势总体稳定向好势头。当前食品安全处于问题“多发期”与监管工作“薄弱期”两碰头的特殊时期，食品安全形势依然严峻，风险隐患依然存在，监管能力依然不足。

2016 年 1 月 28 日，国务院食品安全委员会第三次会议指出：各部门按照党中央、国务院决策部署，在整治突出问题、加强法治建设、创新监管方式等方面做了大量工作，保持了食品安全形势总体比较平稳。当前食品安全形势依然严峻，一些问题不容忽视。

此外，国务院有关部门不定期发表有关食品安全状况的报告，如 2007 年 8 月 17 日国务院新闻办公室发布的《中国的食品质量安全状况》白皮书指出：“食品总体合格率稳步提升。2006 年全国食品国家监督抽查合格率达到 77.9%，2007 年上半年食品专项国家监督抽查合格率达到 85.1%。食品质量安全水平保持稳定，并呈上升态势。多年来，中国出口食品合格率一直保持在 99%以上。”2008 年 7 月农业部新闻办公室发布的《中国农产品质量安全概况》指出：“2007 年 1 月、4 月两次监测，蔬菜中农药残留平均合格率为 93.6%，2007 年 1 月、4 月两次畜产品中“瘦肉精”污染和磺胺类药物残留监测平均合格率分别为 98.8%和 99.0%，水产品中氯霉素污染的平均合格率为 99.6%。”

总体看，国务院及其有关部门对食品安全状况的评价具有以下特点：一是坚持定性评价与定量评价相结合。早期的食品安全状况评价多为定性评价，如“形势趋于好转”“总体上是稳定的”“总体稳中向好”“总体上是安全和放心的”，近几年在定性评价的同时，更加注重定量评价，用数字表达，用事实说话，以增强评价工作的科学性、实证性和可信度。二是坚持肯定成绩与分析问题相结合。从我国长期处于社会主义初级阶段的现实国情出发，坚持“两点论”的工作方法，在肯定成绩的同时，提出存在的问题，如“问题仍然比较严重”“形势仍然十分严峻”“深层次问题尚未得到根本解决”等，以唤起全社会对食品安全工作持之以恒的重视和投入。三是坚持工作绩效与工作措施相结合。在描述成绩、阐释问题时，增加监管制度机制、方式方法创新等内容，使全社会既了解工作成果，也了解工作过程，对监管工作的繁杂性、艰巨性有了更全面、更深入的了解。当然，现行评价体系和评价方法，还存在不够科学、不够系统等问题，有些结论还缺乏强有力的数据支持。

（二）社会机构和民间组织的评价

食品安全问题引起社会各方面的关注，许多机构积极开展食品安全公众满意度调查。如 2010 年 6 月，《小康》杂志社联合清华大学媒介调查实验室，对北京、上海、广州、杭州、深圳、武汉、郑州、长沙、呼和浩特、重庆、成都、西安 12 个城市开展公众安全感调查。在社会治安、食品安全、交通安全、职业安全、生产安全、财产安全、医疗安全、环境安全、婚姻安全、隐私安全、信息安全等 11 项安全问题中，公众最为担心的问题的排列顺序为食品安全 72%、社会治安 67%、医疗安全 55%、交通安全 51%、环境安全 39%。2012 年 7 月 1 日《小康》杂志社发布的“2012 中国平安小康指数”显示，“食品安全”是公众最担忧的安全问题，33.9%的受访者“不太满意”，24.8%的受访者“很不满意”，26.0%的受访者感到“一般”，觉得“比较满意”和“非常满意”的仅占 15.3%。2011 年中国经济网与零点研究咨询集团呼叫中心，也开展了“2011 食品安全信心指数快速调查”等。目前，社会机构和民间组织对食品安全状况的评价，属于第三方评价，其评价活动因受多方面条件的制约，其综合性、代表性有时显得不足，科学性和权威性需要进一步提升。

（三）国外机构对我国食品安全状况的评价

近年来，有些国外机构也在积极开展食品安全状况评价。如 2012 年英国经济学人智库（EIU）创建“全球食品安全指数报告（GFSI）”，其通过可负担性、可获得性和使用率三个具有全球普遍意义的维度评估食品安全状况。2015 年英国《经济学人》发布《2015 年全球食品安全指数报告》。在 109 个被评估国家和地区中，我国以 64.2 分综合排名 42 位，位居上游。全球食品安全指数包括食品价格承受力、食品供应能力、质量安全保障能力等三个方面 28 个定性和定量指标。报告依据世界卫生组织、联合国粮农组织、世界银行等权威机构的官方数据，通过动态基准模型综合评估 109 个国家的食品安全现状，并给出总排名和分类排名。报告将我国列入良好一档，并指出：中国在食品安全系统建设、营养标准、农产品生产波动性等方面的指标表现突出，在人均 GDP、农业研究开发公共支出方面的指标稍弱。2014 年 1 月，非政府国际救援组织乐施会公布《全球吃得好排行榜》，我国在 125 个国家中位列 57。该评选标准主要是人人能吃饱、食品价格、食品质量与是否健康。中国位列 57 的主要理由是“中国老百姓的食品价格承受能力比较差，食品安全问题时有发生，此外还有一些地区的民众食品供应紧张”。上述评价虽具有综合性、开放性等特点，但并不是严格意义上的食品安全状况评价。

从目前的研究成果看，有关部门、组织、地区对食品安全状况的评价莫衷一是，见仁见智，其根本原因可总结为以下两点。一是食品安全的具体含义不同。在国际社会上，不同的机构和组织往往是从不同角度界定食品安全的。如英国经济学人智库（EIU）界定的食品安全是指“人们在任何时候都能从身体上、社会上以及经济上获得充足且有营养的食物的途径，并且这些食物能满足他们的日常需求，使他们健康、有活力地生活”。世界卫生组织关于食品安全的定义指出，“食品安全是指食品按照预定用途制作或者食用时不会对消费者造成损害的一种担保”。也就是说，目前有关方面进行的食品安全状况评价，有时是指食品的量供给，有时是指食品的质安全，有时则兼顾食品的量供给与质安全。二是食品安全评价的具体指标不同。食品安全利益主体不同，其选择评价食品安全状况的具体指标往往就会有所不同。食品安全评价指标主要分为结果评价指标与过程评价指标两大类，前者如抽检结果指标，后者如食物中毒指标。食品安全评价指标主要是结果指标，过程指标是实现结果指标的前提和基础。由于具体指标的不同，评价结果也会有一定的差异。

二、建立统一权威食品安全指数的重要价值

食品安全指数能够较为科学、客观、全面地动态反映全国或者地区食品安全状况，是未来食品安全治理工作中不可或缺的重要决策和监管依据，也是公众获得统一权威食品安全信息的重要来源。建立统一权威的食品安全指数，无论是对于政府、企业，还是对于消费者，都具有十分重要的意义。

（一）全面客观评价食品安全状况

我国是食品生产消费大国，影响食品安全状况的因素很多，这给食品安全状况评价工作带来了一定的困难。应当说，评价食品安全状况的指标很多，如食品安全事故发生率、食品抽检合格率、社会满意度等。一般说来，单项指标难以全面客观有效地评价全国或者地区的食品安全状况。而食品安全指数则以关键性、代表性的指标为参数，综合反映全国或者地区食品安全的基本情况，避免以偏概全、有失偏颇。

（二）有效提升食品安全治理能力

随着经济全球化和贸易自由化的不断发展，食品安全状况已成为国家软实力甚至妙实力的重要组成部分，被世界各国政府放在了空前重要的位置上。食品安全指数，将纷繁复杂的食品安全信息转化为比较客观、系统的数据，折射出国家或者地区食品安全综合状况，也折射出政府监管能力。如英国《经济学人》发布的《2015 年全球食品安全指数报告》显示，在食品价格承受力、食品供应能力、食品质量安全保障排名方面，我国分别以 61. 0 分、65. 2 分、69. 3 分位列第 50 名、第 39 名、第 38 名，这反映出我国在食品安全治理方面相关内容存在的差距。加快建立食品安全指数，有利于坚持问题导向，明确攻坚方向，加快解决食品安全治理工作中存在的短板问题。

（三）积极引导公众科学理性消费

公众是食品安全最重要的利益相关者，对食品安全关注度最高。食品安全指数高低，在一定程度上表明一个国家或者地区的食品安全状态好坏，公众可以依据这个指数提供的相关信息量对市场上的食品作出消费选择。食品安全指数将成为引导公众日常消费的“晴雨表”。公众根据政府发布的食品安全指数，就可以对食品消费作出理性的判断选择。食品安全指数可以影响公众对当前食品安全状况的认知情况以及社会消费心理。良好的食品安全指数可以增强消费者对食品安全的消费信心和信赖。

（四）加快提升食品企业竞争力

食品安全指数是消费者消费食品的“风向标”。消费者根据食品安全指数中涉及的企业产品状况，对市场上的各种食品作出消费选择，这样可以以市场化的力量影响食品生产与销售，淘汰不安全食品，净化食品消费市场，起到优胜劣汰的作用，迫使食品生产经营者加强食品安全管理，自觉提高食品质量。企业只有诚信守法、规范经营、严把安全关、切实履行社会责任，才能提升企业的食品安全指数，提高公众对食品安全的信任度。

三、我国统一权威的食品安全指数设计

（一）食品安全指数的性质

目前，我国食品安全指数研究还处于起步探索阶段。对大多数人来说，食品安全指数还是一个陌生的概念。从一般意义上讲，食品安全指数是以指数的形式来反映食品安全基本情况的信息。这一概念表明，食品安全指数具有以下基本属性。

(1) 综合性。食品安全指数具有综合性，其综合考虑了影响和制约食品安全的各类因素。食品安全指数也称食品安全综合指数，是从广义角度反映全国或者地方食品安全基本情况，不是从狭义角度来反映某一企业的

食品安全基本状况。而食品安全抽检合格率往往是评价某个或者某类食品安全状况的重要指标，由于受抽检样品种类、范围、数量等因素的影响，抽检结果往往具有一定的局限性。

（2）科学性。食品安全指数具有科学性，其以食品安全基本情况的各类数据为基础，依据设定的计算方法分析出食品安全基本状况。从客观上讲，食品安全指数是把现代科技手段融入食品安全领域，运用科技力量解决了传统食品安全状况评价方法的不足。在大数据、云计算、互联网时代，食品安全指数所反映的食品安全信息更具有科学性、全面性和真实性。

（3）权威性。食品安全指数具有权威性。各级政府食品安全监管部门是食品安全综合指数的唯一发布主体，保证了食品安全指数的统一性和权威性。如果食品安全指数的发布主体不统一，指数的权威性难以得到保障，公众就会无所适从。另外，食品安全指数的权威性，还体现于指数形成过程的权威性。现代食品安全指数是由法定的权威机构，严格按照法定程序、运用现代技术手段计算出来的数据。与传统的测评方法和发布主体相比，食品安全指数更具有权威性和规范性。

（4）时效性。食品安全指数所反映的食品安全状况的信息具有时效性，能够及时反映出当前食品安全情况。食品安全指数的及时性主要体现在食品安全指数的信息采集、加工、分析、发布的及时与高效。

（二）加快健全全国统一食品安全指数的构想

构建全国统一权威的食品安全指数，应当立足于国情，充分借鉴国内外食品安全指数研究的最新成果，综合考量下列评价指标。

1. 食源性疾病发生率

食源性疾病是指食品中致病因素进入人体引起的感染性、中毒性疾病，包括食物中毒。食源性疾病是困扰我国乃至世界的一个难题。在发达国家，每年患食源性疾病的人高达 30%。美国疾病控制中心称，美国每年有 4 800 万人，即每 6 个人中有 1 人患食源性疾病，另外有 128 000 人因病住院，有 3 000 人死亡。英国每年有 237 万食源性疾患病人，占英国人口的1/3。在我国，食物中毒漏报率高，其中以不明原因食物中毒占据了大部分。目前，食源性疾病被称为食品安全问题的“潜在杀手”。2015年12月3日世界卫生组织（WHO）发布的《全球食源性疾病负担的估算报告》指出，全球每年有多达6亿人或者近十分之一的人口，因食用受到污染的食品而生病，每年造成42万人死亡，其中5岁以下儿童就有12.5万人。在食源性疾病中，食物中毒的后果最为严重，表现最为直接，评判最为简便。因此，评价食品安全状况的首要指标就是食源性疾病发生率，其中最重要的是食物中毒发生率。

2. 食品抽检合格率

食品抽检合格率是反映各类食品安全程度，评价一个地区甚至整个国家食品安全状况的重要指标之一，也是食品安全监管部门防控食品安全风险、实现科学监管的重要手段。食品抽检合格率的评价方式比较简便易行，但因抽样的偶然性较强，抽检结果往往并不一定十分准确。为加强食品抽检工作的科学性、规范性和权威性，提高食品抽检结果的客观性和真实性，食品抽检应当注意以下事项。一是制定食品抽检计划。国务院食品药品监管部门应当根据我国食品安全实际情况制定合理的、周密的抽检计划，避免抽检的随意性。制定抽检计划应当充分考虑抽检样品的季节性分布、城乡分布、生产流通和餐饮领域分布、种类构成等因素，实现抽检全覆盖。二是规范抽样行为。抽检的样品要有代表性、随机性，应当主要在流通环节购买。抽样人员应当掌握必要的专业技术，定期接受培训。应当坚持问题导向，采取交叉抽样、异地抽样和专项抽检等多种方式，提高问题的发现率。三是对样品进行重点分析。各级食品药品监管部门应当按照国家标准对抽检样品进行重点检测分析，以判断其是否合格，如果检测项目不全，则该样品不应列入抽检合格率统计范围。

3. 食品安全监管能力达标率

食品安全状况，在一定程度上取决于一个地区乃至国家食品安全监管体系和监管能力状况。新世纪以来，我国不断改革完善食品安全监管体制，着力建立最严格的食品安全监管制度，积极推进食品安全社会共治格局，食品安全形势稳定向好，但形势仍然严峻。形成这一局面的因素很多，但地方政府食品安全监管能力不足是其重要因素。当前各级政府食品安全监管部门尤其是基层单位，普遍存在人员不足、装备滞后、检测能力较低等问题。此外，法律法规标准体系不健全、科技支撑能力薄弱等问题也严重制约了监管效能和水平的提升。如何有效评价地方政府食品安全监管能力水平，是当前食品安全治理体系和治理能力现代化的重要课题。客观、公正的评价结果能够有效调动各级政府及其食品安全监管部门的主动性和积极性。目前，评价政府食品安全监管能力有多种方式，如监管执法能力、风险掌控能力、检验检测能力、信息化和应急处置能力等。为实现政府食品安全监管能力评价指标体系法定化和规范化，国务院食品药品监管部门可以与有关部门共同制定各级政府食品安全监管能力建设标准，并组织进行考核评价，考核评价结果纳入食品安全指数中。

4. 公众对食品安全满意度

公众是食品安全最重要的利益相关者，是食品安全的直接受益者，也是食品安全问题的直接受害者。作为食品安全最敏锐的察觉者和最切身的体验者，公众对食品安全关注度最高，其对食品安全满意度应当作为食品安全评价工作的重要组成部分。公众的食品安全满意度在一定程度上反映了食品安全的客观状况，反映了公众对政府食品安全监管能力的认可程度，也反映了公众对我国食品行业的信心。因此，公众食品安全满意度是重要的食品安全评价指标，有重要的政策意义。

鉴于公众食品安全满意度的重要意义，近年来，许多地方政府开展食品安全评价时，都把公众食品安全满意度作为食品安全工作考评的重要内容。为保证公众食品安全满意度测评数据的科学性、全面性，测评应当注意以下几点：一是测评对象，以随机方式抽取一定数量的人员，包括城镇居民、农村居民、学生、进城务工人员等。二是测评方式，以采用现场填写问卷调查、电话问卷调查和网络问卷调查为主，必要时可委托第三方调研机构完成测评任务。三是测评内容，包括本地食品安全现状、食品安全监管工作情况、公众食品安全认知度等。

第十一节　食品安全的战略地位与艰巨任务[①]

食品安全事关民生福祉、经济发展、社会和谐、民族尊严和国家形象，已成为国际社会普遍关注的重大社会问题。新世纪以来，我国政府坚持以人为本、执政为民、科学发展，高度重视食品安全工作，改革完善食品安全监管体制，积极推进食品安全法制建设，着力创新食品安全治理机制，深入开展食品安全治理整顿，严惩重处食品安全违法犯罪行为，食品安全工作稳步向前推进。

食品安全问题属于国际社会普遍关注的重大课题。早在 2001 年 2 月，世界卫生组织（WHO）在《全球食品安全战略：增进健康需要更加安全的食品》报告中就强调指出："过去数十年，传统的食品安全措施已被证明不能有效控制食源性疾病"，国际社会必须"改变某些现行的方法，以确保适应全球食品安全出现的新挑战"。

2011 年 6 月，自称为世界食品安全监管领跑者的美国食品药品监管局（FDA）在其战略报告《通向全球产品安全和质量之路》中特别指出："为应对即将出现的大量根本性变化，FDA 将致力于从根本上转变监管全球产品安全和质量的方式。FDA 将在未来十年从一个处于全球化世界中的国内监管机构，转变成为一个真正意义上的全球监管机构，为营造一个产品安全质量无国界的监管环境做好充分的准备""全球化已从根本上改变经济和安全格局，要求 FDA 对固有的工作方式做重大调整，从而保护和提升美国人民的健康状况""数十年来，在产品安全标准方面，FDA 始终是世界公认的领跑者。但展望未来，FDA 不能再依靠以往管理产品的手段、行动及策略"。2012 年，时任美国 FDA 局长的 Margaret A. Hamburg 多次表示，"如果没有一个强大的 FDA，让它拥有必要的资源来确保明智、合理、基于科学和前沿的监管，人民和经济都会遭到不可估量的损失""今天，我们认识到，要成功地保护美国公众健康，就必须以全球化的方式思考、行动和参与，我们的关注必须超越国界""在全球急

---

① 本文为 2015 年食品安全法治讲座内容。

剧变革和加速全球化的进程中，我们必须共同努力，通过全新的、前所未有的甚至打破常规的方式，为全球消费者建立起公共健康安全网”。

2012 年 6 月，《国务院关于加强食品安全工作的决定》（国发〔2012〕20 号）明确提出：“要通过不懈努力，用 3 年左右的时间，使我国食品安全治理整顿工作取得明显成效，违法犯罪行为得到有效遏制，突出问题得到有效解决；用 5 年左右的时间，使我国食品安全监管体制机制、食品安全法律法规和标准体系、检验检测和风险监测等技术支撑体系更加科学完善，生产经营者的食品安全管理水平和诚信意识普遍增强，社会各方广泛参与的食品安全工作格局基本形成，食品安全总体水平得到较大幅度提高。”

2013 年 3 月，第十二届全国人民代表大会第一次会议审议通过的国务院机构改革方案指出：当前，人民群众对食品安全问题高度关注，现行食品安全监督管理体制，既有重复监管，又有监管“盲点”，不利于责任落实。为进一步提高食品药品监督管理水平，有必要推进有关机构和职责整合，组建国家食品药品监督管理总局，对食品药品实行统一监督管理。国家食品药品监督管理总局的组建，标志着我国食品安全监管工作进入了新时期，掀开了食品安全监管崭新的一页。

2015 年 4 月，第十二届全国人大常委会第十四次会议高票审议通过《食品安全法》。《食品安全法》的修订全面贯彻了新时期党中央、国务院有关加强食品安全工作的新思想、新论断、新要求，以法律形式固定监管体制改革成果、完善监管制度机制，解决当前食品安全领域存在的突出问题，以法治方式维护食品安全，进一步增强监管工作的科学性、针对性和有效性，为最严格的食品安全提供体制制度保障。新修订的《食品安全法》由原有的 104 条，增加到 154 条，对原有 70%的条文进行了实质性修改；字数由 1.5 万字，增加到 3 万字，法律责任由 15 条增加到 28 条，被称为“史上最严的食品安全法”，在中国食品安全法治史上具有新的“里程碑”意义。

食品安全问题既是重大的社会问题，也是重大的经济问题；既是重大的民生问题，也是重大的政治问题。全面加强食品安全工作，有效提升食品安全水平，必须审时度势，登高望远，以全球的视野和战略的眼光，把食品安全问题放在经济社会发展的大格局和人类社会发展的大趋势中去思考、去定位、去谋划，努力适应新时代发展和社会进步的需要，不断开创我国食品安全工作的新局面。

一、食品安全事关国计民生

新世纪以来，伴随着食品安全事件的多发频发和食品安全治理整顿的日趋深入，全社会对食品安全问题的认识不断深化。2009 年“三鹿”婴幼儿奶粉事件后，社会各界对食品安全问题有了更清醒、更深刻、更透彻的认识：食品安全问题不仅关系着社会的和谐与稳定，而且关系着经济的发展，关系着政府的形象，关系着中华民族的未来，食品安全问题已成为事关国计民生的重大问题。

（一）食品产业是事关民生福祉的健康产业

食品是维持人类生存和发展最重要的物质基础之一。随着健康问题越来越受到国人的关注和重视，包括食品产业在内的健康产业正在稳步快速发展。21 世纪初，美国著名经济学家保罗・皮尔泽（Paul Zane Pilzer）在其所著的《财富第五波》（The Wellness Revolution）中将健康产业称为继 IT 产业之后的全球“财富第五波”（第一波为土地革命、第二波为工业革命、第三波为商业革命、第四波为网络革命、第五波为健康革命），提出健康产业将成为推动全球经济增长新动力的重要论断，并预测到 2010 年与健康相关的产业将为美国经济带来每年 1 万多亿美元的收益。这些收益主要来自为大众提供令人更健康、更美丽、延缓衰老或预防疾病的产品和服务。保罗・皮尔泽还认为中国将成为健康产业发展的领头羊。

2011 年，理实国际咨询在《大健康产业未来十年发展机会研究报告》指出，低成本高效率的医疗健康体系将深刻影响各国医疗产业格局；经济全球化机遇与挑战并存；人口老龄化、亚健康状态与气候环境变化为大健康产业创造广阔发展空间；科技发展为健康产业发展提供不竭动力。作为全球最大的产业之一，全球健康年支出总额占GWP总额的十分之一左右，是全球经济发展的新引擎。2011年全球健康产业支出为6.97万亿美元。高收入国家医疗健康支出比例最高，中低收入国家最低，中低收入国家需要加强对健康产业投入。2010年美国健康产业支出总额为2.6万亿美元，占GDP比例为17.6%，居于全球首位。2010年，中国健康支出总额为2 933.91亿美元，仅为美国的十分之一，占GDP比例仅为5.1%，未来增长空间巨大。2020年健康产业全球总产值将达到13.393万亿美元，为2011年的1.9倍左右。全球人均健康支出持续快速增长，到2020年将达到1 882.188美元。2013年全球大健康行业风险投资交易数量686起，在各行业中排名首位；披露交易额86亿美元，列各行业第二，投资者反映踊跃。全球健康支出增长快于GWP增长，与经济周期高度耦合，但增长波动风险相对较小。中低收入国家和中高收入国家的市场巨大，健康产业发展前景良好。中高收入和中低收入国家是带动全球健康产业增长的领头羊。高科技化、全球化、高效率化、前端化是全球健康产业的未来走向。

人类全部社会活动的根本目的是什么？最佳的答案基本确定为幸福。早在古希腊，亚里士多德（Aristotle，公元前384—公元前322年）就曾提出：幸福是人生的最终目的。后来，英国空想社会主义者、人本管理先驱的罗伯特·欧文（Robert Owen，1771—1858年）说过：人类一切努力的目的在于获得幸福。而对于如何才能获得幸福，不同年龄、身份、地位的人往往会有不同的答案，如财富、知识、能力、健康等。如果进行统计，也许众多人会将财富排为第一。

什么是最大的财富？不同的人往往有不同的见解。古希腊的柏拉图（Plato，公元前427—公元前347年）深刻指出：人生的第一财富是健康，第二财富是美丽，第三财富是财产。2 200多年后，美国思想家、文学家、诗人拉尔夫·沃尔多·爱默生（Ralph Waldo Emerson，1803—1882年）认为：健康是人生的第一大财富。爱默生主张，人类若想拥有财富，首先就要拥有健康。没有了健康，也就没有了一切。曾于1868年和1874年两次出任英国首相的保守党领袖本杰明·迪斯雷里（Benjamin Disraeli，1804—1881年）几乎在同一时期提出：人类的健康的确是国家所仰仗的一切欢乐和权力的基础。

1948 年 12 月 10 日通过的《世界人权宣言》第 25 条指出：人人有权享受为维持他本人及家属的健康和福利所需的生活水准，包括食物、衣着、住房、医疗和必要的社会服务；在遭遇失业、疾病、残疾、守寡、衰老或在其他不能控制的情况下丧失谋生能力时，有权享受保障。鉴于健康对家庭、社会、民族和国家的特殊重要性，世界卫生组织早在 1953 年就响亮地提出“健康是金子”的主题口号，号召全世界更加关注健康问题。同时，世界卫生组织在其组织章程中提出，健康是指一个人在生理上、心理上和社会上的完好状态，而不只是没有疾病或者不衰弱。

党的十八大报告强调指出，健康是促进人的全面发展的必然要求。维持和提高人类的健康水平，食品是最根本、最基础、最重要的物质之一。随着人们生活从温饱型向小康型、享受型的转变，全社会对健康问题的关注程度将越来越高，与此相适应，对食品安全问题的关注程度也必然会越来越高。所以说，食品安全问题是公众最关心、最直接、最现实的问题。食品安全问题在一定程度上反映着政府的执政理念和社会的发展理念。关注食品安全问题，就是关注人类的生存和发展，就是关注自身的健康与幸福。

（二）食品产业是事关经济发展的支柱产业

何为支柱产业，有关方面有着不同的认识。有的认为，支柱产业是指在本地区经济发展相当长的一段时间内，占有主导地位并能带动其他产业整体发展的产业，它决定着该地区若干年的发展方向和持续发展的可能；有的认为，支柱产业是指在一定时期内，能够支撑国民经济与社会发展在一定的水平上增长，或在社会经济上新台阶时期能够稳定地成为经济增长点的产业；有的认为，支柱产业是指在国民经济中占主导地位、产业带动作用大、发展前景较好、经济支撑力度较强的产业；有的认为，支柱产业是指在目标期内其增加值能达当地 GDP 总量的 5%以上的产业；也有的认为，支柱产业是指在国民经济中发展速度较快，对整体经济起引导和推动作用的先导性产业；还有的认为，支柱产业是指那些在整个经济发展中占有相当重要的地位，对国民生产总值的贡献、对各产业发展的带动系数、对人民生活水平的提高等方面都起着举足轻重作用的产业。这里不妨选择一个定量指标，即在目标期内增加值能达到当地 GDP 总量的 5%以上的产业为支柱产业。将食品产业确定为支柱产业，在工业时代和信息时代，许多人心存疑虑，人们往往更多想到的是汽车、通信技术等。那么，食品产业能成为支柱产业，这恐怕要从食品产业的数量、规模、结构、产值和效益等方面进行分析。从企业数量上看，食品产业可谓“千家万户”“千军万马”；从产业形态上看，它涉及第一产业中的农业、林业、畜牧业和渔业，第二产业中的农副食品加工业、食品制造业、饮料制造业，第三产业中的餐饮业等三个业态；从生产经营上，涉及种植养殖、生产加工、市场流通、餐饮消费等多个环节。在有些国家和地区，食品产业为第一大产业。食品产业具有链条长、业态多、产值高等显著特点。作为支柱产业，食品产业的发展状况如何，必然对国民经济运行产生重大的影响。“三鹿”牌婴幼儿奶粉事件对我国乳制品产业的巨大影响，充分说明食品产业状况事关国民经济运行。

（三）食品产业是事关经济活力的朝阳产业

何为朝阳产业，有的认为是处于成长周期中开创阶段的产业，也有的认为是有巨大市场空间和利润空间的产业。说到朝阳产业，人们往往想到的是电子信息类、生物技术类、现代医药类、汽车类、物流类、新材料类、环境能源类等产业。不论按照哪个标准，将食品产业归为朝阳产业，多数人都会持怀疑态度。但如果将现代食品产业确定为朝阳产业，恐怕很少有人持反对意见。目前，食品工业已成为我国国民经济中增长最快、活力最显的支柱产业之一，其工业总产值从 2000 年的 0.9 万亿元发展到 2014 年的 10.89 万亿元，每年以平均 20%的增长速度经历了高速发展。以餐饮消费为例，2001—2005 年，我国餐饮消费年增长 1 000 亿元，2006 年全社会住宿和餐饮业零售额首次突破万亿大关，达到 10 345 亿元。从 2007 年开始，餐饮业零售额单独统计，当年达到 12 352 亿元，2008 年达到 15 404 亿元，2009 年达到 17 998 亿元，2010 年达到 17 648 亿元，

2011 年达到 20 635 亿元，2012 年达到 23 448 亿元，2013 年达到 25 392 亿元，2014 年达到 27 860 亿元。作为朝阳产业，食品安全问题将影响着经济的持续健康发展。

二、食品领域充满风险挑战

新世纪以来，重大食品安全事件时有发生，2004 年出现阜阳劣质奶粉事件、广州毒酒事件，2005 年出现苏丹红事件，2006 年出现东方牌劣质奶粉事件，2008 年出现“三鹿”牌婴幼儿奶粉事件，2010 年发生地沟油事件，2011 年出现双汇瘦肉精事件，2012 年出现塑化剂事件，2013 年出现假羊肉事件，2014 年出现上海福禧事件，等等。如何分析这些事件产生的原因，有的专家借用社会发展周期理论：当前我国经济社会发展已进入人均 GDP 从 1 000 美元向 3 000 美元跨越的关键阶段。从国际经验看，这个阶段既是加快发展的“黄金期”，又是社会矛盾的“凸显期”。在此阶段，一些国家和地区由于没能妥善处理好社会各阶层利益矛盾及经济增长方式，导致经济社会发展长期徘徊不前，社会矛盾加剧，长期处于动荡不安状态。我国食品安全正处于风险高发期和矛盾凸显期。

（一）风险形态

当今的世界是个充满风险的世界，当代的食品行业也是个充满风险的行业。按照不同的标准，食品风险可以分为不同的类别。如按照风险的成因，食品风险可以分为天然风险和人为风险。前者是自然形成，如有些植物食品、动物食品，本身就含有毒素等；后者则是人为形成，即由于行为人的主观过错而形成的，如生产销售假冒伪劣食品。如按照风险产生的顺序，食品风险可以分为原发性风险和后发性风险，前者如种植养殖环节的风险，后者如其他环节增加的风险，如滥用食品添加剂、使用不符合标准的包装材料增加的风险。如按照风险的性质，食品风险可以分为技术风险、道德风险和制度风险：技术风险是由于科学技术的发展所带来的风险，道德风险是由于行为人突破道德底线而产生的风险，制度风险是由于制度不现代、不科学、不完备所带来的风险。在当代社会，新资源、新技术、新方法等既可能是安全的力量，也可能是风险的因子。制度设计不合理，执法不到位、不作为、乱作为，可以使风险进一步放大或者升级。

（二）风险成因

1. 时空压缩

当今世界正在发生着广泛而深刻的变化。面对这种广泛而深刻的变化，全球化和现代化研究的代表人物哈维（David Harvey）提出了著名的“时空压缩”（Time-space compression）理论。哈维认为，“现代性”改变了时间与空间的表现形式，进而改变了人们经历和体验时间与空间的方式。而且，由现代性促进的“时空压缩”过程，在后现代时期已被大大加速，迈向“时空压缩”的强化阶段，其影响波及社会、经济、文化、政治生活的方方面面。按照该理论分析当代中国，有专家指出：与欧洲等发达国家用了几百年的时间实现了从传统社会转变为现代社会进而进入后现代社会不同，我国在30年的发展时间里，既有从传统社会转变为现代社会的问题，又有从农业社会转变为工业社会的问题，还有从计划经济转变为市场经济的问题，更有从封闭社会走向开放世界的问题。有学者认为，改革开放的中国就面对着传统性、现代性与后现代性的前所未有的大汇聚、大冲撞、大融合。从理论上讲，传统性、现代性和后现代性这三个不同时代的东西集中压缩到了一个时空之中，既有可能实现相互协调、相互包含、择优综合的目标，也有可能存在相互冲突、相互排斥、相互否定的关系，这就是所谓的中国社会高度“时空压缩”的双重效应。当代的中国已经进入了工业化、信息化、城镇化、市场化和国际化深入发展的新时期。中国社会发生的这种广泛而深刻的变革，使在发达国家分阶段出现、分阶段解决的多种矛盾和风险在我国集中爆发，需要我们同时有效应对。在机遇前所未有的同时，挑战也前所未有，这就是社会主义初级阶段无法回避的最大现实，只有更加自觉地走科学发展道路，才能实现可持续发展。

具体到食品安全问题上，应该看到我国食品产业发展正处于如前所述的发展黄金期和风险高发期。近年来，食品安全问题仍然比较突出，食品安全事故时有发生，人民群众对食品安全缺乏安全感。2007 年 12 月 26 日，时任国务院法制办主任曹康泰受国务院委托，在第十届全国人大常委会第 31 次会议上有关《食品安全法（草案）》分析了产生这些问题的主要原因，主要是现行有关食品卫生安全制度和监管体制不够完善，具体表现为以下五个方面。第一，食品标准不完善、不统一，标准中一些指标不科学，对有关食品安全性评价的科学性有待进一步提高。第二，规范、引导食品生产经营者重质量、重安全，还缺乏较为有效的制度和机制。食品生产经营者作为食品安全第一责任人的责任不明确、不严格，对生产经营不安全食品的违法行为处罚力度不够。第三，食品检验机构不够规范，责任不够明确。食品检验方法、规程不统一，检验结果不够公正，重复检验还时有发生。第四，食品安全信息公布不规范、不统一，导致消费者无所适从，甚至造成消费者不必要的恐慌。第五，有的监管部门监管不到位，执法不严格，部门间存在职责交叉、权责不明的现象。这五个方面，可以概括为“八不”，即不明确、不完善、不统一、不科学、不规范、不严格、不到位、不公正（有的存在程度和范围的限制）。这“八不”现象，听起来令人震惊，但绝不是危言耸听，它在一定程度上反映出那个时期我国食品产业和食品安全监管的阶段性特征。时空压缩理论表明，随着食品产业的跨越式发展，食品安全风险也必将集中爆发出来。

2. 时空延伸

横看成岭侧成峰。在有学者对现代化发展提出“时空压缩”理论时，也有学者提出“时空延伸”理论。这位学者就是 1938 出生的英国著名社会理论家和社会学家、伦敦经济政治学院前院长、剑桥大学教授、中国社科院名誉院士安东尼·吉登斯（Anthony Giddens）。吉登斯在《失控的世界》中指出，风险是全球化时代的显著特征。随着科学技术的发展，时间与空间不断地向前延伸，我们可以认知和控制的世界越来越大，太空望远镜使人类看得更高，航天飞机与宇宙飞船使人类走得更远。然而，随着我们足迹的不断向外延伸，我们对其掌控的能力却似乎感觉是越来越弱。而且，随着事物运行空间的扩大，风险因素不仅没有减少，而且还在不断地增加，而且除了自然风险外，我们还承受着许多人类创造出来的新风险。

随着经济全球化和贸易自由化的发展，现在一国生产的食品很容易迅速销往其他国家。与此相伴随，食品安全风险也随着食品不断跨越国境，成为全人类共同面临的挑战。20 世纪 90 年代在欧洲出现的疯牛病和二噁英事件，就因其迅速传播，使经济社会发展遭受了重创。食品安全问题的严重性、复杂性、广泛性和急迫性已引起国际社会的高度重视，2000 年 5 月，第 53 届世界卫生大会通过《关于食品安全的 WHA53. 15 号决议》。该决议指出：与食品中致病微生物、生物毒素和化学污染物有关的食源性疾病对世界上数百万人民的健康造成严重的威胁；食源性疾病显著地影响人民的健康和幸福，并对个人、家庭、社区、工商企业和国家造成经济损失后果等，世界卫生组织敦促会员国采取 11 项共同行动，共同应对全球食品安全问题。时空延伸理论表明，食品生产经营呈现大生产、大流通的特点，食品安全风险遍及全球。

三、食品安全事关社会进步

把安全发展作为一个重要理念纳入我国社会主义现代化建设的总体战略，这是我国对科学发展观认识的深化。全面提高食品安全水平，需要全方位、多领域、深层次地把握食品安全问题。

（一）国家责任与政府治理

食品安全是公众最关心、最直接、最现实的问题，已经成为各国经济安全、国家安全的重要部分，成为衡量政府执政为民、考验政府执政能力的重要内容。在全球化和信息化时代，政府在食品安全保障方面承担着义不容辞的责任。在食品安全这一被全球放大的社会问题上，政府在全社会的期盼中承担着沉重的压力。目前，如何使政府食品安全保障能力的提升速度，最大限度地逼近消费者对食品安全的渴望程度，始终是各国政府面临的重大课题。在此方面，发展中国家承担着比发达国家更大的压力。

2003 年，联合国粮农组织和世界卫生组织联合出版的《保障食品的安全和质量：强化国家食品控制体系指南》（以下简称《指南》），阐述了政府治理食品安全问题的基本原则、基本策略和基本措施。该《指南》分析了各国面临的重要的食品问题，如食品质量与消费者保护、全球性食品安全问题，提出了国家食品控制体系的要素；强化国家食品控制体系，如明确食品控制原则、制定食品安全控制战略、强化国家食品控制体系的组织结构、筹集国家食品控制体系的资金；同时，《指南》分析了发展中国家面临的特殊问题，如食品体系、食品加工企业、街头食品、食品控制的基础设施和资源、技术援助等。

2004 年联合国粮农组织和世界卫生组织联合发布的《加强官方食品安全监控机构》进一步阐述了官方食品监控机构现有组织结构的不同类型，并探讨了改进官方食品监控机构管理和效率的途径。该文件包括国家食品控制体系的要素、国家食品监控体系的组织结构、食品安全监控机构的管理、发展中国家的特殊问题等，对各国食品安全保障工作具有重要的指导意义。

事实上，因政治、经济、文化、历史等原因，各国政府在食品安全治理方面所承担的责任并不完全相同。在食品安全问题上，政府治理的主要内容是：倡导科学理念，确定发展战略，完善保障规则，健全保障体系，整合监管资源，加强基础投入，强化运行监管，优化社会环境等，从而全面提高食品安全保障水平。我国《食品安全法》在第一章“总则”中明确规定了中央政府和地方政府的食品安全监管责任。

近年来，为进一步提高食品安全治理水平，许多国家对传统的食品安全治理模式进行改革。改革大体上是按照一个方向采取两种方式进行的。“一个方向”，就是全面提高监管效能，“两种方式”就是将过去分散的监管予以适当的统一或者以适当的协调。随着全程治理时代的到来，各监管部门逐步意识到，食品安全治理不仅要强调专业分工、实现专业治理，更要强调专业协作、实现社会治理，从而共筑食品安全保障体系。

为了强化协作的广度与深度，有些国家建立起综合协调机构，以超脱的平台实现了事业的超越。但许多国家并没有将改革的步伐停滞在“协调”这一量的积累上，而是在积极推进“统一”这一质的飞跃。当然，在统一的内涵与层次上，各国推进的速度、深度和力度有所不同，有的是监管机关的统一，有的是监管要素或者监管方式的统一。一般说来，监管机关的统一往往涉及多方利益的调整和诸多制度的改革，所面临的困难、承受的压力、展示的魄力和带来的效果往往更大些。而监管要素或者监管方式的统一，则因所涉及的事项相对集中和简单而更容易被采纳。

目前，这种统一方式主要表现在以下三个层面：一是决策层面的统一，包括政策、法律、标准和规划等的统一；二是执行层面的统一，在由多部门决策时由一个部门综合执行；三是监督层面的统一，无论是哪个层面的统一，都是避免多头监管、重复监管以提高监管效能。实践证明，对跨越环节、跨越部门的管理或者服务要素，如政策、法律、标准、计划、监测、信息、检测等予以统一规范，是市场经济社会中确保分段治理实现最佳效果的最优手段。

（二）市场经济与企业治理

《食品安全法》第 3 条规定，食品生产经营者应当依照法律、法规和食品安全标准从事生产经营活动，对社会和公众负责，保证食品安全，接受社会监督，承担社会责任。在社会主义市场经济条件下，企业是独立的食品生产者和经营者。食品生产与经营的最终目的在于满足消费，而食品消费的基本前提就是食品安全。所以，生产经营安全的食品是食品企业对社会的根本责任，是食品企业得以存续的基本条件。食品企业的安全意识、安全条件以及安全状况如何，直接影响乃至决定着企业的食品安全状况。如果企业忽视甚至无视食品安全，那么，即便再完善的政府外部监管也难以取得理想的效果。联合国粮农组织和世界卫生组织的有关报告指出，将食品安全的主要责任赋予食品的生产者和经营者，是最直接、最及时、最经济、最有效的治理战略。我国食品安全治理的实践也反复证明，只有企业真正承担起食品安全的首要责任，食品安全保障才有了坚实的基础。食品产业属于良心产业、圣洁产业，企业家的身上应当流淌着道德的鲜血。绝不允许任何企业以损害人民群众生命健康来换取企业发展和经济增长。

随着科学技术的发展，从农田到餐桌的食品生产经营活动日趋复杂，只有食品企业才能对其生产经营活动了如指掌，才能采取更加有效的措施应对食品安全风险。所以，强化食品安全保障，基础而首要的任务是强化企业的责任。我国《食品安全法》第 4 章“食品生产经营”明确了食品生产经营者的义务。如从事食品生产、食品经营、餐饮服务，应当依法取得食品生产许可、食品流通许可、餐饮服务许可；食品生产经营企业应当建立健全食品安全管理制度；食品生产经营者应当建立并执行从业人员健康管理制度；食品生产者采购应当执行查验检验制度；食品生产企业应当建立食品出厂检验记录制度；食品经营企业应当建立进货查验记录制度；食品生产者应当严格执行食品添加剂生产许可制度；食品经营者应当严格执行食品标签制度；食品生产经营者应当严格执行食品召回制度等。

必须承认的事实是，在市场经济条件下，企业所追求的目标与消费者所期待的目标往往存在着一定的差异。如何建立起有效的企业治理机制，是各国政府需要共同面对的重大课题。国家应当采取有效措施推动食品企业落实食品安全第一责任。国家应当鼓励食品生产企业制定严于食品安全国家标准或者地方标准的企业标准，鼓励食品生产经营企业符合良好生产规范要求，实施危害分析与关键控制点体系，提高食品安全管理水平，鼓励食品规模化生产和连锁经营、配送。国家要支持食品企业加强诚信建设。2010 年 6 月 11 日，在第二届（2010）中国食品安全高层论坛上，128 家食品企业联合发布诚信宣言：“履行社会责任，促进社会和谐；铭记荣辱义利，维护人民福祉；遵守法律法规，倡导职业道德；制造安全食品，坚持诚信经营；健全质量体系，执行全程控制；接受社会监督，提高服务水平；促进国际交流，共享文明成果；珍惜自然资源，实现持续发展”。上述宣言充分展示了食品企业承担食品安全责任的决心和信心。通过最严格的安全标准、最严格的管理体系、最严格的监督检查、最严格的责任追究，来促进食品企业不断改进和强化食品安全管理，努力提高食品安全治理水平。

（三）和谐社会与社会治理

党的十六届四中全会提出了建设社会主义和谐社会的重要目标。社会主义和谐社会是不断追求并努力实现民主法治、公平正义、诚信友爱、充满活力、安定有序、人与自然和谐相处的社会。和谐社会应当是以人为本、和睦相处、协调发展的社会。食品安全在社会主义和谐社会的构建中发挥着极其重要的作用，而社会主义和谐社会的构建也对食品安全保障提出了更高的要求。

人的生存需要、健康需要、安全需要是人的“第一需要”。作为人类社会生存和发展的物质基础，食品安全直接关系到广大人民群众“第一需要”的满足程度，而“第一需要”的满足程度直接关系着社会和谐的程度。无论是国家发展、社会进步，还是人民幸福，都迫切需要全力解决食品安全问题。食品安全是社会主义和谐社会的基础。广大人民群众对食品安全满意不满意，是检验我国食品安全监管工作成败的重要试金石。

构建社会主义和谐社会，必须解决好食品安全保障的纵向和谐问题。改革开放以来，随着经济和社会事业的不断进步，食品生产经营和消费格局发生了深刻变化，生产经营主体多元化，消费需求多层次，产量持续增加，质量逐步提高，食品供给由长期以来的总体短缺、品种单调转变为数量充足和品种多样化，广大人民群众的生活已经实现了从过去的“温饱”到今日的“小康”的转变。伴随着这种转变，全社会对食品安全的需求已经实现了从过去的“将就”到今日“讲究”的转变。在这个转变的过程中，全社会的食品安全视野在不断拓展，食品安全意识在不断提升，食品安全文化在不断丰富，目前，全社会对食品安全的需求有了很大的提高。然而，作为发展中国家，在今后可预见的一定期限内，我国的食品安全问题仍将是广大人民群众最为关注的重大民生问题，必须下大力气解决。

构建社会主义和谐社会，必须解决好食品安全保障的横向和谐问题。进入新世纪以来，国务院坚持“以人为本、执政为民”的科学理念和“标本兼治、着力治本”的工作方针，按照“全国统一领导、地方政府负责、部门指导协调、各方联合行动、社会广泛参与”的工作格局，围绕重点品种、重点环节、重点领域、重点对象等，在全国范围内部署了食品放心工程和食品安全整顿。经过多年的连续整治，我国食品安全形势逐步好转。但是，我们必须保持清醒的头脑，目前只是取得了阶段性成果，全面提高食品安全保障水平还必须付出更大的努力。适应新时期社会主义和谐社会的建设，必须着力解决好广大农村农民的食品安全保障问题。种植养殖是食品生产经营的源头，广大农村是食品流通消费的重要市场。全面提高我国食品安全保障水平、全面建设和谐小康社会，最基础、最艰巨、最繁重的任务在广大农村。没有广大农村的食品安全，就没有全社会的食品安全。只有广大农民的食品安全得到了有效的保障，社会主义和谐社会才有了坚实的基础，社会主义新农村才有了扎实的进步，食品安全整治才有了全面的成功。

构建社会主义和谐社会，必须解决好食品安全保障的社会监督机制问题。保障食品安全是全社会的共同责任。只有人人关心食品安全、人人参与食品安全、人人保障食品安全，食品安全才能不断取得进步。在食品安全治理结构中，社会治理是最全面、最广泛、最彻底、最有效的治理。这种治理在强调政府、企业、行业治理的同时，更加关注消费者、行业协会、中介机构和新闻媒体等力量的参与。强化食品安全的社会治理，要强化社会治理的理念，更要强化社会治理的机制，如建立食品安全有奖举报制度、食品安全集团诉讼制度等。

（四）创新国家与科学治理

在复杂多变的国际局势下，党中央审时度势，在十六届五中全会上提出了建设“创新型国家”的历史重任。党的十七大报告强调，发展中国特色社会主义必须深入贯彻落实科学发展观，把提高自主创新能力、建设创新型国家作为国家发展战略的核心和提高综合国力的关键。建设创新型国家需要提出新理论、制定新政策、建立新制度、组建新组织、构成新机制、发明新技术、采用新方法、创造新文化等。从食品安全治理的角度来看，今天我们正处在告别过去、迎接未来的新的历史时期。传统的食品安全理念、体制、法制、机制、方式等已不能完全适应新时代发展的需要，必须按照科学发展观的要求，形成体现时代性、把握规律性、富于创造性的新理念、新体制、新制度、新机制、新方式。

要树立食品安全治理新理念。认真总结食品安全监管的历史经验教训，按照“以人为本、执法为民、科学监管、安全至上、协调发展”的要求，重新审视食品安全监管工作，坚持食品安全的全程治理、风险治理、社会治理、责任治理和效能治理。要完善食品安全治理新体制。我国食品安全监管体制的改革目标是逐步建立统一、高效、权威、便民的食品安全监管体制。在食品安全监管初步实现了从“双轨”到“单轨”、从“小综”到“大综”的转变后，要继续探索食品安全监管体制改革；要建立食品安全治理新制度。为了适应食品安全产业发展、食品安全风险变化、食品安全国际保障等需要，要建立健全从农田到餐桌全过程的食品安全治理制度，进一步提升食品安全保障能力和水平；要建立食品安全治理新机制。建立健全动力与压力、自律与他律、激励与约束、褒奖与惩罚相结合的工作机制，使政府、企业、社会共同关注食品安全、参与食品安全、保障食品安全；要建立食品安全治理新方法。同时还要充分利用食品安全监测技术、检测技术、评估技术、评价技术、预警技术、追溯技术等，以提高食品生产和管理水平，预防和减少食品风险。

（五）全球经济与国际治理

当人类社会跨入 21 世纪的时候，我国已经进入了全面建设小康社会、加快推进社会主义现代化的新的发展阶段。国际局势正在发生着深刻的变化，科学技术的不断进步、国际分工的深入发展、世界市场的日益扩大，推动着经济全球化和贸易自由化的趋势在曲折中发展。

随着经济全球化和贸易自由化步伐的加快，各种化学的和生物的污染在全球范围内以超乎寻常的广度和深度进行扩散着。食品安全问题已跨越国界，成为人类社会共同面临的重大课题，需要各国政府以及国际社会通力合作，共同应对挑战。

2000 年 5 月，世界卫生组织召开了第 53 届世界卫生大会，会议通过了《关于食品安全的 WHA53. 15 号决议》。会议号召世界卫生组织及其成员国将食品安全确认为公共健康的基本元素，建立可持续的综合食品安全系统，从而减少整个食品链的健康风险。这次大会深切关注到与食品中致病微生物、生物毒素和化学污染物有关的食源性疾病对世界上数百万人民的健康造成的严重威胁，认识到食源性疾病显著地影响着人民的健康和幸福，并对个人、家庭、社区、工商企业和国家造成经济损失后果，敦促成员国共同采取十一项行动来努力提高食品安全保障水平。决议还促请总干事制定食品安全全球战略，用于在国家和区域内以及在国家间和区域间监测食源性疾病并有效地收集和交流信息。

2001 年 2 月，世界卫生组织在日内瓦组织召开了食品安全战略规划会议，拟订了《世界卫生组织全球食品安全战略：增进健康需要更加安全的食品》（以下简称《战略》），该《战略》分析了国际社会在食品安全方面所面临的挑战，提出了世界卫生组织全球食品安全战略的主要目标，是降低食源性疾病对健康及社会的影响。为此，《战略》提出了加强食源性致病菌监测体系、改进危险性评价方法等七项具体措施及行动方案。2002 年世界卫生组织正式通过了《世界卫生组织全球食品安全战略：增进健康需要更加安全的食品》。

2003 年，联合国粮农组织和世界卫生组织联合出版了《保障食品的安全和质量：强化国家食品控制体系指南》（以下简称《指南》），该《指南》指出：在全球范围内，食源性疾病的发病率日趋上升，食品安全和质量要求不断出现的争端严重阻碍了国际食品贸易的发展。全球食品贸易的崭新环境促使进口国和出口国均要履行重要的义务，以加强各自的食品安全保障体系。

2009 年 11 月 12 日，世界卫生组织执行委员会召开第 126 届会议，秘书处起草了食品安全报告。该报告分为情况概述、行动机会、途径和方法、执行委员会的行动。该报告指出：食品安全问题是全球性问题，解决办法也必须着眼于全球。社会各部门都必须参与进来，因为食品安全问题可能产生于食品生产链中的任何一个环节，包括环境、动物饲养、农场、生产与零售、制备以及消费者厨房。保障食品安全的一个先决条件是，国际和国家所有相关伙伴之间必须开展高效协作，并且必须有系统地在食品系统以及营养政策和干预措施中高度重视食品安全问题。该报告确定了相关的 6 个方面的途径和方法。

2010 年 5 月 20 日，世界卫生组织第 63 届世界卫生大会审议了《推进食品安全行动》，大会确认食源性疾病继续构成对世界千百万人尤其是发展中国家营养状况不良者健康的严重威胁，考虑到食品安全、营养和食品保障之间不可分割的联系，承担食品安全在消除饥饿和营养不良尤其是在低收入和食品短缺国家的工具性作用，认识到关于全球性食品安全管理的国际协定、采用科学原理寻求对策、切实交流监测数据以及实践经验的重要性等因素，大会敦促各会员国以及区域经济一体化组织采取包括在会员国内部及之间促进人类健康、兽医和食品相关学科之间的对话和协作，侧重于作出一致努力，减少整个食品生产链中的食源性风险，包括考虑人畜共患风险等9项措施，以提高食品安全管理水平。

获得安全食品和适当营养的饮食是每个人的权利。食品安全监管是一项重要的公共健康职能，旨在保护消费者免受食物中生物、化学和物理危害所引起的健康风险以及其他与食品相关的条件所造成的健康风险。当前，食品安全问题已经成为国际社会关注的重大社会问题。各国政府应当共同携手，共担责任，强化食品安全国际合作战略，共同促进食品安全水平的提高。

四、食品安全保障任务艰巨

如果说，从产业特征的角度研究食品安全问题，思考的是食品安全问题的轻与重，那么，从安全风险的角度研究食品安全问题，思考的则是食品安全问题的近与远，那么，从概念变化的角度研究食品安全问题，思考的则是食品安全责任的小与大。

（一）保障范围

从重视食品卫生到重视食品安全，保障的范围是扩大还是缩小呢？安徽阜阳劣质奶粉事件发生后，2004年9月国务院出台了《关于进一步加强食品安全工作的决定》（国发〔2004〕23号），国务院法制办开始组织修订《食品卫生法》。最初，是修订《食品卫生法》，还是制定《食品安全法》，专家、学者间存在不同的认识，国际上也有不同的立法案例，如韩国多次修改《食品卫生法》，而日本在保持《食品卫生法》的同时，制定了《食品安全基本法》，有的国家则制定《食品质量与安全法》。是继续沿用《食品卫生法》，还是将其修改为《食品安全法》，抑或制定《食品安全质量法》或者《食品法》，这是一个重大的立法选择。而确定立法路径则需要科学回答出食品卫生与食品安全之间的关系问题。

许多专家、学者力图解答这一基础性问题。最常用的方法就是内涵外延法，即通过明确事物的内涵与外延来确定事物的概念。从哲学的角度来看，人类在认识过程中，从感性认识上升到理性认识，把所感知的事物的本质特点抽象出来并加以概括形成概念。所以说，概念是通过使用抽象化的方式从一群事物中提取出来的反映其共同特性的思维单位，或者说，概念是对特征的独特组合而形成的知识单元。然而，任何概念往往是对事物一般形态的反映。由于事物具有众多的属性，传统的“属加种差”的定义方式往往隐藏着恣意的危险。古罗马有句谚语：在市民法中，一切定义都是危险的。从定义与语源的关系来看，定义往往从语源演绎而来。黑格尔在《法哲学原理》中指出：定义大多从语源演绎而来，特别是从特殊事件中抽象出来，所以是以人们的感情和观念为基础的。于是定义的正确与否就看它是否与现存各种观念相符合而定。另外，从“体”与“用”的关系来看，鉴于一“体”可以多“用”，哈佛大学的莫里斯教授曾指出，定义的目的并不在于定义本身，而在于定义所服务的目的。所以说，内涵外延的定义方法属于传统、经典的定义方法，这一定义方法在许多领域屡试不爽。然而，在食品领域，这种方法就不那么灵验了。

那么，该如何定义食品安全、食品卫生呢？食品卫生是国际社会使用较早的概念。1984 年世界卫生组织在《食品安全在卫生和发展中的作用》中将“食品卫生”定义为：“生产、加工、储存、分配和制作食品过程中确保食品安全可靠，有益于健康并且适合人消费的种种必要条件和措施。”1996 年世界卫生组织在《加强国家级食品安全性计划》中将“食品卫生”定义为“为确保食品安全性和适用性在食物链的所有阶段必须采取的一切条件和措施”。2003 年联合国粮农组织和世界卫生组织在《保障食品的安全和质量：强化国家食品控制体系指南》中指出：“食品卫生，是指在食品链所有环节上所采取的确保食品安全和宜食用性的必要条件和措施。”在我国，1994 年发布的《食品工业基本术语》（GB/T 15091—1994）指出：食品卫生，是为防止食品在生产、收获、加工、运输、贮藏、销售等各个环节被有害物质（包括物理、化学、微生物等方面）污染，使食品有益于人体健康、质地良好所采取的各项措施。

应当说，对于食品卫生属于综合概念还是要素概念，长期以来存在着不同的认识。一般认为，“卫生”为动名词时“卫”指“护卫、保卫”，“生”指“生命”。“卫生”即“护卫人的生命”。“卫生”做名词时，其意义转变为“护卫生命”的行为，或者“护卫生命所采取的一切措施”，包括预防和治疗疾病、维护和增进健康所采取的一切措施。“卫生”作形容词时，意思是“干净”“清洁”，而这仅仅是维护健康的措施之一。目前，在我国，许多人将“食品卫生”的概念粗浅地、局限地理解为食品及其生产经营场所环境洁净的程度和状态。事实上，近代乃至现代“卫生”源于我国传统文化中的“卫生”，大体属于目前的“健康”含义。从这个意义上讲，“食品卫生”属于综合概念。

在国际上，食品安全是一个不断发展的概念。早期对“食品安全”的认识侧重于数量安全。1974 年，联合国粮农组织在“世界粮食会议”上，将“食品安全”定义为：所有人在任何情况下维持健康生存所必需的足够食物。1983 年，联合国粮农组织总干事将食品安全的最终目标解释为：确保所有人在任何时候既能买得到又能买得起其所需要的基本食品。20 世纪 80 年代，国际社会对“食品安全”的研究逐步由国家行动、政府行为转向市场行为、社会行为，1984 年世界卫生组织在《食品安全在卫生和发展中的作用》中把“食品安全”与“食品卫生”作为同义语，定义为：“生产、加工、储存、分配和制作食品过程中确保食品安全可靠，有益于健康并且适合人消费的种种必要条件和措施”。1996 年世界卫生组织在《加强国家级食品安全性计划指南》中，对“食品安全”与“食品卫生”这两个概念进行了区分，“食品安全”被解释为“对食品按其原定用途进行制作、食用时不会使消费者受到伤害的一种担保”，“食品卫生”则指“为确保食品安全性和适合性在食物链的所有阶段必须采取的一切条件和措施”。

在我国，2005 年 6 月，国务院办公厅印发的《国家重大食品安全事故应急预案》第 7.1 条规定：食品安全，是指食品中不应包含有可能损害或威胁人体健康的有毒、有害物质或不安全因素，不可导致消费者急性、慢性中毒或感染疾病，不能产生危及消费者及其后代健康的隐患。2006 年 3 月，国家质量监督检验检疫总局、国家标准化管理委员会发布的 GB/T 22000—2006/ISO 22000：2005《食品安全管理体系——食品链中各类组织的要求》规定：食品安全，是食品在按照预期用途进行制备、食用时，不会对消费者造成伤害的概念。2009 年 2 月 28 日，第十一届全国人大常委会第七次会议通过的《中华人民共和国食品安全法》第 99 条规定：食品安全，指食品无毒、无害，符合应当有的营养要求，对人体健康不造成任何急性、亚急性或者慢性危害。

仔细分析这些定义，我们会得出这样的结论：在食品卫生和食品安全均涉及生产与经营、过程与结果、显性与隐性、现实与未来时，食品卫生和食品安全之间的差异已难以泾渭分明了。目前，涉及食品方面的安全或者与食品安全方面相关的安全主要有四个层面：一是数量安全，二是质量安全，三是生态安全，四是习俗安全。

《食品安全法》第 99 条规定的食品安全，指食品无毒、无害，符合应当有的营养要求，对人体健康不造成任何急性、亚急性或者慢性危害。该定义强调的是结果安全，具体包括以下三层的内容：一是食品无毒、无害；二是符合应当有的营养要求；三是对人体健康不造成任何急性、亚急性或者慢性危害。在这里，有必要对食品安全进行深入的分析。

一是数量安全与质量安全。数量安全是指食品的数量供给安全。早期的食品安全问题主要是指食品的数量供给问题，即应当有足够的粮食保障消费。因此食品的数量安全，往往也称为粮食安全。质量安全是指食品的质量方面的安全，即食品消费不得给消费者的生命健康带来任何负面的损害。

二是自然安全与法律安全。食品安全问题既涉及自然安全，也涉及法律安全。自然安全，也称事实安全，是指食品被消费后对人体健康没有造成任何事实上的急性、亚急性或者慢性危害。任何食品都应当达到确保消费者食用安全的基本要求。法律安全，是指食品在依照法律和标准规定的条件下保障被消费后不对人体健康造成任何急性、亚急性或者慢性危害。用非食品原料生产的食品、超过保质期的食品、下架的食品、回收的食品等，即使其被消费后没有造成事实上的损害，这样的食品也属于法律上不安全的食品，不得用于生产经营。

三是绝对安全与相对安全。食品安全是个相对的概念。食品安全问题不仅与经济发展、科技进步有关，而且与环境保护、社会管理相联，需要科学理性看待。应当清醒地看到，社会公众对食品安全的要求是绝对的，但食品安全保障则是相对的，因为食品安全始终受到科学发展和认知能力等诸多条件的制约。在任何国家、任何阶段，食品都不是零风险。今日被判定为安全的食品，未来却未必安全。然而，也必须乐观地看到，现代科学技术的发展和管理经验的积累，为食品安全从相对安全向绝对安全迈进提供了重要条件。同时，也正是这种“逐渐接近而又永远留在彼岸目标”的距离的存在，追求超越才成为食品安全监管工作追求的永恒目标。

四是宏观安全与微观安全。食品安全是个变动的概念。从社会治理的角度来看，食品安全是个大概念，包容、统揽了食品卫生、食品质量、食品营养等概念。如食品安全专项整治，既包括食品卫生问题，也包括食品质量问题，还包括食品营养问题。而《食品安全法》所确定的食品安全则属于微观概念，严格说来，其并不包括不属于食品安全部分的质量问题。食品安全是否包括食品营养，《食品安全法》规定并不一致。在有的条文中，食品安全包括食品营养，而在有关条文中，食品安全与食品营养并列表述，如食品安全标准包括“对与食品安全、营养有关的标签、标识、说明书的要求”等。

五是独立安全与附属安全。食品安全是个独立的概念。长期以来，食品卫生是“大卫生”项下的属概念，相应的监管基本属于对场所、环境层次上的监管。现在食品安全已从“大卫生”概念中分离出来，融入健康产品的“大安全”监管中。这种变革，正如法学从哲学中分离出来一样，是社会发展与时代进步的表现。食品安全孕育于食品卫生、成长于食品卫生。食品安全治理与食品卫生治理在治理理念、治理模式和治理方式等方面存在一定的差别。

六是静态安全与动态安全。食品安全是个发展的概念。随着社会的发展，食品安全的概念将与时俱进，并引领食品产业和食品监管的不断升级。如在食品安全保障中，防止微生物污染是最基本的任务，但并不是最突出的问题（除特殊微生物污染外），在早期的畜禽屠宰中，微生物污染普遍没有得到重视。而在其他突出问题解决后，目前许多国家已将解决微生物污染的问题摆上了重要日程。

七是传统安全与现代安全。食品安全是个动态的概念。当今的食品安全问题，有的属于传统安全问题，如微生物危害、化学性危害和生物性危害，有的属于现代安全问题，如转基因食品安全。此外，还有食品反恐等特殊问题。食品风险与食品安全可谓魔高一尺、道高一丈，在对立统一中前进。在努力解决传统食品安全问题的同时，必须密切关注并有效解决新型食品安全问题。

八是显性安全与隐性安全。食品安全既涉及显性安全，如食品中毒问题，也涉及隐性安全，如转基因食品安全。经济学家根据产品信息的对称程度，将产品分为搜寻品、经验品和信任品，食品可能是搜寻品，也可能是经验品，但更多是信任品。因此，食品安全既涉及显性安全，也涉及隐性安全。

九是个体安全与公共安全。有毒有害食品或者不符合食品安全标准的食品往往首先损害的是消费者个人的身体健康和生命安全，同时，由于食品安全问题往往燃点低、触点多，容易引发社会问题，因此食品安全问题也属于公共安全。此外，食品安全问题还有可能涉及国家安全、人类安全。

十是事实安全与感受安全。食品安全既可以表现为客观方面的事实安全，食品安全指数可以在一定程度上反映出一个国家或者地区的食品安全，也可以表现为公众对食品安全的感受状况，公众满意度即为广大消费者对食品安全状况的评价指标。

那么，是否有其他路径可以选择呢？有位哲学家曾经说过，事物概念的变迁，往往揭示着社会变革中“趋好向善”的探索努力，确立一种刻骨铭心的价值目标。一个新概念的出现，并不是一个事物内涵与外延的简单调整，一个新概念的出现，往往标志着新时代的到来。安东尼·吉登斯也曾指出："新概念在这里的出现标志着新的社会力量的出现。"事实上，用社会理念的变革来阐释事物发展的变化，或者从事物发展的变化中揭示社会理念的变革，是一种更深刻、更智慧、更有效的选择。从食品卫生到食品安全，并不是食品内涵外延的简单调整，而是食品安全治理理念、治理机制、治理模式等的重大变革，它标志着食品安全治理新时代的到来。

适应全程治理时代的到来，食品安全比食品卫生涵盖的范围更宽。食品生产经营包括种植、养殖、生产、加工、贮存、运输、销售、消费等诸多环节。传统的食品保障体系基本上是将治理的重点锁定在生产加工环节。当时存在的科学迷信认为，现代科学技术可以解决众多的食品安全问题。然而，各种食源性疾病的持续爆发表明，食品生产经营的任何环节存在缺陷，都可能导致整个食品安全保障体系的最终崩溃。为此，国际社会逐步探索出了保障食品安全的新方法，即食物链控制法，或者说，产品生命周期法，要求食品安全治理竭尽所能地向"两端"延伸，最前端要延伸到农产品的种植养殖环节，甚至农业投入品的生产和使用环节，最末端要延伸到食品的储藏、制作等消费环节。随着这种延伸进入种植环节，食品卫生只能让位于食品安全，食品安全比食品卫生涵盖的范围更宽。

适应政府治理时代的到来，食品安全比食品卫生的地位更高。随着经济全球化和贸易自由化步伐的加快，消费者从未如此高度关注食品生产、加工及销售情况，日趋要求其政府应对食品安全和消费者保护承担更多的责任。今天的食品安全已经成为个人安全、公共安全、国家安全和人类安全的重要组成部分，成为衡量各国政府执政为民、考验政府执政能力的重要内容。食品安全不仅关系到经济发展、国际贸易，同时也关系到公共安全、国家安全和人类安全。全球已将食品安全融入公共安全、国家安全乃至人类安全之中，突显了食品安全的重要地位。食品安全比食品卫生的地位更高。

适应风险治理时代的到来，食品安全比食品卫生蕴涵的价值更深。食品安全治理的目标和任务就是预防、控制和减少食品风险，保障广大人民群众身体健康和生命安全。食品生产经营中，安全与风险始终对立统一，此消彼长。食品安全工作的核心内容就是风险治理。应对风险就是保障安全，保障安全就需应对风险。全球食品贸易的崭新环境促使进口国和出口国均要履行重要的义务，以加强各自的食品控制体系，实施并强化基于风险的食品控制体系战略。食品安全比食品卫生更具时代精神。

除了上面的分析以外，还应看到，食品卫生和食品安全是紧密联系、内在成长的概念。尽管科学的“卫生”含义是保卫生命、捍卫生命，但在国人的潜在意识中，卫生监管主要是场所监管，追求的是“外在美”，而安全监管就不同了，不仅追求“外在美”，而且还追求“内在美”。安全治理与卫生治理有着不同的知识体系、不同的治理规则、不同的思维境界。从这个意义上讲，食品安全克服了食品卫生成长的烦恼，对人的保护更全面、更具体、更深入。

（二）保障程度

从重视食品质量到重视食品安全，保障的程度是提高还是降低呢？按照1994年颁布的《食品工业基本术语》（GB/T 15091—1994）的规定，“食品质量是指食品满足规定或潜在要求的特征和特性总和，其反映食品品质的优劣”。质量是市场交换的基本要素，没有质量的确定性，任何产品都难以进行市场交易。在我国，无公害食品标准、绿色食品标准、有机食品标准，均属于食品质量标准的范畴。

食品质量与食品安全是何种关系呢？一般说来，食品安全与人的生存紧密相连，是最低保障和强制要求。突破“安全”底线的食品，不但不会给消费者的健康带来任何益处，而且还会给消费者的健康带来损害。食品安全与人类的生存权密切相关，具有法律强制性；而食品质量是指食品能为消费者接受的质量特征，包括外在要素（如外观、质地、风味、等级），以及内在要素（如化学元素、物理元素和微生物元素），食品质量是市场需求，与人类的发展权相连，具有市场选择性。食品质量的最低要求中包含着食品安全。

需要进一步说明的是，食品安全与食品质量之间的关系，并不是泾渭分明、截然分开的关系。食品质量的许多要素属于食品安全要素，或者是与食品安全密切相关的要素。在监管实践中，哪些要素属于食品安全问题，或者属于食品质量问题，需要根据具体情况进行具体分析，不可笼而统之、大而化之。

政府最基本的义务是保障食品安全，还是保障食品质量？对这一问题的不同解答，反映了政府在食品保障工作中的定位问题。在市场经济社会，政府承担着有限的职责，保障食品安全是政府必须承担的法定义务，是不可逾越的法律底线。而食品质量有着不同的等级，交易双方完全可以自主选择、自由交易。政府可以鼓励企业履行社会责任，不断提高食品质量，满足社会多方面的需求。正如国家需要建立基本药物制度，国家保障食品安全就是保障公众的最低需求。这样可以使政府的保障更集中、更理性、更务实。

中国的食品产业是世界食品产业的缩影，中国的食品安全治理是中国社会治理的缩影。两个“缩影”深刻表明，无论从产业发展的角度看，还是从社会治理的角度看，中国的食品安全工作正处于从传统向现代快速转轨的过程中。在这一过程中，我们一方面享受着“进步的快乐”，同时也承受着“成长的烦恼”。我们应当从成长型时代、成长型国家、成长型社会来理解食品安全治理这一成长型事业。

纵览世界食品安全治理创新的发展，大体可以分为以下位阶：治理理念创新、治理体制创新、治理法制创新、治理机制创新、治理方式创新、治理战略创新、治理文化创新。新世纪以来，中国的食品安全治理创新正在从治理理念创新不断向治理文化创新迈进。解决中国的问题，需要世界的眼光。中国的问题是我们研究问题的出发点和落脚点，而世界的发展则是我们解决问题的指向标和导航塔。

第二章　理念创新篇

生命犹如一张极大的挂毯，我们却从其反面来面对它，这使得它的外表看起来像是点和结编织起来的迷魂阵，其大部分看起来都是混乱不堪的。

［美］休斯敦·史密斯

第一节　坚守现代食品药品安全治理理念（上）[①]

食品药品安全治理是中国梦、小康社会、健康中国、供给侧结构性改革等时代命题的重要内容。深入研究我国食品药品安全治理规律，坚守现代食品药品安全治理理念，有利于深化对食品药品安全治理创新的认识，牢记职责使命，保持战略定力，在大风大浪面前不动摇，在大是大非面前不徘徊，奋力开创食品药品安全治理新局面。

一、坚守食品药品安全人本治理

在食品药品安全治理理念中，人本治理理念位居首位。这是因为人本治理理念解决的是“为谁治理”这一根本问题，即回答食品药品安全治理的出发点、落脚点和生命线。这一问题既涉及治理的立场问题，也涉及治理的体制问题。

在食品药品安全领域，坚持人本治理，首先需要把握“人”“本”的科学含义。“以人为本”所回答的不是本体论问题，而是价值论问题，即在这个世界上，什么是最重要、最根本的。按照价值论的逻辑，人是最重要、最根本的，所以，绝不能舍本逐末，更不能本末倒置。当然，这里的“人”是具体的，而不是抽象的；是宽广的，而不是狭隘的；是现实的，而不是虚幻的；是生动的，而不是僵化的。总之，这里的“人”，应当是“最广大人民群众”。

目前，世界上还没有哪个国家或者集团公然否认食品药品安全领域应当坚持人本治理理念。问题的关键是：如何才能通过有效的治理机制和方式，将人本治理理念贯彻到底，落地生根，开花结果。坚守食品药品安全人本治理，需要妥善处理以下两个重要关系。

---

① 徐景和：“坚守现代食品药品安全治理理念（上）”，载《中国食品安全报》2016 年 3 月 31 日。

（一）公共利益与商业利益的关系

公共利益与商业利益的关系问题属于社会立场问题。多年前，食品药品监管局就曾提出要正确处理公共利益和商业利益的关系。时至今日，这一问题仍需要引起有关方面的高度重视。

一般认为，公共利益是指不特定的社会成员所享有的利益。公共利益的最大特点在于，它是一个与诚实信用、公序良俗等相类似的框架性概念，具有高度的抽象性、概括性和开放性。

国内外专家学者对“公共利益”的内涵与外延存在不同的认识，但各方并不否认公共利益具有以下显著特点：一是边界模糊。公共利益的范围随着社会的发展而发展，随着时代的变化而变化。即便立法机构、司法机构作出具体规定，公共利益的范围和类型仍难以穷尽。美国法学家庞德曾指出：“公共利益就像一匹野马，一旦跨上它，你就不知道要走到哪里”。美国公共政策分析专家斯通指出：“在何谓公共利益这个问题上，永远无法形成广泛的共识。公共利益如同一个空壳，每个人都可以将自己的理解装入其中”。实践中，公共利益往往需要行政机关或者司法机关根据实际情况来自由裁量。二是可以具象。公共利益必须最终能够确定为特定民事主体的利益。公共利益不是没有任何指向的抽象与空洞的描述。与任何人不相干的公共利益不可能具有正当性。所以说，公共利益问题并不仅仅是个法律问题，它更是一个社会问题、政治问题，需要从更高的层面去把握和驾驭。

在社会主义市场经济条件下，公共利益和商业利益之间的关系具有二重性，两者之间既有和谐、统一的一面，也有矛盾、冲突的一面。彻底的唯物论者从不否认或者排斥企业通过合法的生产经营活动获取正常的商业利益，而且在企业合法经营时，监管部门还要切实保护企业的正当权益。但必须清醒地看到，对商业利益的追逐可能会使个别企业冲破法律和道德底线，损害他人利益、公共利益乃至国家利益。在市场经济出现后，公共利益和商业利益之间的博弈问题几乎始终存在，这是无法回避的现实问题。美国宾夕法尼亚大学沃顿商学院阿姆斯特朗教授曾通过对 10 个国家的制药行业进行的91次试验证实，当商业利益和公共利益发生矛盾时，受利润最大化的诱惑，药品企业往往难以自我管理，仅靠某些人的觉悟和良知是难以维护公共利益的，唯一可行的办法就是强化政府作为。食品药品监管部门是公共利益的忠实代表，保障和促进公共利益是食品药品监管部门的神圣职责。在公共利益和商业利益发生冲突时，食品药品监管部门应当始终坚定不移地站在公共利益一边，毫不动摇地维护公共利益，坚持不懈地作公众健康的守护神。当前，简政放权、激发市场活力是市场监管改革的价值取向，而严格监管、维护公共利益是食品药品监管创新的永恒追求。

（二）安全监管与产业促进的关系

安全监管与产业促进的关系问题涉及监管体制问题。安全监管与产业促进之间应当合一还是分立，长期以来国际社会对此问题争论不休。两者分立是近年来欧洲在食品药品监管体制改革中率先倡导的基本原则。

长期以来，安全监管与产业促进的关系在各国并未引起足够的重视，而且在“管理就是服务”的时代，安全监管与产业促进相统一在人们的惯性思维中被认为是理所当然、天经地义的。应该说，在食品药品安全状况良好时，安全监管与产业促进的关系如何，问题并不凸显。但在安全状况恶化时，两者之间的冲突立刻就会显现出来。由于安全监管与产业促进在目标定位、服务对象、利害关系、价值体现等方面存在差异，如果一个部门同时承担安全监管与产业促进两项职责，那么，在两者发生冲突时，政府监管的天平在现实利益的羁绊下往往会发生倾斜，难以做到两全其美。在深刻总结历史教训的基础上，在食品药品安全领域，国际社会逐步实行安全监管与产业促进分立的管理体制，食品药品监管部门不再承担产业促进的职责。

在我国，安全监管与产业促进的关系，有时还演变为行政监管与行业管理的关系。目前，政府主要承担宏观调控、市场监管、社会管理、公共服务和环境保护等职能。一般说来，对行政监管的边界认识是比较清晰的，但对于行业管理边界的认识则相对模糊。有的学者认为，行业管理是政府宏观管理与企业微观管理之间的管理，包括行业规划、行业组织、行业协调以及行业沟通等活动；有的学者认为，行业管理是指以维护本行业利益为目的，按照有效配置资源的要求，通过贯彻国家的产业政策、行业法规与行业契约，对行业内企业的生产经营活动实行间接的规范化管理。

食品药品行政监管与食品药品行业管理密切相关，但两者的出发点和着力点并不完全相同。食品药品行政监管部门和行业管理部门可以在宏观层面上衔接，但两者不能混同与交叉。在《食品安全法》修订过程中，有人主张在立法目的中增加“促进食品产业健康发展”。对此，专家学者间展开了较为激烈的讨论。多数人认为，立法目的是最根本、最直接的目的，不能将工具性、手段性的目的作为立法目的。虽然促进产业发展与保障食品安全紧密相连，但《食品安全法》“民生保障法”的基本定位，决定了“促进食品产业健康发展”不能成为《食品安全法》的立法目的。

有专家指出，在全球化、信息化时代，食品药品监管机构面临许多新挑战，某些发达国家率先提出“智慧监管”的概念，力图通过制定科学灵活的规则和标准，为产业发展创造公平的竞争环境，以加速创新更安全有效的药品，为公众健康更早带来福祉。但必须清楚地看到，促进产业发展可以成为食品药品安全战略的重要内容，却永远不是食品药品监管的直接目的和根本动因。食品药品安全监管的目的和手段、价值与工具，永远不可错位、不应错位、不能错位。

二、坚守食品药品安全风险治理

在食品药品安全治理理念中，风险治理解决的是治理的方式方法问题。一般说来，风险是指客观存在的，在特定情况下和特定时间内，某一事件导致的最终损失的不确定性。近二十年来，在食品药品安全领域，最大的变革就是风险治理理念的提出，其对食品药品安全治理具有基础性、全局性和方向性的重大影响。

20 世纪 90 年代以来，一些危害人类生命健康的重大食品药品安全事件不断发生，如 1996 年英国的疯牛病，1999 年比利时的二噁英风波，

2001年法国的李斯特杆菌污染事件，2004年美国万络事件，2006年巴拿马二甘醇事件，2008年美国肝素钠事件。在应对这些重大问题上，国际社会逐步探索出以科学为依据的食品药品风险治理理念。应当说，风险治理理念的提出，标志着食品药品安全治理从经验治理到科学治理、从结果治理到过程治理、从危机治理到问题治理、从应对治理到预防治理、从被动治理到能动治理、从传统治理到现代治理的重大转变。

目前，食品药品安全风险治理理论已经走过了启蒙酝酿阶段，进入了成熟应用阶段。2006年，联合国粮农组织、世界卫生组织出版《食品安全风险分析——国家食品安全监管机构指南》，总结了国际社会多年开展食品安全风险评估的基本经验，明确了食品安全风险分析的基本框架，为世界各国加强食品安全治理工作提供了有益的帮助。

在国际社会，风险治理理念是食品药品治理的第一理念。专家学者为什么将食品药品安全的理论基石确定在“风险”而不是“安全”，这是一个耐人寻味的问题。从哲学的角度看，“安全”与“风险”相克相生、对立统一。只有在安全与风险对立统一的关系中把握食品药品安全，才能够真正理解食品药品安全的内在价值和全部意义。对立统一规律揭示出了安全与风险相互依存、相互转换。今天的平安无事，绝不意味着明天的万事大吉。今天的平安无事，恰恰告诫风险正在悄悄地逼近。食品药品安全治理必须居安思危、警钟长鸣。坚守食品药品安全风险治理，需要妥善处理以下两个重要关系。

（一）风险评估、风险管理与风险交流的关系

任何科学管理理论都是从问题出发的。食品药品安全治理理论的核心就是控制食品药品安全风险。而控制食品药品安全风险，需要从技术、行政和社会三维的角度展开。风险评估主要是从技术的角度来认识食品药品安全风险，风险管理主要是从行政的角度来解决食品药品安全风险，而风险交流主要是从社会的角度来化解食品药品安全风险。当前，我国食品药品安全风险治理中存在的突出问题主要有以下几方面。一是体系不够完整。食品药品风险评估、风险管理、风险交流体系还不健全，风险交流还

处于起步探索阶段，尚未形成科学合理的布局。多数情况下仅是单向的信息发布，而不是双向的风险交流。二是基础不够牢固。总体看，食品药品安全风险治理还缺乏足够的数据支持，可信度、权威性有待进一步提高。三是结合不够紧密。因体制、机制等制约，食品药品安全风险评估、风险管理与风险交流间缺乏有效的联系与有机的互动，有些功能价值尚未得到充分发挥。多发频发的食品药品安全事件使世界各国食品药品监管机构无不饱受公众质疑。无数个“为什么”拷问着各国食品药品监管部门。为科学认知风险、妥善化解风险，2009 年美国 FDA 发布了风险交流战略计划，创新了多种以科学为基础的风险交流工具，将风险交流提升到 FDA 治理战略的高度。有学者指出，将监管职责的定位从保障安全转到查控风险，这是 FDA 历史性的战略转变，进一步厘清了食品药品监管部门的职责定位，在一定程度上扭转了 FDA 的被动局面。

（二）全面治理与重点治理的关系

就风险而言，从绝对的意义上看，风险无处不在、无时不有；从相对的意义上看，风险有轻有重、有缓有急，因此，有必要确定食品药品安全治理的基本策略，即分类治理与分步实施。这是哲学的时空观在食品药品安全治理领域具体而鲜活的实践。

通过开展风险评估，可以就特定品种、特定环节、特定时段、特定场所的食品药品安全风险状况进行科学分析，在此基础上确定治理的重点、方式和频次。新修订的《食品安全法》第 109 条规定：县级以上人民政府食品药品监督管理、质量监督部门根据食品安全风险监测、风险评估结果和食品安全状况等，确定监督管理的重点、方式和频次，实施风险分级管理。在全面治理的基础上实行重点治理，有利于优化配置资源，突出治理目标，强化治理靶向，提高治理效率。因为没有效率的治理，在任何时代和任何国度都是不可持续的。

三、坚守食品药品安全全程治理

在食品药品安全治理理念中，全程治理解决的是治理的空间与过程问题，其与监管体制问题密切相关。当今社会，风险因素遍及食品药品研发生产经营全过程，有效保障食品药品安全，必须实行“从农田到餐桌”“从实验室到医院”的全程治理。

所谓全程治理，是指将食品药品生命周期的全过程纳入范畴的治理。传统管理体系基本上是将保障的重点锁定在食品药品生产环节，其信奉的是：只要抓好生产这一关键环节，消费或者使用就能得到有效的安全保障。然而，近年来，在国际社会，各种食源性、药源性疾病的相继爆发，彻底粉碎了人们这种天真而善良的愿望。

在迎接食源性、药源性疾病挑战的过程中，人们逐步认识到，食品药品全生命周期的任何环节存在缺陷，都可能导致整个安全体系的最终崩溃。仅在最后阶段对食品药品采用检验、下架、召回、退市等手段，是无法对消费者提供及时、充分、有效的保障的，而且这也违背了市场经济所奉行的经济原则。为此，国际社会逐步探索出保障食品药品安全的新方法，即食物链控制法或者供应链控制法，要求食品药品安全治理从生产环节竭尽所能地向“两端”延伸，食品安全治理前端延伸至种植养殖环节，后端延伸到食品消费环节；药品安全治理前端延伸至药品研发、原辅料加工环节，后端延伸到患者使用环节。随着产品生命周期理论的丰富和发展，人们对食品药品研制、生产、流通和消费全过程的重视日益提升，各种质量管理规范应运而生。为了最大限度地保护消费者，必须将全程治理的理念深深地嵌入到食品药品生产经营的全过程。

食品药品的生命周期可以分为自然生命周期和商业生命周期。自然生命周期，是指食品药品在自然规律下所表现的生命周期。各种食品药品在自然条件或者正常条件下都有可供使用或者消费的保质期。这种生命周期为食品药品生命的自然属性。对食品药品的自然生命周期的尊重，就是对公众生命健康的关怀。商业生命周期，是指食品药品在市场上进行商业流通的生命周期。在食品药品成为商品后，由于科技发展或者商业利润的驱动，食品药品的自然生命周期与商业生命周期之间往往形成一定的鸿沟。从积极的方面看，新材料、新技术、新方法的广泛应用，延长了食品药品的生命周期，使食品药品可以在更长的时间、更广的领域进行流通，极大地满足了广大消费者的需求。而从消极的方面看，疯狂的商业利益往往驱使不法商人唯利是图、不择手段，在食品药品生产经营中违法添加各类非食用物质，在中成药中非法添加化学药物，食品药品安全的防护网时刻都面临着撕裂的可能。关注食品药品安全，就必须关注产业链、供应链、价值链、利益链、风险连、责任链、监管链、治理链等，着力使各链之间相关联、相匹配、相衔接，从而形成良好的闭环治理体系。

产品生命周期理论启示我们，现代科学技术的发展可以适当延长食品药品的生命周期，满足人类不断增长的健康需求。但这种延长必须是有条件的，即符合科学规律和相关标准，保证食品药品安全。任何科学技术的发展都不是其自然价值的简单释放，都必须遵循法律和伦理的约束。违背法律法规和伦理的延长，只能给消费者的生命健康带来风险和危害。对此，食品药品监管部门应当强化对超越自然生命周期的食品药品的风险监控，防止食品药品安全事故的发生。

随着社会的快速发展，食品药品安全全程治理的内涵不断丰富：一是全程覆盖，即食品药品安全治理应当涵盖食品药品生命周期的全部环节，避免因生产经营中的某一环节存在缺陷而导致整个体系的崩溃。二是全面预防。在生产经营的全过程都要采取积极有效的风险防控措施防止问题的发生，最大限度地保障公众的切身利益。三是注重源头。尽管食品药品生产经营可以分为若干环节，但每一个环节都有其源头，只有从源头开始把关，才能确保食品药品安全。四是注重联系。食品药品生产经营各环节间要保持密切的联系，防止因出现断档而产生监管盲点和盲区。五是强化统一。凡是跨越环节的治理要素，都应当实行统一管理。六是强化尽责。无论是企业，还是监管部门，全生命周期的每一环节都必须尽职尽责，能有效识别、控制安全风险。坚守食品药品安全全程治理，需要妥善处理以下两个重要关系。

（一）专业分工与社会协作的关系

食品药品安全治理，无论是单一部门负责，还是多部门负责，都需要进行适当的分工。无论是内部分工，还是外部分工，都需要加强彼此间的协作与配合，否则治理就会出现空白和断层。分工是为了提高专业化效能，协作是为了提高全局化水平。

新修订的《食品安全法》在总则中明确规定，食品安全工作实行"全程控制"。目前，调整食用农产品和食品的基本法律为《农产品质量安全法》和《食品安全法》，两者共同承担着实现食品安全全程治理的重任。新修订的《食品安全法》规定，食用农产品的质量安全管理，遵守《农产品质量安全法》的规定。但是，食用农产品的市场销售、有关质量安全标准的制定、有关安全信息的公布和本法对农业投入品作出规定的，应当遵守《食品安全法》的规定。这也是新法在食品安全全程治理机制建设方面做出的贡献。

2013 年食品药品监管体制改革后，我国已确定由一个部门为主的食品安全监管体制。食品药品监督管理部门负责食品生产、食品流通和餐饮消费环节的监督管理职责，农业部门负责食用农产品质量安全监管。质量监督检验检疫部门负责进出口食品质量安全监管。食品安全相关部门之间需要建立起相衔接的产业链、利益链、风险链、责任链、监管链，共同把好食品安全关。在药品安全领域，食品药品监管部门负责对研制、生产、流通、使用环节的药品质量安全负责全程监管。但影响药品质量安全的因素是多元多维的，有必要建立协同有效的治理机制，激励和约束多部门承担药品质量安全治理的法定责任。

（二）全程控制与源头把关的关系

食品药品生产经营可以分为若干环节，上一环节的末端往往就是下一环节的源头。只有从源头开始把关，才能最大限度地减少风险的传递，才能最大限度地保证食品药品安全。全生命周期理论要求，企业应当对源于该环节的风险承担全程控制的责任。也就是说，如果是由于上游产生的风险，该风险即便出现在下游，上游企业也须承担相应的责任。此外，首负责任制度的建立，进一步强化了企业对产品全生命周期的责任。如果企业不能证明责任为他人所担，且无法取得代位求偿时，则企业应当承担全部责任。下游企业如果没有履行源头把关的义务且无法对相关产品进行溯源，那么基于对消费者利益的保护，则其应对食品药品安全事故承担全部责任。无论是食品安全还是药品安全，都要进一步强化源头治理、层层把关。

四、坚守食品药品安全社会治理

在食品药品安全治理理念中，社会治理解决的是治理的视野和格局问题。保障食品药品安全是全社会的共同责任，必须以宽广的胸怀，组织和动员全社会的力量参与食品药品安全治理。

食品药品安全拥有最广泛的利益相关者。这一重要命题无时无刻不在告诫我们，食品药品安全是广大人民群众最关心、最直接、最现实的问题。安全是所有食品药品利益相关者的共同利益基础。在市场经济条件下，每个市场主体都有各自的利益。但安全是食品药品安全利益相关者的最大公约数。突破食品安全底线，突破药品风险效益平衡，食品药品存续的基础就会发生动摇，所有相关者的利益就可能荡然无存。维护食品药品安全，既是维护所有利益相关者的共同利益，也是维护每个利益相关者的个人利益。在市场经济条件下，每个利益主体都有自己的价值追求，但安全完全可以成为各利益相关者共同的价值追求。离开安全，所有利益相关者的价值追求也将是“缘木求鱼”“水中捞月”。

食品药品安全拥有最广泛的利益相关者，但如何建立起最紧密的命运共同体，还需要多方面进行深入的研究和探索。应当看到，食品药品安全社会共治的理念已经形成，但更为艰巨的任务是如何建立行之有效的制度机制使这一理念真正落实。在全球化、信息化时代，应当坚持大健康观、大安全观、大风险观、大社会观、大治理观，通过科学的制度机制安排，协调好政府、部门、企业、行业、公众、媒体等多方面的关系，努力形成纵横交错、密切协作、权责清晰的食品药品安全治理网络，共同保障食品药品安全。坚守食品药品安全社会治理，需要妥善处理以下两个重要关系。

（一）政府治理、企业治理与社会治理的关系

各级政府对辖区内的食品药品安全负总责。在社会主义市场经济条件下，政府承担着宏观调控、市场监管、社会管理、公共服务和环境保护的职能。对食品药品安全进行监管，是政府履行职责的应有之意。各国管理体制和发展模式的不同，食品药品安全监管方式也有所不同。随着经济全球化和贸易自由化的发展，供应链风险日益凸显，各国政府在食品药品安全保障方面面临着越来越严峻的挑战。在食品药品安全治理体系中，由于政府是公共利益的忠实代表，所以，政府治理往往被认为是最权威、最坚决、最公正的治理。

食品药品企业对食品药品安全负主体责任。企业是食品药品的研发者、生产者和经营者。随着科学技术的发展，从农田到餐桌、从实验室到医院再到患者的食品药品生产经营活动日趋复杂，只有企业才有能力对其生产经营活动全面掌控，采取更加有效的措施控制各种风险。食品药品企业的风险意识、责任意识直接影响乃至决定着企业的食品安全状况及生存发展，直接影响食品药品安全的社会环境。如果没有食品药品企业建立起规范有效的质量管理体系，即便再完善的政府外部监管也难以取得理想的效果。企业食品药品安全不以监管部门的存在与作为为条件，而保障食品药品安全则是企业可否存续的前提。食品药品生产经营者应当依照法律、法规和标准从事生产经营活动，对社会和公众负责，保证食品药品安全，接受社会监督，承担社会责任。在食品药品安全治理体系中，企业的治理往往被认为是最直接、最根本、最有效的治理。

除了政府治理和企业治理外，消费者、食品行业协会等社会治理不可忽视。新修订的《食品安全法》规定，食品行业协会应当加强行业自律，按照章程建立健全行业规范和奖惩机制，提供食品安全信息、技术等服务，引导和督促食品生产经营者依法生产经营，推动行业诚信建设，宣传、普及食品安全知识。消费者协会和其他消费者组织对违反本法规定、损害消费者合法权益的行为，依法进行社会监督。新闻媒体应当开展食品安全法律、法规以及食品安全标准和知识的公益宣传，并对食品安全违法

行为进行舆论监督。上述治理措施在药品领域也同样适用。在食品药品安全治理体系中，消费者等主体参与的社会治理往往被认为是最广泛、最彻底、最及时的治理。

（二）中央治理与地方治理的关系

我国是单一制国家。根据宪法的规定，中央和地方的国家机构职权的划分，遵循在中央的统一领导下，充分发挥地方的主动性、积极性的原则。

在中央层面上，根据2013年3月国务院机构改革和职能转变方案，国务院组建国家食品药品监督管理总局负责对生产、流通、消费环节的食品安全和药品的安全性、有效性实施统一监督管理。国务院机构改革方案指出：改革后，食品药品监督管理部门要转变管理理念，创新管理方式，充分发挥市场机制、行业自律和社会监督作用，建立让企业真正成为食品药品安全第一责任人的有效机制，充实加强基层监管力量，切实落实监管责任，不断提高食品药品安全质量水平。

在地方层面上，新修订的《食品安全法》第6条规定，县级以上地方人民政府对本行政区域的食品安全监督管理工作负责，统一领导、组织、协调本行政区域的食品安全监督管理工作以及食品安全突发事件应对工作，建立健全食品安全全程监督管理工作机制和信息共享机制。

地方政府对食品药品安全负总责的要求是个开放的概念。进入新世纪以来，围绕地方政府对食品药品安全的责任进行了一系列的探索和实践，地方政府对食品安全负总责已从最初的政策概念发展成今天的法律概念，其内涵与外延不断丰富与发展。但需要说明的是，地方政府对食品药品安全所负的是“总责”而不是“全责”，完整的食品药品安全责任体系包括企业责任、部门责任和地方政府责任等。

有效保障食品药品安全，需要强化从中央到地方直至基层的食品药品监管队伍和力量。食品药品安全的风险程度和技术含量等不同，各级食品药品安全监管重点并不能等量齐观、平分秋色。深化食品药品监管体制改革，在研究监管职责横向布局的同时，有必要进一步强化纵向统筹，加快形成结构合理、层级分明、责任清晰、运行高效的监管大格局。

第二节　坚守现代食品药品安全治理理念（中）[①]

在食品药品安全治理体系中，理念虽然蒙着面纱，却担负着“最终裁判者”的重要使命。理念所回答的是治理的“应然性”问题，启示着人们在流变的沙漠中找寻不变的绿洲。有学者指出，生活犹如一张极大的挂毯，我们常常是从其反面来面对它，这使得它的外表看起来像由点和结编织起来的迷魂阵，大部分看起来是混乱不堪的。只有认清体现“某种不变的本性”的理念，才能把握事物的本质及规律。从事食品药品安全治理工作，除坚守人本治理、风险治理、全程治理和社会治理理念外，还应当切实做到以下几个方面。

一、坚守食品药品安全效能治理

在食品药品安全治理理念中，效能治理主要解决的是治理的可持续发展问题。食品药品安全治理的根本目标是安全，这已为国际社会所普遍认可。但是，除了安全这一根本目标外，还必须考虑效能目标，这是市场经济条件下食品药品安全治理须臾不可忘怀的。所谓效能治理，是指在食品药品安全治理中应当注重投入与产出的比例关系，努力以最小的投入获得最大的效益。在市场经济条件下，食品药品安全治理必须走科学发展的道路，通过良好的制度机制设计，最大限度地减少治理成本，提高治理效率，实现良性发展。

影响食品药品安全治理效能的因素很多，有的属于宏观层面，如食品药品监管体制；有的属于中观层面，如食品药品监管机制；有的属于微观层面，如食品药品监管方式。当前，监管机构的五花八门、审评人员的严

---

① 徐景和：“坚守现代食品药品安全治理理念（中）”，载《中国食品安全报》2016年6月4日。

重不足、检验资源的多头分散、信息资源的孤岛分割、监管手段的传统粗放，等等，都严重影响着食品药品安全治理效能。任何制度的设计都应当充分考虑资源稀缺条件下的有效路径选择，以增强其科学性、经济性和有效性。不计成本、不讲核算、不重效益的粗放式治理是不可持续的。坚持食品药品安全效能治理，应当妥善处理以下两个重要关系。

（一）监管体制与监管机制的关系

监管体制是影响治理效能的宏观要素、第一要素。为有效解决多头监管的效率低下，切实提高监管效能，新世纪伊始，我国开始探索建立集中统一的食品药品监管体制。按照联合国粮农组织和世界卫生组织的划分，食品安全监管体制分为单一型体制、综合型体制和多元型体制。其中，单一型体制是指从食品生产到餐饮消费环节以一个部门为主的监管体制（不包括食用农产品的种植养殖监管）。目前，我国食品安全监管体制属于国际社会首推的单一型体制，这既是对健康产品安全规律的认同，也是对市场经济规律的尊重。

在研究食品药品监管体制时，有些问题需要进一步追问：一是部门职责定位问题，即食品药品监管属于什么体系？是健康促进体系，还是民生保障体系；是市场监管体系，还是公共安全体系。只有科学回答这一根本问题，才能准确把握监管体制改革的方向。二是政府管理边界问题，即监管体制设计是走“大而全”的路子，还是走“小而精”的路子；或者说是走综合化的路子，还是走专业化的路子。政府管理部门的边界到底有多大？是越大越好吗？目前的市场监管机构为什么不将证券、期货等一并纳入监管呢？三是综合执法定位问题，即综合执法的内涵、领域和方式是什么？是统一执法，还是联合执法，或者是协作执法？是相近领域的执法，还是不同领域的执法？综合执法由哪级政府来决定？四是体制改革方向问题，即在处理政府、市场和社会三者的关系时，减少治理成本最有效的方法，是政府转变职能，还是政府精简机构？在食品药品安全领域，国际社会的基本经验是什么？

中央多次提出加快建立统一权威的食品药品监管体制，这是全面提升食品药品安全监管效能的科学抉择。新世纪以来，我国食品安全监管体制经历了多元型体制、综合型体制和单一型体制的“三步曲”。专家学者普遍认为，食品药品监管体制的统一，包括横向和纵向两个方面。横向的基本要求是将分散的监管整合起来，实现集中监管；纵向的基本要求是上下协调，实现一致监管。横向的集中与纵向的一致，两者相互关联、不可分割，共同构成食品药品监管体制的“经”与“纬”。离开横向的集中，或者离开纵向的一致，都不是完整意义上的统一。强调食品药品监管体制的统一，既是实现有效指挥、协同联动、快速反应的客观需要，也是优化资源、减少成本、提高效能的必然要求。

在完善食品药品安全监管体制的同时，有必要建立健全食品药品安全治理机制。机制是驱动食品药品安全法律“从纸面上的法律转化为行动中的法律”的重要引擎。良好的治理机制是提升治理效能的重要手段。治理机制既可以在一定程度上验证监管体制的优劣，也可以在一定程度上弥补监管体制的不足。在不同的监管体制下，机制建设的重点也有所不同。一般说来，实行多元型监管体制时，更加需要强调综合统筹、共筑合力；而实行单一型监管体制后，则更加需要强调汇聚力量、强化共治。

多年来，国际社会普遍对食品药品安全实行全生命周期的监管，即对食品从农田到餐桌、药品从实验室到医院这条“长河流”的“主航道”进行监管，强调上游、中游、下游之间的无缝衔接。实践证明，没有良好的生态环境，仅仅管住以产品为核心的“主航道”是远远不够的，因为有一些“支流”在不断地向河里“排污”，所以，有必要建立良好的治理机制，加快完善企业负责、政府监管、行业自律、社会协同、公众参与、媒体监督、法治保障的社会治理大格局，实现从“主航道”监管到“全流域”治理的转变。近年来，全程追溯机制、行刑衔接机制、信息共享机制、贡献褒奖机制、有奖举报机制、典型示范机制、绩效考核机制、能力评价机制、信用奖惩机制、量化分级机制、责任约谈机制、责任连带机制等的建立，进一步提升了我国食品药品安全治理的科学化和现代化水平。

(二) 治理模式与治理方式的关系

治理模式是影响治理效能的中观要素。近年来，有专家学者开始研究我国食品药品安全的治理模式，期待能探索出反映时代特征、体现发展规律、展示本土特点的治理道路，这是食品药品安全治理向纵深推进的可喜现象。一般说来，治理模式是指从实践经验中提炼出的最佳范式。从认识论的角度看，模式研究的是思维方式和工作方法，解决的是某一类问题的方法论。治理模式应当具有一定的原创性、成熟性，同时也应当具有一定的可复制性、可推广性。通过治理模式的探索，可总结出治理的一般规律，推动治理达到事半功倍的效果。各种治理模式的创新，应当有利于实现从粗放治理到精细治理、从被动治理到能动治理、从烦琐治理到简约治理、从传统治理到现代治理的转变。

治理方式是影响治理效能的微观要素。新世纪以来，国际社会普遍关注食品药品安全治理方式创新。早在 2001 年，世界卫生组织就在《全球食品安全战略》中提出，过去数十年，传统的食品安全措施已被证明不能有效地控制食源性疾病。国际社会必须改变某些现行的方法，以确保适应全球食品安全出现的新挑战。2011 年 6 月，美国食品药品监管局（FDA）发布的《通向全球产品安全和质量之路》指出，全球化已从根本上改变了经济和安全格局，要求 FDA 对固有的工作方式做出重大调整。数十年来，在产品安全标准方面，FDA 始终是世界公认的领跑者，但展望未来，FDA 不能再依靠以往管理产品的手段、行动及策略。应当说，新世纪以来，伴随全球化、信息化、社会化进程的日益加快，国际社会更加注重食品药品安全治理方式的创新，努力实现从传统治理向现代治理方式的转变。当前，互联网、云计算、大数据的快速发展，全球化、信息化、社会化的深度融合，正以前所未有甚至打破常规的力量，改变着人们认识和理解世界的方式。适应新趋势、新变化、新期待，必须以更积极、更主动、更开放、更富成效的方式，加快推进食品药品安全治理方式的创新。近年来，食品药品监管系统积极探索量化分级、风险交流、责任约谈、飞行检查、质量授权、绩效考核、综合评价等治理新方式，着力破解食品药品安全治理难题，取得了显著成效。实践证明，治理方式的创新永无止境，永葆魅力。

二、坚守食品药品安全责任治理

在食品药品安全治理理念中，责任治理主要解决的是治理的动力机制问题。食品药品安全法律关系的全部内容可以概括为权利义务关系，简称为责任关系。从最初的食品药品安全整治格局，到今天的食品药品安全责任体系布局，我国食品药品安全责任治理探索的步伐不断加快、足迹更加清晰、效果更加显著。

当前，食品药品安全责任治理还存在以下突出问题。一是责任配置不够清晰。如食品相关产品的经营由哪个政府部门监管至今尚不明确；省、市、县三级监管部门职能的划分不够具体；药品使用环节监管职能划分不够清晰。二是履职保障不够有力。基层监管资源和力量普遍薄弱，及时发现问题、迅速查控风险、有效破解难题的能力普遍不足。三是履行责任不够到位。基层个别执法人员风险意识、责任意识、法治意识不强，履职尽责方面存在一定差距。四是责任追究不够科学。现行食品药品犯罪构成要件偏重于危害直接后果，对有些严重危害社会的行为打击不力，法律的威慑作用没有得到充分发挥。坚持食品药品安全责任治理，应当妥善处理以下两个重要关系。

（一）责任配置、责任履行和责任追究的关系

食品药品安全责任配置应当清晰、具体。一是应当依法配置。企业主体责任、政府监管责任、社会监督责任是三类不同性质的责任，应当科学配置并紧密衔接。保障食品药品安全，是企业与生俱来的义务、天经地义的责任。企业对食品药品安全的责任，不以政府监管部门的存在或者作为状况为前提。任何强化政府监管和深化社会共治的举措，都不免除或者减轻企业应尽的主体责任。二是应当尊重规律。食品药品安全治理范围广泛，不同产品之间既有共同要求，也有不同特点，应当按照不同产品的要求进行合理配置。药品安全监管的重心在中央，食品安全监管的重点在地方。三是应当立足风险。应当根据产品全生命周期不同阶段的风险类型及

级别，合理配备监管职责、资源和力量。四是应当兼顾能力。治理责任配置需要兼顾各方面、各层级治理能力的现实情况，做到责、权、能、效相协调、相匹配。有必要按照分级管理的要求，对省、市、县三级责任配置进行适当调整和完善，避免责、权、能、效的脱节与失衡。

食品药品安全履责保障应当充分、有力。食品药品安全监管属于科学性、系统性、专业性监管，职责的履行必须有充足的资源来保障。将食品药品监管体系定位于市场监管体系，还是民生保障体系，乃至公共安全体系，在一定程度上反映着社会的发展水平。同样，将食品药品治理的目标定位于秩序，还是安全，乃至健康，在一定程度上体现着社会的进步程度。纵观国际社会，食品药品安全治理的使命早已超越对市场秩序维护的初级阶段，已发展到对公众健康促进的更高层次追求。实践证明，只有建立起强大的食品药品监管部门，才能有效保障公众的饮食用药权益。为保障食品安全监管部门的履职尽责，新《食品安全法》规定，县级以上人民政府应当将食品安全工作纳入本级国民经济和社会发展规划，将食品安全工作经费列入本级政府财政预算，加强食品安全监督管理能力建设，为食品安全工作提供保障。近期的全国食品安全法执法检查表明，最严的法律必须由最强的部门去实施。强化食品药品监管职责履行到位，需要进一步做好以下工作。一是确定保障基本条件。应当建立健全食品药品安全监管能力建设标准，明确各级监管部门履行职责所需的人、财、物条件。我国幅员辽阔，区域差别明显，可根据东部、中部和西部的不同情况，确定不同的配置标准。二是组织开展考核评价。按照监管能力建设标准，对各地食品药品监管能力进行考核评价，并向社会公开，激励和约束地方政府加大对食品药品安全工作的投入。对达不到标准的地区，应当加大监督检查和行政问责的力度。

食品药品安全责任追究应当理性、严格。新时期，中央提出食品药品安全“四个最严”的要求。新《食品安全法》进一步完善了食品安全的政治责任、法律责任和社会责任制度。政治责任，一般是指承担重大决策与管理的高级政府官员因决策失误或者失职渎职导致人民群众生命财产或者国家利益、公共利益遭受重大损失时，所承担的引咎辞职、被罢免、被免职等消极法律后果。新《食品安全法》规定的“其主要负责人还应当引咎辞职”，即为食品安全政治责任。从全球角度看，政治责任制度较为原则、抽象，归责要件不够明确、具体，因此，政治责任的追究更应审慎、理性，以确保达到法律效果和社会效果的统一。社会责任，一般是指企业在对股东利益负责的同时，还要对社会承担其他责任。食品药品生产经营企业的社会责任主要是适应社会发展的需要，生产经营更高质量、更加经济、更加健康的产品。全面推进企业履行社会责任，需要从制度机制层面做出进一步的安排，这也是食品药品安全领域推动供给侧结构性改革的迫切需要。法律责任的追究，应当严格依法区分各类主体的不同责任，避免不同主体之间责任的事实“连带”。

（二）民事责任、行政责任与刑事责任的关系

责任是一把“双刃剑”，需要科学配置、系统配置、协调配置、依法配置。

首先，应当充分运用民事手段。相对于行政手段和刑事手段，民事手段具有成本低、方式活、效果好等优势。长期以来，民事手段往往因被认为是措施软、威力弱和影响小，而得不到应有的重视。目前我国仍处于食品药品安全风险高发期，面对多、小、散、低的食品药品生产经营者，仅仅依靠政府的力量实施监管，是远远不够的。激活民事手段，可以有效弥补政府监管资源的不足，降低食品药品安全治理成本，走出一条更为宽广的共治共享道路。如在网络食品药品交易中，如果第三方平台提供者未对入网的食品药品经营者进行实名登记、许可审查，或者未履行报告、停止提供网络交易平台服务等义务的，使消费者的合法权益受到损害的，应当与食品药品经营者承担连带责任。这种制度安排可以推动网络食品药品交易第三方平台提供者履行管理义务。再如，明知他人从事食品药品生产经营违法活动，仍为其提供生产经营场所或者其他条件，使消费者的合法权益受到损害的，应当与食品药品生产经营者承担连带责任，这样可以促使“生产经营场所或者其他条件”的提供者审慎选择交易。此外，首负责任制度、责任保险制度、惩罚性赔偿制度等，在落实企业责任、强化利益协

同、扩大社会共治等方面，也发挥着不可忽视的作用。

其次，应当积极创新行政手段。相对于民事手段和刑事手段，行政手段具有范围广、适应强、力度大等优势。长期以来，行政手段的运用，主要是财产罚和资格罚。随着社会治理的深化，可以探索一些新的行政手段，如增加拘留或者治安管理处罚，纳入“黑名单”等。如新《食品安全法》规定，编造、散布虚假食品安全信息，构成违反治安管理行为的，由公安机关依法给予治安管理处罚。被吊销许可证的食品生产经营者及其法定代表人、直接负责的主管人员和其他直接责任人员自处罚决定作出之日起五年内不得申请食品生产经营许可，或者从事食品生产经营管理工作、担任食品生产经营企业食品药品安全管理人员。因食品安全犯罪被判处有期徒刑以上刑罚的，终身不得从事食品生产经营管理工作，也不得担任食品生产经营企业管理人员。

再次，应当强化刑事打击力度。目前，我国刑法中涉及食品安全的犯罪主要是生产、销售不符合食品安全标准的食品罪，生产、销售有毒、有害食品罪，食品监管渎职罪。2013 年 5 月 2 日最高人民法院、最高人民检察院联合发布了《关于办理危害食品安全刑事案件适用法律若干问题的解释》。司法实践中，涉及食品安全领域的罪名还包括：生产、销售伪劣产品罪，非法经营罪等。但总体看，目前食品药品犯罪还被限定在侵犯市场秩序犯罪中，还存在着偏重现实危害的倾向，对一些严重危害社会的行为惩治不力。适应新形势发展的需要，应当加大对违法犯罪行为的刑事打击力度。

三、坚守食品药品安全专业治理

在食品药品安全治理理念中，专业治理主要解决的是治理人员的专业素质和能力问题。权威源于专业。对于药品安全治理属于专业治理，社会各界早已形成共识。但对于食品安全治理是否属于专业治理，则见仁见智。如果说从安全的角度判断这一命题还存在着一定的争议，那么，从风险的角度判定食品安全治理为专业治理，相信大多数人不会犹豫。食品药品大都属于信用品，从事食品药品安全治理，必须具有相关的专业知识、专业技能和专业素养。新世纪以来，面对食品药品风险的多样性、广泛性和复杂性，无论是发达国家，还是发展中国家，都强调加强食品药品监管队伍的专业化、职业化建设。

食品药品安全问题涉及自然科学和社会科学的许多专业领域，如药学、医学、化学、生物学、食品学、营养学、工程学、社会学、经济学、法学等。从事食品药品安全治理，需要大量专业型、复合型、高层次人才。强调食品药品安全的专业治理，其目的在于培养和造就大批食品药品安全专业人才，进一步提升监管队伍的科学精神和职业素养，将食品药品安全治理不断引向深入。坚持食品安全专业治理，应当妥善处理以下两个重要关系。

（一）职业准入与职业素养的关系

职业准入是专业治理的基本要求，是提升职业素养的基本前提。从事食品药品安全治理工作，首先应当确定专业人员的资格条件。当前，基层食品药品安全执法人员大多为非专业人员，专业素质不足，治理能力不强。为切实加强食品药品安全专业治理，应当坚持源头把关，加快推进食品药品安全人员资格制度建设，未取得食品药品安全相关职业资格或者能力，不得从事食品药品安全相关工作。新《食品安全法》强化了食品安全管理人员和食品安全执法人员的职业要求，要求食品生产经营企业配备食品安全管理人员，并加强对其培训和考核。经考核不具备食品安全管理能力的，不得上岗。食品药品监管部门应当对企业食品安全管理人员随机进行监督抽考并公布考核情况。食品药品监督管理部门应当加强对执法人员食品安全法律、法规、标准和专业知识与执法能力等的培训，并组织考核。不具备相应知识和能力的，不得从事食品安全执法工作。适应食品药品安全“四个最严”的要求，应当借鉴法律职业队伍建设的经验，在食品药品检查、检验、监测、审评和评价等领域，加快推进职业化队伍建设步伐，以造就大批高素质的职业化队伍。为强化药品质量放行责任，欧盟对药品质量授权人实行严格的资格认定制度，这种做法值得借鉴。在监管队伍的专业素养提升上，可以将监管人员分为综合管理类、专业技术类和行政执法类，实行分类管理。《国民经济和社会发展第十三个五年规划纲要》明确提出，建立食品药品职业化检查员队伍，这是我国食品药品安全专业治理的良好开端。在做好职业准入的同时，还应当适应形势发展的需要，大力开展职业继续教育，不断丰富监管人员的专业知识，提升职业素养。

（二）专业知识与业务能力的关系

食品药品安全治理的实践性很强。当前，在食品药品领域仍然存在着一些潜规则，如干菜制品超量使用二氧化硫熏蒸，辣椒粉中使用苏丹红增色，海鲜产品使用孔雀石绿抑菌，畜禽饲料中添加“瘦肉精”减肥，等等。破解这些潜规则，除了要掌握相关专业知识外，还必须具有丰富的实践经验。针对基层监管队伍专业素质的实际情况，有必要全面引进案例教学法。一般说来，案例教学法具有如下优势。一是注重实践。面对新业态、新材料、新技术、新工艺、新方法的出现，案例教学法注重回答实践中不断出现的新问题、新现象。二是强化综合。案件教学法强调基本理论、基本知识和基本技能的系统分析，避免了知识体系的分割与断裂。三是激励创新。案例教学法强化知识、能力和素养的综合运用，创新力度更大。四是引向深入。案例教学法往往更加注重将问题从理论向实践、从宏观向微观的引导，细微之处见精深。应当克服传统思维认定案例教学法学术性低、系统性差的观念，分类探索食品药品安全案例教学法，全面提升监管人员分析、判断和解决实际问题的能力和水平。

四、坚守食品药品安全阳光治理

阳光是最好的防腐剂。新世纪以来，国际社会普遍强调食品药品治理的透明度。如联合国粮农组织和世界卫生组织《保障食品的安全和质量：强化国家食品控制体系指南》指出，食品控制部门面临的挑战之一就是消费者日益了解食品安全和质量问题，不断要求获得更加准确的信息。为此，食品控制体系的建立和实施必须采取透明的方式。消费者对供应食品的安全和质量的信任，取决于他们对食品控制的运转及活动的公正性和有效性的了解程度。因此，公开所有的决策过程，允许所有的利益相关者在整个食品链进行有效的参与，阐明所有决策的依据，均十分重要。这将鼓励有关各方开展合作，提高守法的效率和比例。《欧盟食品安全白皮书》也指出，欧洲食品安全局必须拥有独立性、卓越性和透明性几项根本原则，这样才能成功地完成使命。国家食品药品监管总局多次强调，公开是对消费者最大的保护、对违法者最大的惩罚、对监管者最大的约束、对社会舆论最大的引导、对信用体系建设最大的贡献。坚守食品药品安全阳光治理，应当妥善处理以下两个重要关系。

（一）严格保密与依法公开的关系

在食品药品安全领域，应当正确处理信息公开与保守秘密的关系。按照国务院政府信息公开的要求，政府信息以公开为原则，以不公开为例外。凡是涉及食品药品安全监管的政府信息，包括法律法规、标准规范、行政许可、监督抽检、飞行检查、责任约谈、绩效考核、行政处罚等信息，都应当及时、充分、全面公开。新《食品安全法》在强调严格保密的同时，高度重视阳光治理、透明治理，有关信息的公布、发布、公开、公示等规定多达50余处。如在风险交流公开方面，法律规定，县级以上人民政府食品药品监督管理部门和其他有关部门、食品安全风险评估专家委员会及其技术机构，应当按照科学、客观、及时、公开的原则，组织食品生产经营者、食品检验机构、认证机构、食品行业协会、消费者协会以及新闻媒体等，就食品安全风险评估信息和食品安全监督管理信息进行交流沟通。在风险信息公告方面，法律规定，经食品安全风险评估，得出食品、食品添加剂、食品相关产品不安全结论的，国务院食品药品监督管理、质量监督等部门应当依据各自职责立即向社会公告，告知消费者停止食用或者使用，并采取相应措施，确保该食品、食品添加剂、食品相关产品停止生产经营。在标准草案公布方面，法律规定，制定食品安全国家标准，应当依据食品安全风险评估结果并充分考虑食用农产品安全风险评估结果，参照相关的国际标准和国际食品安全风险评估结果，并将食品安全国家标准草案向社会公布，广泛听取食品生产经营者、消费者、有关部门等方面的意见。在抽考情况公布方面，法律规定，食品药品监督管理部门应当对企业食品安全管理人员随机进行监督抽查考核并公布考核情况。这些有关信息公布、发布、公开、公示的规定，为推进食品药品安全阳光治理、实现食品药品安全社会共治，奠定了良好的制度基础。

（二）主动公开与被动公开的关系

信息之于现代监管，犹如货币之于经济、血液之于生命。在信息化时代，政府及其监管部门应当善待信息、善用信息。实践证明，重要监管信息，越是及时、全面、主动公开，越能赢得社会的理解、尊重和支持。食品药品安全信息的公开应当遵循一定的规则。一是依法公开。如新《食品安全法》规定，国家建立统一的食品安全信息平台，实行食品安全信息统一公布制度。国家食品安全总体情况、食品安全风险警示信息、重大食品安全事故及其调查处理信息和国务院确定需要统一公布的其他信息，由国务院食品药品监督管理部门统一公布。食品安全风险警示信息和重大食品安全事故及其调查处理信息的影响限于特定区域的，也可以由有关省、自治区、直辖市人民政府食品药品监督管理部门公布。未经授权不得发布上述信息。县级以上人民政府食品药品监督管理、质量监督、农业行政部门依据各自职责公布食品安全日常监督管理信息。该规定明确了各类信息的公布主体，各类主体应当在法定权限范围内依法公布，否则应当承担相关的法律责任。二是及时公开。在信息化时代，信息的迟到公开将丧失其应有的价值和力量。如新《食品安全法》规定，省级以上人民政府食品药品监督管理部门应当及时公布注册或者备案的保健食品、特殊医学用途配方食品、婴幼儿配方乳粉目录，并对注册或者备案中获知的企业商业秘密予以保密。三是准确公开。公布食品药品安全信息，应当做到准确、及时，并以目标受众能够理解的方式，充分展示科学证据、风险效益以及不确定性等内容，进行必要的解释说明，避免误导消费者和社会舆论。四是全面公开。如《食品安全法》规定，县级以上人民政府食品药品监督管理部门发现可能误导消费者和社会舆论的食品安全信息，应当立即组织有关部门、专业机构、相关食品生产经营者等进行核实、分析，并及时公布结果。此外，《食品安全法》还规定了各类主体不依法、不恰当公开的法律责任。如编造、散布虚假食品安全信息，构成违反治安管理行为的，由公安机关依法给予治安管理处罚。媒体编造、散布虚假食品安全信息的，由有关主管部门依法给予处罚，并对直接负责的主管人员和其他直接责任人员给予处分；使公民、法人或者其他组织的合法权益受到损害的，依法承担消除影响、恢复名誉、赔偿损失、赔礼道歉等民事责任。

第三节　坚守现代食品药品安全治理理念（下）[①]

现代食品药品安全治理理论回答的是为何治理、为谁治理、治理什么、怎样治理、靠谁治理等食品药品安全治理基本问题。研究现代食品药品安全治理，应当坚持需求导向、问题导向、目标导向和实践导向。需求是时代的呼唤，问题是时代的声音，目标是时代的梦想，实践是时代的旋律。只有将四者科学安排、有机结合，才能体现时代性、把握规律性、富于创造性，不断开创食品药品安全治理的新局面。

一、坚守食品药品安全简约治理

在食品药品安全治理领域，简约治理主要解决的是治理的方式方法问题。新世纪以来，食品药品生产经营活动日趋复杂、产业形态日益多样、社会影响日渐深远。伴随着全球化、信息化和现代化步伐的明显加快，食品药品安全治理正经历着前所未有的变革。如何适应新形势、顺应新期待、突出治理目标、优化治理流程、提高治理效能，已成为食品药品安全治理的重要任务。愈是谋篇布局、攻坚克难的重要时期，愈要把握事物本质规律，突出治理核心目标，力求达到大道至简、简约为美的治理境界。

---

① 徐景和："坚守现代食品药品安全治理理念（下）"，载《中国食品安全报》2016年12月17日。

作为基本的民生问题和重大的政治问题，食品药品安全治理成败事关民心的向背和执政的得失。新世纪以来，国际社会高度重视食品药品安全，改革食品药品监管体制，完善治理体系，创新治理方式，谋划治理战略，许多领域取得了前所未有的进步。然而，在此背景下，食品药品安全治理领域出现了一个不容忽视的问题，那就是烦琐治理。为规避过重的监管责任风险，有些监管事权划分过于笼统或者细琐，程序过于冗繁，有些事项则采用集体决议或者层层审议的方式，导致监管环节繁多、关系掣肘、成本增大、效率低下。这种简单问题复杂化、特殊问题普遍化、具体问题抽象化的现象，在一定程度上制约了食品药品监管的生命力和创造力。适应全球化、信息化和现代化的发展，有必要在食品药品安全领域大力推行简约治理。

所谓简约治理，就是在系统理论的指导下，在实施良好治理体系的基础上，采用科学的理论与方法，将治理主要目标以外的多余因素最大限度地剔除，从而使复杂的问题简单化、条理化，达到改善工作环境、优化工作流程、提高工作效率的治理。简而不失其华，约而不掩其神。简约治理绝不是简单治理，而是删繁就简、去粗取精、去芜存菁的治理。也就是说，简约治理是一种更高层次、更高境界、更高水准的治理。只有对治理规律了然于胸、对治理目标成竹在胸，才能真正实现简约治理。登高才能望远，深思才能熟虑。坚守食品药品安全简约治理，应当妥善处理以下两个重要关系。

（一）完善体系与优化流程的关系

食品药品安全治理现代化，包括治理体系和治理能力的现代化。治理体系现代化是治理能力现代化的前提和基础，治理能力现代化是治理体系现代化的目的和结果。

食品药品安全治理体系包括法律法规体系、标准规范体系、审评审批体系、检验检测体系、监测评估体系、稽查核查体系、信息信用体系、教育培训体系等。无论是食品药品安全战略，还是食品药品安全规划，核心内容都是强化食品药品安全治理体系。目前，我国食品药品安全治理体系建设还存在体制不够统一、结构不够完善、事权不够清晰、能力不够适应、效益不够显著等问题，与治理现代化的目标还存在着一定的距离。强化食品药品安全治理，应当加快构建系统完备、科学规范、运行高效的食品药品安全治理体系，形成内外结合、上下衔接、结构合理、功能齐全的食品药品安全治理网络，加快治理科学化、现代化的步伐。

食品药品安全治理体系涉及许多领域，核心内容是加快形成统一权威的食品药品监管体制和系统完备的监管体系。在监管体系支离破碎的格局下，是难以实现简约治理的。科学的监管体制和监管体系离不开科学的监管事权划分。在分级管理体制下，有必要适应形势发展需要，加快监管事权划分，形成权、责、能、效相匹配适应的监管体制。

治理体系是骨骼，治理流程是筋脉。没有完善的治理体系，就没有强大的治理能力。而没有顺畅的治理流程，也就没有高效的治理水平。如果说，完善体系属于外延式发展，那么优化程序则属于内涵式挖潜。在加快完善治理体系的同时，应当进一步加快优化治理流程，最大限度地提升治理效率。以审评审批为例，推行简约治理，需要做好以下几个方面工作。一是强化全局统筹。明确食品药品审评审批的牵头单位，统筹受理、审评、检验、检查、审批等工作，建立起责任明确、机构协同、密切配合、无缝衔接的工作机制。二是强化流程优化。按照职责清晰、流程科学、时限明确、责任到位的基本要求，进一步细化受理、审评、检验、检查、审批的具体职责和要求，避免职能交叉、断档或者错位。三是强化制度创新。建立科学、统一、权威、高效的审评审批机制，健全审评审批全程质量管理体系，强化过程控制和动态考核，激发全员的主动性、积极性和创造性，切实提高审评审批的能力和服务水平。

（二）全面推进与重点突破的关系

食品药品安全风险无处不在、无时不有，保障食品药品安全需要实施全面风险控制战略。因为任何环节的缺陷或者任何要素的缺失，都可能导致治理体系的断裂或者崩溃。然而，从风险管理的角度来看，任何风险都有轻有重，有缓有急，治理的基本策略应当是分类实施、分步推进。分类治理是食品药品安全风险治理最鲜活、最生动、最有效的阐述。

分级分类的目的在于科学管理。长期以来，食品药品安全领域实行分级分类治理，但分级分类的标准并不相同。有的是直接按照风险来进行分类，如《医疗器械监督管理条例》规定，国家对医疗器械按照风险程度实行分类管理。第一类是风险程度低，实行常规管理可以保证其安全、有效的医疗器械。第二类是具有中度风险，需要严格控制管理以保证其安全、有效的医疗器械。第三类是具有较高风险，需要采取特别措施严格控制管理以保证其安全、有效的医疗器械。评价医疗器械风险程度，应当考虑医疗器械的预期目的、结构特征、使用方法等因素。也有的是按照其他标准进行分类，如在药品安全领域，则分为传统药与现代药、处方药与非处方药、新药与仿制药、普通药品和特殊药品、基本药物与非基本药物等。在食品安全领域，则分为普通食品与特殊食品。从治理的目标看，风险分类是食品药品分类的最佳标准。因为这种分类方法紧紧抓住了安全的对立面——风险，就等于抓住了食品药品安全治理的本质和精髓。

当前，在推进食品药品安全全面治理的同时，应当进一步强化重点治理，将有限的监管资源集中在高风险领域，以防止发生系统性风险或者区域性风险。在食品安全领域，婴幼儿配方乳粉、特殊医学用途配方食品以及学校食堂、集体用餐配送单位等，都属于治理的重点领域；在药品领域，疫苗、血液制品以及中药注射液等，都属于高风险药品；在医疗器械领域，尤其是植入类医疗器械，则属于高风险医疗器械。食品药品安全风险高低的划分，并不是永恒不变的。随着经济社会的发展和科学技术的进步，这种风险分类也会有所调整。在任何时代和任何社会，都要突出治理的主要矛盾或者矛盾的主要方面，做到突出根本、抓住关键、以点带面、纲举目张。没有全面统筹，就没有系统建设，而没有重点突破，就没有全面推进，必须将全面论和重点论统一起来。在当前监管资源整合和力量配备尚不到位的情况下，更要突出重点论，强化抓根本，这也是新时期推进食品药品安全简约治理的客观需要。

二、坚守食品药品安全审慎治理

在食品药品安全治理领域，审慎治理主要解决的是对待新生事物的态度问题。近十年来，随着“互联网+”战略的推进，在食品药品安全领域，新技术、新材料、新工艺、新业态、新模式不断涌现，成为新时期经济增长的新源泉、新动力和新引擎。

所谓审慎治理，是指新生事物的成长在与现行规则和要求不尽相同时，基于治理根本目标的考量，对体现事物发展规律和进步方向的新生事物的成长给予一定的宽松、宽容、宽厚政策的治理。成长理论揭示：即便是“尽善尽美”的法律，其自公布之日起，也即与时代渐行渐远。期待在较短时间内建立起“封闭完美的制度体系”，是一种浪漫主义思维。面对新生事物，审慎治理不是囿于形式逻辑的机械治理，而是基于科学精神的灵活治理。僵化扼杀希望，审慎孕育生机。除了要正确处理公共利益和商业利益的重要关系外，坚守食品药品安全审慎治理，还应当妥善处理以下两个重要关系。

（一）监管使命与治理方式的关系

新世纪以来，面对公众对健康需要的不断提升，许多国家和地区食品药品监管当局高扬“保护和促进公众健康”的旗帜。从“保护公众健康”，到“保护和促进公众健康”，这绝不是监管使命的简单调整，而是监管使命的深刻变革。这一变革激发食品药品监管机构面对巨大的压力和挑战，坚持科学与法治精神，积极而不懈怠，担当而不推诿，开放而不封闭，自信而不悲观，锐意进取，奋发作为，不断开辟食品药品安全监管的新境界。

食品药品安全监管使命的深刻变革，必将带来食品药品安全治理制度、治理体系、治理机制、治理方式、治理战略、治理文化的深刻变化，这主要表现在以下几个方面。一是理念更加现代。人本治理、风险治理、全程治理、社会治理、责任治理、效能治理、专业治理、阳光治理等现代治理理念，将与治理制度、治理机制、治理方式、治理战略、治理文化更加融合，产生出巨大的生命力和创造力。二是目标更加集中。所有的治理都将围绕安全与风险这一主题展开，在全面治理的基础上，将围绕突出问题，着力将有限的资源集中在高风险产品、因素和环节上，集中在公众最为关心、关注、关切的现实问题上。三是格局更加科学。将进一步明晰企业、政府和市场的关系，一些风险防控的义务将重新回归企业或者社会，政府将集中优势资源排查重点风险。四是流程更加清晰。将更加强调从研制到使用各环节的科学化、体系化、一体化，既强调专业合理分工，又强调部门紧密合作，建立命运共同体，携手应对安全风险的挑战。

没有监管使命的变革，就没有治理方式的创新；而没有治理方式的创新，就没有监管使命的落地。食品药品安全监管使命确定后，就应当积极探索实现这一重大使命的有效方式。如果说，食品药品安全治理机制创新解决的是从被动治理到能动治理的转变，而食品药品安全治理方式创新解决的则是从传统治理到现代治理的转变。2011 年，美国食品药品监管局发布的《通向全球产品安全和质量之路》报告指出：全球化已从根本上改变经济和安全格局，要求 FDA 对固有的工作方式做重大调整。展望未来，FDA 不能再依靠以往管理产品的手段、行动及策略。FDA 前局长也曾表示：如果没有一个强大的 FDA，让它拥有必要的资源来确保明智、合理、基于科学和前沿的监管，人民和经济都会遭到不可估量的损失。治理方式的创新，已成为新时期全球食品药品安全治理的重大课题。

新世纪以来，面对全球化、信息化和现代化浪潮，我国对食品药品安全治理方式进行了多维度、多形式的创新，进一步提升了食品药品安全治理的针对性、有效性和权威性。以食品安全为例，新世纪以来，先后探索了食品安全综合评价、信用奖惩、典型示范、绩效考核、责任约谈、量化分级、社会监督、飞行检查、风险排查等多种方式，有效提升了食品安全治理效能。新修订的《食品安全法》确立了预防为主、风险管理、全程控制、社会共治的原则，在许多方面进一步丰富了食品安全治理方式方法。

（二）安全监管与产业发展的关系

保障食品药品安全是全社会的共同责任。如果说，食品药品安全的需求方是广大消费者，那么，食品药品安全的供给方则主要是食品药品企业。在食品药品安全供需关系中，政府扮演着什么角色呢？这是一个见仁见智的问题。有的学者主张，从社会管理的角度来看，政府既是食品药品安全的需求方，也是食品药品安全的供给方。如果说企业是食品药品安全的“第一供给方”，则政府是食品药品安全的“第二供给方”。在食品药品安全保障中，政府承担着义不容辞的责任。目前，全社会对政府的食品药品安全监管寄予着无限的期待。随着幸福意识、健康意识、权利意识和安全意识的不断提升，公众对食品药品安全的要求越来越高。公众对食品药品安全的无限性、绝对性、完美性需求，是推进食品药品安全监管工作不断接近目标、实现超越的巨大动力。食品药品监管部门应当始终把公众最为关注的突出问题作为食品药品安全治理的着力点，下定决心，下大力气，有效破解一些难题，让全社会看到实实在在的进步。

产业发展是实现食品药品安全的重要基础。没有强大的食品药品产业基础，就不可能实现食品药品安全的长治久安。实施食品药品安全治理战略，全面提升我国食品药品安全水平，最基础、最关键的是加快提升食品药品安全产业水平。只有高素质的产业才能生产出高质量的产品。所以说，强大的监管造就强大的产业，强大的产业呼唤强大的监管。食品药品产业属于事关民生福祉的健康产业、事关经济发展的支柱产业和事关经济活力的朝阳产业。在食品药品安全领域，安全监管与产业发展应当是统一协调而非排斥对立的关系。“十三五”期间，应当进一步加强食品药品产业发展规划，明确我国食品药品产业发展的基本原则、发展目标、主要任务、重点行业、政策措施等，推动我国食品药品产业再上新台阶。

三、坚守食品药品安全智慧治理

在食品药品安全治理理念中，智慧治理主要解决的是治理的艺术与魅力问题。食品药品安全问题是社会问题的集中反映与折射，破解食品药品安全难题需要高超的治理艺术。面对错综复杂的食品药品安全问题，既要有高度的政治敏锐性，也要有强烈的实践自觉性。近年来，面对食品药品安全问题的严重性、广泛性、复杂性、叠加性、放大性，国际社会不断探索食品药品智慧治理，坚守硬实力，拓展软实力，运筹妙实力，着力提升食品药品安全治理的影响力、凝聚力和感召力。

歌德说："主宰世界有三个要素，那就是智慧、光辉和力量。"而爱默生进一步阐述为"智慧的可靠标志就是能够在平凡中发现奇迹"。智慧治理是全球化、信息化和现代化时代政府治理创新的重大选择。谈及智慧治理，人们更多的是从技术创新的角度出发的，这是远远不够的。事实上，智慧治理还包括治理理念、治理文化、治理机制、治理方式、治理战略等方面。智慧治理要求在坚守治理使命的大前提下，运用灵活、巧妙、机智的方式方法，以前瞻性、创新性和突破性，有效破解食品药品安全复杂难题。没有本质认知，没有全局谋划，没有前瞻思考，没有规律把握，就不可能实现食品药品安全的智慧治理。问题启唤变革，智慧铺就希望。坚持食品药品安全智慧治理，应当妥善处理以下两个重要关系。

（一）监管使命与监管文化的关系

如前所述，从"保障公众健康"到"保障与促进公众健康"，这是国际食品药品安全治理智慧的凝结。近年来，"能动政治"理念要求现代政府更加积极、更加主动、更加负责地关注、回应社会和公众的期待，以实际行动提升公众对食品药品消费的信心以及对食品药品安全治理的信赖。食品药品安全监管的目标，可以分为保障公众身体健康和提升食品药品安全监管能力两个层次。食品药品属于事关公众生命健康的特殊产品，食品药品安全属于公共安全的特殊安全，食品药品安全风险属于多种因素交织的特殊风险，食品药品安全监管体系属于保障公众健康福祉的特殊体系，食品药品监管队伍属于高度职业化的特殊队伍。在食品药品安全这一特殊领域，坚持发展这一执政兴国的第一要务，既要发展人民群众的健康福祉，也要发展食品药品监管事业。因为国际监管实践已揭示了一个重要真理：只有强大的食品药品监管部门，才能实施"史上最严"的监管法律；只有强大的食品药品监管部门，才能有效保障公众饮食用药安全。必须将发展人民群众的健康福祉与发展食品药品监管事业在更高的层次和更宽的领域上有机地结合起来。

文化是社会治理的“灵魂”。食品药品安全治理是一项极富挑战性的世界性难题。持续而深入破解食品药品安全难题，需要不断进行食品药品安全治理文化创新。尽管对何谓“文化”，可能每个人都是“哈姆雷特”，但中外学者普遍认为，文化是一个复合体，包括知识、艺术、法律、宗教、习俗以及其他社会现象；文化是由社会环境所决定的生活方式的整体；文化是分层次的，包括物质的、制度的、心理的等形式；文化具有传承性、渗透性和持久性等。由此看来，文化有着庞大的体系，可以划分为不同的层次或者位阶。从全球的范围来看，食品药品安全监管文化的核心包括监管使命、监管愿景、核心价值、基本原则、庄严承诺、治理战略等一系列重要内容。食品药品安全治理文化创新属于食品药品安全治理创新体系中最为艰难、最具创造性、最富智慧的创新。对于食品药品监管部门而言，如何通过系统的监管文化创新，将监管工作与“中国梦”更好地结合起来，形成全系统普遍认同、彼此守望、勠力弘扬的监管文化，抒写新时代食品药品监管部门的良好精神风范，则是一个重大的课题。科学精神、大爱情怀、法治思维将是食品药品监管文化永不褪色的核心要素。

（二）传统治理与现代治理的关系

我国的食品药品产业是世界食品药品产业的缩影。今天，我国已拥有一批能够生产高、精、尖产品的大型食品药品企业，同时，我们还存有大量低、小、散的食品药品生产经营者。这种“二元制”并存结构，是我国食品药品监管工作须臾不可忘怀的最大现实国情。强化食品药品安全治理，必须始终认清“三个世界”和“三个阶段”的特定时空，既不仰望星空消极悲观，也不俯视大地盲目乐观。我国是一个拥有十三亿多人口的大国，这与几亿人口、几千万人口的国家大不相同。同样的问题，由于我们人口众多，问题就会变得更为复杂、更为艰巨、更具挑战性。我国处于并将长期处于社会主义初级阶段，发展极不平衡，这使我们今日的食品药品安全治理工作不得不穿梭于农业社会、工业社会和信息社会中，有一种

"坐地日行八万里，巡天遥看一千河"的特别感觉。改革与创新、转型与超越，成为新世纪食品药品监管的一道亮丽"风景线"。

必须深刻地认识到，当前我们正处于科学技术迅猛发展的新时代，大数据、云计算、物联网"正在改变我们的生活以及理解世界的方式，成为新发明和新服务的源泉，而更多的改变正蓄势待发"。面对互联网、云计算、大数据的蓬勃发展，我们必须树立强烈的机遇意识，紧紧把握时代发展的脉搏，以时不我待的创新精神，加快食品药品安全治理方式战略创新步伐，加快推进食品药品安全治理体系和治理能力的现代化步伐。

四、坚守食品药品安全依法治理

法治是党治国理政的基本方略和基本方式。依法治理理念主要解决的是治理的基本依据问题。《中共中央关于全面推进依法治国若干重大问题的决定》指出，要坚持依法治国、依法执政、依法行政共同推进，坚持法治国家、法治政府、法治社会一体建设，实现科学立法、严格执法、公正司法、全民守法，促进国家治理体系和治理能力现代化。在食品药品安全领域，全面贯彻依法治国的基本方略，就是把食品药品安全治理各项工作纳入法治的轨道，充分发挥法律对食品药品安全工作的规范、引领和助推作用，加快建立食品药品安全法治秩序，实现食品药品安全的长治久安。

对法律的认识大体可以分为三个层次：一是理念层面的法律，即"法上法"；二是规则层面的法律，即"法中法"；三是社会运行的法律，即"法外法"。当今的食品药品安全治理，是在市场经济、法治社会和科技时代的大舞台上展开的。今天，法律则以其规范性、普遍性、统一性和稳定性，成为社会治理的主要手段。也就是说，今天，法律对于社会经济生活的调控和影响，无论是深度，还是广度，都有了空前的飞跃。法律是治国之重器，良法是善治之前提。坚守食品药品安全依法治理，应当妥善处理以下两个重要关系。

（一）科学立法与严格执法的关系

新世纪以来，我国食品药品安全法制建设取得显著成绩，食品药品安全法制体系基本形成，食品药品安全法治意识显著增强，食品药品安全法治秩序初步建立。但与全社会的期待相比，还存在不小的差距，突出表现在以下一些方面。一是法律体系有待完善。已颁布《食品安全法》《药品管理法》《食品安全法实施条例》《药品管理法实施条例》《医疗器械监督管理条例》等法律法规；出台了《食品生产许可管理办法》《医疗器械注册管理办法》等近60部规章，但仍有一些配套规章制度尚未出台。二是立法理念有待进步。有些法律制度成型于计划经济时代，在一定程度上存在着重事前审批、轻事后监管，重生产经营、轻研制使用，重产品抽检、轻过程控制，重部门担当、轻社会共治，重单位义务、轻个人责任的现象，而当今国际社会普遍采用的风险治理理念、全程治理理念和社会治理理念尚未得到全面体现。三是运行机制有待强化。有些法律制度设计缺乏有效的实施机制保障，更多表现为他律约束而非自律激励，由于缺乏动力机制，实施效果不够理想。

在当代，社会对立法的关注已不再仅仅是法律的数量如何扩张，而是法律的品质如何升华，即法律体现着何种意志、代表着何种方向、追求着何种价值。全面提升食品药品法治工作的科学化、现代化水平，必须按照科学立法、民主立法的要求，坚持问题导向、坚持立足国情、坚持国际视野、坚持改革创新。当前，一是要正确处理数量与质量的关系，切实把立法的重点放在提高质量上来，强化法律的科学性、系统性和前瞻性，注重食品药品安全治理的长治久安。二是要正确处理原则和具体的关系，放弃“宜粗不宜细”的立法思维，对法律制度进行从容的设计，精雕细刻，避免结构过于简略、内容过于粗疏、缺乏可操作性，要进一步增加立法工作的针对性、靶向性和操作性，有效解决食品药品安全难题；与此同时，要保持法律制度的适度张力，进一步增强立法工作的灵活性，为深化改革与创新留下足够的空间。三是要正确处理制度与机制的关系，强化制度运行的有效机制保障，进一步增强制度运行的内生力量。

法律的生命力和权威性在于有效的实施。中央多次强调，要用最严谨的标准、最严格的监管、最严厉的处罚、最严肃的问责，确保公众饮食用药安全。只有严格、规范、公正、文明执法，才能保障法律的有效实施。

严格是执法的基本要求，规范是执法的行为准则，公正是执法的价值取向，文明是执法的职业素养。要坚持以事实为根据、以法律为准绳，坚守法治精神，切实做到有法必依、执法必严、违法必究，维护法律权威和尊严；要坚持法律面前人人平等，规范自由裁量权，防止出现“选择性执法”“倾向性执法”，同事不同责，同案不同罚，处罚畸重畸轻，显失公平公正；要坚持以人为本、执法为民的理念，尊重行政相对人的合法权益，将处罚与教育、执法与服务有机结合，做到执法理念端正、执法权责明确、执法程序完备、执法信息公开、执法高效便民。

（二）保障自由与强化自律的关系

法的理念是自由。法国启蒙思想家、哲学家卢梭曾指出：“人生而自由，但无时无刻不在枷锁之中。”美国著名法学家伯尔曼也强调：“没有信仰的法律将退化成为僵死的教条，而没有法律的信仰将蜕变成为狂信。”权利是自由的法律界定。立法的目的不是限制自由，而是更好地保障自由。在法治社会里，食品药品企业享有广泛的权利和自由，同时，也应当承担法定的义务和责任。对于企业来讲，没有自律，就没有自由；而抛弃自律，则丧失自由。

企业不仅具有经济属性，同时也具有社会属性。在任何时代，企业都不能脱离社会而存在、都不能背离民众而发展。企业是食品药品的生产经营者。食品药品企业的法治意识、责任意识、安全意识、诚信意识、自律意识，直接关系着食品药品的质量安全。强化食品药品企业自律意识，应当切实做到以下几点。一是敬畏公共利益。公共利益虽然没有个人利益那么直接和具体，但公共利益往往比个人利益更加持久，更具威慑力和震撼力。对于公共利益，任何企业都应当怀有敬畏之心。二是承担社会责任。生产经营符合标准要求的食品药品，是企业应尽的法律责任，是企业必须履行的强制义务。而生产经营更有质量、更有营养、更有美味、更可享受的食品药品，则是企业所应承担的社会责任。在履行法律责任的同时，企业应当追求更高的境界，承担更大的社会责任。三是追求安全发展。安全应当成为所有利益相关者共同的利益基础和共同的价值追求。离开安全讲发展，就不是真正意义上的发展，或者说，就不是长久意义上的发展。四是履行公民义务。任何组织都是社会的重要成员。食品药品企业应当履行公民企业的责任，积极寻求经济发展与社会和谐的契合点，在获取经济利益时，通过多种方式积极回报社会，为社会的发展与进步做出应有的贡献。

食品药品安全治理属于当代社会治理创新最重要的试验田和最担当的先行者。党的十八大以来，党中央、国务院将食品药品安全工作摆上了事关中华民族未来的战略高度，提出食品药品安全问题是重大的政治问题，将食品药品安全监管纳入公共安全体系部署，建立统一权威的食品药品监管体制，落实“四个最严”和党政同责的要求，推进食品药品安全社会共治大格局。这些新思想、新论断和新要求，成为新时期食品药品监管工作的重要指针。亚里士多德曾说：事业是理念与实践的生动结合。今天，随着“四个全面”战略目标的强力推进，全社会对食品药品安全工作有着更多的期待。坚持以人民为中心、以安全为生命，广大食品药品监管者正在浓墨重彩地抒写新时期食品药品安全监管催人奋进的华章。

第四节　深化食品药品安全风险治理认识[①]

现代社会是一个日益复杂化的“风险社会”。专家指出，现代风险正在深刻改变着传统社会的运行逻辑和发展模式，建立符合“风险社会”需要的新型制度，已成为新时期社会治理创新的一项紧迫而艰巨的任务。当前，我国正全力推进供给侧结构性改革，全面提升我国食品药品安全治理水平，有必要深化对风险治理理论的认识。

人类自诞生之日起，无时无刻不在与形形色色的风险进行着斗争。在这场漫长而艰巨的斗争中，人类社会对于风险的认识由模糊到清晰，由自发到自觉，逐步走上了科学的风险治理道路。食品药品安全风险治理理论的提出，标志着人类找到了食品药品安全治理的转折点、着力点和制高

---

① 徐景和、杨悦：“深化食品药品安全风险治理认识（一）”，载《医药经济报》2017 年 4 月 24 日。

点，实现了从经验治理到科学治理、从传统治理到现代治理的重大转变，开辟了食品药品安全治理的新时代。今天，风险治理理论已成为食品药品安全治理的逻辑支点和理论基石，但人类社会对食品药品安全风险治理的本质内涵、运行规律和发展趋势的认识还需要进一步深化。

一、深化食品药品安全风险分类治理认识

风险贯穿于食品药品生命周期的全过程和各方面，具有客观性、普遍性、偶然性和可变性等特征。我国食品药品安全风险，除了具有多样性、广泛性、复杂性的特征外，还具有叠加性、高发性、放大性等特点。这是由当前我国所处的特定发展阶段决定的。

所谓分类，通常是指通过比较事物间的共同性或者相似性，把具有某些共同或者相似特征的事物归属于一个集合的逻辑方法。分类的目的在于使复杂的事物得以系统化、条理化和简约化，以便人们更好地把握事物的本质和规律。诚如哈佛大学莫里斯教授所指出，“定义的目的并不在于定义本身，而在于定义所服务的目的”。同样，分类的目的也不在于分类本身，而在于分类所达到的目标。食品药品安全分类的目的，就是要实现食品药品安全的科学化治理。应当看到，在食品药品安全的诸多分类中，以风险为视角的分类，是最本质、最精要、最透彻的分类。

食品药品安全风险可从多个视角予以分类。如按照风险来源的性质，可分为物理性风险、化学性风险和生物性风险；按照风险表现的形态，可分为自然风险、技术风险、社会风险和道德风险；按照风险与行为人的关系，可分为天然风险和人为风险；按照风险认知的难易程度，可分为显性风险和隐性风险；按照风险诱发因素的来源，可分为外部风险和内部风险；按照风险的演变过程，可分为原发性风险和继发性风险；按照风险相互之间的关系，可分为独立风险和叠加风险。

为推进食品药品安全分类治理，提高风险治理效能，2016 年 9 月，食品药品监管总局印发了《食品生产经营风险分级管理办法（试行）》，要求食品药品监管部门根据食品生产经营者的风险等级，结合当地监管资源

和监管水平，合理确定对企业的监督检查频次、监督检查内容、监督检查方式以及其他管理措施，作为制定年度监督检查计划的依据。2016 年 11 月，食品药品监管总局出台了《关于进一步做好食品药品安全随机抽查加强事中事后监管的通知》，提出根据食品药品风险程度的不同，明确各类产品的必须检查项目和随机抽查项目。按照分级分类监管的原则，总局和省级食品药品监管部门研究确定食品药品领域必须检查的项目，其他检查项目按照一定比例和频次开展随机抽查。各市、县级食品药品监管部门在落实属地监管责任和“网格化”管理基础上，采取“双随机”方式进行检查；各级食品药品监管部门组织开展的专项监督检查，采取“双随机”方式进行；上级食品药品监管部门对下级食品药品监管部门开展的执法监督检查，采取“双随机”方式进行；各级食品药品监管部门对必须检查的项目，检查人员可以随机选取。这些规定体现了食品药品安全风险分类治理的理念和要求。

对于食品药品安全风险分类治理，科学是原则、效能是目标。推进食品药品安全风险分类治理，既要从食品药品安全的本质属性出发，把握食品药品安全风险的基本规律，也要在我国食品药品安全的显著特征上着力，揭示我国现阶段食品药品安全风险的特殊属性，这样既可以避免大而化之、笼而统之的粗放治理，也可以避免密而杂之、细而乱之的烦琐治理。当前，应当特别关注我国食品药品安全风险的特殊性，如源头性风险、系统性风险、区域性风险、社会性风险、体制性风险、后发性风险等，因为这些风险的成因更复杂、后果更严重、防控更艰难。只有解决好上述风险，我国食品药品安全才能实现长治久安。

二、深化食品药品安全风险平衡治理认识

研究食品药品安全问题，需要区分事实安全与法律安全两个重要的概念。事实安全和法律安全的划分，是判定是与非、曲与直的重要分水岭。所谓事实安全，是指食品药品消费后没有造成危害的事实状况，如超过保质期的食品药品被消费后未产生危害的结果。事实安全强调的是结果安

全。所谓法律安全，是指食品药品符合法律和标准规定的状况。如超过保质期的食品药品，就是不安全的食品药品。法律安全强调的是形式安全。食品药品生产经营和监督管理，既要关注事实安全，也要关注法律安全。只要是法律上不安全的食品药品，就不得生产和经营。因为食品药品属于健康产品，健康的至高无上性决定了食品药品不得通过消费检验其安全性，食品药品进入消费前就必须是安全的。

然而，安全绝不是一个绝对、静止、孤立、机械的概念，而是一个相对、动态、关连和多变的状态。安全所反映的是风险与获益之间的比例关系。任何食品药品安全都存在着一个量的关系。离开相对数量关系谈食品药品安全，是没有实质意义的。食品药品安全的相对数量关系，说到底，就是食品药品安全风险的可接受度。食品药品安全风险平衡治理，就是要在科学的风险评估基础上，合理确定食品药品获益与风险的比例关系。两者关系的确定需要一个定量指标，这个定量指标就是标准，而标准是保持风险与获益平衡的最低要求。

食品药品安全标准是动态的，随着社会的发展而发展、时代的进步而进步。食品药品安全与风险的平衡，可以为数量的比例关系，也可以为程度的比例关系。从“可接受性”或者“可接受度”的角度看，与其说是安全与风险的平衡，不如说是安全与风险的衡平。因为衡平更好地体现着均衡与灵活，彰显着公平与正义。

对群体而言，安全与风险的衡平关系，可以采取大数法则来确定；但对个体而言，安全与风险的衡平关系，则需要考量不同的需求。这在药品安全领域表现得更为突出与鲜明。药品安全风险的衡平，具体体现为药品对特定使用者获益的可能性大于其损害的可能性。药品附条件审批制度和药品紧急授权制度，考量更多的是群体安全与风险的衡平关系；而药品同情使用制度，则更多考量的是个体的安全与风险的衡平关系。这种衡平关系，除了需要考量比例、程度关系外，还需要考量风险发生的概率等。

在食品药品安全与风险的关系中，能否建立一种定量化的衡平指数呢？这需要进一步探讨。英国学者菲利普·鲍尔在《预知社会——群体行为的内在法则》一书中指出：“在纷繁的社会生活中，个体的行为是无法预知的，但是，当个体数量达到一定程度时，群体的行为反而表现得有章可循，于杂乱中显现秩序和稳定。”在互联网、大数据、云计算时代，某些看似毫无关联的事物间的逻辑关系也许会惊人地显现出来，可以为食品药品安全与风险衡平指数的建立提供更多的可能性。这种衡平指数的建立，将为食品药品安全标准、食品药品风险评估、食品药品安全治理的选择提供更好的技术参数。

三、深化食品药品安全风险全程治理认识

食品药品安全风险遍及食品药品生产经营的全过程。然而，在人类早期，食品药品安全风险是偶发的、零散的，人们对风险防控的认识是感性的、粗浅的、被动的。随着社会的发展，特别是现代科学技术的进步，人类对食品药品安全风险的认识，逐步实现了质的飞跃。

食品药品安全风险全程治理的理论基础是生命周期理论（Life Circle Approach，LCA）和供应链管理理论（Supply Chain Management，SCM）。生命周期理论是“从摇篮到坟墓”全过程的生命管理理论，后来该理论被广泛应用于政治、经济、社会等领域，形成了企业生命周期理论、产品生命周期理论、需求生命周期理论等。食品药品属于健康产品，应当符合产品生命周期理论的基本要求。

食品药品生命周期理论、供应链管理理论的提出，实现了治理从环节到全程、从局部到整体、从微观到宏观、从区域到全球的转变，这是食品药品安全治理理论的重大进步。然而，仅仅将全生命周期理论理解为从起点到终点、从源头到终端，这是不充分、不全面的。2009 年 9 月 30 日发布的《风险管理——原则与实施指南》（GB/T 24353—2009）明确指出：风险管理适用于组织的全生命周期及其任何阶段，其适用范围包括整个组织的所有领域和层次，也包括具体的组织部门和活动。有效的风险管理应当融入整个组织的理念、治理、管理、程序、方针策略以及文化等各方面。

坚持食品药品安全风险全程治理，需要实现“从农田到餐桌”“从实

验室到医院”的全过程控制。源头治理为全程治理的第一关。《国语》曰：“伐木不自其本，必复生；塞水不自其源，必复流；灭祸不自其基，必复乱。”无论是种植养殖环节，还是研发创制环节，都是风险产生的第一环节，都需要给予特别的重视。近年来，国际社会出版的许多治理文献，都特别强调食品药品安全的源头治理。除此之外，过程治理也非常关键。任何细小缝隙，都可能导致整个体系的崩溃。必须通过系统的制度安排，实现环节紧密相扣、链条无缝衔接。目前，运输、仓储、配送环节，仍属于监管的薄弱环节，应当加快出台相关管理规范，明确企业主体的义务和责任，避免无许可而放松监管。需要强调的是，食品药品安全主体的责任并不因环节发生变化而灭失，每一责任主体都应做到守土有责、守土尽责，严防将风险放逐到下一环节。推进食品药品安全风险全程治理，最根本、最关键的是要实现食品药品安全法律、标准等治理规则的全程覆盖和全面统一。

正如贝克在《风险社会》中所指出，风险造成的灾难已不再局限在发生地，经常产生无法弥补的全球性破坏。身处全球化时代的“风险社会”，人类怎样才能较为有效地管理和控制各种风险，“全球治理”将是一条有效的路径。随着药品研发全球化、供应链全球化和药品监管全球化，加强国际监管合作、参与国际监管规则制定、强化境内外检查，是历史发展的必然选择。

四、深化食品药品安全风险能动治理认识

安全和风险是人类社会永恒的话题。有专家指出，从历史的角度看，安全哲学大体经历了以下四个发展阶段。一是宿命论与被动型阶段，主张对事故与灾害采取听天由命的态度；二是经验论与事后型阶段，主张在事故与灾难发生后采取“亡羊补牢”的手段；三是系统论与综合型阶段，主张采取工程技术的硬手段与教育、管理的软手段进行综合应对；四是本质论与预防型阶段，主张采取超前、主动的预防措施防止事故与灾难的发生。

在食品药品安全领域，对于何为“能动治理”还比较陌生。“能动治理”有着广泛、深刻的含义，其要求以更加负责、更加担当、更加积极、更加主动、更加进取、更加开放、更富成效的态度，强化食品药品安全治理，最大限度地减少食品药品安全风险对国家、社会、公众、家庭的影响，最大限度地增强公众和社会对食品药品安全的信心。

人类对于安全风险的控制，从事后补救到事前预防、从被动治理到能动治理，经历了较长的发展阶段。今天，不难理解，几乎在与安全风险相关的所有领域，都普遍采用“预防为主、防治结合、综合治理”的基本方针。2003 年联合国粮农组织、世界卫生组织出版的《保障食品的安全和质量：强化国家食品控制体系指南》指出，强化国家食品控制体系，应当“在整个食物链中尽可能地应用预防性原则，最大限度地减少食品安全风险”。我国新修订的《食品安全法》在总则部分开宗明义地确立了“预防为主、风险管理、全程控制、社会共治”的基本原则，这是在食品安全领域贯彻能动治理理念生动而鲜活的体现。

坚持食品药品安全风险能动治理，应当注重食品药品安全治理机制的创新。机制是使制度有效运行的内生力量。没有良好的治理机制，再精致的法律也只能是“纸面上的法律”。新世纪以来，食品药品监管部门探索建立综合评价机制、绩效考核机制、贡献褒奖机制、典型示范机制、量化分级机制、责任约谈机制、责任连带机制等，取得了显著的治理成效，当前，应当进一步完善使所有利益相关者想负责、肯担责、愿尽责的治理机制，形成激励与约束相结合的良好局面。面对新时期食品药品安全风险的广泛性、复杂性、隐蔽性等特点，能动治理要求食品药品安全各利益相关者要坚持问题导向，积极回应社会关切，认真排查安全风险，努力将各种隐患消灭在萌芽中。此外，建立并实施基于能动治理要求的治理战略，将使食品药品安全治理更好地赢得主动和未来。

五、深化食品药品安全风险动态治理认识

安全与风险之间的关系，恰似《道德经》所言，“此两者，同出而异

名，同谓之玄，玄之又玄，众妙之门”。风险无处不在、无时不有。在食品药品全生命周期，应当紧随风险的变化而进行动态治理。

随着生命周期的演进，上一环节的风险可能在下一环节转变为现实危害，且每个后续环节都有可能增加新的风险因素。如研制阶段潜在的风险，在生产阶段不会自动消失，而且还有可能增加新的风险。同理，在流通和使用环节，随着产品销量和使用人群的扩大，风险可能进一步增大。必须根据食品药品生命周期的变化，及时采取有效的治理措施，最大限度地减少各种风险的危害。

就食品药品企业而言，随着管理理念和措施的变化，食品药品安全风险状况会不断变化。新修订的《食品安全法》增加了企业的食品安全风险自查和年度报告制度，就是要强化企业对风险的动态管理，因地制宜、因时施策、因症施治。动态治理要求各治理主体根据治理内外环境的变化，及时对治理的目标、策略和手段进行调整。目前，餐饮服务企业食品安全量化分级管理，就是食品安全领域实施动态管理的典型事例。

强调食品药品安全风险的动态治理，不应将所有的风险防控都集中在生产经营的某个节点或者时段上，而应关注食品药品的全生命周期。目前药品安全风险的控制重在注册环节，要求申请人提供的数据资料必须达到保证药品安全、有效和质量可控的要求，这无疑是正确的。但“三性”要求是个绝对的还是相对的、动态的还是静态的标准，则是需要认真思考的。近年来，基于保护和促进公众健康的理念，为缩短严重威胁人类健康疾病治疗药品的审评时限，国际社会逐步改变了传统药品审评策略和制度的绝对化要求，提出了诸如关键路径计划（CPI）、风险控制计划（REMs或者 RMP）等，在加快审评的同时强化对药品风险的全生命周期、全过程动态控制。这种整体性、综合性、系统性的思维方式，适应了全球化、信息化时代的新要求。

六、深化食品药品安全风险持续治理认识

专家指出：在“风险社会”里，安全与风险、信任与怀疑无法达成长

期的平衡，两者永远处于一种紧张状态，需要通过持续不断的反思进行调适。《风险管理——原则与指南》（ISO 31000：2009）明确了风险管理原则、总体框架与管理过程之间的关系。该指南提出了风险持续治理的原则性要求。《风险管理——原则与实施指南》（GB/T 24353—2009）在分析风险管理的原则时指出：风险管理是适应环境变化的动态过程，其各步骤之间形成一个信息反馈的闭环。随着内部和外部事件的发生、组织环境和知识的改变以及监督和检查的执行，有些风险可能会发生变化，一些新的风险可能会出现，另一些风险则可能消失，因此，组织应当持续不断地对各种变化保持敏感并作出恰当反应，组织通过绩效测量、检查和调整手段，使风险管理得到持续改进。

在现行法律制度下，食品药品生产经营多个主体如研制者、生产者、经营者，承担着风险防控的责任。从表面上看，这种制度安排似乎可以让所有的利益相关者都参与管理，但也正是因为所有的利益相关者都承担着相应的责任，而每一个利益相关者又难以全面履行管理责任，所以风险持续治理的要求并没有得到全面的落实。

2015 年 11 月，全国人大常委会授权国务院在部分地方开展药品上市许可持有人制度试点。药品上市许可持有人制度具有鼓励药物创新、落实主体责任、优化资源配置、推动管理创新等重要功能，被称为药品管理创新的第一制度。该制度彻底改变了原有药品研制者和生产者捆绑的制度弊端，将极大地解放生产力，促进药品产业集中，提升药品产业发展水平。从明确责任主体的角度看，药品上市许可持有人对药品全生命周期的责任，从幕后走向前台、从隐性变成显性、从契约变成法律，这是药品安全法律责任制度的重大创新。

在药品上市许可持有人制度下，药品全生命周期的参与者在各自环节承担责任的同时，药品上市许可持有人对各个环节的参与者或者合作方，包括 CRO、受托的生产企业或者销售企业，均有监督的责任。药品上市许可持有人不仅要关注药品研制，而且要关注药品生产、销售和使用等，甚至还要关注原料药、辅料和包材供应商的质量保证能力，因为其上游或者下游合作伙伴的过错或者偏差造成药品缺陷时，药品上市许可持有人也要承担相应的法律责任。按照药品安全风险持续治理的要求，应当对药品上市许可持有人与药品储存者、运输者、销售者的法律责任关系作出详尽的规定。食品药品安全风险持续治理的实质，是在食品药品安全风险在没有达到可接受或者可承受的情况下连续不断进行的治理。只要安全风险持续存在，治理就应当始终处于进行时。

食品药品安全风险持续治理，除了强调治理的空间维度外，还强调治理的时间维度。作为一个企业或者组织，必须始终保持人员、知识、能力以及理念、价值、文化的持续进步，进而避免治理体系的断层或者治理能力的断裂。

七、深化食品药品安全风险递进治理认识

总体看，从农田到餐桌、从实验室到医院，食品药品安全风险不断累积，风险治理递进深入。在食品药品生产经营全过程，下一环节承继着上一环节所累积的风险，需要对不断叠加的各种风险予以全面防控。所以，越是处于产业链下游的生产经营者，其承担的风险责任也就越大。如餐饮服务环节所承担的风险是全部食品生产经营累积的风险，而且这种风险是现实的、具体的。

目前，食品药品安全风险的控制遵循着信赖原则，除非有特殊的制度安排，下游企业对上游企业生产销售的合格产品往往不再进行检验而直接默认其产品合格。这时上游企业的风险实际上是由下游企业直接承担的，只有在责任追究时才有可能通过追溯体系明确实际责任的最终归属。

药品上市许可持有人制度实施后，药品质量责任的承担顺序发生了重大改变。上市许可持有人需要对药品全生命周期承担全部责任。这时，对于消费者而言，上市许可持有人不仅要承担药品研制环节的风险责任，还要承担药品生产、运输、贮存和销售等环节的责任，也就是说，药品上市许可持有人对药品质量风险承担着全程递进的管理责任，其既要关注天然风险，也要关注人为风险；既要关注已知风险，也要关注未知风险；既要关注风险应急处置，也要关注风险的日常管理。这种制度设计在于药品质

量风险的复杂性、隐蔽性，以及药品价值构成和质量管理制高点的转移，体现了药品作为特殊商品的本质要求。

食品药品安全风险递进管理，意味着在阻断风险演进进程中应当加强常态管理、应急管理和善后管理，逐层逐段加力，防止风险叠加引发新的危机。如美国 FDA 认为，潜在危机的警报每天都会发生。在某种程度上，FDA 的组织结构就是处理大大小小的紧急事件，即应急管理常态化。所谓常态管理，就是食品药品的标准化、程序化、透明化监管，建立以不良反应监测、投诉举报等为核心的风险监控网络，指导和监督企业建立健全质量体系，不断提高食品药品标准，加强常态化的风险交流和预警，尽最大可能地消除风险因素的集聚，防范食品药品安全突发事件的发生。日常管理可以有限预防风险，一旦出现突发事件，最重要的是切断风险演化链条，阻断风险扩散进程，将影响范围和危害控制在最小范围。从目前国际药品监管经验看，阻断风险进程，最重要的是两件事：一是控制风险产品，避免健康损害扩大，如责令召回、暂停生产销售、发布停止使用命令等；二是引导社会舆论，从出现风险苗头开始到处置过程结束，都要加强风险交流，避免舆论误导引起社会恐慌和公众担心，引发次生社会危害。在突发事件应对结束后，善后工作不能戛然而止，还应从事件中总结内在和外在风险，找到风险源和诱发因素，识别监管漏洞，反思问题，进行改进和弥补。善后阶段的递进式管理措施还包括提高食品药品检测标准、强化以风险为基础的飞行检查，提高检查频率，加强宣传教育和风险沟通等。

此外，风险递进管理还需有举一反三的风险识别能力。以治疗类风湿性关节炎的药物万络（罗非昔布）为例，FDA 在万络撤市后，认为选择性环氧化酶-2（COX－2）抑制剂存在类效应，遂将风险效益评价范围扩大到塞来昔布等同类药物，后来又扩大到除阿司匹林以外的所有非甾体抗炎药，要求企业开展主动监测和再评价，采取增加黑框警告和有条件的限制使用等风险控制措施。

食品药品安全风险递进管理，除了空间维度外，还包括时间维度。监管部门在职能拓展时，要及时提升专业素养，避免风险防控能力缺失。任何组织的规模扩张并不自然带来管理能力的提升。在全球化、信息化时代，如何适应社会的快速变革，不断提升风险治理能力，需要认真思考。

八、深化食品药品安全风险灵活治理认识

以书为御者，不尽于马之情；以古制今者，不达于事之变。近年来，随着全球化、信息化的发展，国际社会越来越重视食品药品安全风险的灵活治理，将治理的原则性和灵活性有机结合起来，针对传统监管模式僵化、刻板和教条的弊端，因时而动、因情而变、灵活治理，开辟了食品药品安全治理的新境界。

食品药品安全风险的灵活治理，源于对食品药品安全治理使命、治理理念和治理战略的深刻认知。新世纪以来，全球食品药品安全法律、标准和规范的现代化步伐加快，但任何法律、标准和规范都不可能横空超越社会经济发展的现实条件。对于食品药品安全治理中出现的新情况、新问题、新挑战，应当以保护和促进公众健康为出发点，基于社会变革与法治精神，顺势而为、灵活治理，防止风险的“制度化”演变为“制度化”的风险。

以药品审评审批为例，药品审评审批速度与患者受疾病威胁的生命最后时限，两者哪个更快，是评价各国药品审评审批能力的重要指标之一。为最大限度地应对威胁人类健康的疾病，许多国家在药品审评审批时采取更加灵活的策略和方式，如优先审评、特殊审评、附条件审评，以及灵活临床试验设计、替代终点等，将药品审评标准证据的绝对充分性调整为证据的相对充分性，采取滚动提交、滚动审评的递进方式，最大限度地提高审评审批效率，这实际上是对药品风险与获益衡平认识的再认识、再升华。

对食品药品安全违法违规行为，需要根据违法违规行为的性质和后果进行灵活处理。对于因故意违法行为而导致的风险，如在食品药品生产经营过程中添加非食用物质，必须依法严肃处理；对于因过失行为出现风险的，可以采取警告、责令停产停业、责任约谈等更加灵活的方式进行处理，给予当事人自我改正纠错的机会。

新世纪以来，针对安全风险的复杂性、多样性和隐蔽性，有些国家监管部门制定了风险交流战略，把风险交流作为监管机构的战略职能，这不仅显著增强了不同利益相关者对食品药品安全风险的认识，而且也为食品药品安全风险的有效控制寻找到了多种灵活性的处理措施。

食品药品安全风险灵活治理，绝不是随心所欲的治理，而是一种更高层次的治理。没有对食品药品安全治理规律的深刻把握，就不可能实现食品药品安全风险灵活治理。培养造就大批素质高、业务精、能力强的食品药品安全监管人员，是实现食品药品安全风险灵活治理现实而迫切的需要。

第三章　体制创新篇

哲学家只是在用不同的方式解释世界，而问题的关键在于改造世界。

［德］卡尔·马克思

第一节 完善统一权威的食品药品监管体制[①]

监管体制改革是全球食品药品监管改革的重中之重。新世纪以来，我国食品药品安全问题凸显。党中央、国务院坚持人民利益至上，顺应时代发展要求，按照科学、统一、权威、高效的目标，不断改革完善我国食品药品监管体制，着力提升食品药品监管科学化、法治化、现代化水平。当前，我国食品药品监管体制改革正处于关键时期，如何贯彻落实党中央、国务院要求，尊重规律，坚守方向，保持定力，以更大的政治担当加快构建统一权威的食品药品监管体制，需要从多角度进行思考和探索。

一、科学把握普通商品与特殊商品的关系

改革完善我国食品药品监管体制，基础而首要的任务是明确食品药品的基本属性。因为统一权威的食品药品监管体制在某种程度上源于食品药品作为“特殊商品”的基本定位。食品药品作为“特殊商品”实行特殊监管，这在国际社会已早有定论，而近年来在我国则有所动摇。目前部分市县将食品药品监管局、工商行政管理局、质量监督管理局合并为市场监督管理局的“三合一”现象，就是对食品药品基本属性进行拷问最典型的例证。判定某类商品是否属于特殊商品，的确存在着方法论的问题。一般说来，传统的方法是从商品的流通属性进行判断的。如因实行专卖，烟草被称为“特殊商品”。其他没有实行专卖、没有流通限制、没有特殊管制的商品，往往被称为普通商品。然而，国际社会将食品药品定位于“特殊商品”，并不是从商品流通属性进行判定的，而是从食品药

① 徐景和：“完善统一权威食品药品监管体制的若干思考”，载《中国食品安全报》2016年3月22日。

品作为健康产品的特定视角，或者说，是从食品药品的特殊风险的角度进行定位的。

首先，食品药品属于健康性消费品。健康权是最基础、最根本、最重要的人权。在整个生命存续期间，每个人都会消费一定数量的食品药品。随着社会的全面进步，全社会对健康问题更加关心、更加关注，食品药品安全问题因此也更加聚焦、更加敏感。其次，食品药品属于一次性消费品。食品药品是不能通过消费方式对其安全性进行验证的。进入消费前，食品药品就必须是安全的，药品还必须是有效、稳定的。再次，食品药品属于体验品或者信任品。20 世纪 80 年代，根据消费者与厂商的信息不对称程度，经济学家将产品分为搜寻品、体验品和信任品。在这三种商品中，生产者与消费者之间的信息不对称依次趋于严重，生产者自愿保证质量安全的激励因此呈现递减，监管的需求呈递增趋势。食品可能属于搜寻品、体验品或者信任品，但药品绝对是体验品或者信任品。食品药品作为特殊食品的特殊地位，决定了对食品药品必须实施独立监管、统一监管和专业监管。

从国际社会的监管实践来看，作为“特殊商品”监管，食品药品监管具有以下鲜明的特点。一是监管基础的科学化。当代社会，食品从农田到餐桌、药品从实验室到医院，面临着诸多生物性、化学性、物理性风险的挑战。这些风险有些是天然的，有些是人为的；有些是显性的，有些是隐性的；有些是原发的，有些是继发或者后发的，应对这些风险需要现代科学技术的强力支撑。新世纪以来，风险治理理念的提出，标志着食品药品治理从经验治理到科学治理、从传统治理到现代治理的重大转变。这一转变在食品药品监管史上具有重要的转折点和里程碑意义。二是监管规则的统一化。随着大生产、大流通格局的形成，食品药品法律、标准等监管规则必须统一。而只有监管体制的统一，才能真正实现监管规则的统一。否则，政出多门、令出多头，必然造成市场的割裂与封闭。三是监管手段的现代化。现代食品药品生产经营活动日趋复杂，许多隐性风险都需要按照技术标准、技术规范，通过检验检测、监测评估、审核查验、鉴定等专业技术手段去识别。四是监管队伍的职业化。现代食品药品监管早已不是过去简单的卫生监管或者环境监管，而是产品内在属性要求的监管。没有良好的专业背景和职业化经验积累，是难以胜任现代食品药品监管工作的。食品药品监管队伍建设必须走专业化、职业化的道路。五是监管视野的国际化。新世纪以来，面对食品药品安全风险的多发频发，许多国家和地区都在加快监管改革步伐，建立统一权威的食品药品监管体制，积极应对食品药品安全新挑战。

二、科学把握个体安全与公共安全的关系

从历史的视角看，人类社会对食品药品安全的认知大体经历了个体安全、公共安全、国家安全和人类安全四个阶段。食品药品安全已经涵盖了逐步升级的“四大安全”。

在个人安全或者生命安全认知阶段，食品药品安全事件往往表现为个体的、偶发的事件。此时，消费者因食品药品消费受到损害时，往往追究的是食品药品研制者、生产者或者经营者的民事责任。甚至有时消费者认为，这种损害也可能源于自身的“过错”，否则别人为什么没有此遭遇。随着现代公共管理理论的勃兴和社会责任理论的发展，在公共安全认知阶段，全社会对食品药品安全关注的焦点，逐步使食品药品安全事件从个体事件转变为社会事件。此时，行业协会、学术团体、消费者保护组织等参与监督的意识空前高涨，舆论引导、信息管理、犯罪侦查等公共安全部门的关注明显提升。在国家安全认知和人类安全认知阶段，食品药品安全治理的主体进一步拓展，国家、地区，乃至国际组织等，都积极参与食品药品安全治理。食品药品安全问题已逐步成为区域性乃至国际性重大问题。

从个体安全、公共安全到国家安全、人类安全，食品药品安全治理的范围在拓展、层级在提升、影响在扩大。以食品为例，从食品卫生到食品质量，再到食品安全，监管的维度已从科学性的一维拓展到科学性、社会性和政治性的三维，已从点的思考、线的思辨，到面的思索、局的思量，食品药品监管进入了一个全新的时代。近百年来，国际社会不断强化食品

药品安全的独立监管、统一监管和专业监管，其根本目的就是要打造强大的食品药品监管部门，从科学性、社会性、政治性等多维度，积极应对各种风险挑战，有效保障和促进公众健康。

三、科学把握社会问题与政治问题的关系

食品药品安全问题属于世界性难题，主要表现在以下几个方面。一是以“有限”去满足“无限”，即以有限的监管资源去满足全社会对食品药品安全的无限需求，这在任何国家、任何时代都是一个重大难题。二是从“偶然”中寻找“必然”。在当代，食品药品安全问题的存在是必然的，但某一特定产品是否会出现问题、何时出现问题、以何种形态出现问题，则是偶然的。保障全部食品药品安全的可预测、可控制、可追溯始终是个重大难题。三是以“理性”说服“感性”。食品药品消费存在风险，这是现实、理性的认知；而食品药品安全风险“零容忍”，则是公众的绝对性、完美性期盼。目前，让社会各界都能理性认知食品药品安全的相对性，仍然存在着较大困难。在社会快速转型期，与其他领域一样，食品药品安全领域也呈现出“四高四低”的现象，即关注度高、满意度低；参与度高、容忍度低；期望值高、信赖值低；焦虑感高、安全感低。必须看到，在全球化时代，在食品药品安全领域，没有哪个国家可以独善其身。发展中国家往往比发达国家面临着更大的压力，承受着更大的挑战。

新世纪以来，对食品药品问题的认识大体经历了重大的社会问题、重大的经济问题、重大的民生问题和重大的政治问题四个发展阶段。第一阶段为重大的社会问题。“三鹿”奶粉事件前，基本将食品药品安全问题定位为重大社会问题，认为食品药品安全事件直接关系社会和谐和社会稳定。这时政府主要是从整顿市场秩序的角度提出加强食品药品安全的各项要求，如 2004 年国务院提出，加大整顿和规范市场秩序的力度，重点是继续抓好直接关系人民群众身体健康和生命安全的食品、药品等方面的专项整治。第二阶段为重大的经济问题。“三鹿”奶粉事件之后，将食品药品安全问题与调整产业结构、促进产业升级有机结合起来，力求从产业发

展的基础方面破解影响食品药品安全的深层次问题。第三阶段为重大的民生问题。如2011年国务院提出，加强社会建设和保障改善民生。完善食品安全监管体制机制，健全法制，严格标准，完善监测评估、检验检测体系，强化地方政府监管责任，加强监管执法，全面提高食品安全保障水平。第四阶段为重大的政治问题。十八大以后，将食品药品安全定位为重大政治问题。如2014年提出，食品安全关系人民群众生命健康安全，关系经济社会可持续发展，关系着中华民族的未来，能不能给老百姓一个满意的交代是对党执政能力的重大考验，必须下最大的气力，切实抓紧抓好、抓出成效，确保老百姓“舌尖上的安全”。

从最初的重大社会问题，到重大经济问题，再到重大民生问题，最后到重大政治问题，全社会对食品药品安全问题的认识达到了“四位一体”的战略高度。食品药品安全也因此需要在更大的格局上谋篇布局。如果将食品药品安全监管的目标仅仅定位于维护和规范市场秩序，而不是保障和促进公众健康，则说明还没有真正领会食品药品监管的使命和意义，没有真正把握食品药品监管的精髓和真谛。

四、科学把握综合执法与统一监管的关系

为减少执法层次、整合执法队伍、提高执法效率，党中央、国务院出台了许多文件强调综合执法。如2013年11月12日，党的十八届三中全会通过的《中共中央关于全面深化改革若干重大问题的决定》提出：整合执法主体，相对集中执法权，推进综合执法，着力解决权责交叉、多头执法问题，建立权责统一、权威高效的行政执法体制。2014年10月23日，党的十八届四中全会通过的《中共中央关于全面推进依法治国若干重大问题的决定》提出，推进综合执法，大幅减少市县两级政府执法队伍种类，重点在食品药品安全、工商质检、公共卫生、安全生产、文化旅游、资源环境、农林水利、交通运输、城乡建设、海洋渔业等领域内推行综合执法，有条件的领域可以推行跨部门综合执法。2015年12月27日，中共中央、国务院印发的《法治政府建设实施纲要（2015—2020年）》也提出

相关要求。

关于何为综合执法，目前尚未有统一的说法。1996 年 3 月 17 日颁布的《行政处罚法》第 16 条规定，国务院或者经国务院授权的省、自治区、直辖市人民政府可以决定一个行政机关行使有关机关的行政处罚权，但限制人身自由的行政处罚权只能由公安机关行使。2003 年 8 月 27 日颁布的《行政许可法》第 25 条规定，经国务院批准，省、自治区、直辖市人民政府根据精简、统一、效能的原则，可以决定一个行政机关行使有关行政机关的行政许可权。

一般认为，综合执法，是指一个行政机关依法综合行使多个行政机关的法定职权。从有关部门的文件要求来看，综合执法具有以下几个属性。一是领域的综合性。在某个特定领域，有多个执法主体执行多部法律，执法对象之间存在一定的竞合。这一领域包括城市管理、港口管理、运输管理、文化管理等。二是事项的关联性。多个部门对同一执法对象形成多个关联关系，造成职能交叉和重叠。事实上，食品药品监管与工商监管、质量监督基本上不存在职能交叉或者重叠。三是根据的授权性。按照《行政许可法》第 25 条和《行政处罚法》第 16 条规定，行使相对集中行政许可权和行政处罚权必须取得法律授权，而绝不是县市级地方政府可以自行决定。

总之，无论概念如何表述，内涵如何界定，应当看到，相对于多元监管体制而言，综合执法体制有其进步意义。但相对于单一监管体制或者统一监管体制而言，综合执法体制则存在诸多弊端。有学者认为，综合执法违背了政府机关职能法定、各司其职的基本要求，并没有从根本上解决多头执法的困境，只是临时性或者过渡性安排，是一种权宜之计。研究综合执法与体制改革问题，有必要对政府机关的"边界"进行更为长远而深刻的思考。经验表明，现代社会管理不应一味追求所谓的"形而上""大而全"，因为政府监管也有内部管理成本问题。

从联合国粮农组织和世界卫生组织的相关文件可以看出，食品药品安全实行统一执法，是对食品药品安全多元执法、综合执法的超越。我国的食品药品监管已经走过了综合执法的阶段，跨入了统一监管的新时代。将食品药品实行统一监管，其本质意义在于按照药品严格监管的理念，强化对食品、化妆品等健康产品的严格监管。食品药品监管的最大特点在于对产品全生命周期、全过程风险的监管，这与工商、质监部门的市场主体资质、商标、广告、标准、计量等市场“综合要素”的监管有着本质的差别。有学者认为，食品药品监管与市场监管是两种不同属性、不同要素、不同理念的监管。将食品药品监管与工商监管、质检监管简单合一，回避监管体制改革过程中的矛盾和困难，并不是对食品药品监管的真正强化。

2013 年 4 月 10 日，《国务院关于地方改革完善食品药品监督管理体制的指导意见》（国发〔2013〕18 号）明确规定，地方食品药品监管体制改革，要以保障人民群众食品药品安全为目标，以转变政府职能为核心，以整合监管职能和机构为重点，按照精简、统一、效能原则，减少监管环节、明确部门责任、优化资源配置，对生产、流通、消费环节的食品安全和药品的安全性、有效性实施统一监督管理，充实加强基层监管力量，进一步提高食品药品监督管理水平。新修订的《食品安全法》第 153 条规定，国务院根据实际需要，可以对食品安全监管体制作出调整。《食品安全法》第 6 条规定，县级以上地方人民政府依照本法和国务院的规定，确定本级食品药品监督管理、卫生行政部门和其他有关部门的职责。从《食品安全法》的规定来看，食品安全监管体制的调整属于国务院的事权。国发〔2013〕18 号是当前地方食品药品监管改革的总依据，地方各级人民政府应当坚定不移、不折不扣地执行。

五、科学把握垂直管理与分级管理的关系

食品药品监管应当实行垂直管理体制还是分级管理体制，见仁见智。从历史发展的角度来看，垂直管理体制以及分级管理体制，各有其论证的视角与方法，均有其存续的利弊与得失。多年来，监管体制改革基本上围绕着横向的“统”与“分”、纵向的“收”与“放”来展开。

应当看到，一国食品药品监管体制的确立，深受其行政体制、经济体制、管理传统、历史文化等诸多因素的制约和影响。但无论实行哪种监管

体制，不可回避的是市场的开放与闭锁、财政的包揽与分灶、责任的统享与分担等行政管理的基本问题。面对此问题，能否走出一条兼顾垂直管理与分级管理、兼顾监管体系与监管能力、兼顾城市与农村、兼顾东部与西部的第三条道路呢？

近年来，一些学者在研究现代管理体制创新时提出一些新理论，如分类分级管理理论。实行分级管理体制，各级食品药品监管事权的划分应当清晰、明确。但严格说来，目前地方各级食品药品监管职能的划分还比较原则、模糊，且权、责、能、效并不完全匹配。如《食品安全法》多个条款将具体监管职责确定为“县级以上地方人民政府食品药品监督管理部门”，但具体由哪级食品药品监督管理部门负责并没有具体确定。因此有必要科学划分从中央到地方直至基层的各级食品药品监管部门的职责，避免监管职能纵向交叉与重叠。

在分类方面，城市与农村、东部与西部有很大差别。城市是食品药品生产、流通的主战场，对周边区域食品药品产业的发展具有较强的聚集、辐射功能。抓住城市的食品药品监管，在某种意义上就抓住了食品药品监管的半壁江山。适应现代管理“扁平化”的要求，可探索设区城市或者中心城市食品药品垂直监管体制，推动设区城市或者中心城市加大资源整合力度，下移监管力量和重心，提高快速指挥反应能力，进一步提高监管效能和水平。

六、科学把握监管体系与监管能力的关系

党的十八届二中全会提出推进国家治理体系和治理能力的现代化。食品药品治理体系和治理能力的核心要素是食品药品监管体系和监管能力。没有食品药品监管体系和监管能力的现代化，就难以全面实现食品药品治理体系和治理能力的现代化。

食品药品监管体系包括法律体系、标准体系、风险评估体系、注册许可体系、审核查验体系、监测评价体系、检验检测体系、执法监督体系、应急管理体系、宣传教育体系、投诉举报体系、风险交流体系等。建立体

系完备、功能完善、运转协调的食品药品监管体系是全系统的共同责任。

从监管格局来看，中央政府部门的主要任务是制定规则、监督实施、强化指导。但食品药品监管与其他产品监管不同，食品药品属于《行政许可法》所规定的“直接涉及国家安全、公共安全”“直接关系人身健康、生命财产安全”的特殊产品，其上市除了需要进行企业主体许可外，还需要进行产品注册。随着质量源于设计等现代管理理念的发展，药品监管资源将更加集中于中央政府，其目的在于集中全国的优势力量，从研制环节这一源头强化产品全生命周期的风险控制，这也是风险治理、全程治理、专业治理、能动治理、效能治理等理念在药品领域具体而鲜活的实践。

研究食品药品监管能力，可以从多个视角、多个层次展开。对立统一规律表明，只有在安全与风险的对立中研究食品药品安全，才能把握食品药品安全的奥妙；只有在安全与风险的统一中研究食品药品安全，才能把握食品药品安全的真谛。从风险治理的角度来看，食品药品监管能力主要是风险评估、风险管理和风险交流三大能力。当前这三大能力建设，尤其是风险交流能力建设，还存在着严重的不足。当然，这里的风险绝不仅仅是技术意义上的风险，其还包括社会意义和政治意义上的风险。

党的十八大以来，中央多次提出加快建立统一权威的食品药品监管体制。统一与权威，包括丰富而开放的内容。所谓“统一”，至少包括体制统一、法制统一、标准统一、执法统一、形象统一、文化统一；所谓“权威”，至少包括现代理念生威、科学技术生威、严格监管生威、廉洁执法生威、透明行政生威。统一是权威的基础，权威是统一的结果。离开统一的监管体制，则令难行、禁难止，难以实现监管权威。缺乏专业背景和职业经验积累的“杂牌军”是没有执行力和战斗力的，难以承担起公众健康“守门人”的重大政治责任。

七、科学把握集中监管与属地监管的关系

食品药品研制、生产、经营、使用是个较为复杂的系统。从风险治理的角度看，食品与药品全生命周期管理的重点和难点有所不同，所采用的

监管策略和监管方式也有所差别。但食品药品作为健康产品，两者的共性远远大于两者的个性。在一段时间里，有人从地方政府对食品药品安全负总责的要求出发，对食品药品垂直管理体制提出质疑。可以说，地方政府对食品药品安全负总责，具有法定性、成长性、开放性的特点，但这种成长与开放并不是随心所欲的。地方政府对食品药品安全负总责，是指地方政府依法对本行政区域的食品药品安全监管工作承担总揽全局、协调各方和组织落实等重要职责。

以《食品安全法》为例，2009 年颁布的《食品安全法》规定了地方政府在食品安全方面的主要职责：建立全程监管机制、健全责任落实机制、制定年度监管计划、指挥突发事件应对、报告食品安全事故、开展监管评议考核等。2015 年修订的《食品安全法》第 6 条进一步规定，“县级以上地方人民政府对本行政区域的食品安全监督管理工作负责，统一领导、组织、协调本行政区域的食品安全监督管理工作以及食品安全突发事件应对工作，建立健全食品安全全程监督管理工作机制和信息共享机制”。同时增加了加强监管能力建设、推进监管资源整合、综合治理食品生产经营小单位、强化监管评议考核、依法开展责任约谈、加强宣传教育等重要内容。

中央政府在食品安全方面的主要职责是：改革完善监管体制、强化高端综合协调、建立食品安全法制、统一食品安全标准、推进监管体系建设、加强执法监督检查等。中央层面对食品安全监管的主要职责是理念、法制、体制、机制、方式、战略、文化等全局性、宏观性、战略性问题的谋篇布局，因为这些建设更带有基础性、根本性和方向性。

从行政许可的角度来看，普通产品的许可往往实行一元许可制，即只进行企业主体许可。而食品药品许可往往实行二元许可制或者三元许可制，即在企业主体许可外，还需要进行产品注册，甚至原料审批。这充分说明，世界各国在强化基层监管力量的同时，无不集中优势资源，在中央层面强化食品药品安全监管，最大限度地从源头上严控各类风险。

多年的监管经验表明，强化食品药品安全的中央集中监管力量，可以为食品药品安全的地方属地监管指引方向、开辟道路。而强化食品药品安全的地方属地监管，也有利于促进食品药品安全集中监管的政策措施在基层真正落地生根。实践证明，只有建立起强大的食品药品监管系统，才能真正有效保障广大人民群众的健康福祉。

八、科学把握中国国情与世界趋势的关系

食品药品安全既是民生工程，也是民心工程。在全球化时代，研究食品药品监管改革，既要从中国看世界，也要从世界看中国。新世纪以来，全球食品药品监管改革不断深化，建立统一权威的食品药品监管体制，已成为世界食品药品监管改革的首选目标。

我国是世界食品药品生产消费大国。解决好老百姓最关心、最直接、最现实的食品药品安全问题是最大的政治。从世界的角度来看，作为食品药品生产经营和消费大国，我国食品药品监管体制改革具有一定的探索性和示范性意义。

解决“中国的问题”，需要“世界的眼光”；“世界的眼光”，需要聚焦于“中国的问题”。研究我国食品药品监管体制改革，需要把我国的国情与世界的趋势有机地结合起来，需要把握定势、坚守定位、夯实定力，按照以下目标和要求，坚定不移地深化改革。

一是科学性。食品药品安全监管有其内在的科学规律性，独立监管、统一监管和专业监管，是国际社会多年探索实践所积累的宝贵经验。食品药品监管体制改革应当始终坚持以人民为中心的原则，尊重科学规律，倾听人民呼唤，顺应时代潮流。

二是独立性。我国是个人口众多的发展中大国，解决百姓的饮食用药安全问题是一项重大的政治任务。应当看到，当前我国食品药品安全问题的严重性、复杂性、广泛性、长期性和艰巨性，在当今世界是少有的。因此，解决我国的食品药品安全问题，需要更大的智慧和力量。小国的食品药品监管体制，可以并合在或者附属于其他部门，但大国的食品药品监管体制必须保持其独立性。这是加强食品药品监管工作的基础和前提。研究我国食品药品监管体制改革，须臾不可忘记，这是大国的食品药品监管体制改革。

三是成熟性。新世纪以来，我国对食品药品监管体制已多次进行改革，垂直管理体制、分级管理体制、食品药品合一体制、食品药品分立体制都曾探索过。经验与教训启示，在食品药品监管体制改革上，不应走“凑拼盘”“翻烧饼”这种“简单再生产”的老路子。党的十八大提出，到 2020 年全面建成小康社会，要坚决破除一切妨碍科学发展的思想观念和体制机制弊端，构建系统完备、科学规范、运行有效的制度体系，使各方面制度更加成熟更加定型。实现食品药品监管体制的成熟定型，时间十分紧迫、任务十分艰巨，需要付出巨大的努力。

四是示范性。近年来，我国食品药品监管体制改革受到国际社会的广泛关注，一些国际机构也积极参与对我国食品药品监管体制改革的研究。体现时代性、把握规律性、富于创造性，加快建立统一权威的食品药品监管体制，有助于在世界舞台上更好地展示我国以人民为中心的良好形象与风范。

第二节　新世纪食品安全监管体制历史沿革①

研究食品安全问题，在决定方向的理念问题解决后，研究的重点必然是事关道路选择的体制问题。新世纪以来，全球食品安全问题凸显，国际社会困则思变，许多国家和地区全力推进监管体制改革，努力维护政府权威与形象。面对严峻挑战，中国政府审时度势，与时俱进，积极探索食品安全监管体制改革，努力提高食品安全监管能力水平。

善变者通，善行者远。改革开放以来，我国经济社会发生了广泛而深刻的变革，人们的思维理念、价值取向、行为方式、健康需求等发生了巨大而深刻的变化。为不断适应并推动经济社会的快速、持续、健康发展，切实解决影响人民群众切身利益的突出矛盾和问题，中国政府已经进行了七次行政管理体制改革，政府的行政管理能力和水平有了长足的进步。

---

① 本文内容来源于 2013 年食品安全监管体制研究。

一、2003 年改革

中国目前持续的经济增长水平，是世界上任何地方乃至人类历史上无可比拟的，这是一个令人瞩目的成就。然而，中国仍然在保障人民生命健康和活力问题上面临着主要挑战[①]。为积极应对这种挑战，在食品安全领域，我国积极推进监管体制改革，总目标是逐步建立科学、统一、权威、高效的食品安全监管体制。

2003 年，无疑将在我国食品安全监管史上留下浓墨重彩的一笔。当时，恰逢我国进行第五轮行政管理体制改革，改革力在进一步强化政府的市场监管职能。面对多发频发的食品安全事故，党中央、国务院冷静分析了世界食品安全监管趋势，以极大的勇气和超凡的魄力，对食品安全监管体制进行了重大改革，在原国家药品监督管理局的基础上组建了国家食品药品监督管理局，负责食品、保健品和化妆品安全管理的综合监督和组织协调，依法组织开展对重大事故的查处。自此，我国食品安全监管进入了综合监督与具体监管相结合的新时期，掀开了崭新的一页。

在此之前，我国负责食品安全监管的主要部门有卫生、农业、质检、工商等部门。为什么国务院将食品安全综合监督的职责赋予这一并无食品安全监管经验的食品药品监督管理部门？专家分析，主要理由表现在下面两点。一是健康产品统一监管是历史发展趋势。在五大健康产品中，国际社会普遍认为药品是监管最严、要求最高的产品，药品监管是其他健康产品监管努力的方向，将食品安全综合监督的职责赋予新的食品药品监督管理部门，有利于引导中国食品安全监管部门树立严谨务实的科学精神，推进食品安全工作向更高的层次迈进。二是超脱的地位有利于实现事业的超越。食品药品监管部门不负责食品安全具体监管，有利于摆脱部门利益的束缚与制约，从宏观上、战略上研究和把握食品安全的发展趋势和运行方向，推动食品安全监管体制、法制、机制和方式的创新与变革，不断实现

---

① 2005 年，国家食品药品监督管理局、亚洲开发银行、世界卫生组织合作项目《中华人民共和国食品安全监管战略框架专家报告》。

食品安全事业的突破与超越。

有专家认为，综合型食品安全监管体制，往往被认为是多元型体制向单一性体制转变的过渡性体制。实践表明，食品安全综合监督是对食品安全具体监管活动的监督。食品安全综合监督与食品安全具体监管在监管的对象、性质、方式、空间、事项等方面存在一定的差异。食品安全综合监督与食品安全具体监管之间的关系不是整体与部分的关系，而是综合与具体的关系，或者说在某种意义上讲，是普遍与特殊的关系、共性与个性的关系。食品安全综合监督具有宏观性、全局性、综合性、开放性等显著特征，具有汇聚力量、凝聚智慧的基本功能，民主协商、共谋发展的显著特点以及协调关系、化解矛盾的突出优势。食品安全综合监督部门应当着眼于全局和未来，以宽广的视野和博大的胸怀，将跨环节、跨部门、跨领域的所有要素纳入工作视野，通过更加积极、更加主动、更富成效的创造性劳动，确定食品安全治理长远的发展目标和现实的发展道路，引领和助推食品安全监管制度和监管工作始终沿着正确的方向发展。

思维方式决定思维结果。重大食品安全事故的频繁发生，揭示问题的主要症结在于体制、法制和机制等宏观运行层面。阜阳劣质奶粉事件后，国务院有关部门专题研究我国食品安全问题，认为我国食品安全监管体制的最大缺陷之一就是分段制和双轨制。其中双轨制是指对食品生产经营领域实行卫生、质量双要素管理，导致监管职能交叉、责任不清，为此，国务院决定实施“双轨”变“单轨”的监管体制改革战略。

二、2004 年改革

2004 年 9 月 1 日，《国务院关于进一步加强食品安全工作的决定》（以下简称《决定》）出台。《决定》明确提出，按照一个监管环节由一个部门监管的原则，采取分段监管为主、品种监管为辅的方式，进一步理顺食品安全监管职能，明确责任。农业部门负责初级农产品生产环节的监管；质检部门负责食品生产加工环节的监管；工商部门负责食品流通环节的监管；卫生部门负责餐饮业和食堂等消费环节的监管；食品药品监督管理局负责对食品安全的综合监督、组织协调和依法组织查处重大事故。该《决定》虽然没有明确提出“双轨”变“单轨”的要求，但其所确定“一个监管环节由一个部门监管”的原则，在推进食品安全监管体制改革上具有历史性意义，表明我们对食品安全监管规律的认识进入了一个新阶段。

然而，任何事物的发展都是在曲折中前进的。上述科学的改革思路并没有立即得到有关部门的积极响应。受监管格局和部门利益的束缚和制约，2004 年 12 月 14 日，中央机构编制委员会办公室下发了《关于进一步明确食品安全监管部门职责分工有关问题的通知》（中央编办发〔2004〕35 号）：质检部门负责食品生产加工环节质量卫生的日常监管；工商部门负责食品流通环节的质量监管；卫生部门负责食品流通环节和餐饮业、食堂等消费环节的卫生许可和卫生监管，负责食品生产加工环节的卫生许可。改革的“陀螺”似乎又滑回了原点。这一运动轨迹表明：中国的食品安全监管体制改革需要更大的勇气和魄力。

在改革的大潮中，总会有勇者担当弄潮儿。2004 年 12 月 10 日，上海市人民政府作出《关于调整本市食品安全有关监管部门职能的决定》，决定从上海市食品安全监管的需要出发，调整原有的食品安全监管部门的职能，探索建立食品安全监管新机制，在“采取分段监管为主”的工作基础上，逐步实现由一个部门为主的综合性、专业化、成体系的监管模式。按照确定预期目标，制定阶段方案，分步推进实施的原则，对上海市食品安全监管相关部门的职能作适当调整。上海市食品安全监管新体制运行以来，有关部门调研后认为，上海市食品安全总体上是可控的、有序的，减少了监管环节，形成了监管合力，提高了监管效率和保障水平。上海市的改革受到国内外的充分肯定。

2006 年沈阳市政府有关部门对上海市进行了全面考察调研，结论是：上海市领导具有超前的思维理念，按照“世界眼光、现代思维、国际标准”，在遵循国家法律原则的基础上，紧紧把握国家体制改革的方向和趋势，借鉴国际发达国家前沿模式，经过充分调研、缜密思考、长远规划、分步操作，率先在全国建立了一种比较理想的、代表未来方向的食品安全监管体制，实现了突破性进展。上海市食品安全监管体制改革代表了人民群众的根本利益，思路清晰，规划整体，紧紧抓住了“以分段监管为主、品种监管为辅，一个环节由一个部门监管”的根本要求，准确把握了国家体制改革的方向和趋势，有利于理顺监管体制，有利于集中监管力量，有利于加大监管力度，向今后在食品生产加工、流通和消费环节逐步实现“由一个部门为主，综合性、专业化、成体系”的食品安全体制迈出了坚实的一步，奠定了良好的基础，为全国的改革树立了典范。实践证明，上海的做法符合前瞻性与现实性相结合的原则，明显减少了摩擦和掣肘现象，环节减少了，职责清晰了，特别是通过实行食品放心工程、专项整治等一系列卓有成效的监管措施，使上海市的食品安全监管能力、保障能力以及应急处置能力得到了显著的增强，有效地解决了现行体制存在的多头管理、责任不清、职责交叉的弊端，从根本上解决了制约食品安全的深层次、瓶颈性问题。

三、2008 年改革

2008 年，国务院进行新一轮行政管理体制改革。2008 年 2 月 27 日，党的十七届二中全会通过的《关于深化行政管理体制改革的意见》指出，当前，我国正处于全面建设小康社会新的历史起点，改革开放进入关键时期。面对新形势新任务，现行行政管理体制仍然存在一些不相适应的方面。深化行政管理体制改革势在必行。为此，要按照建设服务政府、责任政府、法治政府和廉洁政府的要求，着力转变职能、理顺关系、优化结构、提高效能，做到权责一致、分工合理、决策科学、执行顺畅、监督有力，为全面建设小康社会提供体制保障①。按照精简统一效能的原则和决策权、执行权、监督权既相互制约又相互协调的要求，紧紧围绕职能转变

① 《关于深化行政管理体制改革的意见》指出，深化行政管理体制改革的总体目标是，到 2020 年建立起比较完善的中国特色社会主义行政管理体制。通过改革，实现政府职能向创造良好发展环境、提供优质公共服务、维护社会公平正义的根本转变，实现政府组织机构及人员编制向科学化、规范化、法制化的根本转变，实现行政运行机制和政府管理方式向规范有序、公开透明、便民高效的根本转变，建设人民满意的政府。今后 5 年，要加快政府职能转变，深化政府机构改革，加强依法行政和制度建设，为实现深化行政管理体制改革的总体目标打下坚实基础。

和理顺职责关系，进一步优化政府组织结构，规范机构设置，探索实行职能有机统一的大部门体制，完善行政运行机制。

按照大部门体制改革的要求，2008 年国务院机构改革的主要任务是，围绕转变政府职能和理顺部门职责关系，探索实行职能有机统一的大部门体制，合理配置宏观调控部门职能，加强能源环境管理机构，整合完善工业和信息化、交通运输行业管理体制，以改善民生为重点加强与整合社会管理和公共服务部门。《国务院机构改革方案》将国家食品药品监督管理局改由卫生部管理，明确卫生部承担食品安全综合协调、组织查处食品安全重大事故的责任。

在 2008 年 3 月 11 日第十一届全国人民代表大会第一次会议上，国务院有关部门负责人在《关于国务院机构改革方案的说明》指出，食品药品直接关系人民群众的身体健康和生命安全，为进一步落实食品安全综合监督责任，理顺医疗管理和药品管理的关系，强化食品药品安全监管，这次改革，明确由卫生部承担食品安全综合协调、组织查处食品安全重大事故的责任，同时将国家食品药品监督管理局改由卫生部管理，并相应对食品安全监管队伍进行整合。调整食品药品管理职能，卫生部负责组织制定食品安全标准、药品法典，建立国家基本药物制度；国家食品药品监督管理局负责食品卫生许可，监管餐饮业、食堂等消费环节食品安全，监管药品的科研、生产、流通、使用和药品安全等。调整后，卫生部要切实履行食品安全综合监督职责；农业部、国家质量监督检验检疫总局和国家工商行政管理总局，要按照职责分工，切实加强对农产品生产环节、食品生产加工环节和食品流通环节的监管。同时，各部门要密切协同，形成合力，共同做好食品安全监管工作。

2008 年 7 月 10 日，国务院办公厅印发了《卫生部主要职责内设机构和人员编制规定》（国办发〔2008〕81 号），在有关职责调整的相关事项中指出，将卫生部承担的食品卫生许可，餐饮业、食堂等消费环节食品安全监管和保健食品、化妆品卫生监督管理的职责，划给国家食品药品监督管理局；将国家食品药品监督管理局综合协调食品安全、组织查处食品安全重大事故的职责划入卫生部；增加卫生部组织制定食品安全标准、药品法典，建立国家基本药物制度的职责；增加卫生部加强食品安全综合监督的职责。至此，新的食品安全综合协调体制确立。

国务院办公厅在印发卫生部、国家食品药品监管局、国家质量监督检验检疫总局、国家工商行政管理总局的“三定”规定中明确提出，在食品生产和经营领域，实行由“两证”监管转为“一证”监管，即在食品生产和食品流通领域，不再发放卫生许可证，而只发放食品生产许可证和食品流通许可证。“双轨”变“单轨”的目标初步实现。上述改革思路在2009 年 2 月 28 日十一届全国人大七次会议通过的《食品安全法》，以及2009 年 7 月 20 日国务院通过的《食品安全法实施条例》中得以全面确认。

深圳市食品安全监管体制改革探索。2009 年 7 月，按照国务院批准的《深圳市综合配套改革总体方案》要求，深圳在全国率先启动了地方大部制改革。在改革方案制定过程中，深圳市认为，深圳市场经济较发达，各类要素市场活跃，但各监管部门按生产、流通、消费等环节分别进行监管，与市场要素因流动而应对一些事务不再实行相互独立管理的特点不相符，导致市场监管职责不清，执法资源分散，影响了市场监管的整体性和统一性，降低了市场监管效能，这一矛盾在食品安全监管方面表现得尤为突出。因此，为理顺市场监管体制，强化食品安全监管，深圳市组建了市场监督管理局，将工商行政管理局、质量技术监管局、卫生局分别对食品流通、生产、餐饮环节的监管职责，整合划入市场监督管理局，将原市贸易工业局承担的酒类市场管理职责划入市场监督管理局，集中统一对食品生产、流通、消费环节实施监管。同时，将质量技术监管局承担的化妆品生产环节监督检查职责、工商行政管理局承担的流通环节质量抽查职责划入市药品监督管理局。调整后，食品安全监管由以往的卫生、农业、质监、工商、食品药品五个部门负责，减为卫生、农业、市场监管三个部门负责。药品、保健食品、化妆品的生产、流通、消费各环节监管统一在市药品监督管理局负责。

新体制经过两年多的运行，深圳市委市政府认为食品安全监管还是有诸多问题的存在，不利于食品安全的集中统一监管。因此，在不断总结各方经验的基础上，深圳市大胆探索，积极实践。2011 年 12 月 21 日，深圳市人民政府印发《关于调整市政府部分工作部门及相关职责的通知》，将市农业和渔业局承担的食用农产品安全监管职责划转至市市场监督管理局，不再保留市农业和渔业局。为进一步理顺深圳市食品安全监管体制，加强食品安全监管力量，2012 年 6 月，经深圳市委批准，深圳市机构编制委员会印发《关于进一步理顺食品安全监管体制及充实监管人员力量问题的通知》，成立食品安全监管局。该局为市场监管局内设副局级行政机构，主要负责食品（含食用农产品、食用水产品）安全监督管理工作。同时，为提高效率，减少工作环节，将市食品安全委员会有关食品安全综合协调、信息发布、事故调查处置等日常工作职责划入市食品安全监管局承担。自此，新成立的食品安全监督管理局职责基本上包涵了食品安全监管的所有环节，在国内率先实现了食品安全的“一条龙”监管模式。

对此次改革，深圳市编办总结了四个方面的具体成效：一是实现了食品三环节一体化监管。将食品安全监管体制从过去的“多部门分段监管”模式，逐步改革为目前的“单一部门集中监管”模式，进一步强化了主管部门行政责任，彻底解决了过去食品安全监管领域职责不清、工作推诿扯皮等老大难问题。二是实现了食品与食用农产品的一体化监管。食用农产品监管与食品质量的安全监管有很多共通之处，且食用农产品与食品的区分界线并不清晰，特别是在超市、批发市场等流通环节以及对新兴业态的食用农产品监管方面，如由不同部门监管，难免存在扯皮、推诿现象，因此，将食用农产品质量安全监管一并由市场监管部门承担，彻底解决了在食品与食用农产品监管方面的职责交叉问题，进一步形成了监管合力。三是食品及食用农产品检验检测资源得到整合优化。食品三个环节监管职责整合后，改变了过去按环节进行检验检测的传统做法，将三个环节食品安全监管所涉及的检验检测工作统一交由市场监管局下属的计量质量检测院承担，同时明确市卫生部门也可为其提供技术支持；将原市无公害农产品质量监督检验站、市肉品卫生检验所以及市水产品质量监督检验中心整合为农产品质量安全检验检测中心，划归市场监管局管理，统一承担农产品（包括蔬菜、肉品、饲料、水产品）的检验检测和监测职责。经过调整，在市层面实现了食品及食用农产品检验检测资源的整合。四是工作流程得到了再造优化。实现了食品生产、流通、餐饮“三证合一”，由市场监管部门一家统一发布食品安全信息，食品安全信息及时性、有效性、一致性得到提高。实现了食品溯源管理，监管效能大大提高，提高了事故应对处置的效率。在发生食品安全隐患或者事故的时候，单一部门能做到快速反应、快速救援、快速应急，把损失减到最低。

深圳市健康产品安全监管体制改革，采取了按品种分类强化监管的途径，食品、保健食品、化妆品、药品均分别实现了全过程的统一监管。然而由于深圳城市历史发展的特殊性，其自产农业较少，因此，将食用农产品生产环节一并纳入统一监管有其可行性和必然性。但市场监管局管理范围十分广泛，将全环节食品安全监管放入其中，并未单独组建部门，食品安全监管力度难免将会受到影响，对食品特殊性和重要性的重视也没有完全凸显，这不免是改革中的一个遗憾。

四、2010 年改革

为强化食品安全综合协调工作，《食品安全法》第 4 条规定，国务院设立食品安全委员会，其工作职责由国务院规定。2010 年 2 月 6 日国务院下发的《关于设立国务院食品安全委员会的通知》（国发〔2010〕6 号）规定，为贯彻落实食品安全法，切实加强对食品安全工作的领导，设立国务院食品安全委员会，作为国务院食品安全工作的高层次议事协调机构。

国务院食品安全委员会的主要职责是：分析食品安全形势，研究部署、统筹指导食品安全工作；提出食品安全监管的重大政策措施；督促落实食品安全监管责任。国务院食品安全委员会设立国务院食品安全委员会办公室，作为国务院食品安全委员会的办事机构，具体承担委员会的日常工作。

2010 年 12 月 6 日，中央编办印发《关于国务院食品安全委员会办公室机构设置的通知》（中央编办发〔2010〕202 号）规定，国务院食品安全委员会办公室的主要职责是：组织贯彻落实国务院关于食品安全工作的方针政策，组织开展重大食品安全问题的调查研究，并提出政策建议；组织拟订国家食品安全规划，并协调推进实施；承办国务院食品安全委员会交办的综合协调任务，推动健全协调联动机制、完善综合监管制度，指导地方食品安全综合协调机构开展相关工作；督促检查食品安全法律法规和国务院食品安全委员会决策部署的贯彻执行情况；督促检查国务院有关部门和省级人民政府履行食品安全监管职责，并负责考核评价；指导完善食品安全隐患排查治理机制，组织开展食品安全重大整顿治理和联合检查行动；推动食品安全应急体系和能力建设，组织拟订国家食品安全事故应急预案，监督、指导、协调重大食品安全事故处置及责任调查处理工作；规范指导食品安全信息工作，组织协调食品安全宣传、培训工作，开展有关食品安全国际交流与合作；承办国务院食品安全委员会的会议、文电等日常工作；承办国务院食品安全委员会交办的其他事项。国务院食品安全委员会办公室设综合司、协调指导司、监督检查司、应急管理司 4 个内设机构，机关党委办事机构设在综合司。

2011 年 11 月 19 日，《中央编办关于国务院食品安全委员会办公室机构编制和职责调整有关问题的批复》（中央编办复字〔2011〕216 号），决定将卫生部的食品安全综合协调、牵头组织食品安全重大事故调查、统一发布重大食品安全信息等三项职责，划入国务院食品安全办。国务院食品安全办增设政策法规司、宣传与科技司，分别承担食品安全政策法规拟订、宣传教育和科技推动等工作。

陕西省渭南市食品安全监管体制改革探索。2011 年 7 月 16 日，陕西省渭南市人民政府印发《渭南市食品安全监管体制改革试点工作实施方案》，明确要求，改革从整合监管职能、许可管理、执法职能、技术资源四方面入手，以转变政府职能为核心，以监管重心下移为重点，着力解决监管部门职能交叉、权责脱节、推诿扯皮等现实问题：在渭南市食品药品监督管理局的基础上组建渭南市食品药品监督管理委员会，为市政府组成部门，保留市县两级食品安全委员会，市县两级食品安全委员会办公室继续设在食品药品监管部门。市食品药品监管局在继续承担原食品药品监督管理职能的基础上，划入农业、质检、工商、商务等部门有关农产品、食品生产加工、食品流通、生猪、牛羊屠宰等监督管理职能。成立渭南市农产品食品执法监察支队（加挂渭南市农产品食品安全投诉举报中心牌子），作为渭南市食品药品监督管理委员会的直属执法机构，主要负责全市农产品、食品安全督查。同时在各县市区内按片区相应设立食品药品监督管理所，具体负责所辖区域内食品药品监督管理工作，将监管力量下沉到基层。市公安局增设食品安全侦查大队，各县市区公安局增设食品安全执法中队，主要负责制止和侦查食品违法犯罪活动，防范、打击食品恐怖活动。改革方案还就许可管理整合、执法职能整合、技术资源整合提出了详细意见。此外，方案还要求各县市区新增和调整的食品安全监管编制按县市区总人口万分之三左右控制。

渭南市健康产品安全监管体制改革开创了我国健康产品安全监管体制改革的先河，实现了我国乃至世界健康产品安全监管体制改革多个“首次”：首次真正实现了食品全链条安全监管；首次真正实现了健康产品安全统一集中监管；首次明确了食品安全监管队伍建设标准；首次真正实现了基层监管力量的夯实；首次实现了农产品和食品检验检测力量的整合；首次实现了健康产品安全监管与产业促进的彻底分离。此次改革，彻底改变了渭南市过去食品安全监管“九龙治水”的状态，基本实现了食品安全由分段监管为主向品种监管为主的转变，为从根本上解决制约食品安全的深层次、瓶颈性问题探索出了一条新的道路，也为我国健康产品安全监管体制改革提供了新的改革模式。

天津市滨海新区食品安全监管体制改革探索。2011 年 9 月 29 日，天津市滨海新区人民政府印发《关于推进滨海新区食品药品监管体制机制改革的意见》（以下简称《意见》），决定利用三年左右的时间，构建和完善具有滨海新区特色的统一、高效的食品药品监管体制，建立健全科学系统的食品药品监管规范体系、企业自律和社会参与监督的运行体系、责权明晰的安全责任体系、快速高效的安全事件应急管理体系、科学权威的技术支撑体系，将滨海新区建设成为全国食品药品最安全、最放心的地区之一。

按照《意见》的部署，为确保食品药品安全责任体系运转更加协调高效，将滨海新区食品安全委员会调整为滨海新区食品药品安全委员会，办公室设在区食品药品监管局；建立和完善食品药品行政管理、监督执法和技术支撑机构，在完善区食品药品监管局机关内设机构和派驻分局职能的基础上，成立新区食品药品监督所，划入质检、工商部门分别在食品生产、流通环节的监管职能，划入卫生部门在餐饮环节食品安全监管职能和公共场所卫生监督职能，负责药品、保健食品、化妆品生产、流通、消费各环节的监管职能。

滨海新区健康产品安全监管体制改革，实现了食品“四段式监管”到“两段式监管”的整合，并将食品监管职能整合后，交由食品药品监管部门集中统一监管，强化了食品药品安全监管的专业性和科学性。改革与国际通行规则和未来发展方向相符，为各地健康产品安全监管体制改革提供了经验和示范。

五、2013 年改革

2013 年我国开展第七次行政管理体制改革。这次改革要求以职能转变为核心，继续简政放权、推进机构改革、完善制度机制、提高行政效能，加快完善社会主义市场经济体制，为全面建成小康社会提供制度保障。这次国务院机构改革，重点围绕转变职能和理顺职责关系，稳步推进大部门制改革。为加强食品药品监督管理，提高食品药品安全质量水平，国务院决定将国务院食品安全委员会办公室的职责、国家食品药品监督管理局的职责、国家质量监督检验检疫总局的生产环节食品安全监督管理职责、国家工商行政管理总局的流通环节食品安全监督管理职责整合，组建国家食品药品监督管理总局。其主要职责是，对生产、流通、消费环节的食品安全和药品的安全性、有效性实施统一监督管理。将工商行政管理、质量技术监督部门相应的食品安全监督管理队伍和检验检测机构划转食品药品监督管理部门。保留国务院食品安全委员会，具体工作由国家食品药品监督管理总局承担。国家食品药品监督管理总局加挂国务院食品安全委员会办公室牌子。《国家食品药品监督管理总局主要职责内设机构和人员编制规定》明确国家食品药品监督管理总局设 17 个内设机构：办公厅、综合司（政策研究室）、法制司、食品安全监管一司、食品安全监管二司、食品安全监管三司、药品化妆品注册管理司（中药民族药监管司）、医疗器械注册管理司、药品化妆品监管司、医疗器械监管司、稽查局、应急管理司、科技和标准司、新闻宣传司、人事司、规划财务司、国际合作司（港澳台办公室）。

为确保食品药品监管工作上下联动、协同推进，平稳运行、整体提升，2013 年 4 月 10 日国务院印发了《关于地方改革完善食品药品监督管理体制的指导意见》（国发〔2013〕18 号）（以下简称《意见》），提出要充分认识改革完善食品药品监督管理体制的重要意义。近年来，国家采取了一系列重大政策举措，各地区、各有关部门认真抓好贯彻落实，不断加大监管力度，我国食品药品安全保障水平稳步提高，形势总体稳定趋好。但实践中食品监管职责交叉和监管空白并存，责任难以完全落实，资源分散配置难以形成合力，整体行政效能不高。同时，人民群众对药品的安全性和有效性也提出了更高要求，药品监督管理能力也需要加强。改革完善食品药品监管体制，整合机构和职责，有利于政府职能转变，更好地履行市场监管、社会管理和公共服务职责；有利于理顺部门职责关系，强化和落实监管责任，实现全程无缝监管；有利于形成一体化、广覆盖、专业化、高效率的食品药品监管体系，形成食品药品监管社会共治格局，更好地推动解决关系人民群众切身利益的食品药品安全问题。

《意见》提出要加快推进地方食品药品监督管理体制改革。以保障人民群众食品药品安全为目标，以转变政府职能为核心，以整合监管职能和机构为重点，按照精简、统一、效能原则，减少监管环节、明确部门责任、优化资源配置，对生产、流通、消费环节的食品安全和药品的安全性、有效性实施统一监督管理，充实加强基层监管力量，进一步提高食品药品监督管理水平。一是整合监管职能和机构。为了减少监管环节，保证上下协调联动，防范系统性食品药品安全风险，省、市、县级政府原则上参照国务院整合食品药品监督管理职能和机构的模式，结合本地实际，将原食品安全办、原食品药品监管部门、工商行政管理部门、质量技术监督部门的食品安全监管和药品管理职能进行整合，组建食品药品监督管理机构，对食品药品实行集中统一监管，同时承担本级政府食品安全委员会的具体工作。地方各级食品药品监督管理机构领导班子由同级地方党委管理，主要负责人的任免须事先征求上级业务主管部门的意见，业务上接受上级主管部门的指导。二是整合监管队伍和技术资源。参照《国务院机构改革和职能转变方案》关于“将工商行政管理、质量技术监督部门相应的食品安全监督管理队伍和检验检测机构划转食品药品监督管理部门”的要求，省、市、县各级工商部门及其基层派出机构要划转相应的监管执法人员、编制和相关经费，省、市、县各级质监部门要划转相应的监管执法人员、编制和涉及食品安全的检验检测机构、人员、装备及相关经费，具体数量由地方政府确定，确保新机构有足够力量和资源有效履行职责。同时，整合县级食品安全检验检测资源，建立区域性的检验检测中心。三是加强监管能力建设。在整合原食品药品监管、工商、质监部门现有食品药品监管力量基础上，建立食品药品监管执法机构。要吸纳更多的专业技术人员从事食品药品安全监管工作，根据食品药品监管执法工作需要，加强监管执法人员培训，提高执法人员素质，规范执法行为，提高监管水平。地方各级政府要增加食品药品监管投入，改善监管执法条件，健全风险监测、检验检测和产品追溯等技术支撑体系，提升科学监管水平。食品药品监管所需经费纳入各级财政预算。四是健全基层管理体系。县级食品药品监督管理机构可在乡镇或区域设立食品药品监管派出机构。要充实基层监管力量，配备必要的技术装备，填补基层监管执法空白，确保食品和药品监管能力在监管资源整合中都得到加强。在农村行政村和城镇社区要设立食品药品监管协管员，承担协助执法、隐患排查、信息报告、宣传引导等职责。要进一步加强基层农产品质量安全监管机构和队伍建设。推进食品药品监管工作关口前移、重心下移，加快形成食品药品监管横向到边、纵向到底的工作体系。

鉴于一些地方机构改革进展缓慢、力量配备不足，个别地方监管工作出现断档脱节，食品药品安全风险加大、问题时有发生，2014 年 9 月 28 日国务院办公厅下发了《关于进一步加强食品药品监管体系建设有关事项的通知》（国办发明电〔2014〕17 号），要求各省、自治区、直辖市人民政府充分认识食品安全问题的复杂性、长期性、艰巨性，坚决贯彻落实党的十八届二中、三中全会和党中央、国务院关于地方政府职能转变和机构改革的有关文件、《国务院关于地方改革完善食品药品监督管理体制的指导意见》（国发〔2013〕18 号）精神以及 2014 年《政府工作报告》等有关要求，健全从中央到地方直至基层的食品药品监管体制，建立覆盖从生产加工到流通消费全过程的最严格监管制度，确保中央政令畅通，执行不搞变通、不打折扣。食品药品监管体制改革进度缓慢的地方要制定时间表、拿出硬措施，按照党中央、国务院有关文件要求，抓紧完成地方各级食品药品监管机构组建工作，加强基层监管执法和技术力量，健全食品药品风险预警、检验检测、产品追溯等技术支撑体系，确保各级食品药品监管机构有足够力量和资源有效履行职责。要把监管触角延伸到基层和乡镇（社区），尽量缩短改革过渡期，打通监管执法的“最后一公里”，消除监管死角盲区，着力防范区域性、系统性风险。要按照党的十八届三中全会关于完善统一权威的食品药品监管机构和国发〔2013〕18 号文件关于省、市、县三级组建食品药品监管机构、对食品药品实行集中统一监管的要求，充分考虑食品药品监管的专业性、技术性和特殊重要性，保持食品药品监管体系的系统性。已经组建食品药品监管局的市（地、州）、县（市、区），要加强监管人员业务培训，提高人员素质，规范执法行为，提高监管水平，尽快让机构正常运转起来；进行综合设置市场监管机构改革的县（市、区）要确保食品药品监管能力在监管资源整合中得到强化，可根据工作需要，加挂食品药品监管机构的牌子，方便群众办事，接受群众监督。

第三节　健康产品安全统一监管的历史必然[①]

健康产品，是指维持和促进人体健康及生命安全所必需的食品、保健

① 本文为 2014 年国家食品药品监管局课题报告之一的内容。

食品、化妆品、药品和医疗器械。健康产品安全问题事关民生福祉、经济发展、社会和谐和国家形象，已成为当今国际社会普遍关注的重大社会问题。

健康产品属于人类赖以生存和发展最基本的物质资料，健康产品安全事关每个国家、每个民族、每个家庭和每个人的健康与幸福。随着人们生活从温饱型向小康型、享受型的转变，公众对健康产品安全的关注程度也必然越来越高。健康产品安全问题已成为公众最关心、最直接、最现实的问题之一。

健康产品具有共同的要求——安全性与有效性。安全性通常是指健康产品无毒无害，不给消费者的健康造成各种危害的属性。有效性通常是指各类健康产品应当符合其应有功能的属性。不同类型的健康产品，其功能属性不尽相同，而安全是法律对各类健康产品的最低要求。保障健康产品安全，需要从监管理念、监管体制、监管法制、监管机制、监管方式等多方面进行综合施策、协同推进。

纵观国际社会，健康产品安全监管正逐步从分散监管迈向统一监管。这是由健康产品的特殊要求、政府职能的快速转变等因素所决定的。在我国，持续深化的行政管理体制改革对健康产品安全的统一监管产生了重要的助推作用。

一、健康产品的特殊要求决定健康产品安全应当实行统一监管

(一) 健康产品具有安全至上的特殊要求

健康产品是提供营养、维持生命、促进健康的特殊产品，是人生存与发展最基本的物质资料。与其他产品不同，健康产品具有安全性、有效性、稳定性等特殊要求。健康产品消费，属于全球性消费、全民性消费、必需性消费、终身性消费和一次性消费。

首先，健康产品的功效是促进人的生命健康，而不是损害人的生命健康。由于人的生命健康具有不可让渡性、不可重复性和不可侵犯性，这就

要求直接作用于人体且维系人的生命健康的健康产品必须是安全的。这是健康产品生产、经营以及消费的基本前提与最低要求。

其次，健康产品一经消费就会对人的生命健康产生一定的影响（包括潜在影响、长期影响），其安全性和有效性不能通过消费环节或者消费方式进行判断或者验证。因此，健康产品在消费前就应当被证明是安全的，并具有相应的营养或功能，不对人体健康造成任何急性、亚急性或者慢性危害。

再次，有些健康产品，如药品和医疗器械，直接关系甚至决定着人的生命安危，必须保障其质量的稳定性，以实现其功效的可控制性和可预测性。

（二）健康产品安全需要政府强力监管

安全是法律对健康产品的最低要求。随着社会化大生产的快速发展，健康产品生产经营日益复杂，安全风险控制的难度不断增加。健康产品安全问题涉及社会诸多方面，仅靠生产经营者的自我管理是难以有效满足社会需要的。作为公共利益的守护者，政府有责任对健康产品安全实行监管。从历史发展和国际经验来看，健康产品安全问题具有严重性、长期性、复杂性、艰巨性、敏感性等特点。健康产业作为事关经济发展的支柱产业和经济活力的朝阳产业，其安全发展状况事关国计民生。作为市场秩序的维护者，政府有责任不断加大监管力度，严格市场准入，严格安全检查，严厉违规查处，对健康产品安全实行最严格的监管。

（三）健康产品安全应当实行政府统一监管

在我国，健康产品统一监管有着深厚的文化传统。受我国“药食同源”传统文化的影响，社会往往将种类繁多的食品、药品等健康产品作为同一大类产品来认识和思考：各类健康产品都是维护和促进人体健康及生命安全的特殊产品（甚至在某些特殊情况下健康产品之间的功用是可以相通的）；都需要达到安全、有效、稳定的基本要求；都面临生物性风险、化学性风险和物理性风险等同类性质的挑战；都遵循全程治理、风险治理、社会治理等共同的基本原则；都采用相同或类似的治理机制、治理方式和治理手段。此外，实行统一监管，有利于推动食品等产品安全监管向标准最高最严的药品安全监管靠近，从而不断提高健康产品安全保障水平。

二、推进政府职能转变要求健康产品安全应当实行统一监管

(一) 转变政府职能必须更加关注民生

改革开放以来，我国已于1982、1988、1993、1998、2003和2008年进行了六次行政管理体制改革，不断推动经济社会的快速、持续、健康发展。在行政管理体制改革中，政府职能转变是其重要内容。在市场经济条件下，政府的主要职责是经济调节、市场监管、社会管理与公共服务。政府建设的目标是：服务政府、责任政府、法治政府、廉洁政府和效能政府。

健康产品安全问题是广大人民群众最关心、最直接、最现实的利益问题。随着职能转变的深化，政府将更加注重研究解决影响和制约经济社会发展的突出矛盾和问题。关注健康产品安全问题，就是关注人类的生存和发展，就是关注民众的健康与幸福。政府在全面履行各项职能的同时，应当将健康产品安全监管摆上更加重要的位置，对健康产品安全监管实行优先策略。

(二) 深化大部门制改革必须实行健康产品安全统一监管

1982年以来，我国已进行了六次行政管理体制改革。主要的动因是：经济体制改革的需要、政治体制改革的需要、精简机构和人员的需要、减轻财政负担的需要和提高行政效率的需要。

2003年，国务院启动第五轮行政管理体制改革，新组建的国家食品药品监督管理局在继续负责药品、医疗器械安全监管的同时，负责食品、保健品、化妆品安全管理的综合监督，这是新时期我国健康产品安全统一监管探索的启动。

2008年，国务院启动第六轮行政管理体制改革。提出大部门体制改革坚持“一件事情由一个部门负责”的要求。在探索实行职能有机统一的大部门体制中，国家食品药品监管局改由卫生部管理。国务院试图将食品药品监管纳入卫生监管的大部门体制中。2010年，国务院食品安全委员会及其办公室成立，食品安全综合协调职能从卫生监管中再次分离出来。

2012年，党的十八大报告明确指出：教育、就业、社会保障、医疗、住房、生态环境、食品药品安全、安全生产、社会治安、执法司法等关系群众切身利益的问题较多。社会普遍认为：健康产品安全问题的多发频发有其复杂的社会原因，但监管职能分散是影响监管效能和水平提升的重要原因之一。为此，党的十八大明确提出：改革和完善食品药品安全监管体制机制。

2013年1月，在国务院食品安全委员会第五次会议中，李克强副总理强调指出：当前，我国已进入中等收入国家行列，群众对食品安全、环境质量等较过去有更高要求。在这个阶段，保障好重大民生是经济转型的重要内容。政府要更加突出依法监管，特别是要加强事关民生的监管，创造安全公平法治的市场环境，这也是考量政府职能转变的重要标尺。目前食品监管领域仍存在职能交叉或职责不清问题，既有重复监管，也有监管“盲点”。要建立监管的长效机制，必须整合部门监管职能，进一步统筹监管力量。

健康产品安全问题既是重大的民生问题，也是重大的社会问题；既是重大的经济问题，也是重大的政治问题。随着我国经济快速协调发展，国家综合实力显著增强，行政体制改革不断深化，社会管理不断加强，全社会对健康产品安全监管工作寄予很高的期望。可以预计，在未来的十年甚至几十年，健康产品安全问题仍将是全社会高度关注的重大社会问题。

无论从健康产品的特殊要求，还是从深化行政管理体制改革出发，健康产品安全监管都应坚持“科学、统一、权威、高效、便民”的方向，统一监管应当成为健康产品安全改革的目标。实行统一监管，将产生以下几个方面的优势。

一是有利于明确监管职责。实行统一监管后，健康产品将真正实现全程统一无缝监管，责任将更加清晰，可以有效避免相互推诿，监管交叉和空白的问题将得到更好的解决。

二是有利于统一监管规则。法律和标准的混乱将使监管无所适从。统一监管将有效克服分段监管造成的监管规则不衔接、不协调和不统一的弊端。比如，我国在实行药品统一监管后，由一个部门统一负责制定监管制度和标准，保障了监管规则的统一、协调，尤其是科学、系统、公开的《中国药典》等技术法规，成为企业生产经营和安全监管共同遵守的规则。

三是有利于整合技术资源。统一监管将使分散于各部门的检验检测资源有机地整合起来，大大节约监管成本。目前，我国有药品检验机构472家，无论是在微生物检验方面，还是在化学检验方面，力量均十分雄厚，具有国际先进水平，得到了国际社会的充分肯定。食品药品监管资源共享后，食品检验检测能力和水平将大幅提高。

四是有利于加强监管执法力量。统一监管在实现监管资源高效利用的同时，将分散的监管队伍尤其是基层监管执法队伍整合提升，有利于打造高素质的健康产品安全监管队伍，不断提高监管能力和水平。

五是有利于展示良好形象。统一监管将有利于更好地向国际社会展示中国政府以人为本、执政为民的良好形象；有利于从体制机制上更加有效地保障广大人民群众的健康权益；有利于增强全社会对健康产品安全的信心。

第四节　我国健康产品安全统一监管体制设计[①]

当前，我国深化行政管理体制改革已进入关键时期。深化大部门体制改革，将更加强调职能的有机统一，以利于明确权责、协调配合和行政问责，实现政府组织机构及人员编制向科学化、规范化、法制化的根本转变，特别是市场监管部门要重点整合执法监管力量，解决多头执法、重复执法、空白执法问题。因此，加快改革和完善健康产品安全监管体制，实现健康产品安全统一监管，是适应政治体制改革需要和解决当前健康产品

① 本文为2012年国家食品药品监管局课题报告之二的内容。

安全需要的当务之急和首要措施。

健康产品安全监管体制改革应与当前我国经济社会发展状况相适应，要按照大部门体制改革所确定的“一件事情由一个部门负责”的改革要求，以“科学、统一、权威、高效、便民”为目标，以强化风险管理和提高监管效能为着眼点，遵循健康产品安全监管规律，科学整合健康产品安全监管职能，合理优化健康产品安全监管机构设置，努力实现健康产品安全监管权责一致、分工合理、决策科学、执行顺畅、监督有力。

一、健康产品安全统一监管需要把握的几个关系

结合国际先进经验和我国行政管理体制改革的实践经验，加快推进健康产品安全统一监管，应当妥善处理以下几个关系。

（一）行政监管与行业管理的关系

安全监管与产业促进分离、行政监管与行业管理分离，是近年来欧洲在食品安全监管体制改革中率先倡导的原则。但从实践中来看，安全监管、行政监管的内涵与外延比较明确，而产业促进、行业管理的内涵与外延则相对模糊。长期以来，安全监管与产业促进、行政监管与行业管理促进的关系在各国并未引起足够的重视。

应该说，在健康产品安全状况良好时，两者之间关系如何的问题并不突出。但在安全状况恶化时，两者之间的冲突问题就立刻显现出来。由于安全监管与产业促进、行政监管与行业管理在价值定位、服务对象、利害关系等方面存在差异，如果一个部门同时承担行政监管与行业管理、安全监管与产业促进两项职责，那么，在两者发生冲突时，政府的天平在现实利益的羁绊下往往发生倾斜。

所以，尽管政府的全部职能包括经济调节、市场监管、社会管理和公共服务等，但政府的一个具体监管部门则不应同时承担上述职能。在健康产品安全领域，实行行政监管与行业管理分离体制，更有利于监管部门科学定位，强化健康产品安全监管，切实维护公众安康。建议未来的健康产

品安全监管部门只负责健康产品安全监管，而不承担相关行业管理或者产业促进职责。

目前，健康产品安全监管部门负责健康产品的行政监管而非行业管理，从理论上讲是十分清晰的，但实践中往往存在模糊的地方，工作中往往存在两个部分为履行职责而发生争议的情况。建议在机构改革中，在明确健康产品安全监管部门行政监管具体职责的同时，将相关行业管理的具体内容予以规范，以保证相关部门依法行政。

（二）垂直管理和分级管理的关系

健康产品安全监管涉及的具体产品种类繁多。各类产品间风险差异大、区域差别明显，比如生物制剂和血液制品相对于纱布等医疗器械的安全监管的要求有着天壤之别；再比如药品为大生产、大流通、特定人群使用，而餐饮服务则是相对区域性小范围、普遍性人群使用。对于如此复杂的监管需求，必须用系统管理的理论，研究设计健康产品安全监管模式和机制。应改变以往片面围绕机构、干部管理权限研究垂直管理或分级管理的思路，而应从系统监管的角度，围绕事权的科学划分，研究垂直管理和分级管理间的关系。

从实践的角度来看，健康产品安全分级监管是绝对的，但由于健康产品监管的复杂性，特别是药品医疗器械等高风险产品的特殊监管需要，还必须重视其垂直管理，做到“条块结合”，充分发挥好各方面的优势。只强调分级管理，容易削弱上下级间的反馈和监督，容易产生地方保护、降低监管效率；只强调垂直管理，又很容易走上“派出机构的模式”，容易造成地方政府在监管方面职责义务的脱节，难以充分发挥地方积极性和创造性。

实际上从系统管理的角度来看，实行健康产品统一监管体制改革，要合理划分中央、地方事权。在中央层面上，要突出以下职能：确定方针战略、倡导科学理念、完善监管体制、健全监管规则、监督有效实施等。在地方层面上，要突出落实法规，强化监督检查的职能，特别是基层机构，是直接面向社会实施具体监管，以履行执行性职能为主，在机构设置上要更加强调执行职能，强调区县以下政府责任意识，提高社会综合监督管理与科学监管的能力和水平。强调地方政府负总责，实际上能够真正落在实处的，就是要要求区县政府负总责。在干部管理体制上，即使实行分级管理体制的地方，也应当实行干部双重管理的模式。

（三）品种监管与环节监管的关系

当前，除了药品监管由食品药品监督管理部门全程监管外，食品、保健食品、化妆品与医疗器械都不同程度地存在分段监管的事实。一段时间以来，针对我国食品安全监管职责不清、监管盲点多等问题，国家在分段监管为主、品种监管为辅的监管模式基础上，不断明确各监管部门职责，强化综合协调力度，以增强监管合力。但在实践中，特别是在基层执法实践中，一些部门相互推诿和扯皮，边界不清、职能交叉和监管盲区并存的问题没有得到根本改变，实现健康产品按照品种统一监管的重要性和紧迫性日益突显。在食品安全监管领域，应当整合现有的按照生产流通环节划分的分管监管职责，由“多个环节多段监管”，实现“两个环节两段式监管”。即与土地等自然环境紧密联系，且不与消费者直接发生联系的种植养殖环节的食品安全监管由农业部门负责，其他均由一个部门监管。也就是说，未来的健康产品安全监管部门应当负责五大健康产品安全的全面监管。

在健康产品安全统一监管的体制下，食品、药品监管相关司局，是按照监管环节还是监管要素进行设定值得认真研究。从我国现实情况出发，应当坚持按环节与按要素相结合的方式设立，如在食品安全监管方面，按环节可设立食品生产监管司、食品流通监管司、餐饮安全监管司，按要素可设立标准管理司、应急管理司、稽查局等。

（四）风险评估与风险管理的关系

健康产品安全监管的目标和任务就是预防和减少安全风险，因此，健康产品安全监管的核心内容就是风险治理。近年来，国际社会开展了以风险评估、风险管理和风险交流为主要内容的风险分析的有益探索。政府与企业逐步以风险为基础来配置监管和保障资源，确定监管和保障重点。由于风险评估主要是从技术的角度来认识食品安全风险，而风险管理主要是从行政的角度来解决食品安全风险，所以，风险评估的职能必然由技术部门承担，风险管理的职责则由具体监管部门来承担。

（五）综合协调与具体监管的关系

健康产品安全涉及面广，产业链长，我国健康产品安全问题不单由监管体制机制因素造成，社会主义初级阶段比较落后的生产方式和整体水平不高的产业基础，以及市场恶性竞争和企业诚信缺失等问题也是重要的成因。即便健康产品安全统一监管，也不可能立竿见影，所有健康产品现阶段存在的问题也不可能都得到解决。对此，需要清醒地认识到我国食品药品安全问题的长期性、艰巨性和复杂性。

无论国际发达国家监管经验，还是我国多年来的实践总结，通过统一监管健康产品安全，综合协调与具体监管的关系应当更加紧密、衔接上也会更加高效。当前重点治乱，要建立健康产品安全监管部门与公安、监察的协调联动机制，加强科研、价格、卫生、社保、广告等主管部门的协作支持，共同落实企业是第一责任人、区县以下基层政府负总责的原则。同时还要创新社会管理，加强综合协调，发挥行业组织自我管理作用，提高群众自我防范意识，构建社会监督网络，实现齐抓共管社会共治。

二、建立统一协调的健康产品安全监管机构

要科学合理设置各级政府监管事权，创新监管工作机制，确保各项职责从上到下落实到位。在中央层面，将分散多部门的食品监管职能整合并与药监合并，形成集中统一的监管机构，承担我国食品药品安全监管职责，负责制定法规政策和标准规范、药品审批管理事宜、对地方监管工作指导和监督、查办大案要案，以及代表国家对进口产品和境外生产体系进行认证。在省、市、县三级政府将质监、商务、工商等部门分别管理食品的职责整合并入食品药品监管局，作为必设机构，上下对口；为强化地方

各级监管部门执法执行职责，可相应内设稽查执法局（队），综合做好面向基层的管理和群众服务。在乡镇（街道）层面整合工商所、卫生防疫、市场监管、治安联防等资源建立食品药品综合执法队伍，在村（社区）设置食品药品监管协管员、信息员，推行基层食品药品网格化管理。此外，直辖市和设区的市可结合城市管理的特点，实行垂直管理体制。具体来讲，有如下设想。

（一）设立国务院食品药品安全委员会

将现国务院食品安全委员会扩充为国务院食品药品安全委员会（以下简称委员会），主要职责是分析食品药品安全形势，研究部署、统筹指导食品药品安全工作；提出食品药品安全工作的重大政策措施；督促落实食品药品安全工作责任。委员会由国务院领导担任主任，国务院相关部门主要负责人担任委员。委员会下设食品药品安全工作办公室（以下简称办公室），挂靠在国家食品药品监督管理总局办公，负责组织贯彻落实国务院关于食品药品安全工作方针政策，协调、督促检查国务院有关部门和省级人民政府履行食品药品安全工作职责并考核评价，承办委员会交办的相关任务等。

（二）组建国家食品药品监督管理总局

在国家食品药品监督管理局的基础上组建国家食品药品监督管理总局（以下简称国家总局），统一负责食品（含保健食品）、化妆品、药品、医疗器械等健康产品安全监管。职能调整主要涉及：整合质检、工商等部门在食品生产加工和流通方面的安全监管职责，整合商务部门在生猪屠宰等方面的监管职责，整合质检部门在化妆品生产质量方面的监管职责，整合卫生部门风险评估等职责，将以上职责整体划入国家总局。即国家食品药品监督管理总局承担除初级农产品（仍由农业部承担监管职责）以外的所有食品安全监督管理职责；承担保健食品、化妆品安全监督管理职责；承担药品、医疗器械等监督管理职责。同时要做好现有审批许可职权的下放，将风险性较小的保健食品、化妆品产品许可下放到有审评技术能力的省级监管机构承担。鉴于我国药品安全风险高、制药企业分散和药品大流通的特点，在全国六大区设置国家局派出机构，加强药品执法监督检查工作。

国家总局内部机构设置方面应注意要打破“分段监管”的固有思路，防止“简单拼盘”，特别在食品安全监管职责方面，应汲取近年来食品安全事件的处置经验，要突出强化全程监管和风险管理，可以品种类型结合风险种类来划分相应内设机构的具体监管范围。在总局按照品种管理，加挂副部级的食品安全监管局和药品安全监管局牌子，分别由总局副职兼任相应局局长，更好地落实监管责任。

总局内设机构包括办公厅、人事教育司、规划财务司、政策法规司、宣传司、科技司（信息办）、应急管理司、标准管理司、进出口监管局、稽查局、国际合作司、离退休干部局、机关党委等 13 个综合部门，以及食品生产监管司、食品流通监管司、餐饮安全监管司、保健食品监管司、化妆品监管司、药品注册司（中药民族药监管司）、药品生产监管司、药品经营与使用监管司、医疗器械注册司、医疗器械监管司等 10 个具体监管部门。

（三）省级及以下监管机构

省级及以下监管机构的内设机构设置，因为事权的不同，不能向上参照、完全照搬，应当结合实际职责科学设计。国家局应当及早谋划，会商编制部门，给出建议意见。还要统筹考虑效益和成本的关系，体制改革必须立足国情，重视以往的改革成果和基层的工作基础，重视对现有的监管队伍和资源整合与使用，力争以合理的改革成本实现确保安全的政策目标，实现可持续发展。

按照目前我国行政管理体制现况，省级及以下可按照国务院机构设置模式，分别设立省（市、区）、市（州、盟）、县食品药品安全委员会及其办公室、食品药品监督管理局。机构实行属地管理，干部实行双重管理。

在乡镇设置县级食品药品监督管理局的派出机构——食品药品安全监督所，负责对辖区内食品药品生产经营企业日常监管，各街道、社区、农村等可酌情设置食品药品安全工作站，负责宣传食品药品安全知识，收集食品药品风险信息，协助开展食品药品安全监督执法活动等。

在确定国家、省、市、县局四级的具体权责范围时，要注重建立和完善决策、执行、监督相分离的机制，强化国家总局的政策制定、监督检查、考核评价责任，突出各地食品药品监管局监督检查责任。

（四）完善相关的技术监督机构

对照以上监管机构职责设计，逐步完善我国健康产品安全监管科技支撑体系，要通过建立统筹规划、分工合理、职能明确、技术先进、功能完善、人员匹配、运行高效的技术支撑体系，夯实健康产品安全监管的科学基础。继续完善目前食品、药品相关技术支撑部门的设置和职能，整合分散在卫生、工商、质检和食品药品监管等部门的食品检验检测机构，加强检验检测能力建设，构建功能互补、高效权威、分布合理、覆盖全国的食品安全检验检测网络。建立国家健康产品安全风险评估中心，完善健康产品安全风险评估制度和国家标准制修订机制。组建健康产品安全风险交流中心，强化健康产品安全相关知识宣传教育、信息交流合作工作，建立健全健康产品安全相关信息沟通制度。

当前，健康产品安全领域出现关注度高、满意度低，期待值高、信赖值低的现象。社会对健康产品安全的预期已在一定程度上超越了社会发展阶段。深化监管体制改革势在必行。改革应当遵循“落实责任、统一法规、集中监管、确保安全”的原则，注意解决好以下三个方面的问题。

一是要打破部门利益。体制改革应当立足全局，对国家和公众负责。过去，有一种观点认为在我国健康产品安全监管很难由一个部门负责。实践证明，这一观点经不起推敲，且与国际社会改革方向相悖。

二是要搞好顶层设计。体制改革牵一发而动全身，应当审慎论证，稳妥推进。科学、统一、高效、权威、便民的方向应当坚定不移。技术支撑力量和行政监管力量应当并重。要全力避免出现这次机构改革中职能交接、队伍难划转等问题。

三是要统筹效益成本。体制改革必须立足国情，重视以往的改革成果和基层的工作基础，重视对现有的监管队伍和资源整合与使用，力争以合理的改革成本实现确保安全的政策目标，实现可持续发展。

第四章　法制创新篇

没有信仰的法律将退化成为僵死的教条，而没有法律的信仰也易于变为狂信。

［美］伯尔曼（Harold J. Berman）

第一节　全力解决食品安全法制失灵①

近期，阜阳劣质奶粉和广州毒酒致人病亡的重大食品安全事故发生后，许多专家指出，切实提高我国食品安全保障水平，必须按照标本兼治、着力治本的原则，从体制、机制和法制上进行系统规划，全面建设。从制度建设层面进行思考无疑是正确的。但是，制度缺陷的弥补绝非指日可待，更非立等可取。立足当前，如何尽快地提高我国食品安全的保障水平，则是我国食品安全工作者必须回答的现实问题。

市场经济和法治社会是我们决策任何重大问题时必须慎重考虑的重要因素。法治是社会主义制度的基石和旗帜。当前，在食品安全方面，规则（政策、法律、标准等）制定中存在的问题虽然突出，但规则执行中存在的问题更为严重。

守之则安、用之则治、违之则危、荒之则乱，是法制的价值所在；而有法可依、有法必依、执法必严、违法必究，是法治的精神所求。没有严格执行，任何精妙的制度设计都将是废纸一张。目前，在食品安全领域，有法不依、执法不严、违法不究所导致的法治精神部分失灵应当引起我们的高度重视。厉行法治就必须全力解决食品安全领域中刑事责任不严厉、行政责任不严肃、民事责任不严格的难题。

近一段时期，新闻媒体报道了多起生产销售伪劣产品、有毒有害食品的案件以及行政执法人员滥用职权、玩忽职守的案件，全社会都在谴责这些令人发指的违法犯罪行为。然而，对许多制假售劣者和监管失职者，法律是否给予了他们应有的惩罚呢？统计表明，目前在食品安全方面，违法犯罪实际发生的多而受到法律处罚的少，案件受到行政处罚的多而受到刑事处罚的少，一般违法犯罪分子受到处罚的多而主犯受到处罚的少，判处罚金没有执行的多而已执行的少。这“四多四少”的存在表明，法治的权威与力量还远没有真正地释放出来。

---

①　徐景和：“全力解决食品安全法制失灵”，载《中国质量万里行》2004年第7期。

在法律责任体系中，最具威慑力的当属刑事责任。然而，令人感到困惑的是，一段时期以来，受到刑事处罚的食品犯罪分子虽不是寥若晨星，但也绝对是屈指可数。难道我们的法网疏漏有余而严密不足吗？难道我们的司法人员在宽纵犯罪吗？研究表明：部分行政执法人员在行政执法中徇私舞弊，对违法犯罪分子往往热衷于行政处罚，而没有按照职责移交公安机关，致使一些应当受到刑事处罚的犯罪分子而没有受到刑事处罚。犯了就罚、罚了再犯、犯了再罚，持有“自留地”，各得三分利，许多违法犯罪分子正是利用了行政执法人员的这种心态，肆无忌惮地生产销售假冒伪劣甚至有毒有害食品，从中谋取暴利。要迅速扭转目前假冒伪劣有毒有害食品犯罪，各执法部门必须协同作战，利剑飞扬，重拳出击，依法从重从严从快打击违法犯罪分子。

在法律责任体系中，最具震撼力的当属行政责任。食品安全涉及从农田到餐桌的全过程，从中央到地方分别由农业、卫生、工商、质检等多部门进行监管，而各部门的监管空间往往是按照食品的社会化大生产过程来划分的，种植、养殖、加工、包装、仓储、运输、销售、消费各有特定部门负责监管，而各监管部门往往是按照具有综合性质的监管要素如卫生、质量等对同一食品生产经营企业进行监管的。这种分散型的管理体制、综合型的监管内容、分段型的监管领域与统一型的监管对象，运行的结果往往与制度设计的初衷存在一定的偏差。有些监管部门不顾现代社会分工与社会协作的基本要求，提出了所谓的食品安全“监管前移”“监管后延”“反弹琵琶”的观点，纷纷到市场中寻找问题的答案。职责交叉、角色混同，多头监管、重复监管，造成部分监管人员相互推诿、放弃监管，从而酿成震惊全国的重大食品安全事故。在这次广州毒酒致人病亡事故中，涉案的 6 家危化生产经营企业根本没有危化经营许可证（其中 1 家持有危化经营许可证却长期造假售假），不知监管部门究竟是如何进行监管的。对食品安全监管地方政府守土有责。发生重大食品安全事故造成重大财产损失和人身损害的，政府分管食品安全的责任人应当承担起相应的行政责任。只有建立健全责任追究制，对敷衍塞责、麻木不仁的监管者进行严厉处罚，才能以儆效尤。

在法律责任体系中，最具渗透力的当属民事责任。通过民事责任机制提升食品安全是一个具有重大价值的课题。首先，应当进一步明确：食品生产经营企业（包括市场的举办者）是食品安全的民事责任承担者，对其（包括其出租的柜台、摊位）生产销售的各种食品的安全承担具体的管理责任。因生产、销售假冒伪劣、有毒有害食品给他人造成损失时，食品生产经营企业应当承担全部民事责任，政府有关部门并不承担有关的赔偿责任。其次，应当借鉴发达国家的经验，建立产品责任制度，合理分配举证责任，加大侵权者对受害者的赔偿力度，使侵权者能够在相应的赔偿中受到刻骨铭心的教育。全社会都善于运用法律武器维护自身的合法权益时，假冒伪劣、有毒有害食品的生产者和销售者就将无处藏身。

近期，国务院下发了《食品安全专项整治工作方案》，就专项整治的指导思想、工作重点、工作原则、主要目标、主要任务、具体措施、工作要求与保障措施等提出了具体要求。只要全社会认真按照“全国统一领导、地方政府负责、部门指导协调、各方联合行动”的工作格局和“标本兼治、着力治本”的工作方针，全面落实各项整治任务，强化各项法律责任，我国的食品安全保障水平必将会逐步得到提高。防止假冒伪劣有毒有害食品导致的惨案发生，关键在于要全力解决食品安全法制失灵。

第二节　完善食品安全法律制度迫在眉睫[①]

改革开放以来，为保障广大人民群众的身体健康和生命安全，全国人大常委会制定了《产品质量法》《食品卫生法》等近 20 部与食品安全相关的法律，国务院制定了《农药管理条例》《兽药管理条例》《生猪屠宰管理条例》等近 40 部相关行政法规，国务院农业、卫生、质检、工商等部门制定了《无公害农产品管理办法》《农业转基因生物安全评价管理办法》《新资源食品卫生管理办法》《转基因食品卫生管理办法》《食品广告管理办法》等近 150 部相关部颁规章。上述法律、行政法规、部门规章构

---

① 徐景和：“完善食品安全法律制度迫在眉睫”，载《中国质量万里行》2004 年第 8 期。

建了我国食品安全的基本法律框架及其基本法律制度，为全面提高我国的食品安全保障水平发挥了重要作用。当前，我国食品安全形势严峻，违法犯罪行为时有发生，有必要进一步完善食品安全法律制度，保证消费者吃得放心。

一、肯定成绩、正视问题

当前，我国食品安全保障工作已不是改革开放初期的无法可依时代。近期发生的重大食品安全事故的原因是多方面的，主要是食品生产经营企业有法不依、食品安全监管机关执法不严。但是，我国食品安全法制建设也绝非完美无缺，而是存在着有待与时俱进的空间。当前，我国食品安全法制建设中存在的突出问题主要有以下几方面。

一是体系不够完整。《食品卫生法》规范的是食品的生产（不包括种植业和养殖业）、采集、收购、加工、贮存、运输、陈列、供应、销售等活动。《产品质量法》规范的是食品（经过加工制作用于销售的）的生产、销售活动。《农业法》则对种植业、畜牧业和渔业等产业以及与其直接相关的产前、产中、产后服务进行了规范。从总体上看，目前我国的食品安全法制尚未涵盖从农田到餐桌的全过程。种植、养殖等环节的食品安全问题尚没有专门的法律予以调整。有的环节存在交叉，如在生产环节有卫生、质检双部门管理，在流通领域有农业、卫生、质检、商务等多部门参与。

二是内容不够全面。近年来为国际社会广泛采用的一些重要的制度，如食品企业食品安全责任制度、食品安全风险评估制度、食品安全预警制度、食品安全危机处理制度、不安全食品处理制度、食品安全事故处理制度、食品安全事故赔偿制度等重要内容尚未纳入法律的调整范围，食品安全法律制度还存在一些空白。

三是要素多有重复。目前，在食品生产领域实行的是食品卫生、食品质量的两要素管理，而这两要素均包括结果安全和过程安全。在结果安全方面，《食品卫生法》规定为无毒无害，符合应当有的营养要求等，而

《产品质量法》规定为不存在危及人身、财产安全的不合理的危险，具备产品应当具备的使用性能等。而从食品卫生与食品质量的具体内容或者标准（均包括基本标准、产品标准、方法标准或者过程标准、管理标准等）来看，两者的许多内容是重复的。就核心内容来看，卫生管理与质量管理属于重复管理。

四是职责不够清晰。《食品卫生法》规定，国务院卫生行政部门主管全国食品卫生监督管理工作。国务院有关部门在各自的职责范围内负责食品卫生管理工作。1998 年机构改革后，已形成了食品安全多部门的监管体制，但从该法的具体内容来看，国务院有关部门并没有可以作为的空间。

五是法律责任不够适应。从打击目前猖獗的食品违法犯罪行为的迫切要求来看，《食品卫生法》《产品质量法》等对食品违法犯罪行为的处罚还缺乏应有的力度，没有彻底剥夺违法犯罪分子再次违法犯罪的条件和能力，法律的威慑力还没有充分发挥出来。此外，现行法律对食品安全监管机关以及食品安全服务机构的法律责任没有明确规定。

六是与改革没有及时衔接。目前，我国已对食品安全监管体制进行了重大改革，形成了独具特色的综合监督与具体监管相结合的食品安全监管体制。综合监督部门所履行的综合监督、组织协调和依法组织开展重大食品安全事故查处的职责目前尚没有法律予以规范与保障。

二、研究规律、把握趋势

随着经济全球化和贸易自由化的发展，食品安全问题已引起了全世界的普遍关注。各国政府在审视传统食品安全法律体系和监管体系的基础上，对食品安全问题有了更为深刻的认知和把握：食品安全问题是当今时代世界各国所面临的共同课题，其事关人类社会的生存和发展；食品安全问题事关食品产业发展（甚至产业结构调整）和经济竞争力；解决食品安全问题需要更新治理理念，大力加强国际合作。适应市场经济社会和现代法治社会的发展，食品安全监管体制应当相对集中化，食品安全标准应当逐步法典化，食品安全信息应当及时集成化，食品安全服务体系（检测、鉴定等）应当逐步社会化。

坚持用“世界的眼光”来解决“中国的问题”是我们处理问题的重要方法。近年来，许多国家在研究规律、把握趋势的基础上，提出了食品安全保障工作的如下治理理念：一是科学治理理念。在对食品实施风险评估、健康评价等基础上对食品安全进行分类治理。二是综合治理理念。食品安全工作必须立足全局、统筹规划、全面安排、系统建设，实现从农田到餐桌的全过程治理。三是统一治理理念。在实施综合治理的过程中，对跨部门、行业的某些食品安全治理要素，如政策、标准、信息、检测等则逐步实行统一管理，以避免部门、地区冲突，减少社会治理成本。四是协作治理理念。在强调社会分工的同时，更加强调社会协作，强调共同应对食品安全危机。五是责任治理理念。强调食品生产经营者对食品安全承担首要责任，食品生产经营者之间对食品安全承担社会连带责任。单一部门立法、单一要素立法或者单一环节立法是无法负载上述治理理念的，只有综合性的食品安全法才能承担这一使命。

法律是创造新型社会的工具。完善我国的食品安全法律制度，应当坚持以下基本原则：一是食品安全法律制度应当涵盖从农田到餐桌的全过程，应当按照社会分工和社会协作的辩证统一来设计各项法律制度。二是食品安全保障责任的重心落在食品生产经营企业，使生产经营企业真正成为食品安全的责任主体。三是与食品安全监管体制改革相衔接，及时保障和巩固食品安全监管体制改革的成果。按照以分段管理为主、以品种管理为辅的原则划清各监管部门的职责。四是应当注重采取法律、行政法规、部门规章等多种形式来推进食品安全法律制度的完善。五是体现现代社会治理理念，坚持管理法和促进法的统一、政府宏观治理与企业微观治理的统一。

三、确定路径、加快步伐

目前，对于采取何种途径来尽快完善我国的食品安全法律制度，有关部门和人士存在着不同的认识。

一是主张在保留《食品卫生法》《产品质量法》以及即将出台的《农产品质量安全法》的同时，制定《食品安全法》。《食品安全法》定位为基本法，《食品卫生法》《产品质量法》《农产品质量安全法》定位为专项法，形成基本法统筹专项法的基本法律格局，以减少食品卫生、食品质量之间的不协调。目前，国外已有此立法体例。日本已制定了《食品卫生法》，2003 年又制定了《食品安全基本法》。

二是主张修改《食品卫生法》。其主要理由为：我国在食品安全方面的法律已经不少了，关键在于落实；《食品卫生法》和《产品质量法》已将食品安全的法律关系调整完毕，按照传统的法律部分划分的理论，《食品安全法》已没有自己的调整对象；修改《食品卫生法》无须更多论证，现在就可着手进行，而制定《食品安全法》，对其结构和内容还需进一步论证。

三是将《食品卫生法》修改为《食品安全法》。其主要理由为：国际社会普遍关注食品安全问题，有必要在法律上为“食品安全”确立地位；食品安全的外延更为广阔，包含食品卫生和食品质量两个基本要素和其他相关要素；《食品安全法》与《食品卫生法》不能同时并存。

食品安全、食品卫生和食品质量之间虽然存在一定的差异，但三者的核心内容则是基本统一的（源于我国将食品安全和食品卫生均定位于最低保障）。未来调整我国食品安全的基本法律应当包括食品安全治理原则、食品安全治理体制、食品安全治理内容、食品安全治理环节、食品安全治理责任等内容（之所以用治理代替监管，主要理由是食品安全保障不仅仅是政府的责任，而是包括政府、企业和社会的共同责任）。《食品卫生法》是难以负载上述现代理念和全部内容的，将《食品卫生法》修改为《食品安全法》更为可取。

这里需要强调的是，无论是制定新法还是修订旧法，都应当注意以下问题：一是避免部门立法。无论是食品安全法还是食品卫生法，都应当是国家法，而不是部门法。二是避免成为单纯的管理法或者许可法、处罚法，应当增加政府促进或者社会参与的内容。

此外，鉴于《食品安全法》的制定或者《食品卫生法》的修改尚需时日，国务院或者地方政府近期有必要出台《关于进一步加强食品安全工作的决定》，就当前的突出问题作出明确而具体的规定：一是进一步明确食品生产经营企业对食品安全的保障责任。二是进一步明确食品安全地方政府负总责的主要内容。三是进一步明确食品安全综合监督部门和具体监管部门之间的权责分工。四是补充目前法律没有明确规定而实践又迫切需要的一些具体制度，如风险评估制度、风险预警制度、危机处理制度和责任追究制度等。

第三节　加快完善食品安全法律制度①

国以民为本，民以食为天，食以安为要。食品安全直接关系着广大人民群众的身体健康和生命安全，关系着经济发展、社会稳定和国家形象，关系着和谐小康社会的建立。全面提高我国食品安全的保障水平，必须坚持“以人为本”的工作方针，按照“标本兼治、着力治本”的工作原则，从体制、法制、机制等方面统筹安排，整体推进。当前，适应实施依法治国基本方略的需要，迫切需要以现代理念完善我国食品安全法律制度。

一、把握时代特征，解决突出问题

改革开放以来，为保障广大人民群众的身体健康和生命安全，全国人大及其常委会制定了《产品质量法》《食品卫生法》等近20部与食品安全相关的法律，国务院制定了《农药管理条例》《兽药管理条例》《生猪屠宰管理条例》等近40部相关行政法规，国务院食品监管部门制定了《无公害农产品管理办法》《新资源食品卫生管理办法》《转基因食品卫生管理办法》等近150部相关部颁规章。从总体上看，我国已初步建立起食品安全保障的法律体系框架，食品安全监管队伍的法律素养有了进一步的增强，全社会的食品安全法律意识有了进一步的提高。

然而，从全面提升我国食品安全治理水平、确保广大人民群众饮食安

① 本文为2004年10月食品安全立法建议报告内容。

全的客观要求看，目前我国的食品安全法制建设，无论是在立法理念上，还是在制度设计上，还存在着以下突出的问题。

一是概念不够清晰。目前，在食品生产经营领域实行的是食品卫生、食品质量等要素管理，而食品卫生、食品质量均包括生产安全和经营安全、结果安全和过程安全、现实安全和未来安全、显性安全和隐性安全等。从相关的制度中可以看出，食品卫生、食品质量在内涵外延、准入条件以及相关标准等方面存在着许多重复、交叉和矛盾，形成了我国现行两套相互交叉的食品安全法律、标准、检测、监测等保障体系。尽管食品卫生和食品质量在内涵与外延上两者之间并不完全相同，但就其核心内容来看，两者则存在着严重的交叉与重复。

二是体系不够完整。食品生产经营包括种植、养殖、生产、加工、贮存、运输、销售、消费等诸多环节。《食品卫生法》规范的是食品的生产（不包括种植业和养殖业）、采集、收购、加工、贮存、运输、陈列、供应、销售等活动。《产品质量法》规范的是食品（经过加工制作用于销售的）的生产、销售活动。《农业法》则对种植业、畜牧业和渔业等产业以及与其直接相关的产前、产中、产后服务进行了规范。目前，我国的食品安全法律尚未涵盖从农田到餐桌的食品生产经营全过程，法律保障还存在着真空与模糊地带。

三是内容不够全面。近年来，为适应食品安全全程治理、政府治理、科学治理、协作治理、统一治理、责任治理的需要，国际社会不断推出新的保障制度，如风险评估制度、风险管理制度、风险交流制度、危险分析制度、风险预警制度、危机处理制度、问题食品召回制度等。而这些为国际社会广泛采用且行之有效的制度尚未纳入我国现行的食品安全法律制度中。

四是重点不够突出。食品安全保障的第一责任主体应当是食品的生产经营者。目前，我国的食品安全法律制度主要内容是政府对食品生产经营主体的外部监管制度，而不是食品生产经营主体的自我管理制度。

五是标准不够完善。目前，我国已经制定了食品卫生、食品营养、食品质量等标准。但目前食品标准的数量仍然不足，而且部分标准安全指标太少，缺乏科学的评价支撑。

六是责任不够适应。目前，从打击食品违法犯罪行为的迫切要求来看，现行法律对食品违法犯罪行为的处罚还缺乏应有的力度，没有彻底剥夺违法犯罪分子再次违法犯罪的条件和能力，法律的警示功能和威慑力量还没有充分发挥出来。

解决“中国的问题”，需要“世界的眼光”。“中国的问题”是我们思考问题的出发点和落脚点，而“世界的眼光”则是我们解决问题的导航塔和指向标。今天，完善我国食品安全法律制度，必须始终把握好食品安全治理的时代特征，努力在市场经济、科技时代、法治社会的互动中不断创新食品安全法律制度。适应市场经济、科技时代和法治社会的需要，未来的食品安全治理在监管体制上，应当逐步实现相对集中化。当今世界食品安全监管体制（不含种植养殖环节）正逐步从多元体制向单一体制方向发展。世界卫生组织和联合国粮农组织专家认为，单一体制的效能要远远高于多元体制，他们向各国推荐的首选监管体制为单一体制，而且认为，综合体制是多元体制向单一体制的过渡型体制。在监管规则上，应当逐步实现法典化。无论是在法律方面，还是在标准方面，都应当重视法典化，以实现其体系完整、结构科学、规范协调、价值统一。近年来，为提高食品安全保障水平，有些国家如澳大利亚和新西兰，组建了食品标准局，将分散的标准统一起来。在技术支撑上，应当逐步实现社会化。食品监测、检测、评价、评估、鉴定等技术服务机构，逐步从行政管理体系转变为社会服务体系。作为独立的公益法人，这些机构既服务于政府，也服务于企业和消费者。在信息保障上，应当逐步实现集成化。基于食品安全形势预测和风险管理的急迫要求，国际社会特别强化信息整合，发挥信息的综合利用价值。

二、树立现代理念，完善法律制度

我国已经进入了全面建设小康社会的新时代，广大人民群众对食品安全法制保障的要求越来越高。法律是构建新型社会的工具。制定一部理念现代、价值统一、体系完整、结构科学的食品安全法，是全社会的殷切期盼与共同愿望。

完善食品安全法律制度，还必须坚持以下科学理念，正确处理好政府与市场、分工与协作、监管与服务、当前与长远、治标与治本、自律与他律、褒奖与惩罚等各方面的关系。

一是全程治理。坚持食物链的控制方法，实现从农田到餐桌的全程保障。一方面，治理要延伸到食物链的最前端——种植和养殖环节，甚至延伸到农业投入品的生产使用环节；另一方面，治理要延伸到食物链的最末段——消费，对消费者的食品储藏、制作和消费进行必要的培训和教育，防止因食物链中某个环节存在缺陷而导致整个食物链安全的崩溃，从而实现食品安全的全过程规范、全过程预防。

二是政府治理。食品安全保障已经成为一场国际化的社会治理运动。随着经济全球化和贸易自由化步伐的加快，食品安全问题已跨越国界，成为人类社会共同面临的课题，需要各国政府通力合作，共同应对挑战。保障食品安全不仅是各国政府对本国国民的责任，同时也是各国政府对国际社会的责任。

三是企业治理。食品企业的安全意识、安全条件以及安全措施的状况直接影响乃至决定着企业的食品安全状况。确保食品安全，应当是食品企业生产经营活动的根本取向。完善食品安全法律制度，应当强化食品企业的民事保障责任，引导和鼓励食品企业建立健全内部安全保障制度，如风险评估制度、风险管理制度、索证索票制度、购销台账制度、过期食品销毁制度、问题食品召回制度等，使企业真正成为食品安全的第一责任人。

四是社会治理。保障食品安全是全社会的共同责任。食品安全治理应当充分发挥社会各界，特别是消费者、行业协会、中介机构和新闻媒体等的作用。社会治理所强调的不仅仅是治理理念，更重要的是治理机制。应通过制度安排，如建立举报奖励制度，使社会治理理念落地生根。

五是统一治理。为避免多头监管、重复监管，提高行政监管效能，许多国家正在探索食品安全的综合保障体制，有的是监管机关的统一，有的是监管要素的统一，有的是监管方式的统一。目前，我国食品安全实行的是分段监管为主、品种监管为辅的监管方式，有必要对跨越环节、部门的管理或者服务要素予以统一规范。综合监管职责不宜由多部门分散承担。

六是协作治理。各食品安全治理主体在按照社会分工进行治理的同时，要进一步加强社会协作，以共同构筑食品安全保障体系，应对食品安全危机。食品安全的协作治理不仅表现在行政权力部门之间，而且也表现在行政权力和社会权力部门之间，同时还表现在权利享有者与权力持有者之间。

七是科学治理。在市场经济条件下，无论是政府的治理还是企业的治理，都必须以科学的原理和规则为基础，讲究科学方法，突出治理效率。我国应充分借鉴国际社会以风险评估、风险管理和风险交流为主要内容的食品风险管理经验，以风险为基础来配置资源。

八是责任治理。食品安全责任治理主体包括企业、政府、消费者、中介机构等，其中食品企业对食品安全承担第一责任，各国政府对国际社会承担食品安全责任。地方政府对食品安全负总责。目前，在我国，农业部门要把好“田头”，质检要把好“厂门”，工商要把好“场门”，卫生要把好“店门”，海关要把好“国门”，消费者要把好“家门”，食药监局要把好全局。

九是效能治理。在食品安全治理上，能否将安全与效率的价值目标统一起来，是判定各国市场经济发达程度和社会治理现代程度的重要标志。

三、坚持科学定位，构建和谐体系

为适应时代发展的上述要求，按照体现时代性、把握规律性、富于创造性的需要，完善食品安全法律制度应当坚持以下基本定位。

一是基本法。修改后的法律应当成为我国食品安全的基本法，其应当包括食品安全的基本原则、监管体制和基本制度等。基本原则可以包括食品生产经营者是食品安全的第一责任人；各级政府对当地食品安全负总责；开展食品安全知识教育与普及，增强公民食品安全意识和自我保护能力；加强食品安全监管的技术保障，充分依靠科技进步不断提高食品安全保障水平；广泛开展食品安全国际交流与合作等。监管体制可以包括综合监督部门与具体监管部门的职责分工，食品安全协调机构与监督机构的职责分工等。基本制度应当包括从农田到餐桌全过程的各项重要制度，如食品安全风险监测制度、食品安全风险评估制度、食品安全标准制度、食品安全检验检测制度、食品生产经营许可制度、食品安全事故预防制度等。

二是综合法。修改后的法律应当成为我国食品安全的综合法。该法律既可以包括食品安全保障的实体内容，如食品安全监管机关的职责、食品企业的权利与义务，也可以包括食品安全保障的程序内容，如食品安全事故应急处理以及食品安全事故监察的基本程序；既可以包括食品安全的监管内容，如食品安全监管机关的监管职责、监管事项、监管方式，也可以包括食品安全的促进内容，如社会有关方面对食品安全保障的服务与指导。修改后的法律应当体现政府监管制度与企业管理制度、过程治理制度与结果治理制度、事前保障制度与事后救济制度的有机结合。

三是国家法。长期以来，我国将食品生产经营全过程大体上分为种植养殖环节、生产加工环节、流通销售环节、餐饮消费等环节，实行全程监管，但在同一环节中又按照食品卫生、食品质量等不同要素由不同部门进行着不同的监管，由此形成多头监管、重复监管的弊端。其根本原因就是部门立法。未来的食品安全法律制度设计，应当从国家的整体利益出发，使法律成为具有普遍约束力的国家法，而非部门法。

四是社会法。保障食品安全不仅是企业和政府的责任，而且也是全社会的责任。修改后的法律不仅要突出企业和政府的保障责任，而且要突出社会中介和消费者的参与责任，使其能够成为全社会共同关注、共同维护食品安全的有力工具。

五是促进法。修改后的法律应当充分体现出市场经济社会中政府、行业是如何高效地保障食品安全的。政府、行业不仅要对食品产业和食品企业进行行政监管或者行业管理，而且更要对食品产业、食品企业和消费者进行指导和服务。政府或者行业的促进活动包括制定发展规划、落实政策支持、加强宣传教育、营造社会环境等。

六是操作法。应当改变改革开放初期所形成的“宜粗不宜细”的立法指导思想，在充分调查研究、大胆借鉴各国有益经验的基础上，细化各项法律制度，增强法律的可操作性。要避免过去因“上位法”过于原则、抽象而造成的“下位法”膨胀，形成法律体系“愈简愈繁”的现象。

第四节　食品立法模式选择及其影响①

食品安全问题属于世界性难题。新世纪以来，为提升食品治理能力和水平，国际社会普遍强化食品立法。法律是治国之重器，良法是善治之前提。在食品立法中，立法模式的选择最为基础，其对法律制度设计以及食品治理实践具有重大的影响。

一、食品立法模式选择的考量因素

（一）三种立法模式

纵观世界，食品立法模式大体可分为三类：第一类是综合式立法模式，即通过一部法律，对与食品有关的重要事项，如食品安全、食品质量、食品卫生、食品营养等问题作出统一性、综合性、系统性规定。如1938年美国颁布的《联邦食品、药品和化妆品法》；2008年我国颁布的《乳品质量安全监督管理条例》。第二类是要素式立法模式，即对与食品有关的事项通过不同的法律予以分别规定。如2009年我国颁布的《食品安全法》，2006年印度颁布的《食品安全与标准法》。第三类是混合立法模式，即通过综合式立法与要素式立法相结合的模式进行立法。如日本1947年颁布的《食品卫生法》，2003年又颁布的《食品安全基本法》。

（二）三个基本概念

食品立法模式的选择，首先取决于对食品卫生、食品安全、食品质量等概念的不同认知状况。

---

① 徐景波：“食品立法模式选择及其影响”，载《中国食品安全报》2015年3月24日。

1. 食品卫生

食品卫生是国际社会较早使用的概念。1984 年世界卫生组织在《食品安全在卫生和发展中的作用》中将“食品卫生”定义为：“生产、加工、储存、分配和制作食品过程中确保食品安全可靠、有益于健康并且适合人消费的各种必要条件和措施”。1996 年世界卫生组织在《加强国家级食品安全性计划》将“食品卫生”定义为“为确保食品安全性和适用性在食物链的所有阶段必须采取的一切条件和措施”。2003 年联合国粮农组织和世界卫生组织在《保障食品的安全和质量：强化国家食品控制体系指南》中指出：“食品卫生，是指在食品链所有环节上所采取的确保食品安全和宜食用性的必要条件和措施”。

在我国，1994 年发布的《食品工业基本术语》（GB/T 15091—1994）指出：食品卫生，是为防止食品在生产、收获、加工、运输、贮藏、销售等各个环节被有害物质（包括物理、化学、微生物等方面）污染，有益于人体健康、使食品质地良好所采取的各项措施。1995 年颁布的《食品卫生法》虽然没有直接界定食品卫生，但相关规定要求食品应当无毒、无害，符合应当有的营养要求，具有相应的色、香、味等感官性状。

对于食品卫生属于综合性概念还是要素性概念，长期以来存在着不同的认识。一般认为，“卫生”为动名词时，“卫”是指“护卫、保卫”，“生”是指“生命”。“卫生”的原发性含义为“护卫人的生命”。“卫生”作名词时，其意义转为“护卫生命或者保护身体”的行为，或者“维护生命或者保护身体所采取的一切措施和手段”。“卫生”作形容词时，其意思为“干净”“清洁”，其是维护健康的措施之一，是“卫生”众多内容中的一项。目前，在我国，许多人将“食品卫生”的概念理解为食品及其生产经营场所环境洁净的程度和状态。事实上，近现代“卫生”的含义大体相当于国际社会普遍使用的“健康”一词。从这个意义上讲，“食品卫生”属于综合性概念。但也有人认为卫生属于要素性概念，其不包括与食品安全无关的食品质量。

2. 食品安全

在国际上，食品安全是一个不断发展的概念。早期对“食品安全”的认识侧重于数量上的安全。1974 年，联合国粮农组织在“世界粮食会议”上，将“食品安全”定义为：“所有人在任何情况下维持健康生存所必需的足够食物。”1983 年，联合国粮农组织总干事将食品安全解释为：“确保所有人在任何时候既能买得到又能买得起其所需要的基本食品。”20 世纪 80 年代，国际社会对“食品安全”的研究逐步由国家行动、政府行为转向市场行为、社会行为。1984 年世界卫生组织在《食品安全在卫生和发展中的作用》中将“食品安全”与“食品卫生”作为同义语，定义为：“生产、加工、储存、分配和制作食品过程中确保食品安全可靠，有益于健康并且适合人消费的各种必要条件和措施。”1996 年世界卫生组织在《加强国家级食品性安全计划指南》中，对“食品安全”与“食品卫生”两个概念进行了区分，“食品安全”被解释为“对食品按其预期用途进行制作、食用时不会使消费者受到伤害的一种担保”；“食品卫生”则是指“为确保食品安全性和适合性在食物链的所有阶段必须采取的一切条件和措施”。

在我国，2005 年 6 月，国务院办公厅印发的《国家重大食品安全事故应急预案》第 7.1 条规定：“食品安全，是指食品中不应包含有可能损害或威胁人体健康的有毒、有害物质或不安全因素，不可导致消费者急性、慢性中毒或感染疾病，不能产生危及消费者及其后代健康的隐患。”2006 年 3 月，国家质量监督检验检疫总局、国家标准化管理委员会发布的 GB/T 22000—2006/ISO 22000：2005《食品安全管理体系——食品链中各类组织的要求》规定：“食品安全，是食品在按照预期用途进行制备、食用时，不会对消费者造成伤害的概念。”2009 年 2 月 28 日，第十一届全国人大常委会第七次会议通过的《中华人民共和国食品安全法》第 99 条规定：“食品安全，指食品无毒、无害，符合应当有的营养要求，对人体健康不造成任何急性、亚急性或者慢性危害。”

从内涵外延上看，“食品安全”与“食品卫生”似乎并无实质性区别。然而，从社会治理的角度来看，“食品安全”与“食品卫生”两者间有着一定的差别。随着风险治理、全程治理、社会治理时代的到来，“食品安全”比“食品卫生”在治理的深度、广度和高度上有所拓展。“食品安全”概念的产生，是食品治理理念、治理模式的重大变革，其标志着食品治理新时代的到来。

3. 食品质量

一般认为，食品质量是指食品能为消费者接受的质量特征，包括外在要素（如外观、质地、风味、等级），以及内在要素（如化学元素、物理元素和微生物元素）。根据 1994 年颁布的《食品工业基本术语》（GB 15091—1994）的规定，“食品质量是指食品满足规定或潜在要求的特征和特性总和，其反映食品品质的优劣”。

食品质量对于企业属于强制性要求，还是选择性要求呢？一般说来，食品安全与人的生存紧密相连，是最低保障和强制要求。突破“安全”底线的食品，不但不会给消费者的健康带来任何益处，而且还会给消费者的健康带来损害。而食品质量与人的发展紧密相连，是市场选择和层级保障。质量是市场交换的基本要素，没有质量的确定性，任何产品都难以进行市场交易。在我国，无公害食品标准、绿色食品标准、有机食品标准，均属于食品质量标准的范畴。

需要进一步说明的是，食品安全与食品质量之间的关系，并不是泾渭分明、截然分开的关系。食品质量的许多要素属于食品安全要素，或者是与食品安全密切相关的要素。在监管实践中，哪些要素属于食品安全问题，或者属于食品质量问题，需要根据具体情况进行具体分析，不可笼而统之、大而化之。

（三）三个考量因素

明确食品卫生、食品安全、食品质量等概念的内涵与外延后，则需要进一步研究我国食品立法模式的价值选择问题。在《食品安全法》起草乃至修订过程中，有专家学者主张制定《食品质量安全法》或者《食品法》。我国选择《食品安全法》作为食品治理立法的基本路径，考量因素主要包括以下三个方面。

1. 食品安全的属性

新世纪以来，全球对于食品安全基本属性的认识不断深化，已从最初的个体安全逐步向公共安全、国家安全乃至人类安全方向拓展，从私人利益逐步向公共利益、国家利益乃至民族利益层次延伸。因此，从某种意义上讲，关注食品安全，就是关注个人的幸福、关注社会的和谐、关注国家的进步、关注民族的未来。

2. 政府责任的边界

随着政府理念的提升，加强食品安全治理、保障公众饮食安全，已成为现代政府不可推卸的责任。而促进食品质量提高，虽然属于政府培育市场核心竞争力的战略选择，但这更多属于市场主体的自主行为。回答政府在食品方面的最基本义务是保障食品安全还是提升食品质量，反映了现代政府职能的基本定位问题。

3. 社会责任的发展

从企业的角度来看，保障食品安全是企业必须履行的法定义务。食品企业违背《食品安全法》，就应当承担相应的法律责任。而提升食品质量是食品企业应当承担的社会责任。食品企业违反《产品质量法》，应当承担产品质量责任。但这种责任属于社会责任，是企业在自愿选择的基础上所承担的更高责任。在食品领域，生产经营更高质量、更多营养、更加经济、更加环保的食品，是企业应当承担的重要社会责任。

二、食品立法模式选择的具体表达

我国已选择了《食品安全法》这种要素式立法模式。在现实生活中，食品安全问题十分复杂，需要认真分析研究、科学解答。

一是自然安全与法律安全。食品安全问题既涉及自然安全，也涉及法律安全。自然安全，也称事实安全，是指食品被消费后对人体健康没有造成任何事实上的急性、亚急性或者慢性危害。任何食品都应当达到确保消费者食用安全的基本要求。法律安全，是指食品在依照法律和标准规定的条件下保障被消费后不对人体健康造成急性、亚急性或者慢性危害。用非食品原料生产加工的食品、超过保质期的食品、下架退市的食品、回收的食品等，即使其被消费后没有给消费者的身体健康和生命安全造成事实上的损害，该食品也属于法律上不安全的食品，不得用于生产经营。对于这类食品的状态和危害，一般不需要通过技术手段进行检验或者鉴定。

二是绝对安全与相对安全。食品安全是个相对的概念。食品安全问题不仅与经济发展、科技进步有关，而且与环境保护、社会管理相连，需要科学理性看待。应当清醒地看到，社会公众对食品安全的要求是绝对的，但食品安全保障则是相对的，因为食品安全始终受到科学发展和认知能力等诸多条件的制约。在任何国家、任何阶段，食品都不是零风险。今日被判定为安全的食品，明天却未必安全。然而，也必须乐观地看到，现代科学技术的发展和治理经验的积累，为食品安全从相对安全向绝对安全迈进提供了重要条件。同时，也正是这种“逐渐接近而又永远留在彼岸”距离的存在，追求超越才成为食品安全治理工作追求的永恒目标。在监管执法中，判断某个食品是否安全，通常不是以绝对安全的概念来衡量，而是以相对安全的概念，即是否符合食品安全标准来进行判断。当然，随着时代的发展和治理的进步，食品安全标准也需要与时俱进。

三是宏观安全与微观安全。食品安全是个变动的概念。从社会治理的角度来看，食品安全是个大概念，包容、统揽了食品卫生、食品质量、食品营养等概念。如食品安全专项整治，往往既包括食品安全问题，也包括食品质量问题，还包括食品营养问题。而《食品安全法》所确定的食品安全则属于微观概念，严格说来，其并不包括与食品安全无关的食品质量要素。有专家学者认为，违背诚信的虚假宣传、食品欺诈不属于食品安全问题。从严格意义的食品安全学上讲，这种观点可能是正确的，但从社会治理意义上讲，则值得商榷。对于这类问题，食品安全监管部门也应当积极进行治理，但在处理方式上可与严格意义上的食品安全问题有所不同，如可以采取责任约谈等行政指导措施进行处理。

四是静态安全与动态安全。食品安全是个发展的概念。随着社会的发展，食品安全的概念将与时俱进，并引领食品产业和食品监管的不断升级。如在食品安全保障中，防止微生物污染是最基本的任务，但并不是最突出的问题（除特殊微生物污染外），在早期的食品安全中，微生物污染普遍没有得到重视。而在其他突出问题解决后，目前许多国家已将解决微生物污染的问题摆上了重要日程。

五是传统安全与现代安全。食品安全是个动态的概念。当今的食品安全问题，有的属于传统安全问题，如微生物危害、化学性危害和生物性危害，有的属于现代安全问题，如转基因食品安全。此外，还有食品反恐等特殊问题。食品风险与食品安全可谓魔高一尺、道高一丈，在对立统一中前进。在努力解决传统食品安全问题的同时，必须密切关注并有效解决新型食品安全问题。

三、食品立法模式选择的现实问题

上述三种食品立法模式，各有其明显的优势，也各有其一定的不足。在要素式立法模式下，食品企业面对的是一个具体产品多个要素管理甚至多个部门监管的困境。在依法治国的今天，应当妥善处理食品安全与食品质量的关系问题。

一是生产经营管理体系问题。目前，我国实行以食品药品监管部门为主的相对统一的食品安全监管体制，对食品生产经营实行食品安全的强制要求。然而，在国际上，对食品企业生产经营管理体系的要求，往往包含安全、质量、卫生等多个要素。这就要求监管执法中要处理好食品质量与食品安全的关系，也就是处理好产业促进与安全强制的关系。任何质量体系都以安全为基础，离开安全的质量是没有意义的。食品质量体系认证要正确把握食品安全的要求，密切关注食品安全法律法规以及食品安全标准的变化情况。

二是食品安全标准问题。我国《食品安全法》的基本定位，决定了我国食品安全标准的基本属性。《食品安全法》规定，食品安全标准是强制执行的标准。除食品安全标准外，不得制定其他食品强制性标准。没有食品安全国家标准的，可以制定食品安全地方标准。省、自治区、直辖市人民政府卫生行政部门组织制定食品安全地方标准，应当参照执行本法有关食品安全国家标准制定的规定，并报国务院卫生行政部门备案。企业生产的食品没有食品安全国家标准或者地方标准的，应当制定企业标准，作为组织生产的依据。国家鼓励食品生产企业制定严于食品安全国家标准或者地方标准的企业标准。企业标准应当报省级卫生行政部门备案，在本企业内部适用。目前，对于企业标准的法律地位、基本属性和主要功能还存在着不同的认识。一般说来，企业食品标准是综合性标准，既涉及食品安全指标也涉及食品质量指标。企业标准是否具有强制性呢？企业标准备案具有何种法律价值？食品企业违反备案标准而没有违反食品安全国家标准、地方标准时是否需要承担法律责任或者承担哪种法律责任？企业标准能否成为食品安全监管部门执法的依据？如果不作为执法依据，企业标准备案的意义何在？这些都需要认真解答。

三是食品标签问题。《食品安全法》第 42 条规定，预包装食品的包装上应当有标签。标签应当标明下列事项：名称、规格、净含量、生产日期；成分或者配料表；生产者的名称、地址、联系方式；保质期；产品标准代号；贮存条件；所使用的食品添加剂在国家标准中的通用名称；生产许可证编号；法律、法规或者食品安全标准规定必须标明的其他事项。专供婴幼儿和其他特定人群的主辅食品，其标签还应当标明主要营养成分及其含量。目前，我国有关食品标签的标准较多，如 2011 年 4 月 20 日发布、2012 年 4 月 20 日实施的食品安全国家标准《预包装食品标签通则》（GB 7718—2011）；2011 年 10 月 12 日发布、2013 年 1 月 1 日实施的《预包装食品营养标签通则》（GB 28050—2011）。其中，《预包装食品标签通则》（GB 7718—2011）4. 1. 11. 4 规定，质量（品质）等级，食品所执行的相应产品标准已明确规定质量（品质）等级的，应标示质量（品质）等级。按照此标准，食品质量等级也应纳入食品安全标准的管理范畴。在食品标签上，如何有效处理安全与质量的关系需要进一步协调。

四是食品违法行为处罚问题。目前，企业在食品安全方面有违法行为的，应当依照《食品安全法》进行处罚；企业在食品质量方面（不涉及食品安全）有违法行为的，由哪个部门适用哪部法律进行处罚并没有明确的规定。因为食品药品监管体制改革后，质检部门已不再承担食品生产领域的监管职责。而食品药品监管部门只负责食品安全监管，并不承担与食品安全无关的食品质量监管职责。

第五节　科学把握食品安全法修订若干关系[①]

2009 年 2 月十一届全国人大常委会第七次会议通过的《食品安全法》，对规范食品生产经营活动、加强食品安全监督管理、提高食品安全水平，发挥了重要的促进作用。随着我国食品产业的快速发展、食品安全需求的不断提升和食品安全监管力度的持续加大，现行《食品安全法》的部分内容已不能完全适应经济社会发展的需要，需要及时修改和完善。《食品安全法》的修订已列为 2013 年国务院力争年内完成的项目。目前，国家食品药品监管总局正在组织力量研究拟订《食品安全法》修订草案。社会各界对《食品安全法》的修订十分关注。《食品安全法》修订中应当科学把握以下关系。

一、理念与制度的关系

法律是公共幸福的制度安排。对一部法律进行评价，可以从多维度、多视角展开，其中理念的维度和视角最为重要。因为理念是事物运行的灵魂，决定着事物发展的方向、道路和局面。修改《食品安全法》，需要认真研究国际食品安全治理的一般规律，以现代治理理念完善我国食品安全法律制度。

纵观当今国际社会，食品安全治理理念主要有风险治理、全程治理、社会治理、效能治理、责任治理、能动治理、专业治理等。这些理念的独立与包容，反映出不同国家和地区在不同发展阶段食品安全工作的一般规律和特殊问题。在这些理念中，风险治理理念最为重要、最为根本，其他理念均为风险治理理念所派生或者延伸。现行《食品安全法》体现了风险治理理念，确立了食品安全风险监测、风险评估以及风险管理等制度，标志着我国食品安全从传统治理向现代治理、从经验治理向科学治理的重大转变。

食品安全领域始终是个充满风险的领域。从绝对意义上看，风险无处

---

① 徐景和："科学把握食品安全法修订中的若干关系"，载《法学家》2013 年第 6 期。

不在、无时不有；从相对意义上看，风险有轻有重、又缓有急。食品安全治理的策略应当是分类治理、分步实施。多年的监管实践启示我们，有必要以风险治理理念统揽食品安全工作的全局，将风险治理理念更全面、更深入、更系统地贯穿于食品安全治理制度中。理念是事物运行的灵魂，制度是事物运行的轨道。没有理念武装的制度是盲目而杂乱的制度，而没有制度支撑的理念则是苍白而乏力的理念。只有通过治理制度的有力支撑，治理理念才能落地生根并开花结果。

为强化食品安全治理理念的灵魂作用，有必要在《食品安全法》修订中突出以下内容。一是明确食品安全治理的基本原则。安全与风险是此消彼长的关系。实践启示我们，只有在食品安全和食品风险的对立统一关系中把握安全，才能更加深刻地把握食品安全的精髓、奥妙与真谛。借鉴国外治理经验，有必要在《食品安全法》总则中明确食品安全监管应当遵循的基本原则，即风险治理原则，并从这一基本原则出发，进一步明确风险治理的目标、过程、态度、方式等要素，如安全至上、全程控制、积极预防、严格管理、社会共治等。二是确立食品安全治理的基本制度。无论从安全的角度，还是从效率的角度，都有必要建立食品安全风险分类分级监管制度。长期以来，在食品安全领域，对食品企业往往基于业态、规模、产权等要素进行分类分级监管。严格说来，这一分类分级并没有抓住食品安全监管的本质和精髓。有必要从风险的角度对食品企业进行分类，政府和企业可以根据风险程度确定食品安全监管或者管理的重点、方式、频次等。这样不仅可以节约监管或者管理资源，也可以提高监管或者管理效能。三是完善食品安全治理的具体制度。为实现全程治理，在新体制下有必要明确农业行政部门负责的食用农产品质量安全监管、食品药品监管部门负责的食品生产经营监管的关系；为实现社会治理，有必要建立食品安全风险交流制度，鼓励和支持监管部门、评估机构、食品企业、行业协会、新闻媒体、消费权益保护组织等，按照科学、客观、及时、公开的原则，开展食品安全风险交流；为实现能动治理，有必要建立食品企业生产经营状况自查制度和生产经营管理体系社会评价制度，以便及时发现解决风险；为实现专业治理，有必要建立食品企业管理人员职业资格制度，不断提升食品安全管理人员的职业素养。

二、体制与机制的关系

监管体制问题属于基础性、全局性问题。进入新世纪以来，围绕科学、统一、高效、权威的目标，我国不断推进食品安全监管体制改革。2013 年国务院对我国食品安全监管体制做出重大调整，将分散的食品安全监管体制改为相对统一的食品安全监管体制。修订后的《食品安全法》应当巩固和深化新一轮监管体制改革成果，科学界定食品安全监管相关部门的职责，确保全程监管、无缝衔接。

与此同时，修订后的《食品安全法》应当按照政府职能转变的要求，积极做好职能整合、加强和下放相关工作。如将食品生产、食品流通和餐饮服务三项行政许可，整合为食品生产经营许可，以利于企业跨环节、跨业态经营，减少经营成本；在食品添加剂生产许可的基础上，根据近年来食品添加剂经营中存在的风险，将食品添加剂的销售活动纳入许可，强化食品添加剂销售环节的监管；下放小生产加工作坊、小食品店、小餐饮店和食品摊贩等监管规则的制定权到省级人大或者省级政府行使，确保各地能从本地区的实际情况出发因地制宜地做好食品安全监管工作。

监管体制的变革必然带来监管责任格局的变革。食品安全责任落实到位，不仅有赖于法律制度的设计，更有赖于治理机制的健全。机制，不仅包括作为事物运行的载体或者平台，如综合协调机制、全程监管机制、应急处理机制、案件移送机制，还包括事物运行的机理或者动力，如责任追究机制、绩效考核机制、信用奖惩机制、社会参与机制等。作为载体的机制，其核心功能是整合资源、形成合力。而作为机理的机制，其核心功能是落实责任、形成动力。由于机制能够与行为人的形象、地位、利益、名誉、前途甚至命运，紧紧地联系在一起，它通过激励与约束、褒奖和惩戒、自律和他律、动力和压力等手段，激活了行为人趋利避害的本性，强化了行为人的责任感和使命感，调动了行为人的积极性和主动性，提升了行为人的执行力和创造力。有了良好的机制，治理才会逐步达到“无为而治”的境界。多年的监管实践证明，缺乏机制支撑的法律往往沦为“死法”，难以发挥出预期的作用。要使“书面上”的法律变成“行动中”的法律，强化机制建设则是修订《食品安全法》所需要特别关注的问题。

除了强化法律责任这一传统机制外，修订后的《食品安全法》还应当特别注重治理新机制的运用。一是建立责任约谈机制。对于在生产经营过程中存在安全隐患，未及时采取措施消除的食品企业，食品安全监管部门可以对其法定代表人或者主要负责人进行责任约谈。二是建立绩效考核机制。各级人民政府对在食品安全工作中取得显著成绩的单位和个人，应当及时给予表彰奖励。三是建立有奖举报机制。县级以上地方政府应当落实财政专项资金，对查证属实的举报给予必要的奖励。

三、政府与企业的关系

在食品安全保障中，政府和企业承担着不同的责任。企业作为食品的生产经营者，对食品安全承担第一责任。政府对企业安全承担监管责任。事实上，在食品安全风险知悉程度、控制能力以及食品安全管理目标、管理重点和管理手段等方面，政府和企业间往往存在一定的差异。随着科学技术的发展，从农田到餐桌的食品生产经营活动日趋复杂，只有食品生产经营企业才能对其生产经营活动了如指掌，才能采取有效的措施应对食品安全风险。企业的食品安全意识、安全措施以及管理水平直接影响乃至决定着企业的食品安全状况。保障食品安全，必须将治本措施落在企业。如果说企业对食品安全承担无限、绝对的民事责任，那么，政府对食品安全则承担有限、相对的行政责任。

修订后的《食品安全法》应当进一步强化企业食品安全的第一责任。一是建立食品安全追溯管理制度。为适应信息化、社会化和专业化发展的需要，食品企业有必要建立企业食品安全追溯管理制度，充分利用现代信息技术，保障企业的食品来源可溯源、去向可追踪。二是建立网络食品交易管理制度。为有效解决网络食品交易出现的新问题，有必要建立网络食品交易管理制度，明确网络食品交易第三方平台提供者应当取得食品生产经营许可，对网络食品经营者承担相应的管理责任。未履行法定管理义务导致食品消费者的利益受到侵害的，网络食品交易第三方平台提供者应当与食品经营者承担连带责任。三是建立食品企业自查制度。为强化企业自我管理，有必要借鉴英美等发达国家经验，建立企业食品安全自查制度，由食品企业的法定代表人、主要负责人或者食品安全管理人员对食品安全法律法规和标准执行情况进行自我检查，从而实现自我约束、自我提高。四是建立食品安全社会评价制度。为充分发挥社会专业机构的作用，有必要建立食品安全社会评价制度，由食品企业定期聘请社会专业机构对企业生产经营管理体系进行专业评价，食品企业应当将评价结果及时报监督管理部门备案。五是建立临近保质期食品消费提示制度。为强化对临近保质期食品的管理，有必要建立临近保质期食品消费提示制度，食品经营者销售临近保质期食品的，应当通过适当方式向消费者提示。六是建立食品安全强制责任保险制度。为进一步增强企业的风险意识，有必要建立食品安全强制保险制度，根据风险程度逐步推行企业投保食品安全强制责任险。

与此同时，也要进一步强化政府及其监管部门的食品安全责任。可借鉴国外立法经验，建立食品安全风险分级监督管理制度。根据食品安全风险程度确定食品安全监督管理的重点、方式、频次等，以提高食品安全的监管效能。在现行《食品安全法》规定国家建立食品安全风险监测制度、风险评估制度、食品生产经营许可制度、食品添加剂生产许可制度、食品安全信息统一公布制度、问题食品召回制度外，有必要增加国家建立食品安全责任强制保险制度、食品安全风险分类分级制度、食品安全管理人员职业资格制度、食品安全事故应急处置制度、食品安全有奖举报制度等，进一步强化政府对食品安全的责任。

四、中央和地方的关系

在食品安全政府监管格局中，如何处理好中央和地方的关系，也是《食品安全法》修订中应当予以特别关注的问题。特别是国务院决定取消食品药品监管、质量监督、工商行政部门的垂直管理体制后，食品安全地方政府负总责的要求被摆上更为重要的位置。地方政府对食品安全负总责，是因为“地方政府是党和国家大政方针的贯彻执行者，是本地区经济社会发展和社会稳定的组织领导者，是本地区公共产品、公共服务的组织提供者。党和国家的路线方针政策需要地方政府加以落实；地区经济社会发展需要地方政府加以领导；地区社会平安稳定需要地方政府加以担当；广大人民群众的权利和利益需要地方政府加以维护和发展”。《食品安全法》颁布后，各级政府在建立全程监管和责任落实机制、评估食品安全状况、开展监管绩效考核、制定年度监管计划、加强监管能力建设、推进监管资源整合、指挥突发事件应对、报告食品安全事故等方面进行了积极探索，取得了显著成效。实践证明，地方政府食品安全责任是个开放体系。当前，需要进一步完善地方政府食品安全监管责任体系，同时需要采取更加有效的机制使地方政府的责任落到实处。

修订后的《食品安全法》有必要进一步补充、强化地方政府的食品安全责任。一是食品安全工作纳入发展规划。为加强对食品安全的统筹规划和科学安排，地方人民政府应当将食品安全工作纳入当地国民经济和社会发展规划。二是加强监管能力建设。地方人民政府应当加强食品安全监督管理能力建设，为食品安全监督管理工作提供有力的保障。国务院有关部门制定食品安全监管能力建设标准，明确各级政府食品安全监管能力建设要求，并可对地方政府食品安全监管能力建设状况进行评价。三是落实工作经费保障。地方人民政府应当将食品安全监督检查、风险监测、宣传教育、能力建设等工作经费纳入同级政府财政预算，其增长幅度不应低于财政收入增长幅度。地方人民政府应当落实食品安全有奖举报专项资金。对查证属实的食品安全举报，地方人民政府给予举报人奖励。四是强化资源整合共享。为提高资源使用效率，地方人民政府应当加快整合食品安全检验、信息等资源，努力推进资源共享，实现内涵式集约化发展。五是严惩地方政府失职渎职。地方人民政府在食品安全监督管理中未按照规定履行职责、造成不良后果的，依法对直接负责的主管人员和其他直接责任人员给予行政处分。

在明确地方政府食品安全责任的同时，也应当进一步强化中央政府在食品安全领域的责任。一是进一步完善食品安全监管体制。应当从更广泛的意义上把握食品安全监督管理工作，有必要将公安行政部门纳入食品安全监督管理体系，强化打击食品安全犯罪行为。二是强化国民食品安全素质教育。国家应当将食品安全知识纳入国民素质教育，普及食品安全知识，开展食品安全公益宣传。三是完善食品安全监管制度。要认真总结国际食品安全监管经验，完善涵盖食品生产经营全过程和各方面的监管制度，确保食品安全监管无断层、无缝隙。

五、监管与治理的关系

食品消费属于全民性消费、终身性消费、健康性消费和一次性消费。保障食品安全是全社会的共同责任。食品安全治理，不是对食品安全监管的否定，而是对食品安全监管的提升。食品安全监管在食品安全治理体系中始终占有着核心位置。从食品安全监管到食品安全治理，表明食品安全工作的视野更开阔、思维更开放、意识更现代。新一届政府强调食品安全社会共治，努力形成企业负责、政府监管、行业自律、社会参与、法治保障的食品安全治理新格局。

现行的《食品安全法》体现了社会治理的理念。这一理念需要有效的制度机制加以深化落实。一是确立食品安全社会共治原则。食品安全拥有最广泛的利益相关者，食品安全风险源于最广泛的社会生态环境，食品安全治理依靠最广泛的社会力量。因此，有必要在总则中确立食品安全社会共治的基本原则。二是建立风险交流制度。食品安全风险交流是食品安全风险分析模式的重要组成部门。食品安全监督管理部门、食品安全风险评估机构应当按照科学、客观、公开的原则，畅通交流渠道，组织食品企业、行业协会、检验机构、新闻媒体、消费者等开展食品安全风险交流，分析食品安全问题产生的原因，研究解决问题的对策和措施。三是建立多元参与机制。食品行业协会、消费者协会等，可以积极参与食品安全风险评估、食品安全标准制定、食品安全公益宣传、食品安全评价、食品安全社会监督等工作。四是建立有奖举报制度，鼓励社会各界积极参与食品安全监督。

为促进食品安全社会共治，保障社会各界对食品安全的知情权、参与权和监督权，修订后的《食品安全法》应当强化食品安全信息公开。为此，应当将公开透明作为食品安全监管工作的基本原则，制定食品安全标准应当公开透明；食品安全风险交流应当公开；食品安全标准备案应当公布；企业销售临近保质期食品应当通过适当方式向消费者提示；食品安全信用记录应当公开；食品安全信息应当及时公布。

实现社会安全社会共治，除应完善行政法律责任和刑事法律责任外，还应当高度重视民事法律责任制度建设。现行《食品安全法》规定了食品安全惩罚性赔偿制度、民事赔偿责任优先原则、虚假广告中推荐食品者承担连带责任，发挥了很好的作用。修订后的《食品安全法》可以增加以下制度。一是法律责任连带制度。网络食品交易平台提供者未履行法定管理义务致使食品消费者受到侵害的，网络食品交易平台提供者应当与食品经营者承担连带责任。设计、制作、发布食品虚假广告，使消费者的合法权益受到损害的，食品虚假广告的设计者、制作者、发布者与食品产业经营者承担连带责任。二是最低额赔偿制度。生产不符合食品安全标准的食品，或者销售明知是不符合食品安全标准的食品，消费者可以向生产者或者销售者要求支付价款十倍或者损失三倍的赔偿金。赔偿的金额不足一定数量金额的，赔偿一定数量的金额。三是举证责任有限倒置制度。食品生产经营者提供的食品造成他人损害的，应当承担侵权责任。食品生产经营者应当就法律规定的不承担责任或者减轻责任的情形承担举证责任。

法律是创造新生活的艺术。构建理念现代、价值和谐、制度完备、机制健全的食品安全法律制度，还应当在《食品安全法》修订中注意把握好目标与方式、综合与具体、粗放与细密、强制与任意、继承与创新等诸多关系，进一步增强食品安全法律制度的科学性和有效性。

第六节　以科学理念完善食品安全法律制度[①]

《食品安全法》的颁布实施，对规范我国食品生产经营活动、加强食

① 徐景波：“以科学的理念完善食品安全法律制度”，载《经济研究导刊》2013 年第 29 期。

品安全监督管理、提高食品安全水平，发挥了重要的作用。随着我国食品产业的快速发展、食品安全需求的不断提升和食品安全监管力度的持续加大，《食品安全法》的部分内容已不能完全适应经济社会发展的需要，需要尽快予以修订完善。多年的食品安全监管实践启示我们，必须从我国现实国情出发，以科学的理念为指导来修订《食品安全法》。

一、将风险治理理念贯彻到底

在食品安全治理理念中，风险治理理念为核心理念、第一理念，其他理念大都由风险治理理念所派生或者所延伸。风险治理理念的提出对全球食品安全工作具有根本性、全局性和方向性的重大影响。20 世纪 90 年代以来，一些危害人类生命健康的重大食品安全事件不断发生，在应对这些重大事件中，国际社会逐步探索出了以科学为依据的食品安全管理方式，食品安全风险分析模式应运而生。

风险分析模式主要包括风险评估、风险管理与风险交流。风险评估主要是从技术的角度来认识食品安全风险，风险管理主要是从行政的角度来解决食品安全风险，而风险交流主要是从社会的角度来应对食品安全风险。我国《食品安全法》确立了食品安全风险监测和食品安全风险评估制度，这标志着我国食品安全治理正逐步从结果治理向过程治理、从经验治理向科学治理、从传统治理向现代治理转变。

风险是众多管理科学面临的主题。食品安全领域是充满风险的领域，安全与风险对立统一、此消彼长。多年的监管实践表明，只有从安全与风险的对立统一中把握食品安全，才能准确地把握食品安全的真谛。当前，贯彻科学发展观，应当进一步强化食品安全风险治理，将风险治理理念贯彻到底，以其统领食品安全工作的全局。

首先，应当将风险治理原则确定为食品安全治理的基本原则。所谓基本原则是指贯穿于食品安全治理全过程和各方面的原则。风险遍布于食品生产经营的全过程，有必要强化从农田到餐桌食品生产经营全程治理，尤其要强化源头治理和过程控制；风险来源于社会的许多方面，有必要强化食品安全的社会治理；破解食品安全难题需要专业机构、队伍和人员，有必要强化食品安全专业治理；食品安全风险具有复杂性和隐蔽性，只有积极主动才能及时有效发现问题，有必要强化食品安全的能动治理。

其次，应当将分类治理制度确定为食品安全治理的基本制度。长期以来，在食品安全领域，往往基于业态、规模、产权等要素对食品企业进行分类。严格说来，这一分类并没有抓住食品安全治理的本质和精髓。食品安全与食品风险是相对应的概念。从绝对的意义上看，风险无处不在、无时不有；而从相对的意义上看，风险有轻有重、有缓有急。治理的基本策略是分类治理、分步实施。有必要从风险的角度对食品企业进行科学的分类分级，政府可以根据风险程度确定食品安全监管的重点、方式和频次。这样不仅可以节约监管资源，也可以提高监管效能。

再次，应当进一步完善食品安全风险治理的具体制度。为实现全程治理，在新体制下有必要明确农业行政部门负责的食用农产品质量安全监管、食品药品监管部门负责的食品生产经营监管的关系；为实现社会治理，有必要建立食品安全风险交流制度，鼓励和支持监管部门、评估机构、食品企业、行业协会、新闻媒体、消费者等，按照科学、客观、及时、公开的原则，开展食品安全风险交流；为实现能动治理，有必要建立食品企业生产经营状况自查制度，以便及时发现解决风险；为实现专业治理，有必要建立食品企业管理人员职业资格制度，不断提升食品安全管理人员的职业素养。

二、将社会治理理念发扬光大

食品是人类社会赖以生存和发展的最重要物质资料。与其他产品相比，食品作为人类生存的必需品，拥有最广泛的利益相关者。食品安全关系着每个人的每一天。联合国粮农组织和世界卫生组织在《保障食品的安全和质量：强化国家食品控制体系指南》中强调指出，一国建立、更新、强化或者改革食品安全治理体系时，必须充分考虑加强食品治理活动基础的若干原则及其意义，要充分认识食品治理人人有责，需要所有的利益相关者积极合作。

食品安全问题是个重大的社会问题。食品安全风险来源的广泛性、食品安全风险影响的社会性、食品安全治理措施的综合性等多种因素，决定了食品安全应当实行社会治理。破解食品安全这一重大社会问题，必须依靠社会多方的智慧和力量。破解食品安全难题是新时期一场广泛而持久的人民战争。

《食品安全法》确立了食品安全社会治理理念。如食品行业协会应当加强行业自律，引导食品生产经营者依法生产经营，推动行业诚信自律，宣传、普及食品安全知识。国家鼓励社会团体、基层群众性自治组织开展食品安全法律、法规以及食品安全标准和知识的普及工作，倡导健康的饮食方式，增强消费者食品安全意识和自我保护能力。新闻媒体应当开展食品安全法律、法规以及食品安全标准和知识的公益宣传，并对违法行为进行舆论监督。任何组织或者个人有权举报食品生产经营中的违法行为，有权向有关部门了解食品安全信息，对食品安全监督管理工作提出意见和建议。这些制度有着丰富的发展内涵和广阔的拓展空间。

必须深刻地看到，将食品安全社会治理仅仅停留在治理理念的层次上既不充分、也不深刻。艰巨的任务是如何建立行之有效的制度机制使食品安全社会共治得到真正落实。必须坚持大社会安全观，通过科学的制度机制安排协调好政府、部门、企业、行业、公众、媒体等多方面的关系，充分调动社会各方面的积极性、主动性和创造性，形成纵横交错、密切协作、职责清晰的食品安全治理网络，共同保障食品安全。

首先，应当把社会治理作为食品安全治理的重要原则。作为治理原则和治理策略，社会治理在一定程度上反映着治理的视野和胸怀。当前，食品安全问题敏感、复杂、艰巨，公众对于食品安全问题可谓关注度高、满意度低，参与度高、容忍度低，期望值高、信赖值低。在此特殊历史时期，加强食品安全社会治理、形成食品安全社会共治，有利于形成食品安全治理的命运共同体，群策群力破解食品安全难题。

其次，应当加快建立食品安全社会治理的基本格局。食品安全社会治理涉及众多主体。在这些主体中，有的是权力持有者，有的是义务承担者；有的是私利益追逐者，有的是公益维护者。应当精心组织、科学安排、积极引导、有序推进，加快构建企业负责、政府监管、行业自律、社会监督的食品安全社会治理大格局。

再次，应当加快建立食品安全社会治理的有效机制。如建立食品安全有奖举报制度，鼓励社会各界积极举报食品安全违法犯罪行为。建立食品安全责任强制保险制度，食品生产经营企业应当按照国家有关规定投保食品安全责任强制险，以保障消费者的切身利益。建立企业管理体系社会专业评价制度，鼓励社会专业机构开展食品安全管理体系评价。

三、将责任治理理念落实到位

食品安全法律关系的内容是食品安全权利义务关系。为保证食品安全，保障公众身体健康和生命安全，《食品安全法》规定了食品企业、监管部门、地方政府、检验机构、行业协会、社会团体等在食品安全方面的责任。随着食品安全形势的发展和治理力度的加大，食品安全责任体系需要进一步完善。

当前，在食品安全责任治理方面还存在以下突出问题。一是责任配置不够科学。企业责任与政府责任、政治责任与法律责任、行政责任和刑事责任等，划分还不够合理、衔接还不够密切。二是履职保障不够有力。基层普遍存在资金匮乏、人力不足、手段落后的现象。三是责任落实不够到位。一些地方忙于经济发展，食品安全监管若有若无，时隐时现，监管难以到位。四是失职追究不够严格。由于举证难、调查难、鉴定难，有些失职渎职人员并没有受到法律的严惩。

首先，应当强化食品安全权利义务关系的科学配置。食品生产经营企业义务的核心内容是严格执行食品安全法律标准，加强生产经营管理，保证食品安全。食品生产经营的最终目的在于满足消费，食品消费的基本前提是食品必须安全。生产经营安全的食品是食品企业对社会的基本义务，是食品企业得以存续与发展的基本条件。法律可以为食品企业设定义务，但尽善尽美的法律是不存在的。诚信自律是企业从事生产经营活动的第一原则。诚信自律可以弥补成文法律的缺陷。政府及其监管部门责任的核心是严格依法履行监管职责，最大限度地发现风险，最大限度地保证安全。社会专业服务机构责任的核心是依法依约开展风险监测、风险评估、安全认证、安全评价等。

其次，应当保障食品安全责任主体履行义务所需要的基本条件。从食品企业来看，企业应当拥有专职管理人员从事风险防控。有必要建立食品安全管理人员职业资格制度，以提升食品安全管理人员的职业素养。从政府及其监管部门来看，有必要保障各级政府监管部门履行职责所必需的基本条件。国务院有关部门应当制定食品安全监管能力建设标准，明确各级人民政府食品安全监管能力建设要求。县级以上地方政府应当将食品安全监管工作经费纳入同级政府财政预算。从社会专业机构来看，检验机构、鉴定机构、监测机构、评估机构、评价机构等社会组织应当适应食品安全发展的需要不断提升技术支撑的能力和水平。

再次，应当明确食品安全责任主体不履行食品安全义务的法律责任。尤其要加大对故意违法违规行为的惩处力度。在充分利用行政手段、刑事手段的同时，更要充分利用民事手段，强化对检验机构、鉴定机构、监测机构、评估机构、评价机构出具虚假结论或者意见，给企业或者消费者造成损失的制裁措施。

四、将效能治理理念摆上日程

食品安全治理的首要目标、根本目标是安全。但研究食品安全问题，不仅需要从政治的角度来驾驭，也需要从经济的角度来把握。除了安全的目标外，还必须考虑效能的目标，这是食品安全治理持续发展的重要前提。食品安全治理应当注重治理投入与治理产出的关系，努力以最小的投入获得最大的效益。食品安全治理必须走科学的发展道路，减少治理成本，提高监管效率，促进良性发展，实现食品安全和经济效益的共同提升。

影响食品安全治理效能的因素很多，这里既有宏观层面的问题，如食品安全监管体制；也有中观层面的问题，如食品安全监管方式；也有微观层面的问题，如食品安全监管行为。不同的路径或者方案选择，往往会产生不同的效能。科学的监管理念、监管体制、监管法制、监管方式、监管行为等，往往会产生积极的监管效能，从而促进食品安全治理水平的提高；反之，则有可能阻碍食品安全治理水平。

首先，应当将食品安全效能治理作为食品安全治理的重要原则。实行食品安全风险治理的目的就是要最大限度地实现食品安全治理效能。食品安全监管部门可以根据风险情况确定监管的重点、方式和频次等，进一步增强监管工作的科学性、针对性和有效性。国家应当建立统一的食品安全信息平台，依法公布食品安全信息。地方各级人民政府应当整合食品安全检验资源、信息资源等，实现食品安全资源共享，实现内涵式集约化发展。

其次，应当创新食品安全治理机制以提升食品安全治理效能。机制，不仅包括作为事物运行的载体或者平台，还包括事物运行的机理或者动力。机制的核心功能是整合资源、形成合力、落实责任、形成动力。多年的监管实践证明，缺乏机制支撑的法律往往沦为“死法”，难以发挥出预期的作用。要使“书面上”的法律变成“行动中”的法律，应当积极创新机制，如建立责任约谈机制。对于在生产经营过程中存在安全隐患、未及时采取措施消除的食品企业，食品安全监管部门可以对其法定代表人或者主要负责人进行责任约谈；建立绩效考核机制。各级人民政府对在食品安全工作中取得显著成绩的单位和个人，应当及时给予表彰奖励；建立有奖举报机制。县级以上地方政府应当落实财政专项资金，对查证属实的举报，应当给予必要的奖励。

再次，应当创新食品安全治理方式以提升食品安全治理效能。当今世界，继治理理念创新、治理体制创新、治理法制创新、治理机制创新后，治理方式创新已被摆上了重要位置。有必要总结国内外有益经验，建立食品安全飞行检查制度。对涉嫌违反法律规定，有可能造成严重危害或者重大社会影响的食品生产经营企业，上级食品安全监管部门可以对其实施突击性现场检查；建立食品安全企业自查制度，由食品企业的法定代表人、主要负责人或者食品安全管理人员对食品安全法律法规和标准执行情况进行自我检查，从而实现自我约束、自我提高；建立食品安全社会评价制度，由食品企业定期聘请社会专业机构对企业生产经营管理体系进行专业评价，食品企业应当将评价结果及时报监督管理部门备案。在市场经济条件下，民事手段是第一手段。凡是能运用民事手段处理的问题应当尽可能运用民事手段。如明知或者应知食品广告虚假仍设计、制作、发布，使消费者的合法权益受到损害的，广告的设计者、制作者、发布者应当与食品生产经营者承担连带责任。

第七节　新食品安全法更接地气更贴基层①

2015 年 4 月 24 日第十二届全国人民代表大会常务委员会第十四次会议审议通过了新《食品安全法》，这部新法律被称为“史上最严”的食品安全法，受到多方面的点赞。新《食品安全法》全面贯彻了新时期党中央、国务院有关加强食品安全工作的新思想、新论断、新要求，通过监管理念、体制、制度、机制、方式等创新，着力解决食品安全工作中存在的突出问题，进一步增强监管工作的科学性和有效性。《食品安全法》的修订坚持问题导向和实践导向，在坚持国际视野的同时，立足我国基本国情，积极回应社会关切，许多制度设计体现新思维，更加“接地气”“贴基层”，更加弘扬法治精神，更加彰显公平正义。

一、建立食品安全风险交流制度

风险是理解食品安全工作的一把“金钥匙”。我国的食品产业是世界食品产业的缩影。我国食品安全风险具有多样性、复杂性、广泛性、叠加性、高发性等特点，现行的《食品安全法》有技术层面和管理层面的风险监测、风险评估、风险预警、风险警示等内容，却没有社会层面的风险交

① 徐景波：“新《食品安全法》更接地气更贴基层”，载《中国食品安全报》2015 年 5 月 12 日。

流制度。为推进食品安全风险交流的有序健康发展，从我国现实国情出发，新《食品安全法》第23条规定："县级以上人民政府食品药品监督管理部门和其他有关部门、食品安全风险评估专家委员会及其技术机构，应当按照科学、客观、及时、公开的原则，组织食品生产经营者、食品检验机构、认证机构、食品行业协会、消费者协会以及新闻媒体等，就食品安全风险评估信息和食品安全监督管理信息进行交流沟通。"

二、限定食品安全地方标准的条件和范围

食品安全标准分为国家标准、地方标准和企业标准。现行《食品安全法》规定："没有食品安全国家标准的，可以制定食品安全地方标准。"该规定执行后发现，在食品安全国家标准没有出台前，有些地方制定了食品安全地方标准，这些标准规定不一，给食品的全国流通带来了一定的障碍，成为地方实施保护主义的"挡箭牌"。为切实解决此问题，新《食品安全法》限定了制定食品安全地方标准的条件和范围，第29条规定："对地方特色食品，没有食品安全国家标准的，省、自治区、直辖市人民政府卫生行政部门可以制定并公布食品安全地方标准，报国务院卫生行政部门备案。食品安全国家标准制定后，该地方标准即行废止。"

三、重新界定企业标准的属性和效力

现行《食品安全法》规定："企业生产的食品没有食品安全国家标准或者地方标准的，应当制定企业标准，作为组织生产的依据。国家鼓励食品生产企业制定严于食品安全国家标准或者地方标准的企业标准。企业标准应当报省级卫生行政部门备案，在本企业内部适用。"该规定表明：一是企业标准制定的前提是"企业生产的食品没有食品安全国家标准或者地方标准的"；二是企业标准"在本企业内部适用""作为组织生产的依据"。那么，企业违反企业食品标准而没有违反食品安全国家标准或者食品安全地方标准，监管部门是否应当给予企业以行政处罚，各地认识不同、掌握不一。事实上，企业的标准具有综合性，既包括食品安全方面的

指标，也包括食品质量方面的内容。2015 年 3 月 11 日《国务院关于印发深化标准化工作改革方案的通知》（国发〔2015〕13 号）提出：“放开搞活企业标准。企业根据需要自主制定、实施企业标准。鼓励企业制定高于国家标准、行业标准、地方标准，具有竞争力的企业标准。建立企业产品和服务标准自我声明公开和监督制度，逐步取消政府对企业产品标准的备案管理，落实企业标准化主体责任。鼓励标准化专业机构对企业公开的标准开展比对和评价，强化社会监督。”为适应新时期我国标准工作发展的需要，新《食品安全法》第 30 条规定：“国家鼓励食品生产企业制定严于食品安全国家标准或者地方标准的企业标准，在本企业适用，并报省、自治区、直辖市人民政府卫生行政部门备案。”对于违反企业食品标准而没有违反食品安全国家标准或者食品安全地方标准的行为，新《食品安全法》没有规定相应的处罚。这更符合企业食品标准的定位，也有利于企业制定“具有竞争力的企业标准”。

四、加强食品生产经营小单位的监管

长期以来，我国存在大量的食品生产经营小单位，如食品生产加工小作坊、食品摊贩、小食杂店等。我国幅员辽阔，各地食品生产经营小单位差别明显。为从实际情况出发有效解决食品生产经营小单位的食品安全问题，新《食品安全法》从以下几个方面进行了创新。一是扩大食品生产经营小单位的范围。在“食品生产加工小作坊和食品摊贩”的基础上增加“等”字，由各地从本地实际出发，增加小食杂店等其他食品生产经营小单位。二是明确食品生产经营小单位的监管部门。新《食品安全法》第 36 条第 1 款规定：“食品生产加工小作坊和食品摊贩等从事食品生产经营活动，应当符合本法规定的与其生产经营规模、条件相适应的食品安全要求，保证所生产经营的食品卫生、无毒、无害，食品药品监督管理部门应当对其加强监督管理。”三是明确地方政府对食品生产经营小单位进行综合治理。新《食品安全法》第 36 条第 2 款规定：“县级以上地方人民政府应当对食品生产加工小作坊、食品摊贩等进行综合治理，加强服务和统一规划，改善其生产经营环境，鼓励和支持其改进生产经营条件，进入集中交易市场、店铺等固定场所经营，或者在指定的临时经营区域、时段经营。”四是具体管理办法由省、自治区、直辖市制定。新《食品安全法》第 36 条第 3 款规定：“食品生产加工小作坊和食品摊贩等的具体管理办法由省、自治区、直辖市制定。”也就是说，食品生产经营小单位的具体管理办法，既可以由省、自治区、直辖市人民代表大会常务委员会制定，也可以由省、自治区、直辖市政府制定。五是对食品生产经营小单位的处罚依据具体管理办法执行。《食品安全法》第 127 条规定：“对食品生产加工小作坊、食品摊贩等的违法行为的处罚，依照省、自治区、直辖市制定的具体管理办法执行。”

五、食品经营者可按照国家标准使用食品添加剂

食品添加剂，是指为改善食品品质和色、香、味以及为防腐、保鲜和加工工艺的需要而加入食品中的人工合成或者天然物质，包括营养强化剂。长期以来，法律和标准对食品生产者使用食品添加剂都有明确的要求，而对食品经营者能否使用食品添加剂则没有规定。随着食品产业的快速发展和食品业态的不断演变，有的食品生产企业与餐饮服务单位（如中央厨房、集体用餐配送单位）间的区分日趋模糊。从实际情况出发，对餐饮服务单位使用食品添加剂作出明确规定，是规范食品生产经营活动、强化食品安全监管的需要。新《食品安全法》第 40 条规定：“食品生产经营者应当按照食品安全国家标准使用食品添加剂。”当前，应当加快食品安全国家标准工作步伐，明确食品添加剂在餐饮服务领域可以使用的范围和限量。

六、强制年度健康体检范围受到限制

要求食品生产经营人员进行年度健康体检，长期以来是我国食品安全监管的一项重要制度。现行《食品安全法》第 34 条规定：“食品生产经营者应当建立并执行从业人员健康管理制度。患有痢疾、伤寒、病毒性肝炎等消化道传染病的人员，以及患有活动性肺结核、化脓性或者渗出性皮

肤病等有碍食品安全的疾病的人员，不得从事接触直接入口食品的工作。食品生产经营人员每年应当进行健康检查，取得健康证明后方可参加工作。”由于企业食品从业人员的工作岗位不同，接触的食品有所不同，带来的风险也有所不同，新《食品安全法》第 45 条规定：“食品生产经营者应当建立并执行从业人员健康管理制度。患有国务院卫生行政部门规定的有碍食品安全疾病的人员，不得从事接触直接入口食品的工作。从事接触直接入口食品工作的食品生产经营人员应当每年进行健康检查，取得健康证明后方可上岗工作。”

七、食品记录和凭证保存期限更加灵活

保存食品原料、食品添加剂、食品相关产品进货、出厂记录和凭证，是落实食品生产经营者主体责任、强化食品安全追溯管理的重要手段。现行《食品安全法》规定，食品生产者的食品原料、食品添加剂、食品相关产品进货查验记录，保存期限不得少于二年；食品企业的食品出厂检验记录，保存期限不得少于二年；食品经营者的食品进货查验记录，保存期限不得少于二年。许多食品企业反映，食品保质期限不一，统一规定食品相关记录保存期限不得少于二年，将造成资源的巨大浪费。新《食品安全法》规定，记录和凭证保存期限不得少于产品保质期满后六个月；没有明确保质期的，保存期限不得少于二年；食用农产品销售记录和凭证保存期限不得少于六个月。

八、实施三级召回的食品可以继续销售

根据问题食品的风险程度，问题食品的召回可以分为三级。为全面落实食品安全分级分类管理的要求，有必要对不同级别的问题食品实行不同的处理措施。新《食品安全法》第 63 条规定：“食品生产经营者应当对召回的食品采取无害化处理、销毁等措施，防止其再次流入市场。但是，对因标签、标志或者说明书不符合食品安全标准而被召回的食品，食品生产者在采取补救措施且能保证食品安全的情况下可以继续销售；销售时应

当向消费者明示补救措施。”按照上述规定，实施三级召回的食品可以继续销售的前提是：问题食品被召回的原因是食品标签、标志或者说明书不符合食品安全标准；食品生产者在采取补救措施后能保证食品安全；销售食品时应当向消费者明示补救措施。

九、确定食品中有害物质的临时限量值和临时检验方法

《食品安全法》对食品安全标准的制定与公布作出了具体的规定。实践中有时会遇到经过食品安全风险评估结果证明食品存在安全隐患但执法中缺乏相应的食品安全标准的现象。为了规范食品生产经营和行政执法行为，有效保障公众饮食安全，新《食品安全法》第 111 条规定：“对食品安全风险评估结果证明食品存在安全隐患，需要制定、修订食品安全标准的，在制定、修订食品安全标准前，国务院卫生行政部门应当及时会同国务院有关部门规定食品中有害物质的临时限量值和临时检验方法，作为生产经营和监督管理的依据。”

十、强化内部举报人权益保障

在总结各地区和有关部门食品安全有奖举报制度实施经验的基础上，新《食品安全法》确立了食品安全有奖举报制度。该法第 115 条规定：“县级以上人民政府食品药品监督管理、质量监督等部门应当公布本部门的电子邮件地址或者电话，接受咨询、投诉、举报。接到咨询、投诉、举报，对属于本部门职责的，应当受理并在法定期限内及时答复、核实、处理；对不属于本部门职责的，应当移交有权处理的部门并书面通知咨询、投诉、举报人。有权处理的部门应当在法定期限内及时处理，不得推诿。对查证属实的举报，给予举报人奖励”。为了保护举报人，尤其是内部举报人的合法权益，该法还明确规定：“有关部门应当对举报人的信息予以保密，保护举报人的合法权益。举报人举报所在企业的，该企业不得以解除、变更劳动合同或者其他方式对举报人进行打击报复”；“违反本法规定，对举报人以解除、变更劳动合同或者其他方式打击报复的，应当依照

有关法律的规定承担责任。”

十一、县级食品药品监管部门可以设立派出机构

长期以来，我国食品安全工作的重点在基层、在基础。然而，由于各方面条件的制约，目前在广大基层，尤其是乡镇，食品安全监管力量十分薄弱。2012 年 6 月 23 日《国务院关于加强食品安全工作的决定》（国发〔2012〕20 号）提出，要强化基层食品安全管理工作体系，推进食品安全工作重心下移、力量配置下移，强化基层食品安全管理责任。2013 年 4 月 10 日《国务院关于地方改革完善食品药品监督管理体制的指导意见》（国发〔2013〕18 号）提出，要健全基层管理体系，县级食品药品监督管理机构可在乡镇或区域设立食品药品监管派出机构，要充实基层监管力量，配备必要的技术装备，填补基层监管执法空白，确保食品和药品监管能力在监管资源整合中都得到加强。2014 年 9 月 28 日《国务院办公厅关于进一步加强食品药品监管体系建设有关事项的通知》（国办发明电〔2014〕17 号）提出，要健全从中央到地方直至基层的食品药品监管体制，把监管触角延伸到基层和乡镇（社区），打通监管执法的“最后一公里”，消除监管死角盲区，着力防范区域性、系统性风险。新《食品安全法》从我国现实国情出发，贯彻中央关于建立统一权威的食品药品监管机构的要求，明确规定：“县级人民政府食品药品监督管理部门可以在乡镇或者特定区域设立派出机构”，这从法律层面进一步强化了基层食品安全监管机构建设。

十二、对突出贡献者给予表彰和奖励

食品安全问题属于重大的社会问题。多年来，无论是食品安全监管部门、地方政府、消费者组织、检验机构、认证机构、新闻媒体，还是食品生产经营企业、行业协会、专业学者等，为提升我国食品安全工作水平做出了重要贡献，推动了我国食品安全工作稳中向好。为树立新形象、传播正能量、激发社会各界积极参与食品安全监督，新《食品安全法》充分反

映了社会的呼声，第 13 条规定：“对在食品安全工作中做出突出贡献的单位和个人，按照国家有关规定给予表彰、奖励。”

十三、食品安全宣传报道应当真实公正

近年来，新闻媒体积极开展食品安全宣传，揭露食品安全违法犯罪行为，宣传食品安全工作先进事迹，在食品安全社会共治中发挥了不可替代的作用。然而，也要看到，个别新闻媒体虚假报道，恶意炒作，严重损害了广大消费者的利益和食品产业的健康发展，扰乱了正常的社会秩序。为进一步强化新闻媒体的社会责任，新《食品安全法》第 10 条规定：“新闻媒体应当开展食品安全法律、法规以及食品安全标准和知识的公益宣传，并对食品安全违法行为进行舆论监督。有关食品安全的宣传报道应当真实、公正。”为增强上述规定的权威性，新《食品安全法》第 140 条和 141 条规定：“社会团体或者其他组织、个人在虚假广告或者其他虚假宣传中向消费者推荐食品，使消费者的合法权益受到损害的，应当与食品生产经营者承担连带责任”；“违反本法规定，编造、散布虚假食品安全信息，构成违反治安管理行为的，由公安机关依法给予治安管理处罚。媒体编造、散布虚假食品安全信息的，由有关主管部门依法给予处罚，并对直接负责的主管人员和其他直接责任人员给予处分；使公民、法人或者其他组织的合法权益受到损害的，依法承担消除影响、恢复名誉、赔偿损失、赔礼道歉等民事责任。”

十四、加大对生产经营“累犯”的处罚

有些食品生产经营者责任意识、风险意识、安全意识、法治意识淡薄，违法行为接连不断。对这种“大错不犯、小错不断”的食品生产经营者，新《食品安全法》按照从严监管的要求，第 134 条规定：“食品生产经营者在一年内累计三次因违反本法规定受到责令停产停业、吊销许可证以外处罚的，由食品药品监督管理部门责令停产停业，直至吊销许可证。”

十五、对无过错经营者给予减轻处罚

《食品安全法》规定了食品经营者的索证索票、进货查验等义务，但没有规定食品经营者对采购的食品履行检验的义务。有时食品经营者履行了进货查验等义务，但其销售的食品可能不符合食品安全标准，有的职业打假人要求其承担惩罚性赔偿的义务。为公平合理分配食品安全责任，共同维护社会诚信，新《食品安全法》第136条规定："食品经营者履行了本法规定的进货查验等义务，有充分证据证明其不知道所采购的食品不符合食品安全标准，并能如实说明其进货来源的，可以免予处罚，但应当依法没收其不符合食品安全标准的食品；造成人身、财产或者其他损害的，依法承担赔偿责任。"该规定对无过错的经营者给予了减轻处罚，其前提是：履行了进货查验等义务；有充分证据证明其不知道所采购的食品不符合食品安全标准；能够如实说明其进货来源。

十六、确立损失赔偿首负责任制

消费者因不符合食品安全标准的食品受到损害的，有时向经营者要求赔偿损失，有时向生产者要求赔偿损失，两者之间往往相互推诿。为有效解决此问题、切实保护消费者的利益，新《食品安全法》第148条第1款规定："消费者因不符合食品安全标准的食品受到损害的，可以向经营者要求赔偿损失，也可以向生产者要求赔偿损失。接到消费者赔偿要求的生产经营者，应当实行首负责任制，先行赔付，不得推诿；属于生产者责任的，经营者赔偿后有权向生产者追偿；属于经营者责任的，生产者赔偿后有权向经营者追偿。"

十七、增加惩罚性赔偿金数额

对于生产不符合食品安全标准的食品或者经营明知是不符合食品安全标准的食品，现行《食品安全法》第96条规定，消费者除要求赔偿损失外，还可以向生产者或者销售者要求支付价款十倍的赔偿金。考虑到有些食品价款偏低，价款十倍的赔偿金仍起不到惩罚性赔偿的作用，新《食品安全法》第148条第2款规定："生产不符合食品安全标准的食品或者经营明知是不符合食品安全标准的食品，消费者除要求赔偿损失外，还可以向生产者或者经营者要求支付价款十倍或者损失三倍的赔偿金；增加赔偿的金额不足一千元的，为一千元"。该规定赋予了消费者的诉讼选择权，同时确定了最低赔偿金数额。

十八、标签说明书一般瑕疵免除惩罚性赔偿

食品生产经营者生产经营的不符合食品安全标准的食品，常常表现为多种情形。对于食品的标签、说明书存在不影响食品安全且不会对消费者造成误导的瑕疵的，是否适用惩罚性赔偿规定，实践中存在不同认识，许多职业打假人要求企业支付惩罚性赔偿金。修订后的《食品安全法》第148条第2款规定："食品的标签、说明书存在不影响食品安全且不会对消费者造成误导的瑕疵的除外。"也就是说，食品的标签、说明书存在不影响食品安全且不会对消费者造成误导的瑕疵的，不适用"惩罚性赔偿金"的规定。

第八节　食品安全的风险与责任①

新修订的《食品安全法》已于2015年4月24日由第十二届全国人大常委会第十四次会议高票审议通过。《食品安全法》的修订全面贯彻了新时期党中央、国务院有关加强食品安全工作的新思想、新论断、新要求，通过监管理念、制度、机制、方式等创新，着力解决食品安全工作中存在的突出问题，进一步增强监管工作的科学性、针对性和有效性，全面提升食品安全保障水平。新修订的《食品安全法》由现有的104条增加到154条；字数由1.5万字增加到3万字，法律责任由15条增加到28条，

① 徐景和："风险与责任"，载《中国食品安全报》2015年6月30日。

被称为“史上最严的食品安全法”，在中国食品安全法治史上具有新的“里程碑”意义。对新修订的《食品安全法》可以进行多角度解读，从多年的治理实践来看，风险和责任是把握食品安全工作的重要视角。

一、风险全面防控

风险是把握食品安全的一把“金钥匙”。人类自诞生之日起，就与食品安全风险进行了长期的斗争。风险治理理念的提出，标志着食品安全治理从经验治理到科学治理、从传统治理到现代治理的转变，标志着人类对食品安全的认识进入了新的历史阶段，同时也标志着食品安全治理新时代的到来。因此，风险治理理念的提出，在食品安全发展史上具有“转折点”的重大意义。

从对立统一规律看，安全与风险对立统一、相互依存、此消彼长，只有在安全与风险的“对立”中研究食品安全，才能把握食品安全的奥妙；也只有在安全与风险的“统一”中研究食品安全，才能把握食品安全的真谛。抓住了食品安全的风险点，就抓住了食品安全工作的切入点、着力点和制高点，就抓住了食品安全全部工作的核心、本质和要义。

我国食品安全风险具有复杂性、广泛性、多样性、叠加性等许多特点，围绕食品安全风险的全面防控，新修订的《食品安全法》确立了“食品安全工作实行预防为主、风险管理、全程控制、社会共治，建立科学、严格的监督管理制度”的总要求，进一步强化了食品安全风险治理制度。主要表现在以下几个方面。

（一）建立食品安全风险分级制度

从绝对意义上看，风险无处不在、无时不有，但从相对意义上看，有轻有重、有缓有急，从治理策略上看，则要求分类治理、分步实施。《食品安全法》第 8 章“监督管理”的第 1 条就确立了食品安全风险分级制度，即食品安全监管部门根据食品安全风险监测、风险评估结果和食品安全状况等，确定监督管理的重点、方式和频次，实施风险分级管理。

风险分级既是食品安全监管的重要制度，更是食品安全治理的基本原则。新修订的《食品安全法》按照风险管理的要求，确立了“具有较高程度安全风险的食品”“具有较高风险的食品相关产品”“发生食品安全事故风险较高的食品生产经营者”“食品安全系统性风险”等基本概念，目的在于对不同程度风险的食品实行不同的等级监管，在全面治理的基础上强化重点治理，进一步增强治理工作的科学性、针对性和有效性。

（二）建立食品安全风险交流制度

2006 年联合国粮农组织、世界卫生组织在《食品安全风险分析——国家食品安全监管机构指南》中确立了食品安全风险分析模式，即风险评估、风险管理和风险交流，这标志着食品安全治理范式走上成熟定型阶段。新修订的《食品安全法》在完善食品安全风险监测、风险评估的基础上，确立了食品安全风险交流制度。该法第 23 条规定，县级以上人民政府食品药品监督管理部门和其他有关部门、食品安全风险评估专家委员会及其技术机构，应当按照科学、客观、及时、公开的原则，组织食品生产经营者、食品检验机构、认证机构、食品行业协会、消费者协会以及新闻媒体等，就食品安全风险评估信息和食品安全监督管理信息进行交流沟通。该条确立了食品安全风险交流的原则、内容、组织者和参与者，完善了我国食品安全治理结构，有利于推动食品安全社会共治、实现食品安全风险交流的有序开展。

（三）建立食品安全风险自查制度

在信息化、互联网、大数据时代，食品安全风险更加复杂、多样、广泛、隐蔽，只有食品生产经营者才能对其生产经营活动了如指掌。为切实落实食品安全责任，新修订的《食品安全法》第 47 条规定，食品生产经营者应当建立食品安全自查制度，定期对食品安全状况进行检查评价。生产经营条件发生变化、不再符合食品安全要求的，食品生产经营者应当立即采取整改措施；有发生食品安全事故潜在风险的，应当立即停止食品生产经营活动，并向所在地县级人民政府食品药品监督管理部门报告。该法第 83 条规定，生产保健食品，特殊医学用途配方食品、婴幼儿配方食品和其他专供特定人群的主辅食品的企业，应当按照良好生产规范的要求建立与所生产食品相适应的生产质量管理体系，定期对该体系的运行情况进行自查，保证其有效运行，并向所在地县级人民政府食品药品监督管理部门提交自查报告。该法确定了风险自查与隐患整改相结合、与结果报告相结合，有利于促进食品安全经营者按照预防为主的原则，及时排查和消除食品安全风险。

（四）建立食品安全责任约谈制度

食品安全责任约谈是政府强化食品安全行政指导的具体措施，体现了食品安全工作预防为主的原则。新修订的《食品安全法》确定了两类责任约谈。一是对企业的责任约谈。《食品安全法》第 114 条规定，食品生产经营过程中存在食品安全隐患，未及时采取措施消除的，县级以上人民政府食品药品监督管理部门可以对食品生产经营者的法定代表人或者主要负责人进行责任约谈。二是对政府或者监管部门的责任约谈。《食品安全法》第 117 条规定，县级以上人民政府食品药品监督管理等部门未及时发现食品安全系统性风险、未及时消除监督管理区域内的食品安全隐患的，本级人民政府可以对其主要负责人进行责任约谈。地方人民政府未履行食品安全职责、未及时消除区域性重大食品安全隐患的，上级人民政府可以对其主要负责人进行责任约谈。为强化两类约谈的实施效果，法律规定了以下两个方面的直接要求：一为及时进行整改。被约谈后，食品生产经营者应当立即采取措施进行整改，消除隐患。被约谈的食品药品监督管理部门、地方人民政府应当采取措施，对食品安全监督管理工作进行整改。二为约谈及整改情况纳入档案或者记录。责任约谈情况和整改情况应当分别纳入食品生产经营者食品安全信用档案、地方人民政府和有关部门食品安全监督管理工作评议、考核记录。

（五）建立食品安全全程追溯制度

为强化食品安全风险的全程控制，新修订的《食品安全法》明确了国家建立食品安全全程追溯制度、部门间建立食品安全全程追溯机制和企业建立食品安全追溯体系的义务。《食品安全法》第 42 条规定，国家建立食品安全全程追溯制度。食品生产经营者应当依照本法的规定，建立食品安全追溯体系，保证食品可追溯。国家鼓励食品生产经营者采用信息化手段采集、留存生产经营信息，建立食品安全追溯体系。国务院食品药品监督管理部门会同国务院农业行政等有关部门建立食品安全全程追溯协作机制。

（六）完善问题食品召回制度

问题食品召回分为生产者召回和经营者召回。新修订的《食品安全法》在扩大食品召回范围、确定食品生产者召回义务的基础上，增加了经营者召回的义务。食品经营者发现其经营的食品不符合食品安全标准或者有证据证明可能危害人体健康的，应当立即停止经营，通知相关生产经营者和消费者，并记录停止经营和通知情况。与此同时，新法还规定，食品生产经营者应当将食品召回和处理情况向所在地县级人民政府食品药品监督管理部门报告；需要对召回的食品进行无害化处理、销毁的，应当提前报告时间、地点。食品药品监督管理部门认为必要的，可以实施现场监督。

（七）建立特殊食品严格监管制度

特殊食品是指供特定人群食用的食品。新修订的《食品安全法》第 74 条规定，国家对保健食品、特殊医学用途配方食品和婴幼儿配方食品等特殊食品实行严格监督管理。与普通食品相比较，对特殊食品的严格监管，主要表现在产品注册、原料、特定功能、生产质量管理体系、标签、说明书、广告等方面。如对保健食品，根据不同类别实行注册或者备案管理；对特殊医学用途配方食品，实行注册管理。对婴幼儿配方乳粉的产品配方，实行注册管理。保健食品、特殊医学用途配方食品、婴幼儿配方乳粉生产企业应当按照注册或者备案的产品配方、生产工艺等技术要求组织生产。

（八）建立农业投入品使用管理制度

食品安全源于源头控制。《农产品质量安全法》对农业投入品作出了原则性的规定。为进一步强化食品安全源头治理，新修订的《食品安全法》对农业投入品的使用作出了具体规定：国家对农药的使用实行严格的管理制度，加快淘汰剧毒、高毒、高残留农药，推动替代产品的研发和应用，鼓励使用高效低毒低残留农药。食用农产品生产者应当按照食品安全标准和国家有关规定使用农药、肥料、兽药、饲料和饲料添加剂等农业投入品，严格执行农业投入品使用安全间隔期或者休药期的规定，不得使用国家明令禁止的农业投入品。禁止将剧毒、高毒农药用于蔬菜、瓜果、茶叶和中草药材等国家规定的农作物。县级以上人民政府农业行政部门应当加强对农业投入品使用的监督管理和指导，建立健全农业投入品安全使用制度。

（九）完善食品安全标准管理制度

食品安全标准不完善、不配套、不协调属于食品安全管理的系统性、制度性风险。新修订的《食品安全法》在完善食品安全标准上增加了以下内容。一是完善了食品安全地方标准。为解决食品安全地方标准不一导致食品市场封锁的问题，新修订的《食品安全法》限定了食品安全地方标准的制定条件和范围，规定对地方特色食品没有食品安全国家标准的，省、自治区、直辖市人民政府卫生行政部门可以制定并公布食品安全地方标准，报国务院卫生行政部门备案。食品安全国家标准制定后，该地方标准即行废止。二是完善了企业的食品标准。为鼓励食品企业制定“具有竞争力的企业标准”，新修订的《食品安全法》重新界定了企业标准的属性和效力，规定国家鼓励食品生产企业制定严于食品安全国家标准或者地方标准的企业标准，在本企业适用，并报省、自治区、直辖市人民政府卫生行政部门备案。三是确立了食品安全标准跟踪评价与问题标准通报报告制度。《食品安全法》第 32 条规定，省级以上人民政府卫生行政部门应当会同同级食品药品监督管理、质量监督、农业行政等部门，分别对食品安全国家标准和地方标准的执行情况进行跟踪评价，并根据评价结果及时修订食品安全标准。省级以上人民政府食品药品监督管理、质量监督、农业行政等部门应当对食品安全标准执行中存在的问题进行收集、汇总，并及时向同级卫生行政部门通报。食品生产经营者、食品行业协会发现食品安全标准在执行中存在问题的，应当立即向卫生行政部门报告。

（十）完善食品安全信用奖惩制度

食品安全信用反映出食品安全监管部门对食品生产经营者遵守法律法规和食品安全标准、规范生产经营活动、保障食品安全的状况。当前，部分食品生产经营者法治意识、诚信意识、责任意识不强，违法违规行为时有发生。新修订的《食品安全法》强化了食品安全信用奖惩制度，努力构建“一处失信、处处受罚”的社会氛围。新法第 113 条规定，县级以上人民政府食品药品监督管理部门应当建立食品生产经营者食品安全信用档案，记录许可颁发、日常监督检查结果、违法行为查处等情况，依法向社会公布并实时更新；对有不良信用记录的食品生产经营者增加监督检查频次，对违法行为情节严重的食品生产经营者，可以通报投资主管部门、证券监督管理机构和有关的金融机构。

此外，新修订的《食品安全法》还建立了食品安全责任保险制度、进口商和境外生产企业审核制度、国外食品安全状况评估审查制度等。

二、责任全面落实

食品安全法律关系的核心就是权利义务关系，概括起来，就是责任关系。食品安全责任制度设计，应当有利于实现“分责清晰、履责匹配、尽责到位、追责科学”的目标。新修订的《食品安全法》强化在食品生产经营者、地方政府、监管部门、食品行业协会、消费者协会、新闻媒体、检验机构、认证机构以及消费者等食品安全利益相关者之间科学配置权利、义务和责任，保障和促进各项权利的有效行使、各项义务的有效履行和各项责任的有效落实。

新修订的《食品安全法》进一步强化了食品安全利益相关者的责任，如食品生产经营者是食品安全的第一责任人，对其生产经营食品的安全负责，应当依照法律、法规和食品安全标准从事生产经营活动，保证食品安全，诚信自律，对社会和公众负责，接受社会监督，承担社会责任。按照新修订的《食品安全法》，食品生产经营者应当承担以下主要义务：取得食品生产经营许可、获得特殊食品产品或者配方注册、履行企业标准备案义务、履行产品备案义务、建立食品安全管理制度、配备食品安全管理人员、建立从业人员健康管理制度、建立生产控制要求、建立食品安全追溯体系、建立食品安全自查制度、建立进货查验记录制度、建立出厂检验记录制度、建立问题食品召回方案、执行食品标签管理制度、执行食品说明书管理制度、执行食品广告管理制度、制定食品安全事故处置方案、履行食品安全事故处置义务、接受食品安全责任约谈、接受违法行为行政处罚、承担损害赔偿责任等。

为强化食品安全责任的全面落实，新修订的《食品安全法》强化了通过建立激励与约束、褒奖与惩戒、动力与压力、自律与他律相结合的食品安全治理机制，使食品安全利益相关者各方更加积极、更加主动、更加担当、更加尽责，强化食品安全治理，不断提升食品安全水平。除了全程监管机制、信息共享机制、责任约谈机制、信用联防机制外，新修订的《食品安全法》还建立了以下重要治理机制。

（一）建立食品安全贡献褒奖机制

食品安全问题属于世界性难题。破解食品安全难题需要全社会的共同努力，需要付出艰苦的努力和创造。激励是管理的第一原则。新修订的《食品安全法》在贯彻“最严厉的处罚、最严肃的问责”原则的同时，突出了食品安全贡献褒奖机制。新法第 13 条规定，对在食品安全工作中做出突出贡献的单位和个人，按照国家有关规定给予表彰、奖励。该规定有利于在食品安全领域弘扬主旋律、激励正能量、塑造新形象。

（二）完善食品安全绩效评价机制

食品安全既是“产”出来的，也是“管”出来的。为推进地方政府、监管部门认真履行食品安全责任，新修订的《食品安全法》总结了多年实施的食品安全综合评价制度、食品安全绩效考核制度的经验，在原有的地方政府对监管部门监管工作进行评议、考核的基础上，增加了上级政府对下级政府食品安全监管工作的评议、考核。该法第 7 条规定，县级以上地方人民政府实行食品安全监督管理责任制。上级人民政府负责对下一级人民政府的食品安全监督管理工作进行评议、考核。县级以上地方人民政府负责对本级食品药品监督管理部门和其他有关部门的食品安全监督管理工作进行评议、考核。

（三）建立食品安全有奖举报机制

为充分调动社会各界积极参与食品安全监督，新修订的《食品安全法》保留了任何组织和个人有权举报食品安全违法行为的规定，同时强调，监管部门应当公布本部门的电子邮件地址或者电话，接受咨询、投诉、举报。对查证属实的举报，给予举报人奖励。同时，新法建立了“内部吹哨人”制度，规定举报人举报所在企业的，该企业不得以解除、变更劳动合同或者其他方式对举报人进行打击报复。

（四）建立食品安全能力抽考机制

食品安全治理属于专业治理，无论是企业的食品安全管理人员，还是监管部门的执法人员，都需要具有良好的素质。新修订的《食品安全法》第 44 条规定，食品生产经营企业应当配备食品安全管理人员，加强对其培训和考核。经考核不具备食品安全管理能力的，不得上岗。食品药品监督管理部门应当对企业食品安全管理人员随机进行监督抽查考核并公布考核情况。该法第 116 条规定，县级以上人民政府食品药品监督管理、质量监督等部门应当加强对执法人员食品安全法律、法规、标准和专业知识与执法能力等的培训，并组织考核。不具备相应知识和能力的，不得从事食品安全执法工作。

（五）完善食品安全信息公开机制

公开是保障食品安全最有力的武器之一。为切实保障广大消费者的知情权、参与权、监督权和表达权，按照全面公开、及时公开、充分公开、有效公开的要求，新法突出了食品安全信息公开，有关公布、公开、公告、公示等规定达 40 多处，涉及食品安全标准公开、风险交流公开、产品注册公开、企业许可公开、监督抽检公开、行政处罚公开等多个方面，形成了系统完备的信息公开机制。如《食品安全法》第 28 条规定，制定食品安全国家标准，应当依据食品安全风险评估结果并充分考虑食用农产品安全风险评估结果，参照相关的国际标准和国际食品安全风险评估结果，并将食品安全国家标准草案向社会公布，广泛听取食品生产经营者、消费者、有关部门等方面的意见。该法第 44 条规定，食品药品监督管理部门应当对企业食品安全管理人员随机进行监督抽查考核并公布考核情况。

（六）建立食品安全责任保险机制

食品安全责任保险，是指以被保险人对因其生产经营的食品存在缺陷造成第三者人身伤亡和财产损失时依法应负的经济赔偿责任为保险标的的保险。建立食品安全责任保险制度，有利于发挥保险的风险管理功能，用经济杠杆化解食品安全责任纠纷；有利于完善社会治理体系，创新食品安全治理方式，推进食品安全社会共治。新修订的《食品安全法》第 43 条规定，国家鼓励食品生产经营企业参加食品安全责任保险。目前的食品安全责任保险虽然不属于强制性责任保险，但其有利于通过多种手段强化食品安全风险社会分担、促进食品安全社会共治。

（七）建立食品安全立法约束机制

关于食品生产加工小作坊和食品摊贩生产经营活动的具体管理办法，现行《食品安全法》规定由省、自治区、直辖市人大常委会负责制定。新修订的《食品安全法》第 36 条第 3 款规定，食品生产加工小作坊和食品摊贩等的具体管理办法由省、自治区、直辖市制定。为了保证具体管理办法能够及时制定，除了《立法法》确定的约束机制外，新修订的《食品安全法》第 127 条规定，对食品生产加工小作坊、食品摊贩等的违法行为的处罚，依照省、自治区、直辖市制定的具体管理办法执行。也就是说，如果省、自治区、直辖市没有及时制定相关的具体管理办法，其对食品生产加工小作坊、食品摊贩等的违法行为的处罚则缺乏法律依据。这有利于地方加快出台食品生产加工小作坊、食品摊贩等监督管理办法。

（八）建立食品安全部门协同机制

2013 年，我国进行食品安全监管体制改革，建立了相对统一的食品安全监管体制，但食品安全治理仍然需要多部门协同。新修订的《食品安全法》在许多方面强化了部门间的协同，如国务院卫生行政部门会同国务院食品药品监督管理部门制定并公布食品安全国家标准。食品中农药残留、兽药残留的限量规定及其检验方法与规程由国务院卫生行政部门、国务院农业行政部门会同国务院食品药品监督管理部门制定。国务院食品药品监督管理部门会同国务院农业行政等有关部门建立食品安全全程追溯协作机制。保健食品原料目录和允许保健食品声称的保健功能目录，由国务院食品药品监督管理部门会同国务院卫生行政部门、国家中医药管理部门制定、调整并公布。

（九）建立食品安全行刑衔接机制

严惩重处食品安全违法犯罪行为，需要行政部门和司法部门间建立有效的行刑衔接机制。新修订的《食品安全法》第 121 条规定，县级以上人民政府食品药品监督管理、质量监督等部门发现涉嫌食品安全犯罪的，应当按照有关规定及时将案件移送公安机关。对移送的案件，公安机关应当及时审查；认为有犯罪事实需要追究刑事责任的，应当立案侦查。公安机关在食品安全犯罪案件侦查过程中认为没有犯罪事实，或者犯罪事实显著轻微不需要追究刑事责任，但依法应当追究行政责任的，应当及时将案件移送食品药品监督管理、质量监督等部门和监察机关，有关部门应当依法处理。公安机关商请食品药品监督管理、质量监督、环境保护等部门提供检验结论、认定意见以及对涉案物品进行无害化处理等协助的，有关部门应当及时提供，予以协助。

（十）完善食品安全责任追究机制

新修订的《食品安全法》按照“最严厉的处罚、最严肃的问责”的要求，加大了对各类违法行为的惩处力度。一是实行刑事责任优先原则。对各类食品安全违法行为首先进行刑事责任判断，构成犯罪的，移交司法机关追究刑事责任。二是提高了处罚的数额，最高处罚额可达到违法生产经营的食品货值金额的 30 倍以下罚款。三是增加了行政拘留和治安管理处罚措施。如违法使用剧毒、高毒农药的，除依照有关法律、法规规定给予处罚外，可以由公安机关给予拘留。四是加大资格处罚的力度，如食品检验机构、食品检验人员出具虚假检验报告的，由授予其资质的主管部门或者机构撤销该食品检验机构的检验资质。被吊销许可证的食品生产经营者及其法定代表人、直接负责的主管人员和其他直接责任人员自处罚决定作出之日起五年内不得申请食品生产经营许可，或者从事食品生产经营管理工作、担任食品生产经营企业食品安全管理人员。五是对“累犯”加重处罚。食品生产经营者在一年内累计三次因违反本法规定受到责令停产停业、吊销许可证以外处罚的，由食品药品监督管理部门责令停产停业，直至吊销许可证。六是增加行政赔偿制度。食品药品监督管理、质量监督等部门在履行食品安全监督管理职责过程中，违法实施检查、强制等执法措施，给生产经营者造成损失的，应当依法予以赔偿。七是强化食品安全责任连带。如网络食品交易第三方平台没有履行法定义务使消费者的合法权益受到损害的，应当与食品经营者承担连带责任；明知未取得食品生产经营许可从事食品生产经营活动，或者未取得食品添加剂生产许可从事食品添加剂生产活动，仍为其提供生产经营场所或者其他条件，从而使消费者的合法权益受到损害的，应当与食品、食品添加剂生产经营者承担连带责任。八是加大惩罚性赔偿力度。生产不符合食品安全标准的食品或者经营明知是不符合食品安全标准的食品，消费者除要求赔偿损失外，还可以向生产者或者经营者要求支付价款十倍或者损失三倍的赔偿金；增加赔偿的金额不足一千元的，为一千元。九是确立首负责任制。消费者因不符合食品安全标准的食品受到损害的，可以向经营者要求赔偿损失，也可以向生产者要求赔偿损失。接到消费者赔偿要求的生产经营者，应当实行首负责任制，先行赔付，不得推诿；属于生产者责任的，经营者赔偿后有权向生产者追偿；属于经营者责任的，生产者赔偿后有权向经营者追偿。

第九节　消费者的食品安全义务①

食品是人类赖以生存和发展的最基本的物质资料。在食品消费过程中，消费者享有一定的法律权利，这已为世界各国的食品安全、消费者权益保护法立法所确认，并已成为社会公理。然而，除了享有法定权利外，消费者在食品消费时是否应当承担一定的义务、承担何种属性的义务，则需要进一步追问。

一般说来，消费者的食品安全义务，是指消费者在进行食品消费时在食品安全方面所应当承担的义务。作为一种民事行为主体，消费者在食品消费活动中负有两个方面的义务：一是消费者与食品经营者之间的义务，这种义务属于合同义务范畴，主要是消费者给付价的义务。这种义务不属于消费者的食品安全义务。二是消费者在进行食品消费时在食品安全方面对社会所负有的义务。

目前，在我国消费者权益保护的法律体系中，消费者的权利不断得到强化，而其义务却没有得到相应的重视。随着时代的发展和社会的进步，特别是社会责任、社会治理理念的普及与提升，有必要对消费者的食品安全义务进行深入的研究与探讨。

一、消费者食品安全义务的属性

从法律的角度来看，权利与义务可以分为法律权利与法律义务。从社会的角度来看，权利与义务可以分为社会权利与社会义务，或者说是自然权

① 徐景波：“消费者是否应当承担食品安全义务”，载《中国食品安全报》2015 年 1 月 27 日。

利与自然义务。英国法学家边沁指出：理解法律，首先要理解法律的缺陷。在任何国家和任何时代，并不是所有的权利与义务都是法律权利与法律义务。

从国际社会来看，在现阶段，消费者的食品安全义务，除个别义务属于法律义务外，其他基本都属于社会义务，这是消费者作为公民对整个社会所承担的社会责任。由于属于社会责任，消费者食品安全义务的类型应当采取经济等激励性、倡导性而非强制性的手段。但随着社会的发展和时代的进步，特别是权利义务观念的转变，不排除采用国家立法形式在某些方面规范消费者的消费行为，将消费者的社会义务提升为法律义务。

二、消费者食品安全义务的功能

明确消费者的食品安全义务，在于可以通过有效的政策或者制度安排，鼓励和动员消费者更加积极地参与食品安全治理。

（一）监督功能

消费者是食品安全社会治理的重要有生力量。因为消费者是食品安全最重要的利益相关者，是食品安全的直接受益者，也是食品安全事故的直接受害者。作为食品安全最敏锐的察觉者和最切身的体验者，消费者对食品安全关注度最高，其所提供的食品安全风险信息往往是最直接、最及时的，对监管部门主动、快速打击违法犯罪行为能够起到十分重要的作用。同时，面对目前激烈的市场竞争和消费者日益增强的食品安全意识，食品企业应当将消费者的需求和利益放在首要位置，以获得消费者的信任。因为消费者的认可是企业生存与发展的根本，没有消费者的认可，任何企业、任何产品都没有获得经济效益的可能。培育消费者的食品安全意识并发挥其对食品市场的监督作用，对实现食品市场良性有序运行具有重要的现实意义。

（二）导向功能

消费者的食品安全意识使其消费行为具有一定的选择性，消费者认为安全的食品才有可能成为食品行业的生长点；反之，企业的食品安全一旦受到消费者的质疑，该食品的销售必将受到影响，甚至有可能被市场淘汰。企业只有诚信守法、规范经营，严把安全关，切实履行社会责任，才能增强老百姓对食品安全的信心。消费者的食品安全意识具有强大的导向作用，良好的食品安全意识会促使食品企业努力提高食品质量，引导食品行业的健康发展。

（三）遏制功能

食品安全事故频发，最根本的原因是某些食品企业突破法律和道德底线，生产经营假冒伪劣甚至有毒有害食品。而消费者食品安全知识的匮乏、食品安全观念的淡漠，也助长了假冒伪劣食品的泛滥，这是一些黑工厂、黑窝点、黑作坊选在偏僻的农村、郊区，躲避检查监管的重要原因。如果每个消费者都能高度重视食品安全，切实承担食品安全义务，主动发挥自己市场法治主体的作用，通过履行消费者应尽的义务来捍卫自己的权利，就能够有效改善市场的法治环境，形成良好的社会氛围，最终保障自己的食品消费利益。

三、消费者食品安全义务的内容

（一）理性消费的义务

理性消费要求消费者在购买食品时不能只图便宜不顾及食品的安全问题。尤其是在购买便宜食品、特价食品、临近保质期等食品时，不能抱有侥幸心理，甚至知假买假。依据经济学原理，消费需求决定供给水平，消费误区在一定程度上会对不安全食品的产生甚至泛滥起到推波助澜的作用。部分消费者在挑选食物时，往往更多地青睐那些外表匀称、颜色鲜艳的食品。如面粉越白越好，这在一定程度上使得厂家为了迎合消费者的喜好，在面粉中添加增白剂。有的过分追求食品的外观和口感，误认为木耳越黑越好，腐竹越亮越好，黄鳝越粗越好，西瓜越甜越好，这就促使种植者、养殖者变着法地不当使用农药、饲料添加剂、生长激素等。除了健康消费、节约消费、低碳消费、环保消费等义务，消费者应当树立理性的消费观，强化健康的消费心理，摒弃贪便宜、图方便、随大流等不合理的消费习惯，要始终把食品安全置于特殊的位置予以特别关注。

（二）科学消费的义务

科学消费是指消费者应当尊重食品安全科学知识，按照促进身心健康、促进社会经济发展、促进人与自然和谐等现代消费观念和消费方式进行食品消费选择。消费者应当尽可能多地学习有关食品安全、食品质量、食品卫生、食品营养等知识，了解各种食品标志，如 QS 标志、无公害农产品标志、绿色食品标志、有机食品标志、农产品地理标志、餐饮服务量化分级标志等，了解膳食营养基础知识，培养进商店、购正品、看日期、查包装等消费习惯，尊重科学知识，不迷信没有经过科学证实或者难以溯源的各类信息，让那些搅乱市场的假冒伪劣食品没有生存的基础，让那些信用缺失、制假售假的食品生产经营者无利可图。

（三）抵制假劣的义务

假冒伪劣食品屡禁不止的一个重要原因就是它有生存的土壤和条件。一些消费者贪图小便宜，宁愿低价买假，也不愿高价买真，这就给假冒伪劣食品的生存留下了市场。从一定意义上讲，消费者对食品的选购在根本上决定着食品企业能否存在下去，要意识到自己的错误选择可能会纵容某些违法违规企业。合格的消费者不但不应购买存在安全隐患的食品和假冒伪劣的食品，还应当积极抵制假冒伪劣食品，积极参与对假冒伪劣食品的监督，使危害消费者健康的食品企业失去市场、自然淘汰，从而不断改善食品安全社会状况。广大消费者要自觉抵制违法违规企业的不诚信、不合法的欺诈行为，做到防范问题食品人人有份，保障食品安全人人尽责。

（四）投诉举报的义务

消费者发现违法生产经营假冒伪劣食品现象，或者发现购买的食品存在问题，或者在就餐后出现食物中毒现象，应当及时向有关监管部门投诉举报，并主动协助监管部门做好调查取证工作。发生食品安全事件后，消费者应当及时向当地监管部门反映，使监管部门能在第一时间内进行调查处理。只有每个消费者都成为“合格的消费者”“尽责的消费者”“成熟的消费者”，充分运用投诉举报工作，才能使更多的消费者避免遭受类似的损害，才能让那些坑害消费者的黑心食品企业早日落马，让假冒伪劣食品失去市场。

（五）依法维权的义务

经济学家指出，根据消费者与厂商的信息不对称程度，商品可以分为搜寻品、经验品和信任品。食品大都属于经验品和信任品，消费者的食品消费选择往往更多依赖于企业的诚信。目前，假冒伪劣甚至有毒有害食品还在一定程度上存在。消费者在遭到问题食品侵害时要学会运用法律武器，通过正当的法律途径，维护自己的合法权益。目前，在消费维权时，消费者还面临着取证难、投诉难、鉴定难、诉讼难、赔偿难等诸多问题，维权成本过高，需要引起有关方面的高度重视。与此同时，也应当看到，在消费维权过程中，也有个别消费者为了获取非法利益，采取不正当手段，向食品生产经营企业敲诈勒索，破坏了正常的社会秩序。因此，食品消费者在消费维权时，应当依法维权、理性维权，而不应滥用法律权利，侵害他人和社会的合法利益。

四、提升消费者食品安全义务的途径

（一）完善消费者食品安全义务立法

以法律形式明确规定消费者的义务，已有国外成熟的经验可资借鉴。如 2006 年韩国对《消费者保护法》进行了大幅度修改，并将其更名为《消费者基本法》，将“消费者的权利和义务”单独列为一章。《消费者基本法》第 5 条规定消费者的基本义务共有三项：一是消费者应当认识到自己与企业都是经济体系的重要参与者，应当作出正确的选择，正确地行使其基本权利；二是消费者为了自己的权利和利益，应当获得必要的知识和信息；三是消费者应当发挥主动作用，通过倡导独立、理性、节约和环保的消费生活，提高消费生活和发展国家经济。日本《消费者基本法》第5条也规定："消费者应当主动掌握有关消费生活的必要知识，同时通过努力和自主而合理的行为，来为消费生活的安定和提高发挥积极的作用。"

基于对处于弱势地位的消费者的特别保护，我国《消费者权益保护法》等相关法律，倾向规定消费者的权利和生产经营者的义务，很少规定消费者的义务。不可否认，这种立法模式对于加强消费者权利的保护具有重要的意义。但从另一个角度来说，这样的规定往往会使消费者忽略了其应当承担的义务。在食品安全领域，应当借鉴国外的经验，修订相关法律以确立消费者义务，促使消费者尽快成熟起来，形成维护食品市场秩序的强大阵营。

（二）强化食品安全宣传教育

我国是食品生产大国，也是食品消费大国，应当将食品安全宣传教育作为我国加强食品安全工作的一项重要战略。近年来，我国食品安全宣传教育工作取得许多丰硕成果。下一步，各级食品安全监管部门应当充分利用广播、电视、报纸、互联网等各类新闻媒体，更广泛、更深入地宣传食品安全知识，及时发布食品安全科普知识，及时发布食品安全风险提示，及时公布食品安全典型案例；在人口较密集的大型超市等食品消费场所，可以采取设置食品安全宣传栏、实物宣传展览等多种形式宣传相关法律法规、安全食品的辨别技能等知识，提高广大消费者对安全食品的辨别能力。要深入开展食品安全知识进农村、进社区、进企业、进学校等活动，通过发放宣传资料、举办知识讲座等形式和途径，提高全民的食品安全意识。

（三）完善食品安全举报有奖机制

在公共治理框架中，消费者是一个具有重要影响力的治理主体。同样，在食品安全公共治理网络中，消费者作为最直接的利益相关者和最切身的体验者，也是食品安全治理体系中的重要力量。只有充分发挥广大消费者参与食品安全治理的积极性和主动性，才能为食品安全的长治久安奠定坚实的社会基础。

建立科学有效的举报奖励机制，以一定的奖励方式鼓励广大消费者积极举报食品安全违法犯罪行为，是新时期创新食品安全治理方式、丰富食品安全治理手段、优化食品安全治理环境的积极探索。为切实提高广大消费者对食品安全举报奖励制度的认知和了解，各级食品安全监管部门应当认真做好有奖举报的宣传引导工作，使广大消费者了解有奖举报的举报方式、举报范围、举报保护和举报奖励措施，积极、正确地行使举报权，切实做到举报不失实、不避责，提高举报案件查处的及时性和有效性。同时，要充分发挥政府信息公开平台作用，通过展示大案要案的查处成果，消除举报人对食品安全违法犯罪行为举报的顾虑，鼓励更多的消费者积极参与食品安全社会监督。

第十节　完善我国食品安全备案制度①

新修订的《食品安全法》明确，食品安全工作实行预防为主、风险管理、全程控制、社会共治，建立科学、严格的监督管理制度。食品安全备案制是食品安全治理制度的重要创新。建立科学的食品安全备案制度，有利于在食品安全领域正确处理政府、企业和社会的关系，进一步落实食品生产经营者的主体责任，构建新型的食品安全治理体系。

一、食品安全备案的概念、性质和意义

（一）备案的概念

行政备案作为现代市场经济条件下政府管理经济和社会的有效方式，已被越来越多的国家机关所关注和采用。从食品生产经营者的角度看，食品安全备案，通常是指食品生产经营者按照有关要求，向食品安全监管部门报送食品生产经营活动的有关信息材料以供备查的行为。从食品安全监

① 徐景波："完善食品安全备案制度"，载《中国食品安全报》2015 年 12 月 3 日。

管的角度来看，食品安全备案，通常是指食品安全监管部门要求食品生产经营者按照规定的要求，将食品生产经营活动的有关信息材料报送备查的行为。食品安全备案不同于食品安全审批。食品安全审批是一种事前控制手段，其本质是赋予行政相对人以某种权利或资格，行为本身直接影响到行政相对人的权利义务，未经审批不得从事某种活动。食品安全备案则是一种服务性、备查性的行政管理手段，是一种事后监督形式，行政备案与否并不直接影响申请备案行为的效力。

（二）备案的性质

从我国目前的法律规定和行政实践来看，食品安全备案仅仅是食品安全监管部门的一种信息存档备查的活动，其不具有行政审批性质。换言之，无论是信息收集、信息披露，还是存档备查，食品安全备案的目的在于通过备案信息的收集、披露，为行政决策或行政执法提供参考，其并不产生特定法律效果。对于食品生产经营者而言，食品安全备案只是一种程序性行为，行为的结果并不对其权利义务产生直接影响。通过食品安全备案，监管部门可以检查监督备案相对人的相关行为是否合乎法律，倘若不合乎法律则可能产生行政处罚等行政行为，因此，备案只是行政处罚等行政行为的前置性程序行为，其本身也不对备案相对人权利义务产生直接影响。可见，食品安全备案是一种程序性的事实行为。

（三）备案的意义

食品安全备案制度，对于推进简政放权、深化行政审批制度改革、激发市场活力具有重要意义。

(1) 建立食品安全备案制度，为更好发挥政府作用和使市场在资源配置中起决定性作用提供制度安排。对食品安全管理，由审批制向备案制转变，体现了新一届政府简政放权，更多激发市场和社会的活力，让市场机制去决定资源配置。从许可到备案绝不是一放了之，完全不管，放了以后，还要加强后续的事中、事后监管。放和管如同两个轮子，必须同时运转起来，对于食品企业的日常监管，乃至于对食品企业的抽查等要加大监管力度，决不能因为权力下放而留下“监管盲区”。

（2）建立食品安全备案制度，有利于拓宽监管渠道、提高公共服务能力。新修订的《食品安全法》规定部分保健食品管理、企业标准管理等采用备案制度，解决了长期以来管理方法较为单一的问题。备案是实现分级分类管理的重要举措，对于高风险的食品继续采取审批制的监管方式。而对于那些低风险食品，可以采用备案制，允许企业先生产，生产之后再监管。备案制将为食品企业进一步放权松绑，为食品企业提供可预期的市场环境和激励机制，为食品企业自由进入市场提供保障，有利于激发市场活力。

（3）建立行政备案制度，有利于减轻行政相对人的负担，促进社会经济快速发展。以前行政相对人从事食品生产经营活动，必须向食品安全监管部门申请行政许可，而行政许可又是一种要式行政行为，从申请到发证有严格的程序要求，再加之有些行政机关职权交叉，相互推诿职责现象时有发生，不利于行政效率的提高。食品安全备案制度的优势在于行政相对人可以先从事相应的食品生产经营活动，后办理备案手续，充分体现了便民、高效原则。

二、食品安全备案制度的功能

食品安全备案作为一种新型的食品安全治理方式，在食品安全领域具有较为广泛的应用空间。食品安全备案制度具有以下基本功能。

（一）监督功能

为了减轻行政相对人的负担，提高行政机关办事效率，预防腐败，我国政府不断推进行政审批制度改革，行政管理模式发生了重大变化，由事前监管向事后监管转变，由刚性监管向柔性监管转变。按照《国务院关于严格控制新设行政许可的通知》的规定，在我国市场经济体制下，行政许可仍然是不可缺少的管理措施和调节手段，但其适用范围应当受到严格的限制。食品安全备案是适应社会发展需要而确立的食品安全重要管理方式。对于食品生产经营者的活动，凡是通过备案管理能够达到监督制约目的的，不需要通过食品安全审批加以监管。可见，食品安全备案具有事后监督功能，即食品安全监管部门通过对食品安全生产经营者从事的食品生产经营活动进行必要的备案监督，排除其可能对个人、社会带来的危险，或者对产生的不利后果进行补救，以维护社会秩序和行政相对人的合法权益。

（二）信息功能

当今社会，行政信息纷繁复杂，变化多端，单靠行政机关自身的力量是难以及时、准确掌握的。如果行政机关在行政信息不准确、不全面、不及时的情况下盲目决策，将可能导致行政决策失误，甚至违法决策，给社会和国家带来严重损失。同时，信息也是行政执法的基础。任何行政执法都必须具有事实依据，而事实依据的获得离不开信息的收集。现实中，食品安全监管部门获取食品生产经营信息的方式是多种多样的，其中食品安全备案是食品安全监管部门及时、高效获取食品安全生产信息、经营信息和餐饮服务信息的重要方式之一。因此，食品安全备案的主要功能就是收集信息、存档备查、掌握食品生产经营者活动的信息，以利于食品安全监管部门进行监督。

（三）约束功能

约束功能是从限制、约束的角度来谈食品安全备案的效力，它要求在食品安全备案关系中，食品安全监管部门和食品生产经营者均应受法律约束。食品生产经营者必须诚实不欺，按期如实向食品安全监管部门报送有关备案材料和反映真实情况，并对其报送材料和反映情况的真实性负责；未按期如实报送备案材料的，或者报送的备案材料与其生产内容不相符合的，由食品安全监管部门责令其限期改正，并依法给予相应的行政处罚。食品安全监管部门必须依法履行职责，对食品生产经营者报送的备案材料，要及时受理、审查，及时作出处理。无正当事由拖延办理备案事项的，应依法承担相应的法律责任。

三、食品安全备案制度的实践探索

为推进行政审批制度改革，解决食品安全监管方式较为单一的问题，新《食品安全法》规定了一系列备案条款，食品安全备案制度更加规范化、法律化。

（一）地方标准备案

为保障民众食品安全，规范食品安全地方标准的制定，新《食品安全法》第29条规定："对地方特色食品，没有食品安全国家标准的，省、自治区、直辖市人民政府卫生行政部门可以制定并公布食品安全地方标准，报国务院卫生行政部门备案。食品安全国家标准制定后，该地方标准即行废止。"也就是说，负责制定食品安全地方标准的省级卫生行政部门，应当按照有关规定，在一定时间内，按规定的要求向国务院卫生行政部门备案，接受其必要的监督。

（二）企业标准备案

为进一步提升食品企业市场竞争力，新《食品安全法》第30条规定："国家鼓励食品生产企业制定严于食品安全国家标准或者地方标准的企业标准，在本企业适用，并报省、自治区、直辖市人民政府卫生行政部门备案。"这就要求企业在进行食品生产时，应当严格遵循已经备案的食品安全企业标准的规定，按照该标准组织生产、进行检验，保障其生产食品的安全。同时，省级卫生行政部门如果发现备案的企业食品安全标准违反有关法律、法规，或者低于国家强制性标准或者地方标准时，应当予以指出、纠正。

（三）保健食品备案

保健食品备案是新《食品安全法》中被社会广泛关注的重点之一。该法第76条规定："使用保健食品原料目录以外原料的保健食品和首次进口的保健食品应当经国务院食品药品监督管理部门注册。但是，首次进口的保健食品中属于补充维生素、矿物质等营养物质的，应当报国务院食品药品监督管理部门备案。其他保健食品应当报省、自治区、直辖市人民政府食品药品监督管理部门备案。”备案是实现分级分类管理的重要举措，对于低风险的保健食品适合备案制度，而高风险的保健食品更为适合注册制度。保健食品实行“备案+注册”模式，将可以形成较高的行政效率、降低研发成本。

（四）婴幼儿配方食品备案

婴幼儿配方食品安全问题一直是公众关注的焦点。新《食品安全法》第 81 条第 3 款规定：“婴幼儿配方食品生产企业应当将食品原料、食品添加剂、产品配方及标签等事项向省、自治区、直辖市人民政府食品药品监督管理部门备案。”食品原料、食品添加剂备案应包括种类、来源和合格证明等内容；产品配方备案应包括配方中各种原料及其用量等内容；标签备案应包括包装上的文字、图形、符号及一切说明物。通过上述事项的备案，便于省级食品药品监督管理部门通过核查有关备案材料进行事后监督，履行监管责任。

（五）对境外出口商或者代理商、进口食品的进口商备案管理

为掌握进口食品进出口商信息及进口食品来源和流向，保障进口食品的可追溯性，有效处理进口食品安全事件，保障进口食品安全，有必要对向我国境内出口食品的境外出口商或者代理商、进口食品的进口商实行备案管理。为此，2012 年 4 月，国家质量监督检验检疫总局制定《进口食品进出口商备案管理规定》（以下简称《规定》）。该《规定》要求向中国出口食品的出口商或者代理商向国家质检总局申请备案。国家质检总局对完整提供备案信息的出口商或者代理商予以备案。该《规定》要求进口商向其工商注册登记地出入境检验检疫机构申请备案，备案申请资料齐全的，出入境检验检疫机构应当受理并在 5 个工作日内予以备案。

（六）出口食品生产企业和出口食品原料种植、养殖场备案

为保证出口食品的安全，维护我国出口食品企业的信誉，新《食品安全法》第 99 条规定：“出口食品生产企业和出口食品原料种植、养殖场应当向国家出入境检验检疫部门备案。”对出口食品生产企业和出口食品原料种植、养殖场实行备案管理，一方面有利于监管部门及时掌握食品生产企业的生产状况，规范出口食品生产企业和食品原料种植、养殖场的行为；另一方面将出口食品的监管工作向生产领域延伸，有利于鼓励出口食品生产企业提高管理水平和食品质量，从源头上把好质量关，提高出口食品的质量。

四、食品安全备案制度的完善

为适应改革发展的需要，各级政府食品安全监管部门应当高度重视食品安全备案制度的落实，通过健全行政法治，促进行政管理水平的提高，逐步完善食品安全备案制度。

（一）扩大食品安全备案范围

为规范食品生产经营者的活动、保障民众食品安全，新《食品安全法》已明确规定保健食品备案、地方标准备案、企业标准备案、婴幼儿配方食品备案等内容，进一步拓宽了食品安全监管方式。随着国家行政审批制度改革的深入，食品安全监管部门应继续扩大备案管理的范围，以适应社会发展的需要。由于食品从农田到餐桌需要经过多个环节，不同环节可以采用不同的管理模式，对于从事低风险的食品生产经营活动适合采用备案管理，而从事高风险的食品生产经营活动更为适合采用审批制度。根据实际需要，目前应将食品运输、食品贮存等纳入备案管理范围。

（二）规范食品安全备案设定

食品安全备案的设定属于立法行为，应当符合我国的立法体制和依法行政的要求。规范食品安全备案的设定，需要从源头上治理食品安全备案

存在的现实问题。食品安全备案的设定只能由全国人大及其常委会、国务院、有权制定地方性法规的省、市人大及其常委会、有权制定地方政府规章的省、市人民政府行使。除此之外，其他任何国家机关都不得行使食品安全备案的设定权。食品安全备案作为一种行政管理方式，也会增加行政管理成本，在不同程度上为公民、法人或其他组织设定义务。因此，在食品安全备案设定事项范围方面，应根据监督需要，将涉及国家安全、公共安全、社会稳定、经济秩序、环境保护、人身及财产安全等方面事项纳入可以设定食品安全备案的范围。对已设定食品安全备案的事项，食品安全监管部门直接通过行政检查、行政执法等方式可以实现食品安全监督管理目的的，或者监管部门之间能够通过资源共享机制获取行政监督管理信息的不得设定行政备案。已设定的食品安全备案制度，要定期进行评估，对经评估没有必要继续实施的备案，按立法程序修改或者停止实施有关备案的规定。

（三）完善食品安全备案程序

从某种意义上讲，食品安全备案就是一个食品安全信息披露、存档备查、具有程序性特征的行为。只有具备了完善的正当程序，才能使食品安全备案在正当程序的框架内有序地进行，防止食品安全备案的随意性和制度的扭曲。按照行政程序基本理论，食品安全备案程序主要包括四个方面的内容，即提出备案申请或发出备案通知；报送备案资料信息；受理和审查；作出备案决定。因此，针对我国目前食品安全备案程序的现状，应从上述四个方面分别加以规范。譬如，在提出备案申请或发出备案通知阶段，应重点对提出备案申请的条件、备案申请书的内容等方面予以明确；在报送备案资料信息阶段，应重点考虑备案相对人报送备案资料信息的具体时限问题；在受理和审查阶段，要对审查方式的选择进行确定；在作出备案决定阶段，应对说明理由制度、陈述和申辩制度等予以细化。

（四）健全食品安全备案法律规范

食品安全备案法律规范不健全是影响和制约食品安全备案功能发挥的

主要原因。因此，为适应行政审批制度改革的需要，国家应尽快制定和实施《行政备案法》，明确行政备案的原则、行政备案的设定、行政备案的实施、行政备案的程序、行政备案当事人的权利义务、行政备案的费用、行政备案的监督管理、法律责任等。从宏观层面、国家体制层面根本解决行政备案无法可依的问题，把行政备案正式纳入高层次的法治化轨道。

（五）建立食品安全备案监督机制

新修订的《食品安全法》规定了若干食品安全备案内容，食品安全备案有法可依。当前，如何有效落实是破解食品安全备案制度问题的关键。因为，法律的生命力在于实施，制度的震撼力在于落实。建立完备的监督机制是推进食品安全备案制度良性运行的有效举措。食品安全监管部门根据备案对象的不同、食品安全风险主体的不同，可以采取书面审查和实地核查等多种方式进行监督，以实现备案管理目标。各级人民政府应加强对食品安全监管部门落实食品安全备案制度的情况进行监督，从而真正发挥食品安全备案制度的作用。

（六）建立食品安全备案救济制度

按照现代法治原则的要求，有损害必有救济。食品安全备案与其他行政执法行为一样，难免会发生权力的滥用和造成利益损害，因此必须加强监督，明确责任。如果由于食品安全备案监管部门的责任造成了备案相对人的权益损害，理应予以救济。从理论上讲，食品生产经营者不服食品安全备案应当可以寻求行政复议或者行政诉讼解决，但我国《行政复议法》和《行政诉讼法》规定，只有行政行为才能单独申请行政复议或者提起行政诉讼。而食品安全备案是一种行政事实行为，不是行政行为，因而不能通过行政复议或行政诉讼解决。但从有效控制行政备案权滥用的角度出发，如果食品安全备案行为影响到备案相对人的权利义务时，应将行政备案纳入行政复议和行政诉讼受案范围。这样既有助于实现食品安全备案的法治化，又有助于保护备案相对人的合法权益。

第五章　机制创新篇

人们的奋斗所争取的一切，都同他们的利益有关。

［德］卡尔·马克思

第一节　创新食品安全治理机制[①]

食品安全是全社会共同关注的重大社会问题，也是加强社会管理需要解决的重大社会课题。全面提升我国的食品安全水平，需要从食品安全治理的理念、体制、法制、机制和方式等多方面进行探索和创新。理念决定方向，体制决定格局，法制决定轨道，机制决定动力，方式决定效能。科学治理理念的落地生根、枝繁叶茂、开花结果，有赖于治理体制、法制、机制和方式的有效保障。从完善社会管理体系的角度来看，治理机制的创新乃是当前和今后一段时期食品安全治理创新的重点之一，需要社会有关方面的高度重视。

一、机制创新的需求更为急迫

《食品安全法》明确了我国食品安全的治理理念、治理体制和治理制度等，应当说，食品安全治理的大战略和大格局已初步确定。目前，最现实、最重要、最急迫的是，如何通过科学的治理机制来综合施治，全面贯彻《食品安全法》，有效落实食品安全责任，大力强化食品安全治理，切实提高食品安全水平，进一步增强全社会对食品安全的信任和信心。近年来，中央多次研究加强和创新社会管理问题，强调在当前发展的机遇期和矛盾的凸显期，加强和创新社会管理的重要性和迫切性。创新食品安全治理机制，是时代发展和社会进步的迫切需要。

全面落实食品安全责任，迫切需要创新治理机制。在总结食品安全多年监管与整治工作的基础上，《食品安全法》确立了“地方政府负总责、监管部门各负其责、企业是第一责任人”的食品安全责任体系。前不久，在中央电视台举办的中国政策论坛“食品安全在行动”活动中，食品企业主体责任、地方政府监管责任以及监管部门协作配合到位的问题，引起了

① 徐景和：“创新食品安全治理机制”，载《中国食品安全报》2011 年 7 月 19 日。

领导、专家、学者甚至公众的高度关注。以地方政府责任落实为例，《食品安全法》及其实施条例明确规定了地方政府统一负责、领导、组织、协调本地区食品安全工作，建立健全食品安全全程监管工作机制；统一领导、指挥食品安全突发事件应对工作；完善、落实食品安全监管责任制，对食品安全监管部门进行评议、考核；加强食品安全监督管理能力建设，为食品安全监督管理工作提供保障；建立健全食品安全监督管理部门的协调配合机制，整合、完善食品安全信息网络，实现食品安全信息共享和食品检验等技术资源的共享；组织制定本行政区域的食品安全年度监督管理计划，并按年度计划组织开展工作。然而，调查显示，在加强食品安全监督管理能力建设、组织制定实施食品安全监管计划等具体任务上，有的地方政府至今尚未拿出具有刚性约束的治理措施，“纸面上的法律”尚未转变为“行动中的法律”，在一些地方食品安全事件时有发生。

加快食品安全治理转型，迫切需要创新治理机制。食品安全治理创新是我国社会管理创新的重要组成部分。改革开放以来，我国社会正经历着从农业社会向工业社会、从封闭社会向开放社会、从传统社会向现代社会转型。伴随着经济的快速发展和社会的全面进步，食品安全治理将逐步实现从单边治理到多边治理、从粗放治理到精细治理、从被动治理到能动治理、从传统治理到现代治理的转变，步入科学发展的轨道。实现食品安全治理的全面转型，在创新治理理念的同时，必须加快建立与我国国情相适应的，以“增强治理合力、落实治理责任、提升治理效能”为目标的食品安全治理机制，这不仅是强化食品安全治理的策略选择，也是创新社会管理的战略抉择。我国食品安全治理创新，可以成为我国社会管理创新的重要试验田和开拓前行者。

开创食品安全治理局面，迫切需要创新治理机制。食品安全治理体制和治理法制的完善至关重要，因为体制和法制具有普遍性、稳定性和长期性，事关治理的基础和全局，但体制和法制的完善往往需要较长时间的探索和实践。实践启迪我们：期待完善的治理体制和治理法制能够解决所有的现实问题本身就是不现实的。事实上，在相同的资源禀赋条件下，由于思维方式和治理机制的不同，各地的工作境界和发展局面也可能存在很大的差别。现在最为需要的是如何直面现实，如何创新机制，如何增强合力，如何落实责任，如何强化治理，如何提升水平，从而最大限度地减少食品安全问题对公众健康和社会发展的影响。如果说，理念解决的是思想力、领导力和感召力的问题，那么机制则主要解决的是执行力、创造力和亲和力的问题。在思想力、领导力和感召力的问题基本解决后，执行力、创造力和亲和力的建设则成为最为迫切的现实问题，应当把治理机制的创新摆在更突出、更重要、更急迫的位置上加以认真研究，并进行大胆实践。

二、机制创新的空间更为广阔

关于何为“机制”，理论界和实践界有不同的认识。一般说来，可以从两个角度上把握：一是工作载体或者工作平台的角度，如综合协调机制、全程监管机制、应急处理机制、案件移送机制、利益维护机制等，这种机制可以称为表层意义上的机制，其主要功能是整合治理资源、增强治理合力；二是成长机理和发展动力的角度，如责任追究机制、绩效考核机制、信用奖惩机制、社会参与机制等，这种机制可以称为深层意义上的机制，其主要功能为落实治理责任、激发治理活力。两类机制都具有提升治理效能的重要功能。

可以从多角度对机制进行分类。如从作用方式来看，机制可以分为双向机制和单项机制。双向机制可以称为全机制，即对行为人能奖能惩的机制，如信用奖惩机制、绩效考评机制；单项机制也可以称为半机制，对行为人或奖或惩的机制，如责任追究机制、示范奖励机制等。从适用范围来看，机制可以分为基本机制和特殊机制，对各类行为人普遍适用的机制，可以称为基本机制，如责任追究机制、绩效奖励机制；而对特定人群适用的机制，可以称为特殊机制，如对食品企业适用的信用奖惩机制。从作用形态来看，机制可以分为资源整合机制、责任落实机制、效能提升机制等。

著名的物理学家阿基米德曾说过：“给我一个支点，我可以撬动整个地球。”应该说，这个支点和杠杆就是表层意义上的机制。从这个意义上讲，人们也常常将方式、方法纳入机制的范畴。而“老牛亦解韶光贵，不待扬鞭自奋蹄”，能够激发“老牛”牢记使命、锐意进取、奋发作为的特定事物，就是深层意义上的机制，这是更具有实质意义的机制。

与体制、法制相比，机制具有以下几个特点。一是适应性强。机制一般为制度安排，许多制度中都包含着机制的内容，但机制也可以为非制度安排。在社会转型期，在相关制度成型前，机制往往具有较大的运行空间。比如说，《食品安全法》规定了鼓励社会参与食品安全监督的内容，但这仅仅为法律原则而非具体的法律制度。为使该法律精神得以有效落实，有些地方推出了有奖举报机制，极大地激发了社会参与食品安全监督的热情。这种有奖举报机制目前尚不属于《食品安全法》确立的法律制度。面对不断变革的社会，机制以其较强的应变性展示出广阔的发展空间。二是灵活性强。食品安全保障涉及众多利益相关者，这些相关者各自的条件和期待不同，所依靠的激励和约束也有所不同，地方政府和监管部门完全可以根据不同的对象，采取灵活多样的手段进行具体的牵引和驱动。三是导向性强。任何机制的设定都有特定的目标指引，如整合治理资源、增强治理合力、落实治理责任、激发治理活力、提升治理效能等，具体机制设计所体现的政策性和方向性，能够引导有关方面向着预期的目标迈进。四是操作性强。目前在许多国家和地区，食品安全问题丛生，而解决这些问题的有效机制多种多样。任何的具体机制设计都是针对特殊问题的，问题的出现永不停步，创新的实践永无止境。不同问题的破解，需要不同的治理机制。五是补充性强。体制、法制往往具有统一、稳定的优点，但也有凝固、僵化的不足。由于灵活性和适应性强，机制可以在一定程度上弥补体制、法制的缺陷。此外，机制运行的效果也可以在一定程度上检验体制和法制的设计是否科学、合理。从这个意义上讲，机制也可以在一定程度上对体制、法制进行纠偏。

那么，机制为什么会具有这种特殊的魔力呢？这是因为机制能够与行为人的形象、地位、利益、名誉、前途甚至命运，紧紧地联系在一起，它通过激励与约束、褒奖和惩戒、自律和他律、动力和压力等手段，激活了行为人趋利避害的本性，强化了行为人的责任感和使命感，调动了行为人的积极性和主动性，提升了行为人的执行力和创造力。有了良好的机制，治理才会逐步达到“无为而治”的境界，成为快乐轻松的工作艺术。

三、机制创新的任务更为艰巨

与体制、法制相比，机制似乎更为生动、具体，但机制的创新与理念的创新同样十分艰巨。这是因为，机制的创新和理念的创新一样，都涉及深层的问题，也就是思维方式的问题，这既属于重要的方法论问题，也在一定程度上属于世界观问题。思维方式的变革是最艰巨的变革。思想不解放、观念不更新，视野是难以打开的，局面是难以开创的。

比如，在构建治理格局方面，是坚持监管型思维还是治理型思维，这对治理的目标、基础和动力，治理的高度、广度和深度往往有着不同的影响。一般说来，监管型思维属于线性思维，其把复杂的社会问题简单化或者格式化为一种上级和下级、命令和服从的关系。而事实上，食品安全工作更需要网络化的治理型思维，其认可公众、企业、部门、行业等共同的利益基础和不同利益诉求，努力形成各方利益的良性互动，最大限度地支持和鼓励新闻媒体、行业协会、广大消费者等各利益相关者积极参与食品安全监督。治理型思维绝不是对监管型思维的否定，而是对监管型思维的超越，这种立体型、互动型思维，大大拓宽了思维的空间，增强了思维的张力。目前，食品安全风险交流就属于典型的食品安全治理型思维。

再比如，在监管资源整合方面，是坚持独占型思维还是共享型思维、封闭型思维还是开放型思维，往往对资源整合有着截然不同的态度。独占型、封闭型思维往往固守静止的所有观，缺乏团队和合作的胸怀，其结果往往是在独占利益的同时也独担了风险。而共享型思维，则主张包容与协作、共享与分担，努力实现各方利益的最大化。目前，一些地方已经对食品安全检验资源、信息资源等进行了整合，克服了部门所有、各自为政、重复建设、效能低下的顽疾，取得了积极的效果。

多年的食品安全治理实践表明，思维是人类最美丽的花朵，但思维也可能是最顽固的堡垒。实现从批判型思维到建设型思维、从监管型思维到治理型思维、从求同型思维到存异型思维、从独占型思维到共享型思维、从封闭型思维到开放型思维、从人治型思维到法治型思维、从守城型思维到拓疆型思维、从所有型思维到利用型思维、从模糊型思维到精致型思维、从浪漫型思维到务实型思维的转变，对于建立健全食品安全治理机制具有重要的意义。

此外，机制的创新在一定程度上还受到体制、法制的影响。在当代社会，体制和法制的渗透力和影响力是巨大的，体制、法制对机制始终存在着忽隐忽显的影响，良好的体制和法制将为机制的创新开辟更为广阔的空间。在创新机制的同时，应当组织社会力量，积极推进体制和法制的进步。

四、机制创新的实践更为鲜活

理论是灰色的，实践是长青的。近年来，围绕着如何落实治理责任、增强治理合力、提升治理效能，各地区、各有关部门进行了大胆的探索和实践，取得了可喜的成果。

一是沟通协作机制。目前，我国食品安全监管实行的是分段监管为主、品种监管为辅的综合型体制。为减少或者避免分段监管出现的监管空隙，《食品安全法》明确规定，县级以上地方人民政府应当建立健全食品安全全程监督管理的工作机制，卫生行政、农业行政、质量监督、工商行政管理、食品药品监督管理部门应当加强沟通、密切配合。近年来，各地区、各部门从实际出发，建立了多层次、多部门、多领域的食品安全沟通协作机制，如成立食品安全委员会或者食品安全领导小组，努力实现监管视野无盲区、监管环节无断档。目前，属于平台或者载体意义的机制很多，如综合协调机制、应急处理机制、区域合作机制等，各部门、各地区通过这一协作平台，共同研判安全形势、共同商定治理对策、共同采取集中行动，取得了积极效果。特别是国务院食品安全委员会及其办公室的成立，将我国的食品安全治理工作极大地向前推进了一步，迎来了我国食品安全治理工作崭新的一页。目前，在这类机制建设中，应当注意把握好分工与协作、牵头与配合、会同与协同等关系，切实做到依法行政、职能清晰、优势互补、形成合力，最大限度地发挥此类机制凝聚智慧、共谋发展的优势。

二是责任追究机制。责任是法律关系的基本属性。《食品安全法》确立了“地方政府负总责、监管部门各负其责、企业是第一责任人”的食品安全责任体系，并明确规定县级以上地方人民政府应当完善、落实食品安全监督管理责任制。食品安全责任包括政治责任、社会责任和法律责任。目前，由于多种因素的制约，食品安全责任并没有得到全面的落实。而将食品安全法律责任落实到位，还需要进一步细化责任要求，明确尽责保障，严格责任追究，切实做到责任划分清晰、具体，履责条件匹配、适应，责任追究公正、恰当。当前，应当特别关注地方各级政府和食品生产经营企业食品安全责任的落实。比如说，《食品安全法》及其实施条例还明确规定了食品生产经营者的多项法定义务，如何将餐饮服务提供者的各项责任落到实处，食品药品监管部门出台了餐饮服务单位食品安全责任人约谈制度，餐饮服务单位发生食品安全事故，存在严重违法违规行为、存在严重食品安全隐患时，食品药品监管部门在依法进行处罚的同时，将及时对食品安全责任人进行责任约谈。被约谈的餐饮服务提供者，将被列入重点监管对象，其两年内不得承担重大活动餐饮服务接待任务。

三是绩效考核机制。《食品安全法》确立了县级以上地方人民政府对食品安全监管部门的绩效进行评议、考核的责任。多年来，食品药品监管部门以综合评价为载体、以地方政府为对象，建立了能够综合反映各方责任落实和工作绩效的食品安全综合评价机制，通过管理指标、品种检测指标和公众满意度指标等，综合反映地方政府以及监管部门的工作绩效，达到催人奋进、励人争先、全面促进、共同提高的目的。承接监管新职责后，食品药品监管部门坚持过程考核与结果考核、定性考核与定量考核、年终考核与日常考核的有机结合，积极探索餐饮服务食品安全监管绩效考核机制，动态反映地方监管工作的实际情况，努力实现主观愿望与客观效果、价值取向与功能效用的和谐统一。目前，餐饮服务食品安全监管绩效考核结果设置优秀、良好、合格、不合格四个等次，并作为对地方餐饮服务食品安全监管工作的总体评价，由食品药品监管部门向被考核的餐饮服务食品安全监管部门所在地的政府通报，并以适当方式、在适当范围内公布。考核结果为优秀等次的，食品药品监管部门给予通报表彰和奖励；考核结果为不合格的，给予通报批评。目前，一些地方推行的“一票否决制”，实际上也是监管绩效考核的一种特殊形式。

四是能力评价机制。能力建设是食品安全治理工作的永恒主题。早在2001 年世界卫生组织就将“加强发展中国家食品安全能力建设”作为其“全球食品安全战略”的重要措施之一，并指出“在发展中国家，自身能力的缺乏是实现 WHO 规定的食品安全目标的最大的障碍”。《食品安全法实施条例》规定，县级以上地方人民政府应当加强食品安全监督管理能力建设，为食品安全监管工作提供保障。目前，我国食品安全治理的基础比较薄弱，广大基层尤其是中西部地区，普遍缺乏人员、设备和经费，监管工作受到挑战。国家应当尽快出台地方各级食品安全监管能力建设标准，明确规定不同地区、不同层级食品安全监管能力的最低标准，并对地方政府保障情况进行考核，加大对能力保障不足地区的监督力度。目前，国家食品药品监管局已经出台了各级餐饮服务食品安全检验机构技术装备基本标准和现场快速检测设备配备基本标准，努力推动地方政府加大对餐饮服务技术监督的支持力度。

五是典型示范机制。目前，我国食品生产经营主体的产业化、集约化、标准化程度不高，多、小、散、低现象较为严重，食品企业的风险意识、责任意识、诚信意识和法治意识还比较薄弱，全面提升食品安全治理水平，必须树立长久作战、常抓不懈的观念。当前，应当坚持全面推进与重点突破相结合的原则，在一些领域建立示范基地，充分发挥示范单位的引领、辐射作用，逐步达到共同发展。食品药品监管部门履行食品安全综合监督职责期间所创建的食品安全示范县（区），以及履行新职责后所推行的餐饮服务食品安全百千万示范工程、小餐饮食品安全整规试点，就是推动地方政府、餐饮企业争先创优的重要载体。

六是分类监管机制。我国食品产业发展迅猛，但总体不平衡，不同区域、不同类型的食品企业差别较大，必须从现实国情出发，实行分级分类监管策略。过去，卫生行政部门推行的食品卫生量化分级管理、食品药品监管部门推行的食品安全信用等级管理，都是实施分级分类管理的有益探索。当前，要在科学继承的基础上，积极探索诚信制度建设与分类监管制度的有机结合方式，推进食品生产经营主体强化自我约束、自我激励、自我提高。

七是信用奖惩机制。现代社会是以信用为基础的社会。在市场经济条件下，信用不仅是重要的交易条件和交易环境，而且是重要的交易要素和交易方式，信用可以倍增或者倍减企业的形象和产品的价值。目前，部分食品企业冲破道德底线，绞尽脑汁地逃避监管，制售假冒伪劣、有毒有害食品，严重损害了广大消费者的切身利益。近几年，有关部门密切合作，积极推动信用体系建设，取得了一定的效果。但由于缺乏社会系统支持，目前，食品安全信用的价值还远远没有充分发挥出来。应当加快建立健全科学的食品企业信用评价机制，将各行各类食品企业全员纳入信用征集、评价、披露网络，其信用状况能够全面、客观、及时予以披露，从而便于广大消费者进行消费选择，便于监管部门进行分类监管，便于食品企业强化自律管理。

八是社会参与机制。确保食品安全需要全社会的共同参与。经验表明，仅仅依靠监管部门的有限力量进行监管，无论是监管的广度还是监管的深度，都将受到一定的制约和影响。社会参与可以有效弥补目前监管资源的严重不足。《食品安全法》规定：新闻媒体应当开展食品安全法律、法规以及食品安全标准和知识的公益宣传，并对食品安全违法行为进行舆论监督；任何组织或者个人有权举报食品生产经营中违法行为，有权向有关部门了解食品安全信息，对食品安全监督管理工作提出意见和建议。这些规定均体现了保障食品安全的社会治理理念。目前，许多地方建立食品安全有奖举报机制，如举报查实，可根据不同的情况给予举报人以适当的奖励，激发广大人民群众同违法违规行为进行斗争。此外，公益诉讼机制、集团诉讼机制也是调动社会力量参与食品安全监督、有效震慑违法行为的有效手段。

九是督查督办机制。近年来，为保障中央有关食品安全治理的各项方针政策和重大举措能够在基层得到有效落实，各级政府普遍开展了食品安全督查督办工作。食品安全治理包括治理目标、治理任务、治理措施等。为保障各项治理任务能够按时保质完成，上级监管部门有必要坚持过程控制，对下级监管部门工作情况及时进行检查，以便及时发现问题，及时督促进行整改。为强化督查督办的权威和效果，有必要将督查督办与绩效考核有机结合。

十是案件移送机制。近年来，食品违法犯罪行为猖獗，其中重要的原因之一就是以罚代刑、以罚代管。这种情况的发生既有立法方面的问题，如无法可依或者有法难依，但更多的是执法方面的问题。必须建立犯罪案件及时移送机制，加大刑事处罚力度，提升法律的威慑力和震撼力。近年来，国家出台了有关食品违法犯罪案件及时移送的有关制度和机制，需要不折不扣地加以贯彻执行。

机制创新是推动食品安全治理进步的不竭动力。坚持人民性、体现时代性、把握规律性、富于创造性，是食品安全治理机制创新的重要原则。实践启迪我们，只要解放思想、开动脑筋、大胆实践，就能逐步建立起更加符合我国国情的食品安全治理机制，推动食品安全工作不断实现新跨越，早日步入科学发展的轨道。

第二节　加快推进我国食品安全追溯体系建设[①]

食品安全问题是社会各界高度关注的重大民生问题。改革开放以来，我国食品产业发展和食品安全监管都有了长足的进步。但总体看来，我国食品生产经营方式还比较落后，食品安全问题的掌控能力还比较薄弱。适应工业化、信息化、市场化、国际化的快速发展，加快推进我国食品安全追溯体系建设，实现食品安全全程可溯可控，对有效控制食品生产经营风险、提升食品安全保障能力和水平，具有重要的意义。

---

① 徐景波："加快推进我国食品安全追溯体系建设"，载《中国食品安全报》2012 年 4 月 17 日。

一、加快推进食品安全追溯体系建设的客观需要

食品从源头生产到最终消费，往往需要经过多个环节和多个场所。在此时空分离的过程中，食品安全控制主体和风险因素也会发生变化。建立健全食品安全追溯体系，是加强食品生产经营管理、强化食品安全监管、促进社会诚信建设、维护消费者切身利益的现实需要。

（一）加强食品企业自我管理和自我约束的客观需要

食品生产经营企业是食品安全的第一责任人。在社会化大生产下，食品生产经营往往分段进行，食品安全监管往往分段负责。然而，企业的食品安全责任并不是简单地按照环节进行分配或者予以追究的。食品安全风险管理的基本要求是：哪个企业对食品安全风险的产生负有责任，哪个企业就应当对食品安全问题承担全面责任。因此，建立食品安全追溯体系，有利于加强食品安全生产经营全程管理和精细管理，增强食品企业的主体意识、风险意识、责任意识、诚信意识和自律意识等，同时也有利于通过食品安全控制体系，将食品生产经营全过程的相关信息记录下来，在一定程度上解决食品生产、经营和消费主体间食品安全信息不对称的问题。食品安全追溯体系的建立，虽不能完全杜绝食品安全问题的发生，却可在一定程度上增强企业的食品安全管理能力，一旦发生食品安全事故，企业可以迅速地进行追踪溯源，及时采取查封、下架、召回等市场控制措施，最大限度地减少问题食品的扩散，最大限度地减少企业的损失，最大限度地维护企业的声誉。

（二）维护消费者知情权和参与权的客观需要

近几年，食品安全事件多发频发，社会消费观念正在发生转变，消费者的权利意识不断增强，安全消费、健康消费、科学消费、理性消费已成为时尚。《消费者权益保护法》第 8 条规定，消费者享有知悉其购买、使用的商品或者接受的服务的真实情况的权利。消费者有权根据商品或者服

务的不同情况，要求经营者提供商品的价格、产地、生产者、用途、性能、规格、等级、主要成分、生产日期、有效期限、检验合格证明、使用方法说明书、售后服务，或者服务的内容、规格、费用等有关情况。建立食品安全追溯制度，有利于消费者在采购、消费食品时更加全面地掌握食品安全相关信息，科学理性地进行消费选择，积极有效地参与食品安全监督；同时，在发生食品事故时，也有利于消费者及时准确地追索责任主体，更好地维护自身的合法权益。

（三）提升政府食品安全监管能力的客观需要

有效提升食品安全监管能力是各国政府普遍面临的突出问题。而在政府食品安全监管能力的诸多指标中，控制能力占有十分重要的地位。建立食品安全追溯体系，可以使监管部门在日常监管中全面及时准确地掌控食品生产、流通、消费的基本情况。发生食品安全事故时，通过食品安全追溯体系，监管部门可快速查明问题食品或者可疑食品的来源和流向，及时采取防控措施，防止食品安全事故的进一步扩大。实践证明，完善的食品安全追溯体系可以有效提升政府的食品安全监管能力，尤其是食品安全应急处理能力。

（四）严厉惩处食品安全违法犯罪行为的客观需要

食品安全违法犯罪行为往往隐蔽性和流动性强，难以被发现。建立食品安全追溯体系，有利于监管部门和公安司法机关快速查找、搜寻和锁定问题食品，并将安全食品与问题食品隔离开来，增强行政执法和刑事司法的针对性和有效性，同时也有利于稳定社会秩序、增强社会消费信心。

二、发达国家食品安全追溯体系建设的积极探索

20 世纪 90 年代以来，许多国家和地区食品安全事件多发频发，食品企业和监管部门应对不力，引起广大消费者的强烈不满。为此，一些国家和地区着手建立食品安全追溯体系以提升食品安全管理水平。欧盟、美国

和日本是较早开展食品安全追溯体系的地区和国家，食品安全追溯体系已成为这些国家保障食品安全的重要手段。

（一）欧盟

为应对疯牛病事件，欧盟于 1997 年开始食品安全追溯体系研究，2000 年《食品安全白皮书》指出：成功的食品政策需要实现对饲料和食品及其成分的可追溯。2002 年欧盟发布 EC178/2002 号条例，规定食品、饲料、食用动物及其他可能进入食物链条和饲料链条的物质，其生产、加工和流通的各个环节都要建立追溯体系；食品和饲料行业应当能够识别和追踪其食品、饲料、食源性动物以及其他可能进入食品和饲料链条的所有物质的来源，以便需要时能够获得这些信息；食品和饲料行业应当建立可以识别和跟踪其产品去向的体系和程序，以便需要时提供这些信息；为便于追踪，进入市场或者可能进入市场的食品和饲料，必须通过符合特定要求的文件和信息进行适当的标记或者识别。如果经营者认为或者有理由相信所进口、生产、加工、制造或者流通的食品或者饲料不符合食品或者饲料安全要求，应当立即采取行动，将可疑产品从市场上撤回，并通知相关机构或者负责人。此后，欧盟通过多项条例、指令，通过批号编码、标记标签、原产地标识等，为各类食品、饲料等建立食品安全追溯体系。

（二）美国

2002 年美国国会通过《生物反恐法案》，将食品安全提高到国家安全的战略高度，提出实行“从农场到餐桌”的风险管理，要求企业必须建立食品可追溯制度。在该法案的指导下，美国食品药品监管局制定了《记录建立和保持的规定》等法规，为企业和执法者提供了实施食品安全追溯的技术。2004 年美国食品药品监管局公布了《食品安全跟踪条例》，要求所有涉及食品加工、运输、配送和进口的企业建立并保全相关食品流通全过程的记录，所有与食品生产有关的企业于 2006 年底必须建立食品质量可追溯体系。

（三）日本

2001 年日本开始研究建立食品安全追溯体系。在日本政府的主导下，民间机构和企业纷纷研究追溯体系操作平台。农协要求所属农户记录米面、果蔬、肉制品和乳制品等农产品的生产者、农田所在地、使用的农药和肥料、使用次数、收获和出售日期等信息。农协收集信息为每种农产品分配“身份证”号码，整理成数据库供消费者查询。在零售店里，每种产品必须醒目标出“身份证”号码，消费者可在店内的查询终端查询食品生产和流通信息。

从欧盟、美国、日本等发达国家的食品安全追溯体系可得出以下基本结论：一是食品安全追溯体系是强化食品安全管理、明确食品安全责任、提高市场流通效率的有效手段。二是食品安全追溯体系建设在给食品企业带来利益的同时也会增加企业的成本，国家应当通过立法将食品安全追溯体系建设纳入法制化发展的轨道。三是食品安全追溯体系可以根据不同产品采取不同的追溯载体或者方式，如标签标识、票据证明、信息编码等。从整体上看，食品安全追溯体系正从标签标识、票据证明等传统的追溯方式，向信息编码等现代追溯方式转变。四是食品安全追溯体系建设应当统筹安排，切实做好各环节之间的配套衔接。

三、我国食品安全追溯体系建设的初步探索

我国食品安全追溯体系建设始于新世纪初。2001 年 7 月上海市政府颁布《上海市食用农产品安全监管暂行办法》，该办法第 16 条规定建立生产基地安全卫生质量跟踪制度，生产基地在生产活动中，应当建立质量记录规程，记载农药、肥料、兽药、饲料和饲料添加剂使用以及防疫、检疫等情况，保证产品的可追溯性。非生产基地应当参照生产基地的管理方式，记录农药、肥料、兽药、饲料和饲料添加剂等生产资料的使用情况；第 26 条规定在流通环节建立食用农产品安全卫生流通档案。2003 年 7 月《国务院办公厅关于实施食品药品放心工程的通知》规定，推行购销索证

索票及重要市场销售备案制度。2004 年 9 月《国务院关于进一步加强食品安全工作的决定》提出，建立农产品质量安全追溯制度，积极推进经销企业落实进货检查验收、索证索票、购销台账和质量承诺制度。2004 年农业部开始在北京、天津、上海等 8 个城市开展农产品质量安全追溯制度建设试点工作。2004 年 5 月，北京市与河北省联合启动“进京蔬菜产品质量追溯制度试点项目”，河北省 6 县市蔬菜试点基地使用统一的包装和产品标签信息码，向北京市新发地和大洋路两个批发市场供货。同年 6 月，国家条码推进工程办公室决定，国家“蔬菜安全可追溯性信息系统研究及应用示范工程”开始在山东省潍坊市寿光田苑蔬菜基地和洛城蔬菜基地实施。为从源头抓质量，实施农产品市场准入制、标识制和召回制，中国物品编码中心联合山东省、潍坊市、寿光市质量技术监督局和寿光田苑、洛城两个龙头蔬菜基地，采用电子拍卖、网上销售等电子商务模式，开展农产品供应链的跟踪与追溯研究，建立“无公害蔬菜质量追溯系统”。2007 年 4 月国务院办公厅印发《国家食品药品安全“十一五”规划》，提出加强食品安全应用技术的研究，包括食品品种特征溯源技术、食品产地图谱技术、食品产地标签和条码示踪技术、农产品质量安全溯源技术；加强食品、食品添加剂、食品包装材料的标签标识管理。2008 年北京举办奥运会，为我国食品安全追溯制度建设提供了动力支持。以奥运食品安全追溯系统为契机，首都食品安全追溯系统进入新阶段。在起草《食品安全法》的过程中，曾提出国家对食品、食品添加剂和食品相关产品实行监管码制度。具体实施办法和步骤由国务院有关部门制定。对已经实行食品安全监管码管理的食品生产者，颁发食品生产许可证的部门还应当同时发给申请人食品安全监管码码段；对不符合规定条件的，决定不予许可并书面说明理由。后因部分食品企业提出反对意见，在听取各方面意见后，全国人大常委会二次审议时将食品电子监管相关内容删除。

2010 年 9 月《国务院办公厅关于进一步加强乳品质量安全工作的通知》，提出完善乳品追溯制度，建立健全验证验票查询系统，建立全国统一的乳制品生产经营单位信息数据库，详细收录包括银行开户名和账号在内的相关信息，向有关乳制品进货单位提供验证验票查询服务；完善进货查验制度，细化对乳品生产经营记录和进货查验的具体要求，并做好各环节的衔接，增强记录的可追溯性；建立电子信息追溯系统，研究以婴幼儿配方乳粉和原料乳粉为试点推行电子信息追溯系统，实现从奶源、采购、生产、出厂、运输到销售终端的全程有效监管，确保对产品在任何环节都能快速辨别真伪，逐步在乳品行业推行电子信息追溯系统。2010 年商务部、财政部分两批在 20 个城市开展肉类蔬菜流通追溯体系建设试点。商务部确定乌鲁木齐、天津、哈尔滨、合肥、南昌、济南、海口、兰州、银川等 10 个城市为国家第二批肉菜流通可追溯体系建设试点城市。2012 年国务院国办公厅印发的《2012 年食品安全重点工作安排》，提出“推进肉类、酒类电子追溯体系建设”。

食品安全追溯方式可分为传统追溯方式和现代追溯方式。传统追溯方式主要是通过食品生产经营记录、索证索票和购销台账等方式进行追溯。《食品安全法》及其实施条例规定生产企业应当如实记录食品生产过程的安全管理情况，记录的保持期限不得少于 2 年；食品批发企业应当如实记录批发食品的名称、购货者名称及联系方式等，记录、票据的保存期限不得少于 2 年。传统追溯方式具有方便、快捷、经济等优点，但也存在工作量大、效率低下、操作不便、重复烦琐、资源难以共享、监管难以到位等弊端。现代追溯方式是采用高科技手段、运用电子信息追溯系统实现的，该方式往往具有产品录入查询、消费警示信息发布、质量监管信息发布等功能，能有效弥补传统追溯方式的缺陷。近年来，随着我国经济的快速发展，一些地方推行食品“电子备案”，如镇江推行以电子备案为主、书式备案为辅的食品安全追溯模式；南京建立食品经营企业电子数据库，与大型商场、超市联动查验机制，这些举措进一步促进和完善了食品安全追溯制度。

与发达国家相比，我国食品安全追溯制度建设起步较晚，存在的主要问题有以下几点。一是认识不统一。对于如何建立食品安全追溯体系，有关部门、食品企业、行业协会等，并未形成统一的认识，甚至还存在一些模糊认识。企业参与食品安全追溯体系建设的积极性不高。二是管理不统一。目前，食品安全追溯体系建设多部门、多模式、多路径并进，缺乏统一规划和总体设计，部门间、区域间、环节间衔接不配套、不协调，难以做到资源和信息共享。三是技术不统一。由于多头管理，各部门、各系统的食品安全追溯体系的建设目标、技术标准、路径选择等缺乏统一明确的要求，低水平重复建设现象严重。

四、明确我国食品安全追溯体系建设的基本原则

总体看来，我国食品安全追溯体系建设还处于起步探索阶段，顶层设计至关重要。食品安全追溯体系建设应当坚持以下基本原则。

（一）统筹规划、科学安排

食品安全追溯体系建设属于系统工程，需要跨环节、跨部门、跨系统建设，为此，必须由政府统筹规划、科学安排、分工合作、协同推进。为最大限度地发挥食品安全追溯体系的作用，建议由国务院食品安全委员会办公室按照科学、统一、权威、高效的目标要求，组织制定统一的食品安全追溯体系建设规划，加快建立统一的编码技术参数和共享的信息交换平台，确保食品安全追溯体系建设的科学化、规范化发展。

（二）协同推进、全程追溯

食品安全包括原料安全、场所环境安全、设施设备安全、过程安全以及结果安全等。从源头生产到最终消费，食品生产经营往往需要经过多个环节和程序。而任何环节和程序存在缺陷或者出现差错，都可能导致食品安全事故的发生。近年来发生的食品安全事件表明，食品产业链中的生产经营者，即使能够保证自己的生产经营行为完全符合法律和标准要求，但也难以保证整个食品产业链中其他生产商、经营商的严格把控。有些食品企业本身并没有问题，但却被产业链中的相关企业所累而导致巨大经济损失。食品安全问题是一个产业链问题，只有实施全程追溯、协同推进，才能保障食品安全信息共享，在问题发生时才能够准确溯源并有效控制，从而最大限度地保障消费者的合法权益。

五、加快我国食品安全追溯体系建设的具体措施

加快推进我国食品安全追溯体系建设，既要积极，也要稳妥。立足当前，着眼长远，应当积极采取以下措施。

（一）完善食品安全追溯法律标准

《食品安全法》及其实施条例对食品原料、食品添加剂、食品相关产品采购索证索票、进货查验、台账记录等作出了具体规定，这些规定主要属于传统食品安全追溯方式，而现代食品安全追溯方式则没有规定。当前，应当加快制定食品安全追溯法律法规和标准，建立食品安全追溯通用规范和食品安全追溯信息编码规范，对食品安全追溯的基本原则和通用要求、追溯流程和管理规则、信息编码、数据结构和载体标识等，作出全面而具体的规定，确保食品安全追溯系统科学化、规范化、法治化发展。

（二）完善食品包装和标签制度

食品包装和标签是建立食品安全追溯体系的重要条件之一。没有完整、详细的食品包装和标签，追溯信息就无从依附。我国《食品安全法》对预包装食品、食品添加剂、专供婴幼儿和其他特定人群的主辅食品的标签作出了具体规定。但与发达国家相比，我国在食品包装和标签管理方面还存在着一些不足，应当吸取发达国家在食品包装和标签制度建设中的经验，将食品安全追溯信息与食品包装标签有机结合。

（三）加强食品企业诚信体系建设

诚信是食品安全追溯制度建立的基石。食品安全追溯制度的建立依赖于食品企业信息的准确性和完整性。如果源头信息不准确、不完整，再完善的追溯制度也将形同虚设，再先进的追溯技术也将徒有虚名。必须通过诚信体系建设，确保食品安全追溯信息的及时、客观与全面。

（四）扩大食品安全追溯试点领域

食品安全追溯制度对食品企业的经营管理水平、质量控制技术、信息化程度等方面的要求较高，而我国多数食品企业还存在规模小、分散经营的特点，全面推行食品安全追溯制度，必然会增加实施难度。当前，可在市级城市试行，条件成熟后再推广到县；可在一些已相对规模化的食品行业领域实施，逐步拓展领域。

（五）搭建食品安全追溯信息平台

随着信息技术、网络技术的不断发展，各级政府应当加大财政投入，建立和完善共享信息资源库，搭建全国联网的信息平台，创建食品产地编码、生产档案、产品标识和其他可追溯信息数据库，实现部、省、地、县和市场监测信息共享与互通，及时掌握食品安全动态信息，强化追溯、预警和信息发布。目前，国际上普遍采用全球统一标识系统对食品进行食品安全可追溯性的工作。通过运用信息化的手段建立统一的食品安全追溯信息平台，为政府监管食品安全工作提供可靠的技术手段，为消费者和百姓便捷地查询生产履历数据库中关于生产基地、产品和批发的记录信息提供保证，为食品企业的供应链管理提供安全的技术保障。

第三节　创新食品安全典型示范机制[①]

近年来，食品安全违法犯罪时有发生，严重侵害了广大消费者的切身利益，解决食品安全问题需要全社会的共同参与。建立食品安全典型示范机制，鼓励食品生产经营者积极参与食品安全示范工程建设，是新时期加强和创新食品安全管理、优化食品安全监管环境、丰富食品安全治理渠道的积极探索。

---

① 徐景波："创新食品安全典型示范机制研究"，载《辽宁公安司法管理干部学院学报》2013 年第 1 期。

一、客观需要

创新食品安全典型示范机制，是深入贯彻实施《食品安全法》及其实施条例、全面提高食品安全治理水平、构建食品安全治理新机制的手段之一，是践行食品安全社会治理理念、创新食品安全治理渠道的客观需要。

（一）实现社会治理的需要

保障食品安全是全社会的共同责任。必须充分调动社会各方面的积极性、主动性和创造性，共同保障食品安全。食品安全示范工程建设活动的开展与推广，是实现食品安全社会治理的一种方式方法，其有利于形成纵横交错的食品安全治理网络、及时发现食品安全隐患和漏洞、促进食品企业依法生产经营，促进监管机关依法履行监管职责。实践证明，建立健全食品安全典型示范机制，充分调动食品生产经营者和群众参与食品安全示范工程建设活动的积极性、主动性和创造性，是在市场经济条件下强化社会监督做好食品安全工作的有效手段，对于及时发现各类食品安全风险隐患和违法犯罪行为、提高食品安全保障水平具有十分重要的作用。

（二）节约治理成本的需要

保障食品安全需要政府、企业和消费者等各方面的共同努力。我国食品生产经营主体多、小、散、低，监管难度大。在假劣食品制售屡禁不止且行政监管力量相对不足的情况下，如何调动社会各界投入食品安全保障工作，打好保障食品安全的“持久战”，是需要认真思考的重大问题。食品安全保障必须实行全民参与、社会治理。实施典型示范机制，可以促使示范单位增强自律意识、责任意识，诚信经营，主动配合监管部门监管的开展，有效节约社会资源和治理成本。

（三）促进食品企业自我发展的需要

食品生产经营企业是食品安全的第一责任人。食品安全实行风险管理的基本要求是：哪个企业对食品安全风险的产生负有责任，哪个企业就应当对食品安全问题承担责任。因此，建立食品安全示范单位，有利于增强食品企业的主体意识、风险意识、责任意识、诚信意识和自律意识。食品安全典型示范机制的推行，可以通过激励和约束机制的建立，在一定程度上促进企业提升食品安全管理能力和水平，提高企业的经济效益和社会效益。

（四）发挥行政指导优势的需要

伴随政府职能的转变，行政指导以其柔性的、非强制性的方式，并辅以利益诱导机制，成为食品安全治理的主要模式。开展食品安全示范县、示范乡、示范村、示范街、示范单位的创建活动，是力推食品安全行政指导治理模式的有效方式方法，其有利于调动食品生产经营者参与典型示范工程的建设活动积极性，有利于节约食品安全治理行政成本，有利于实现食品安全治理目标，有利于和谐社会的构建。

（五）保障消费者安全消费的需要

食品安全无小事，百姓健康是大事。近几年连续发生“毒奶粉”“瘦肉精”“地沟油”“彩色馒头”等恶性事件，消费者对食品安全信任度大打折扣，加强食品安全治理已经刻不容缓。当前，各级政府食品安全监管部门必须充分运用各种方式方法实现食品安全治理目标。食品安全典型示范工程建设的开展，能够发挥示范单位以点带面、辐射引领作用，促使示范单位不断自我完善、自我提高；既能提高示范单位经济效益，又能使消费者安全消费、放心消费。

二、实践探索

（一）国家统一指导阶段

为充分发挥餐饮服务食品安全示范单位的引领带动辐射作用，进一步提高餐饮服务食品安全保障水平，2010 年 6 月 25 日，国家食品药品监督管理局和商务部联合下发了《餐饮服务食品安全百千万示范工程建设指导意见》（国食药监食〔2010〕235 号）（以下简称《指导意见》）。《指导意见》规定示范工程建设的意义在于通过建设一批示范单位、树立一批先进典型、推广一批先进经验，进一步增强餐饮服务单位食品安全意识和自律意识，推动餐饮服务单位升级和健康发展；创新餐饮服务食品安全监管机制，落实食品安全责任，规范食品安全秩序，提升食品安全水平；动员社会各界参与餐饮服务食品安全监督，创造安全放心的消费环境，不断满足人民群众日益提高的餐饮服务食品安全需求。示范工程建设的目标任务是从 2010 年开始，力争在“十二五”期间，在全国创建数百个餐饮服务食品安全示范县（含县级市、区）、数千条餐饮服务食品安全示范街，数万个餐饮服务食品安全示范单位（店、食堂），形成点线面相结合的多层次、全方位、全业态的餐饮服务食品安全示范群体，充分发挥示范单位的引领带动辐射作用，促进餐饮服务食品安全保障水平的稳步提高。

此外，2011 年 12 月 7 日国家食品药品监督管理局和商务部联合制定了《国家餐饮服务食品安全示范县遴选暂行办法》（以下简称《办法》）。《办法》第 5 条规定，国家餐饮安全示范县应当符合国食药监食〔2010〕235 号文件中有关餐饮服务食品安全示范县的条件和以下要求：一是已被评定为省级餐饮服务食品安全示范县。二是已配备与监管任务相适应的监督执法队伍和执法装备。三是在餐饮服务食品安全监管制度机制、方式方法等方面有所创新，工作成效显著。四是设立餐饮服务食品安全投诉举报网络，及时有效处理群众投诉举报。地方政府设有投诉举报专项经费。五是连续两年以上未发生Ⅲ级以上餐饮服务食品安全事故。《办法》规定了国家餐饮安全示范县的遴选采取申报、审查、公示、认定的程序进行。在遴选过程中发现弄虚造假的，取消该单位三年内候选资格。

（二）地方贯彻实施阶段

为全面落实食品安全典型示范工程的开展，进一步提高食品安全保障水平，全国各地陆续组织开展了食品安全典型示范工程建设活动，并制定了实施方案。如 2010 年 10 月 20 日，德州市食品药品监督管理局和德州市商务局联合发布了《德州市餐饮服务食品安全“百千万”示范工程建设实施方案》（德食药监餐〔2010〕58号）；2011年4月12日，黑龙江省食品药品监督管理局发布了《黑龙江省餐饮服务食品安全百千万示范工程建设实施方案》（黑食药监餐发〔2011〕94号）；2012年3月19日，南京市食品药品监督管理局发布了《南京市餐饮服务食品安全示范工程建设实施方案》（宁食药监餐〔2012〕59号）。各地制定《实施方案》的主要内容包括示范工程建设实施的指导思想、总体目标、基本标准、实施方案和具体步骤、总体要求等内容。

从各省、市、县发布的《实施方案》来看，可以得出下列结论：首先，政府重视是做好食品安全示范工程建设的前提。食品安全直接关系到人民群众的切身利益、经济发展、社会稳定和政府形象。应将食品安全示范工程建设作为一项民生工程，建立健全县、乡、村三级示范网络，加大人力、物力、财力的投入，为食品安全示范工程建设提供可靠的组织保障和经费保障。其次，以人为本是做好食品安全示范工程建设的保障。必须坚持以人为本，始终把解决好与人民群众切身利益密切相关的热点问题和难点问题作为工作的出发点和落脚点。再次，创新机制是做好食品安全示范工程建设的手段。食品安全示范工程建设是一项长期复杂的民生工程，必须坚持开拓创新，积极探索食品安全长效治理机制，提高治理效能。最后，加大宣传是做好食品安全示范工程建设的基础。必须加大食品安全示范工程建设宣传力度，使食品安全知识家喻户晓、深入人心，切实提高人民群众参与示范工程建设的热情，营造人人关注食品安全、人人重视食品安全的良好氛围。

三、主要内容

（一）工作原则

食品安全示范工程创建活动的开展应当坚持以下原则：一是坚持政府推动、企业争创的原则；二是坚持自愿申请、综合评价的原则；三是坚持本级评审、逐级上报的原则；四是坚持上级批准，分级管理的原则；五是坚持试点先行、典型引路的原则；六是坚持分类指导、分步实施的原则；七是坚持动态管理、整体推进的原则；八是坚持政策扶持、资金扶助的原则。以上原则的落实，有利于明确食品安全工作责任、规范食品安全秩序、全面提升食品安全水平、扎实推进食品安全示范工程建设工作。

（二）基本标准

1. 餐饮服务食品安全示范县

餐饮服务食品安全示范县应当将餐饮服务食品安全监管工作纳入政府目标考核体系，建立创建餐饮服务食品安全示范县领导与工作机构，独立设置食品药品监督管理部门，执法监督队伍配备有力，应急管理体系组织健全，财政支持保障充足，辖区内建立餐饮服务食品安全社会监督员队伍，设立投诉举报网络，及时处理群众投诉举报，广泛开展多种形式的食品安全宣传教育，监管工作扎实有效，达到以下基本要求：辖区内餐饮服务单位量化分级管理达到100%，其中B级以上达到80%；辖区内餐饮服务食品及餐具抽检合格率达到95%以上；农村集体聚餐备案率达到90%以上；辖区食品安全应急网络覆盖面达100%；辖区内连续三年以上未发生重大食品安全事故；辖区政府食品安全工作考核目标达到100%；公众对餐饮服务食品安全满意率达到70%以上。

2. 餐饮服务食品安全示范街

餐饮服务食品安全示范街应当选择餐饮服务单位相对集中、基础好或者影响大的街区开展创建工作，并满足下列基本要求：街区内不存在无证经营的现象；街区内所有餐饮服务经营单位均应诚信守法经营；配备餐饮服务食品安全社会监督员；街区内餐饮服务经营单位量化分级管理均达到B级以上；街区内餐饮服务食品安全示范单位比例达到50%以上；街区内连续两年以上未发生重大食品安全事故；公众对餐饮服务食品安全满意率达到80%以上。

3. 餐饮服务食品安全示范单位

餐饮服务食品安全示范单位应当诚信守法经营，内部管理制度健全并有效实施，各项措施符合餐饮服务食品安全操作规范，能够有效控制食品安全风险，食品安全保障水平较高，从业人员食品安全管理规范，能够全面承担食品安全责任，并达到以下基本要求：建立并执行索证索票制度，食品原料、食品添加剂、食品相关产品的可追溯率达到100%；量化分级管理被列为B级以上；从业人员健康证持证率达到100%；积极采用“五常法”或者“六T法”等先进管理方法；连续三年以上未发生食物中毒事件。

（三）实施程序

近年来，各地在开展餐饮服务食品安全百千万示范工程建设的过程中，纷纷制定了实施方案，并对实施程序作出了相应规定。如《南京市餐饮服务食品安全百千万示范工程建设实施方案》对餐饮服务食品安全示范县、示范街、示范单位的工程建设实施步骤作出如下规定。一是启动。2012年3月正式启动市级餐饮服务食品安全示范工程建设创建活动。二是申报。由自愿参与创建的餐饮服务单位、餐饮服务街区及区（县）提出申请，经区县餐饮服务食品安全监管部门组织初审，对符合基本条件的，报市食品药品监管局备案同意。三是评定。自申报同意之日起，开展创建工作达半年以上的，可自愿申请评定验收。经区（县）局对照标准进行初评后，可向市里正式提出书面验收申请。由市食品药品监管局、商务局组织专家评审组，对示范工程达标情况进行评定验收。四是审核。市食品药品监管局和市商务局根据专家评审组考核鉴定意见和公示结果，对已达到标准的，授予相应的示范称号。五是晋升。根据国家和省餐饮服务食品安全百千万示范工程建设标准，将在市级示范区县、示范街区和示范单位中择优向省和国家推荐，争创国家级、省级餐饮服务食品安全示范区县、示范街区和示范单位。

四、创新发展

近年来食品安全事故多发频发，食品安全形势依然严峻，食品安全治理任重道远。食品安全典型示范机制作为食品安全治理创新的重要组成部分，食品安全监管部门应当在规范和落实上深下功夫，在完善和创新上继续探索。

（一）加大示范工程建设的宣传力度

食品安全示范工程建设是一项社会工程，各级食品安全监管部门要切实加大宣传工作力度，充分利用报刊、广播电视、互联网等媒体，广泛宣传食品安全示范工程建设的目的，让广大消费者和经营户知晓食品安全示范工程创建的重大意义，吸引广大消费者和食品经营户积极参与这项工程的创建活动。通过创建活动的有序推进，提升食品安全示范单位的信誉度和知名度，提高消费者对食品示范经营主体的认知度和信任度，使食品安全示范单位切实感受规范经营、诚信经商带来的经济效益、社会效益。同时，及时宣传报道创建工作动态、进展和成效，推动示范县、示范街、示范单位创建活动深入进行。

（二）建立动态管理的长效机制

创建食品安全典型示范单位只是食品安全治理的一种手段，创建工作完成后，应加强动态管理，促进创建活动机制化、常态化。食品安全监管部门要以品牌管理为理念，加强对食品安全示范店的监督力度，通过市场巡查、专项检查、案件查处和受理消费者申诉举报等工作，加强对食品安全示范店的动态检查，以保持示范店的示范效应和生命力；在日常工作中，注重指导，帮助食品安全示范店经营者及时纠正一般性问题或者轻微违法行为；每年组织一次考核，对不达标准的示范店，坚决撤销其称号，并及时通过相关媒体向社会公布，对食品安全示范店不搞终身制。

（三）发挥联动机制的引导作用

食品安全示范县、示范街、示范单位的创建，对于加强城镇、农村食品安全是有利的，但创建不仅是政府和相关村、企业的事情，还要发动全社会的力量，让众多小商店、小作坊、小餐饮店、小加工厂也有创建热情，真正形成共同创建的良好氛围。在已认定的食品安全示范店（超市、市场）经营场所的显著位置设置消费者意见箱和投诉举报电话宣传牌，由食品安全监管部门定期收集汇总消费者的意见、建议，充分发挥农村、社区消费维权网络和群众监督员的作用，扩大监督基础，加大社会监督力度。坚持政府推动与企业争创相结合，以点带面，确保示范县、示范街、示范单位顺利升级达标。

（四）强化食品安全诚信体系建设

诚信是中华民族的传统美德，是市场经济发展的基石。古人讲，“人无信不立，家无信不旺，国无信不稳，世无信不宁”。食品安全诚信体系建设是保障食品安全的治本之策，是开展食品安全示范工程建设的根本保障。当前，为做好食品安全“示范店”“放心店”的建设工作，各部门要大力开展诚信教育活动，培育诚信典范，排斥和打击失信行为，及时曝光不合格产品和违法违规企业，让制假售假者无立足之地；要积极探索建立和完善食品安全信用征集、评价和披露等制度，建立健全食品生产经营企业信用档案，积极开展信用等级评价，推进示范店分类监管，实行奖优惩劣；要强化信用监督和惩戒，加大对失信行为的惩戒力度，提高失信行为的经济成本和法律成本，并强化舆论监督，提高失信行为的道德成本。

（五）建立自律控管机制

创建示范店，把好质量要求和过程控制是关键。一是严把进货入口关。通过索证索票方式，查验供货商主体资格和食品合格的证明文件。二是实行食品安全动态监控，定期盘查，筛选剔除临近保质期、到保质期、破包、腐烂变质等问题食品，及时清理商店及食品。三是问题食品主动退市。发现不符合食品安全标准的食品立即下架，并告知消费者，接受消费者退货；执行食品安全监管部门通知要求，及时撤柜下架不符合食品安全标准的食品。四是问题食品公开销毁。对到保质期、破包、腐烂变质食品，不再退回给供货商，经供货商确认后报监管部门备案，公开销毁。

（六）推进农村示范工程建设进度

农村食品安全基础薄弱，不仅是监管的重点，也是监管的难点。农村食品经营户存在分布散、规模小、店面乱、档次低、素质差、隐患多等诸多问题，所以历年全国食品安全整治方案均把农村食品市场列为重点。针对上述问题，应当加快推进农村食品安全示范工程建设进度，加强农村食品安全知识宣传教育，增强农村消费者和经营户食品安全观念。农村食品安全示范工程建设的开展，应当坚持地方政府统一领导、职能部门联动社会广泛参与；应当加大人、财、物投入力度。榜样的力量是无穷的。农村食品安全示范工程建设创新了载体、构筑了平台，将激励更多食品经营户效仿示范单位的经营模式和经营理念，自觉改善经营环境，提高经营档次，应对已经到来的农村食品市场的激烈竞争。

第四节　创新食品安全有奖举报机制[①]

近年来，食品安全违法犯罪时有发生，严重侵害了广大消费者的切身利益。解决食品安全问题需要全社会的共同参与。建立食品安全有奖举报机制，以一定的奖励方式鼓励广大消费者积极举报食品安全违法犯罪行为，是新时期加强和创新食品安全管理、优化食品安全监管环境、丰富食品安全监管渠道的积极探索。

一、客观需要

食品安全问题是全社会共同关注的重大社会问题。创新食品安全有奖举报机制、鼓励社会各界积极参与食品安全监督，是践行食品安全社会治理理念、提升食品安全治理水平的客观需要。

（一）实现消费权益保障的需要

食品是人类赖以生存和发展最基本、最重要的物质基础。食品安全直接关系着广大人民群众的切身利益。《消费者权益保护法》第 15 条规定：

---

① 徐景波：“保障食品安全须出‘重拳’——建立创新的重奖严罚机制”，载《中国食品工业》2012 年第 6 期。

“消费者享有对商品和服务以及保护消费者权益工作进行监督的权利”；《食品安全法》第10条规定：“任何组织或者个人有权举报食品生产经营中违反本法的行为，有权向有关部门了解食品安全信息，对食品安全监督管理工作提出意见和建议”，消费者对食品消费享有知情权、选择权、参与权、表达权等社会监督权利。建立食品安全有奖举报机制，从法律层面明确举报的主体、事项、程序、方式以及相关奖励措施，有利于动员广大消费者积极参与食品安全监督，共同维护食品安全。

（二）提升政府监管效能的需要

目前，我国食品生产经营主体多、小、散、低，部分企业食品安全意识、诚信自律意识不强，违法犯罪手段日趋隐蔽，形式更加复杂，政府监管任务日益增加，监管难度不断提高。当前，我国仍处在食品安全风险高发期，各食品安全监管部门，尤其是基层监管部门，普遍面临着监管力量不足的困境。在此情况下，如何降低监管成本、提升监管效能，需要认真思考并科学谋划。建立食品安全有奖举报机制、调动社会各界参与食品安全监督，可以有效弥补食品安全监管部门监管力量不足、监管视野不宽、监管信息不多等问题，有利于监管部门及时发现和查处违法犯罪线索，共同打好一场保障食品安全的“人民战争”。

（三）拓宽利益诉求渠道的需要

由于种种原因，目前一些消费者在遇到食品安全问题时往往不愿、不想、不敢投诉举报，有时也不知如何投诉举报。而作为食品安全问题的直接接触者和首要发现者，消费者所提供的食品安全风险信息往往是最直接、最及时的，对监管部门主动、快速地打击违法犯罪行为能够起到十分重要的作用。建立食品安全有奖举报机制，公开投诉举报方式和渠道，构建反应迅速、沟通快捷、运转高效的投诉举报平台，有利于动员和鼓励广大消费者积极举报食品安全问题，主动参与食品安全监督，有效维护自身合法利益，同时也可以增强食品安全监管工作的时效性和透明度。

（四）遏制违法犯罪行为的需要

食品安全违法犯罪成本不高，是近年来假劣食品制售屡禁不止的重要原因之一。加大对食品安全违法犯罪行为的打击力度，大幅提高不法分子的违法犯罪成本，使食品生产经营者“不愿犯法、不敢犯法、不能犯法、犯不起法”，才能从根本上减少食品安全问题的发生。一般而言，监督网络愈密、惩戒威慑力度愈强，违法犯罪的成本也就愈大。在强化政府监管的同时，创新食品安全有奖举报机制，全方位构建食品安全立体监督网络，不断拓展监管部门的“眼”和“耳”，延伸监管部门的“手”和“脚”，将使不法分子感知天网恢恢、疏而不漏，违规生产经营食品必须付出高昂的成本。这种经济杠杆将在一定程度上遏制违法犯罪行为的发生。

（五）实现社会治理的需要

食品安全治理是社会治理的真实缩影和具体体现。加强食品安全社会治理，既离不开政府部门的有力监管，也离不开社会各界的积极参与。食品安全有奖举报机制，作为政府部门与社会力量之间的一种有效互动机制，将行政监管与社会监督有机结合，能够有效激发社会各界参与食品安全监督的积极性和创造性，用社会力量弥补行政监管覆盖的有限性和惩戒的滞后性，促使食品安全治理更具主动性、前瞻性和有效性，形成更加有效的社会预警系统，更大限度地保障广大人民群众的饮食安全。

二、实践探索

我国食品安全有奖举报机制建设，已走过了从地方积极探索到国家统一指导的发展历程，食品安全有奖举报机制正日趋完善。

（一）地方积极探索阶段

进入新世纪以来，为鼓励社会公众参与食品安全监督，积极举报各类危害食品安全的违法线索，及时发现、控制、消除食品安全隐患和危害因素，严肃查处食品安全违法案件，营造良好的食品安全全社会参与氛围，各地陆续创新食品安全有奖举报机制。2003年11月，为实施“食品放心工程”，强化打假治劣力度，牡丹江市设立“食品举报奖励专项基金”，规定凡举报食品违法生产经营行为情况属实者，可给予300元至500元的奖励，重大案件实行重奖。2005年1月，南京市试行放心食品有奖举报制度，由南京市计委、财政局、工商局等十部门联合建立南京市放心食品有奖举报热线，凡在粮油、肉类、蔬菜、水果、奶制品、豆制品、卤菜、水产品、酒、盐、醋、酱油、水发制品等13类与市民消费密切相关的主副食品生产经营中发现违法违规行为的均可举报，举报分为4个有功奖励等级，最高奖励款额为2万元。此后，各地陆续建立食品安全有奖举报制度。如2007年4月公布的《南京市江宁区食品安全举报奖励办法》（江宁政发〔2007〕73号）；2007年10月公布的《青岛市食品安全举报奖励办法》（青政办发〔2007〕40号）等。这些办法在奖励范围、奖励条件、奖励程序、奖励金额等方面都作出了明确、具体的规定。

应当说，第一阶段的食品安全有奖举报机制基本是地方或者部门所建立的食品安全有奖举报机制，这时的食品安全有奖举报机制已经建立了食品安全举报制度的基本框架，但这种“一条龙”的处理方式往往是举报受理、举报核查以及兑现奖励由同一部门组织实施的，虽然有利于加快案件处理的效率，但也不可避免地产生这样或者那样的问题。

（二）国家统一指导阶段

食品安全有奖举报，不仅是一个行之有效的重要制度，同时也是一个效果显著的机制。2010年7月13日，国务院办公厅下发《关于加强地沟油整治和餐厨废弃物管理的意见》（国办发〔2010〕36号），强调要充分发挥社会和舆论监督作用。各地要建立有奖举报制度，支持鼓励群众积极参与“地沟油”整治和餐厨废弃物管理工作。

2011年7月，国务院食品安全委员会办公室下发《关于建立食品安全有奖举报制度的指导意见》（食安办〔2011〕25号）（以下称《指导意见》），首次以国务院食品安全委员会办公室名义发布建立食品安全有奖举报制度的指导意见。该《指导意见》规定了实行食品安全有奖举报的重要意义、建立健全有奖举报工作机制、奖励资金来源和奖励标准、明确有奖举报范围、加强对有奖举报工作的组织领导等五个方面的内容，对加快推进建立健全食品安全有奖举报制度具有重要的意义。该《指导意见》是全环节、全品种、全部门的食品安全有奖举报制度，且坚持举报受理、举报核查以及兑现奖励相分离的运行机制，有利于保障食品安全举报机制的有效运行。《指导意见》下发后，各地加快了食品安全有奖举报机制的建立。据新华网2012年2月9日报道，截至2012年1月底，全国已有21个省份出台食品安全有奖举报制度，对食品安全举报受理、核查以及奖励范围、条件、标准、程序等各方面作出了详细的规定。

2010年9月16日，国务院办公厅下发《关于进一步加强乳品质量安全工作的通知》（国办发〔2010〕42号），要求充分发挥社会监督作用。各地区、各有关部门要建立健全食品安全有奖举报制度，切实落实对举报人的奖励，保护举报人合法权益，特别要鼓励生产经营单位内部人员举报和提供线索。

2012年2月26日，国务院办公厅下发《关于印发2012年食品安全重点工作安排的通知》（国办发〔2012〕16号），要求认真落实有奖举报制度。各地区要按照有奖举报的有关要求，抓紧细化落实措施，进一步明确奖励举报范围和举报受理部门，畅通投诉举报渠道，完善举报线索受理、核查、移送和反馈程序。要保证奖励资金专款专用，规范奖励额度审定、奖金管理和发放等工作程序，完善对举报人的保护措施，确保举报线索及时核查、奖励资金及时兑现，鼓励人民群众积极举报食品安全违法行为。

三、主要内容

从目前各地区各部门的实践来看，食品安全有奖举报制度主要包括以下内容。

（一）举报范围

食品安全有奖举报的范围应当是各类危害食品安全的违法犯罪行为。

在《食品安全法》公布实施前，各地区各有关部门的食品安全有奖举报的范围有所不同。《指导意见》颁布后，食品安全有奖举报的范围基本确定在以下几个方面。一是在农产品种植、养殖、加工、收购、运输过程中使用违禁药物或者其他可能危害人体健康的物质的；二是使用非食用物质和原料生产食品，违法制售、使用食品非法添加物，或者使用回收食品作为原料生产食品的；三是收购、加工、销售病死、毒死或者死因不明的禽、畜、兽、水产动物肉类及其制品，或者向畜禽及畜禽产品注水或者注入其他物质的；四是加工销售未经检疫或者检疫不合格肉类，或者未经检验或者检验不合格肉类制品的；五是生产、经营变质、过期、混有异物、掺假掺杂伪劣食品的；六是仿冒他人注册商标生产经营食品、伪造食品产地或者冒用他人厂名、厂址，伪造或者冒用食品生产许可标志或者其他产品标志生产经营食品的；七是未按食品安全标准规定超范围、超剂量使用食品添加剂的；八是其他涉及食用农产品、食品和食品相关产品安全的违法犯罪行为。《指导意见》发布后，各地区各有关部门根据食品安全监管工作的实际需要，扩大了有奖举报的范围或者附设一定的条件，如 2011 年 12 月 29 日发布的《山西省食品安全举报奖励办法（试行）》（晋政办发〔2011〕105 号）增加了“非法收购、加工地沟油并用于食品流通领域的，非法生产、销售、使用‘瘦肉精’的”；2012 年 3 月 21 日发布的《黑龙江省食品安全举报奖励办法》增加了“无证或无照生产经营食品、食品添加剂和食品相关产品的”；2012 年 3 月 23 日发布的《安徽省食品安全违法行为举报奖励暂行办法》（皖政办〔2012〕20 号）第 6 条规定：举报的违法行为有下列情形之一经查证属实的，且行政处罚的罚没款入库金额超过 1 000 元或人民法院判决有罪的，对举报人予以奖励。有的地区在明确有奖举报的范围的同时，也规定了不属于有奖举报的情形与范围。如《晋城市食品安全有奖举报实施办法（试行）》第 3 条规定：“有以下情况之一的，不属于本办法有奖举报范围：一是从事危害食品安全活动的人员主动交代、自首或主动归案的；二是正在共同参与危害食品安全活动的同案人员检举的；三是案件查办部门在调查取证、办理等过程中新发现或从事危害食品安全活动的人员新交代的；四是属本部门查办或负有特定义务的人员及配偶、直系亲属举报的；五是其他不属于有奖举报范围的。”

（二）举报程序和方式

举报程序是否科学完善，在一定程度上影响着有奖举报效果的正常发挥。近年来，各地区各有关部门在制定食品安全有奖举报办法的立法过程中，注重强化举报程序的完善。《指导意见》第 2 条规定，建立健全有奖举报工作机制。一是举报受理。地方各级政府要根据方便群众举报和有利于提高查处效率的原则，明确举报受理部门。举报受理部门要畅通举报渠道，接到举报后要及时记录在案，形成专门案宗。二是举报核查。地方各级政府要进一步规范举报核查工作的程序、时限要求和部门间的衔接措施，确保责任到位、核实及时、查处有力。有关部门对举报内容涉及本部门职责范围的，要及时组织核实查处，对不属于本部门职责的，要及时移送相关职能部门处理，坚决防止出现受而不理、有案不移以及敷衍推诿等现象。三是兑现奖励。地方各级政府要明确专门部门负责食品安全举报奖励的审定、奖金管理、奖金发放、信息披露等日常工作。负责举报调查处理的部门在查处工作完成后，要对举报事实、奖励条件和标准予以认定，提出奖励意见，经奖励资金管理部门审定后向举报人及时兑现奖励。目前，各地各部门确定的举报程序和方式上大体相同。如《黑龙江省食品安全举报奖励办法》第 9 条规定，各级食品安全监管部门应当按照以下方式接受、受理举报人举报的食品安全案件线索，并形成接报受理记录：一是以电话、信件、传真、电子邮件等形式接报；二是以来访形式接报；三是其他部门移交的案件、线索接报。《山西省食品安全举报奖励办法（试行）》第 5 条规定，举报人可以采取书信、电话、传真、电子邮件、当面陈述或者其他形式进行举报。举报人应尽可能地向举报受理部门提供被举报人危害食品安全的具体违法行为、人员、时间、地点、见证人等重要证据及其调查线索。举报人举报时应当注明本人的姓名、居民身份证号码、联系电话等有关情况。

（三）举报获奖原则

各地的食品安全有奖举报大体相同，如《黑龙江省食品安全举报奖励办法》第 6 条规定，举报人对食品安全违法行为进行举报并获得奖励的原则：一是举报人实名举报，经监管部门查证属实，在违法案件调查处理完毕后，由举报人直接领取奖金；二是举报人可以匿名举报，匿名举报人应提供一个六位数的身份验证密码和有效联系方式，经监管部门查证属实，案件调查处理完毕后凭身份验证密码和有效联系方式领取奖金；三是同一违法案件线索被两个以上举报人分别举报的，奖励最先举报人；四是两个或两个以上举报人联名举报同一违法案件的，按一案进行奖励；五是对同一案件的举报奖励不得重复发放。食品安全监管部门的工作人员不得作为举报奖励对象。

（四）奖励资金来源

食品安全奖励资金是否能持续保障，是食品安全有奖举报机制能否正常运行的关键。《指导意见》第 3 条规定，地方各级政府设立食品安全举报奖励专项资金，由地方财政按年度核拨，单独立户、专款专用，接受审计、监察等部门的监督检查。《山西省食品安全举报奖励办法（试行）》第 13 条规定，县级以上人民政府均应设立食品安全举报奖励资金，由同级财政负责管理。奖励资金的使用管理按照规定实行预算管理，专项列支、专款专用，接受审计、监察等部门的监督检查。县级以上人民政府设立食品安全举报奖励资金情况，应当纳入对各级政府年度工作考核内容。

（五）奖励标准

《指导意见》第 3 条规定，奖励标准及相关要求由省级政府统筹指导规范。对举报违法制售、使用食品非法添加物、生产假冒伪劣食品的地下“黑窝点”“黑作坊”等的人员，以及生产经营单位内部举报人员，应适当提高奖励额度。各地区各有关部门在确定奖励标准方面进行了多方面的探索，如山西省将奖励标准与举报的食品安全隐患分级和举报级别挂钩，《山西省食品安全举报奖励办法（试行）》（以下简称《办法》）第 8 条规定，根据举报涉及范围、情节轻重、影响程度，举报的食品安全隐患分为下列四种级别。一是特大安全隐患。涉及两个以上设区的市，对人体健康和生命安全可能产生严重危害后果，或仅涉及一个设区的市但违法行为情节严重，可能造成重大、恶劣社会影响。二是重大安全隐患。涉及两个以上县（市、区），对人体健康和生命安全可能产生危害后果，或仅涉及一个县（市、区）但违法行为情节严重，可能造成恶劣社会影响。三是较大安全隐患。发生在一个县（市、区）的严重违法行为，对人体健康和生命安全可能产生危害后果，可能造成一定社会影响。四是一般安全隐患。发生在一个县（市、区）局部区域的违法行为，可能对人体健康和生命安全产生一定危害后果。该《办法》第 9 条规定：根据举报事实的确凿程度和举报人的配合情况，将举报分为下列四种举报级别。一是一级举报。认定违法事实基本清楚，直接掌握现场物证、书证并可协助查办活动，举报线索与查办事实完全相符。二是二级举报。认定有违法事实，已掌握部分现场物证、书证并可协助查办活动，举报线索与查办事实基本相符。三是三级举报。尚未对违法事实进行直接核实，但已取得部分重要证据，仅提供查办线索，不直接协助查办活动，举报线索与查办事实大致相符。四是四级举报。有部分物证，但未经过核实，仅为怀疑、推测性举报。该《办法》第 10 条规定：根据举报的食品安全隐患分级和举报级别不同，给予举报有功人员一次性奖励。奖励标准为：特大安全隐患一级举报，奖励 10 万元；重大安全隐患一级举报，奖励 5 万元；较大安全隐患一级举报，奖励 2 万元；一般安全隐患一级举报，奖励 0.2 万元。各等级对应的二级举报奖励金额为一级举报的 60%，三级举报奖励金额为一级举报的 30%，四级举报奖励金额为一级举报的 10%。对举报违法制售、使用食品非法添加物、生产假冒伪劣食品的地下“黑窝点”“黑作坊”等的人员，以及生产经营单位内部举报人员，可适当提高奖励额度。黑龙江省则按照罚没款金额给予一次性奖励。《黑龙江省食品安全举报奖励办法》第 11 条规定：举报的食品安全违法行为经查证属实，并由相关部门立案查处结案后，对举报人按照罚没款金额，给予一次性奖励。奖励额度为：罚没款金额的 5%。最高可奖励 50 万元；罚没款金额较低，但性质恶劣，违法产品存在严重危害或者对社会造成严重后果、由司法机关追究刑事责任的案件，可给予 1 万元至 5 万元奖励；罚没款金额不足 1 万元的，根据提供线索的价值、社会危害及影响，给予 200 元至 500 元的奖励；对生产经营单位内部人员举报的，在按照上述规定奖励的基础上，额外给予 1 万元至 5 万元的奖励。江苏、广西、海南等地还规定，举报人有特别重大贡献的，奖励额度上不封顶。各地食品安全有奖举报制度的建立，有效调动了社会各方参与食品安全监督的积极性、主动性。2011 年辽宁全省共受理食品安全投诉举报 3 189 起，已立案 927 起，奖金兑现 146 起。

（六）举报保密

为保护举报人的人身安全和财产安全，必须建立并严格执行举报保密制度。未经举报人同意，不得以任何方式泄露举报人身份资料。凡对举报人打击报复的，一律予以严惩。《山西省食品安全举报奖励办法（试行）》第 14 条规定，受理、查处举报的有关部门应严格为举报人保密。未经举报人同意，不得以任何方式将举报人姓名、身份、住址以及举报情况公开或者泄露。《深圳市食品安全举报奖励办法》第 23、24 条规定，各相关单位和经办人员应当严格遵守举报保密制度，不得以任何方式泄露举报人姓名、举报内容及其他相关信息，违者依法追究相关责任；新闻媒体对食品安全案件进行宣传报道时，不得泄露举报人信息。

四、创新完善

近年来，食品安全事故多发频发，食品安全形势依然严峻，食品安全治理仍任重道远。食品安全有奖举报机制，作为食品安全治理创新的重要组成部分，食品安全监管部门应当在规范和落实上深下功夫，在完善和创新上继续探索。

（一）完善便民受理机制

食品安全有奖举报机制作用的发挥，除了靠高额奖金激发群众举报的动力外，还应在程序细节上保障群众举报的热情。首先，要坚持举报受理“首问负责制”。目前，我国食品安全实行分段监管为主和品种监管为辅的监管体制。绝大多数消费者在发现违法违规时往往难以知晓向哪个监管部门进行举报。从方便群众举报和提高查处效率的原则出发，应当建立举报受理首问负责制。各监管部门对举报不得推诿拒绝，对属于本部门监管职责范围内的，应当详细记录举报情况并及时安排核实查处；对不属于本部门职责范围内的举报，应当及时移交相关职能部门处理并告知举报人。对举报内容涉及多个监管领域，首次接到举报的有关部门，应当及时将举报受理材料转交同级政府食品安全办，由食品安全办确定主要受理部门及配合部门。对监管环节不明确的举报事项，以及跨区域、跨部门等需要协调的重大举报事项，应当报告本级食品安全办，由食安办指定相关部门落实举报事项查处和奖励确定等工作。按照属地管理原则，举报内容应当由下级有关部门查处的，应当及时移交下级部门调查处理；应当由上级部门查处的，及时向上级部门报告并按规定移送。各食品安全监管部门之间应当加强举报信息的相互沟通，保证举报奖励工作有效落实。其次，要积极探索食品安全有奖举报统一渠道和平台。有条件的地区应当按照“集中、统一、高效”的原则，适时推进食品安全举报受理资源的整合，探索建立统一的举报渠道和平台，明确举报受理的范围、方式和程序并向社会公布，方便群众举报食品安全违法违规行为。

（二）强化重奖举报作用

举报人对食品安全违法犯罪行为的举报往往需要花费一定的时间和成本。作为受益人的国家，应当对举报人为举报所付出的代价给予必要的补偿，这是公正的体现。“重赏之下，必有勇夫，”对食品安全举报实行重奖，不仅能够激发群众举报的热情，而且对违法犯罪行为更能给予强力打击。因此，对举报严重危害食品安全违法活动的，应当给予重奖，可以实行举报奖励数额与罚没款数额或者挽回损失数额挂钩的奖励办法确定奖励金额。《指导意见》第 3 条规定，对举报违法制售、使用食品非法添加物、生产假冒伪劣食品的地下“黑窝点”“黑作坊”等的人员，以及生产经营单位内部举报人员，应当适当提高奖励额度。目前，《安徽省食品安全违法行为举报奖励暂行办法》第 7 条规定，每次举报奖励金额最高不超过

20 万元。《黑龙江省食品安全举报奖励办法》第 11 条规定，最高可奖励 50 万元。目前，各地区各部门普遍实行举报奖励数额与罚没款数额或者挽回损失数额挂钩的奖励办法，建议各地区各部门建立食品安全有奖举报基金，多渠道筹集食品安全举报奖励基金，为提高食品安全举报奖励金额创造条件，充分发挥有奖举报机制的作用。除了物质奖励外，各地区各部门也可探索精神奖励的措施。

(三) 健全举报保护措施

对食品安全违法犯罪行为的举报，有可能招致被举报人的打击报复，给举报人造成人身损害、财产损失，甚至危及举报人及其利害关系人的人身安全。如果没有有效的举报保护制度，举报人尤其是内部举报人将面临着较大的风险。泄露举报人信息会增加举报人及其利益关系人被打击报复的风险，会使很多潜在的举报人不愿举报、不敢举报，从而影响举报制度的整体绩效。因此，除对经查实属于故意捏造事实诬告他人的举报依法公开外，无论举报信息是否全面、是否获得奖励，监管部门都必须为举报信息严格保密。凡违反规定泄露举报人信息的，或者向被举报人通风报信帮助其逃避查处的，应当视情节轻重依法给予行政处分；构成犯罪的，依法追究刑事责任。

(四) 建立高效运行机制

各级政府行政部门在制定和执行有奖举报制度时，应当完善有奖举报程序，健全有奖举报方式方法，以形成高效、便捷的运行机制。要缩短有奖举报流程周期，简化有奖举报程序，尽可能降低举报人成本；缩短奖励的审核周期，细化食品安全监管部门审核时限；明确兑奖时限，及时兑现有奖举报金额；举报人申请奖励时，可以利用先进的互联网和信息技术快速受理，待举报人领取奖金时再予以严格的身份审核，这样不仅能减轻举报人的成本，而且还能充分调动举报人举报的主动性和积极性。

(五) 推行隐名有奖举报

食品行业的违法犯罪行为越来越隐秘，给监管工作带来很大难度。为鼓励问题行业或者企业内部知晓内幕人员“站出来、发声音”，应当推行“隐名举报”，以加强对举报人的保护。隐名举报是实名举报和匿名举报之外的第三种举报方式，即凡是举报人认为其举报行为可能损害自身安全的，可以不提供真实姓名或者名称，但要提供其他能够辨别其身份的信息，或者采用书面委托的形式，委托他人代为申请、领取奖励。操作上，举报人可与行政部门专人约定身份代码、举报密码、举报处理结果和奖励权利告知方式等内容。

（六）强化有奖举报宣传

加强食品安全有奖举报工作，是新时期强化食品安全工作方式方法的有益探索。为切实提高广大人民群众对食品安全有奖举报制度的认知和了解，各级食品安全监管部门应当认真做好有奖举报的宣传引导工作，使广大人民群众了解有奖举报的举报方式、举报范围、举报保护和举报奖励措施，使广大人民群众积极、正确地行使举报权，切实做到举报不失实、不避责，提高举报案件查处的及时性和有效性。同时，要充分发挥政府信息公开平台作用，通过展示大案要案的查处成果，消除举报人对食品安全违法犯罪行为举报的顾虑，努力营造人人关心食品安全、人人参与食品安全监督的良好氛围。

第五节　创新食品安全信用奖惩机制[①]

现代社会不仅是一个竞争的社会、法治的社会、开放的社会，更是一个信用的社会。在市场经济条件下，信用不仅是重要的交易条件和交易要素，而且是重要的交易手段和交易环境。作为一种基础深厚、内涵深刻、价值无限的发展资源，信用是市场经济社会发展的基石，信用可以倍增或者倍减企业的形象和产品的价值。目前，部分食品企业冲破道德底线，绞尽脑汁地逃避监管，制售假冒伪劣、有毒有害食品，严重损害了广大消费

---

① 徐景波：“创新食品安全信用奖惩机制”，载《大庆师范学院学报》2013年第4期。

者的切身利益。建立科学的信用奖惩机制，不仅是规范市场经济秩序的根本措施，而且也是褒奖守信、惩戒失信的有效方式方法。

一、客观需要

食品安全问题是全社会共同关注的重大社会问题。创新食品安全信用奖惩机制是解决我国社会转型期食品生产经营企业信用缺失问题的深远之策，是促进我国食品行业持续、快速、健康发展的长效之举，是践行食品安全社会治理理念、提升食品安全治理水平的发展之路。

（一）保证食品安全的需要

《食品安全法》第 1 条明确立法目的是“保证食品安全，保障公众身体健康和生命安全”。食品是人类社会赖以生存和发展的最基本的物质条件。食品安全关系千千万万消费者的切身利益。食品企业诚信经营、合法经营是保障食品安全的重要基础。当前，我国食品安全问题比较突出，不少食品存在安全隐患，食品安全事故特别是重大的食品安全事故时有发生，人民群众对食品缺乏安全感。产生上述问题的重要原因之一，就是一些食品生产经营企业法律意识淡漠，诚信道德低下。确保食品安全，需要法制、标准和制度的保障，但这只是外因，而诚信则是食品安全保障的内因，食品生产就是良心生产。讲良心，就是讲诚信；讲诚信，就是讲道德。当前推行食品安全信用奖惩机制，既有利于褒奖守信、惩戒失信，也有利于保障人民群众身体健康和生命财产安全。

（二）提高食品企业竞争力的需要

市场经济既是法治经济，更是诚信经济。尽快健全市场经济的信用体系，已经成为社会各界的共识。在市场充分竞争的环境下，通过合法经营取得竞争优势，企业会越做越大。不靠诚实守信去竞争，而是企图通过不正当手段、制假贩假去获得经济利益，最终只会搬起石头砸自己的脚，受到应有的惩处。食品行业诚信自律是保障食品安全的重要基础，全面提高我国食品安全水平，归根到底要通过规范食品生产经营活动，提高质量安全控制水平。生产经营安全的食品，主体责任在企业。企业兴衰，关键在诚信。诚信是金。企业失去了诚信，也就失去了立业之基，必将被市场经济所淘汰。食品企业生产经营不仅要讲规则，更要守诚信，只有这样才不会失去信誉，不会失去广大消费者，最终才不会失去应有的经济效益。食品企业拥有了诚信，就会在激烈的市场竞争中，步步为营，做强做大。随着经济全球化和贸易自由化步伐的加快，食品行业的发展已经跨越国界，诚信已成为扩大对外交往、走向世界的通行证。由诚信而带来的利益和由不诚信而导致的损害，将因经济全球化而成倍放大。食品企业要牢固树立诚信就是生命、质量就是效益的经营理念，强化道德意识和食品安全意识，充分认识自觉践行道德承诺、诚信守法规范经营，既是履行法律规定的责任和义务的要求，也是企业可持续发展和提高市场竞争能力的必由之路。

（三）推动食品行业健康有序发展的需要

食品企业诚信守法、规范经营是食品安全的前提，也是食品行业健康有序发展的前提。食品企业生产经营合格、安全、放心的食品，这是食品生产经营企业的法定义务和责任。近几年，连续发生的重大食品安全事件，根本的原因就是一些企业诚信缺失，见利忘义，严重侵害了消费者的合法权益，给食品行业的发展造成恶劣的影响。所以，在今天的经济和社会生活中，人们最头痛的莫过于诚信的缺失，最企盼的也莫过于对诚信的重建。广大食品企业只有自觉践行信用承诺，增强法治意识，切实对消费者负责、对社会负责、对企业自身负责，才能推进食品行业健康有序发展。英国古典经济学家亚当·斯密说，没有公正就没有市场经济。如果追求金钱名利超出对智慧和道德的追求，整个社会便会产生道德情操的堕落，结果是公正性原则被践踏，市场经济趋于混乱。诚实守信，不只是建设现代市场体系的必要条件，同时也是现代社会生存和运行的必要条件；不只是规范市场经济秩序的治本之策，同时也是规范社会生活秩序的治本之策；其意义不止于道德领域，也不止于经济领域。它既关系到市场经济秩序的好转和市场经济体系的完善，也关系到中国特色社会主义事业的兴衰成败。

二、实践探索

我国食品安全信用奖惩机制建设，已走过了从国家统一指导到地方全面贯彻实施的发展历程，食品安全信用奖惩机制正日趋完善。

(一) 国家统一指导阶段

食品安全信用奖惩，不仅是一个行之有效的重要制度，而且也是一个效果显著的重要机制。2004 年 4 月 7 日，国家食品药品监管局、公安部、农业部、商务部、卫生部、国家工商行政管理总局、国家质量监督检验检疫总局、海关总署联合印发了《关于加快食品安全信用体系建设的若干指导意见》(国食药监察〔2004〕99 号)（以下简称《指导意见》)。《指导意见》对食品安全信用体系建设的重要意义、指导思想、基本原则以及主要目标、主要内容、保障措施等方面作出了详细规定。其中食品安全信用体系建设的核心内容包括建立食品安全信用管理体制，建立食品安全信用标准制度，建立食品安全信用信息征集制度，建立食品安全信用评价制度，完善食品安全信用披露制度。

2007 年 3 月 23 日，国务院办公厅下发《关于社会信用体系建设的若干意见》(国办发〔2007〕17 号)（以下简称《意见》)。《意见》指出，建设社会信用体系，是完善我国社会主义市场经济体制的客观需要，是整顿和规范市场经济秩序的治本之策。社会信用体系建设要以法制为基础、信用制度为核心，坚持“统筹规划、分类指导、政府推动、培育市场、完善法规、严格监管、有序开放、维护安全”的原则，形成体系完整、分工明确、运行高效、监管有力的社会信用体系基本框架和运行机制。《意见》指出行业信用建设是社会信用体系建设的重要组成部分，对于促进企业和个人自律、形成有效的市场约束，具有重要的作用。要完善行业信用记录，推进行业信用建设。发挥商会、协会的作用，促进行业信用建设和行业守信自律。抓紧研究建立市场主体信用记录，实行内部信用分类管理，健全负面信息披露制度和守信激励制度，提高公共服务和市场监管水平。建立信用信息共享制度，逐步建立和完善信息共享平台体系，形成失信行为联合惩戒机制，真正使失信者“一处失信，寸步难行”。

（二）地方贯彻实施阶段

为全面推动食品安全信用体系建设，以褒奖守信与惩戒失信并举为原则，提高食品安全信用度，全国各地陆续创新食品安全信用奖惩机制。如2005年4月18日，青岛市人民政府办公厅下发了《关于印发青岛市食品安全信用体系建设试点实施方案的通知》（青政办发〔2005〕19号），强调食品安全信用体系建设应坚持政府推动、部门联动、企业运作、社会参与的原则；坚持统筹协调、分工合作、分类指导、分步实施的原则；坚持先易后难、先点后面、条块结合、扎实推进的原则；坚持宣传教育与制度规范并重、褒奖守信与惩戒失信并举，信用建设与行政监督相结合的原则；坚持食品安全信用体系建设与发扬“诚信、和谐、博大、卓越”的城市精神相结合的原则；坚持以人为本、以全面提高人民群众健康水平为目标的原则。此后，各地陆续建立食品安全信用奖惩制度。如2012年2月16日，广州市人民政府出台了《广州市食品安全信用监督管理办法》（穗府〔2012〕9号），规定对食品安全信用一类单位，各级政府及相关行政管理部门要支持其建立良好信用的长效保护和激励机制，鼓励社会资源向其倾斜，在公共服务、社会宣传等方面给予支持；对食品安全信用二类单位，食品安全监督管理部门在日常监督管理工作中可酌情减少监督检查频次；对食品安全信用三类单位，食品安全监督管理部门应当依法加强日常监督管理，作为重点对象进行检查或者抽查。政府及行政管理部门不得授予三类单位及其法定代表人、主要负责人、主要责任人有关荣誉或者称号；以往授予的，要予以撤销；对食品安全信用四类单位，食品安全监督管理部门应当依法责令其停产整顿；对法定资质失效且在整改期限内仍未达到要求，或有严重质量违法、违规行为，且达到吊销行政许可、营业执照的，要严格执行市场退出机制；对构成犯罪的，由司法机关依法追究其刑事责任。

从各省、市发布的食品安全信用奖惩《实施方案》或者《管理办法》来看，可以得出下列结论：首先，政府重视是做好食品安全信用奖惩制度建设的前提。食品安全直接关系到人民群众的切身利益、经济发展、社会稳定和政府形象。当前应当将食品安全信用奖惩制度建设作为一项民生工程来抓，加大人力、物力、财力的投入，为食品安全信用奖惩制度建设提供可靠的组织保障和经费保障。其次，以人为本是做好食品安全信用奖惩制度建设的保障。必须坚持以人为本，始终把解决好与人民群众切身利益密切相关的热点问题和难点问题作为工作的出发点和落脚点。最后，创新机制是做好食品安全信用奖惩制度建设的手段。食品安全信用奖惩制度建设是一项长期复杂的民生工程，必须坚持开拓创新，积极探索食品安全长效治理机制，提高治理效能。

三、创新发展

针对食品生产经营企业信用严重缺失的现实，需要有效改善信用奖惩的社会环境，尽快消除信用奖惩制度制定和实施的障碍，充分发挥信用奖惩机制的作用。

（一）加大宣传信用体系建设力度

在食品企业信用体系建设中，道德约束和法律规范是一对互补关系。在食品安全的覆盖领域，道德要比法律广泛得多，可以弥补法律规范的不足。良好道德环境对于食品企业和从业人员诚信意识的提高具有潜移默化的作用。呼声甚高的诚信经营属于道德规范，只有营造浓重的社会商业道德氛围，才会使食品企业这一信用奖惩对象主动迎合奖惩制度，才会使奖惩制度取得社会各界的支持。目前许多食品企业为了追求更大的经济效益，不惜付出信用代价的行为说明了一些食品企业商业道德的失衡、滑坡，因此应当加强对食品企业的信用道德教育，引导食品企业树立正确的商业价值观，自觉加强对员工的信用管理，把信用道德作为食品企业伦理基本准则和企业文化的核心内容。同时，还应当加强对食品企业信用方面的社会舆论宣传，引导社会公众树立诚信光荣、失信可耻的意识，并明辨是非，传颂、尊重、信任、亲和信用企业，谴责和唾弃失信行为，把失信行为看作败坏社会公德的行为，自觉抵制失信行为，不和失信企业交易，不到失信企业消费，最终形成企业得道多助、失道寡助的社会奖惩机制。

（二）加大对守信企业扶持和失信企业惩治力度

为体现守信受益、失信受损的奖惩规则，对守信企业和失信企业应当给予不同的待遇。各级食品安全监管部门应当加大对守信企业扶持力度，让信用企业真正获得更多的发展机会和条件，让失信企业得不到发展资源、受到各个方面的制约。有关部门对信用企业的奖励不能停留在发奖金授牌匾上，更重要的是关注信用企业的生产经营状况，为其生产经营创造良好的政策环境、发展环境，提高企业的预期收益。为了进一步扶持信用企业，对企业信用等级达到某一标准时应当予以利益褒奖，使企业享受经济实惠和相应的便利待遇。如针对企业融资难的情况，可以借鉴发达国家的通行做法，给信用等级高的企业授予较高的银行信用额度和更为优惠的存、贷款利率，或者在发行股票和企业债券上授予优先权。工商、税务、质监等部门还可以根据企业信用等级予以授信，对信用等级较高的企业在服务方面开辟“绿色通道”，提供各种便利。与之相反，对失信企业应当加大整顿治理力度，不能简单罚款了事，要进一步采取措施制约失信企业，让其付出代价，吸取不讲信用难以发展或者生存的教训。有关部门应当继续严厉打击违法违规行为，坚决取缔无证照、无资质生产经营单位，为守法企业、优质产品保驾护航，使违法企业、假冒伪劣产品无立足之地。

（三）及时公示信用信息和奖惩信息

信用信息反映食品企业日常信用表现，而奖惩信息反映的是根据食品企业日常信用表现而作出的奖惩决定。食品安全信用奖惩机制要求及时把这两方面信息向社会传递，以社会舆论监督，促进企业信用自律。为此在信用信息披露时，食品安全监管部门应当利用电视、报刊或者网络等媒体，将自己某日或者某阶段职能管理中发现、采集的企业信用行为信息及时进行披露。这种披露形式分正反两方面，我们在媒体中常见的企业纳税额情况排行榜、参加公益活动企业名单，环保、质量、技术达标企业名单之类的公告，就属于正面披露，这种披露就是把企业良好信用情况向社会公示，褒扬勉励信用企业。反之，为了鞭挞失信企业，把企业制售假冒伪劣、虚报注册资本、偷税漏税、合同诈骗等失信违法行为通过媒体向社会曝光，就属反面披露。奖惩信息公示则是把企业奖励情况和惩戒情况利用媒体予以公布，如公布“守合同、重信用”评选的结果、纳税大户称号的授予名单、企业质量管理先进光荣榜，以及公布企业被认定的各种资质等级和获得的各种荣誉。又如发布行政处罚决定、黑名单、企业执照吊销公告。此外采用信用信息披露和奖惩信息公示措施时，必须把根据信用管理系统评价出的企业信用等级和根据信用等级作出的信用奖惩决定进行公布，因为这两项的公布信息能综合反映出企业信用情况和信用行为结果。

（四）全面落实信用奖惩机制

食品安全信用奖惩机制效能的发挥重在落实。纵观目前推出的花样众多的信用奖惩措施，许多奖惩手段陈旧、内容空乏，难以兑现。如一些奖励幅度过低，无法激励企业；一些惩戒手段力度不大，没有对失信企业造成压力。为此，各级食品安全监管部门在监管中必须坚持守信必奖、失信必惩的原则，做到奖惩措施有力、奖惩决定到位。同时由于信用奖惩制度不是单靠一个部门执行，为了兑现所有奖惩决定，实施信用监管时要克服各自为政的做法，应当通过联网等途径实现资源共享，有效发挥监管部门的整体监管优势，建立起上下联动、密切配合、运转高效的监管机制，进一步提高企业信用奖惩效能。另外，信用评价是否客观科学，直接影响到信用奖惩的适当准确性，因此在企业信用体系建设中，政府部门还应当培养足够的提供社会化征信服务的中介征信机构，引导这些中介机构客观、真实地提供信用信息，减少行政干预，确保独立、公正工作。对与信用活动相关的注册会计师、审计师和律师等专业服务领域的人员也必须加强监督管理，确保企业信用状况的真实披露。

（五）建立企业信用监管机制

食品安全监管部门对食品企业评定出信用等级后，要向社会公告公示评定结果，通过舆论宣传，发挥社会信用的引导和监督作用。建立社会信用监督体系，公布举报电话，并建立食品企业信用档案信息查询系统，把企业和个人的信用记录在案，为市场交易活动提供服务。建立食品信用等级的动态管理机制，评审委员会应当每半年或者一年复测一次企业信用等级。对经过巡查、回访、监督检查均符合规定，且各级监督检验产品质量安全指标均合格的企业，可向上调整一级；对在巡查、回访、监督检查中，发现企业存在不良行为、生产必备条件出现严重不合格的，经整改后仍不符合要求的，或者在市、区级监督检验（包括复查）中累计出现2次以上产品质量不合格的，至少应当向下调整一级；在国家、省级监督检验（包括复查）中连续出现2次以上产品质量不合格的，直接降为D级；发现有使用非食用原料生产食品、加入非食品用化学物质生产食品、制售假冒伪劣食品情节严重的，应当立即降为D级，并及时通过媒体予以曝光，同时报区级食品安全委员会移交卫生、工商部门建议吊证吊照直至取缔。

第六节　创新食品安全绩效考核机制

近年来，食品安全事故频发引发了社会高度关注。在这背后，监管领域“被动执法”、监管关卡形同虚设、监管部门缺乏监督、执法动力与压力不足等问题纷纷被曝光，而究其根本，则是负责食品安全监管的相关部门相互推诿，导致工作不力。抓绩效考核就是运用科学的方法、标准和程序，对其机关履行职能、完成工作任务、实现机关目标的过程、实绩和效果进行整体性和综合性评价。

一、客观需要

创新食品安全绩效考核机制，是深入贯彻实施《食品安全法》及其实施条例，全面提高食品安全治理水平、构建食品安全治理新机制的手段之一；是践行食品安全社会治理理念、丰富食品安全治理手段的客观需要。

（一）提升政府监管效能的需要

2012 年 6 月 23 日，国务院印发了《关于加强食品安全工作的决定》，首次明确将食品安全纳入地方政府年度绩效考核内容，且对出现重大食品安全问题实行“一票否决”。将食品安全纳入地方政府绩效考核，对全面提升我国食品安全监管水平具有重要的现实意义。一是有利于强化食品安全的制度建设，进一步理顺监管职责，及时消除各种食品安全隐患，形成良性的食品安全监管工作态势；二是有利于促进地方政府不断改进食品安全管理方式、优化行政资源、节约行政成本，提高行政效率；三是有利于增强地方政府加强食品安全监管的责任意识，进一步强化食品安全监管的执行力。

（二）保障公众食品安全的需要

当前，我国食品安全问题比较突出，不少食品存在安全隐患，食品安全事故特别是重大的食品安全事故时有发生，人民群众对食品缺乏安全感。问题食品产生的最根本原因是食品生产企业一味逐利，丧失起码的道德良心，毫无诚信可言。另外，政府监管不力，失职渎职也是造成食品安全问题产生的重要因素。而食品安全出现问题，会引发诸多连锁反应，导致政府公信力受损，企业面临诚信危机，以及危害公众身心健康等。将食品安全纳入政府年度绩效考核，能够有效督促各级政府、各级官员把心思和精力用在日常食品安全的制度建设和监督管理上，用在及时消除各种食品安全隐患上，形成出现什么隐患消除什么隐患，出现什么问题解决什么问题的良性工作态势，进一步强化各级政府、各级领导抓食品安全的责任感、紧迫感。

（三）落实食品安全监管责任的需要

强化食品安全监管，关键在于落实监管责任；落实监管责任，关键在于落实地方政府及其监管部门的责任。《食品安全法》规定，县级以上地方人民政府统一负责、领导、组织、协调本行政区域的食品安全工作。可见，对于食品安全，地方政府“守土有责”。在当前各级地方政府发展经济、保障民生各项任务都很重的情况下，要确保食品安全责任落实到位，就必须有激发监管动力的制度保障、落实监管责任的约束手段以及严格责任追究的问责机制。将食品安全与政绩考核挂钩，发挥绩效考核的导向作用和激励约束机制，可以真正促使地方政府确立保障食品安全也是政绩的观念，将食品安全工作压力转变为强化监管的动力，切实履行统一领导、统筹协调职责，加大人、财、物投入力度，提高食品安全保障水平；可以真正促使“领导责任压力”逐级传导到食品生产、加工、销售的各个环节，逐级下沉到监管环节的各个责任主体，形成一个环环相扣的责任链条，从源头和过程上保证责任落实到位；也可以真正促使地方政府自觉按照科学发展观的要求，在发展食品产业中牢固树立“安全为先”的理念，不断巩固食品安全的产业基础。

（四）提高监管人员综合素质的需要

通过设置科学合理的食品安全绩效考评内容和指标，并层层分解落实，可以使监管人员明确自己所担负的任务，同时也对全部工作人员责任进行了落实，有利于提高监管人员素质和加强干部队伍建设；通过服务对象参与评价，使政府机关各部门和监管人员个人的工作都置于人民群众的监督之下，促进监管人员努力提高自己的工作能力，政府各部门改进机关作风；把评估结果与监管人员的奖励惩罚、职务升降、辞职辞退结合起来考察，可以促进监管人员奋发向上、提高素质、勤政廉政。

二、实践探索

（一）国家统一指导阶段

为认真贯彻落实《食品安全法》及其实施条例，严格执行《餐饮服务许可管理办法》《餐饮服务食品安全监督管理办法》，进一步促进餐饮服务食品安全责任的落实，切实提高监管效能和水平，2011 年 3 月 8 日，国家食品药品监督管理局下发了《关于开展 2010 年度餐饮服务食品安全监管绩效考核工作的通知》（食药监办食〔2011〕37 号）（以下简称《通知》）。《通知》对考核的主要内容作出以下具体规定。一是餐饮服务食品安全监管能力建设情况，主要包括餐饮服务食品安全监管职能交接及队伍组建情况、经费保障情况、执法装备配备情况。二是餐饮服务食品安全监管工作情况，主要包括上级部门部署的各项工作任务完成情况、各地年度监管工作计划完成情况、监管制度和工作机制创新情况、监管工作成效情况。三是餐饮服务食品安全重点品种抽检情况，主要包括国家食品药品监督管理局监督抽检计划完成情况、监督抽检计划报告上报情况、抽检经费使用情况、各地自行开展监督抽检及监测工作情况。四是餐饮服务食品安全工作公众满意度调查情况，主要包括城镇居民、农村居民、学生、进城务工人员等对本地区餐饮服务食品安全满意状况。同时，《通知》对考核方式、时间安排、工作要求等进行了全面、系统的部署。

2012 年 6 月 23 日，国务院印发了《关于加强食品安全工作的决定》，首次明确将食品安全纳入地方政府年度绩效考核内容。提出了我国食品安全的阶段性目标，计划用 3 年左右的时间，使我国食品安全治理整顿工作取得明显成效，违法犯罪行为得到有效遏制，突出问题得到有效解决。用 5 年左右的时间，使我国食品安全监管体制机制、食品安全法律法规和标准体系、检验检测和风险监测等技术支撑体系更加科学完善，生产经营者的食品安全管理水平和诚信意识普遍增强，社会各方广泛参与的食品安全工作格局基本形成，食品安全总体水平得到较大幅度提高。建设食品生产经营者诚信信息数据库和信息公共服务平台，并与金融机构、证券监管等部门实现共享，及时向社会公布食品生产经营者的信用情况，发布违法违规企业和个人“黑名单”，对失信行为予以惩戒。

（二）地方贯彻实施阶段

为全面落实食品安全绩效考核机制建设的开展，进一步提高食品安全保障水平，全国各地陆续组织开展了食品安全绩效考核建设活动，并制定了实施方案。如 2012 年 11 月，黑龙江省食品药品监督管理局制定了《黑龙江省餐饮服务食品安全监管绩效考核办法（试行）》（以下简称《考核办法》），规定食品安全监管绩效考核坚持科学规范、客观公正的原则，将日常考核与年终考核、定性考核与定量考核、过程考核与结果考核相结合，不断提升考核科学化、制度化、规范化水平。考核方式包括日常考核和年度考核。年度考核内容主要包括 16 个方面。绩效考核结果分为优秀、良好、合格、不合格四个等次，得分在 90 分以上（含 90 分）的为优秀，80~90 分（含 80 分）的为良好，60~80 分（含 60 分）的为合格；低于 60 分的为不合格。此外，湖北省人民政府、安徽省人民政府等都陆续发布文件，要求各级人民政府要定期对下级人民政府和本级人民政府各相关部门进行年度食品安全绩效考核，并将考核结果作为地方领导班子和领导干部综合考核评价的重要内容。发生重大食品安全事故的地方在文明城市、卫生城市等评优创建活动中实行一票否决。

从各省、市实施的《考核办法》来看，可以得出下列结论：首先，政府高度重视是做好食品安全绩效考核工作的前提。食品安全直接关系到人民群众的切身利益、经济发展、社会稳定和政府形象。应当将食品安全绩效考核工作建设作为一项民生工程来抓，为食品安全绩效考核提供可靠的组织保障和经费保障。其次，以人为本是做好食品安全绩效考核工作的保障。必须坚持以人为本，始终把解决好与人民群众切身利益密切相关的热点问题和难点问题作为工作的出发点和落脚点。最后，创新机制是做好食品安全绩效考核工作的手段。食品安全绩效考核是一项长期复杂的民生工程，必须坚持开拓创新，积极探索食品安全长效治理机制，提高治理效能。

三、主要内容

从目前各地区各部门的实践来看，食品安全绩效考核制度主要包括以下内容。

（一）考核主体，即“谁来考核”。考核主体是影响食品安全绩效考核成效的重要因素。首先，考核主体应当具有代表性。从政府绩效考核的实践来看，考核主体有单一化和多元化两种模式。单一化主体是指完全由上级或者以上级为主进行测评的方式；多元化主体是由上级、社会公众、专业化的社会评估机构共同参与的测评。为保障考核的客观性、公正性，食品安全绩效考核应当推行多元化主体参与的考核模式。因为该考核模式更具有约束力和公信力，更符合现代民主政治要求。其次，考核主体因具有独立性和权威性。如果没有独立、权威的主体来执行考核，考核的结果就可能与公众的感受有偏差。

（二）考核对象，即“考核谁的行为”。食品安全绩效考核的对象是地方各级人民政府及其食品安全监管部门。但政府是一个集体，如果考核的内容不能落实到政府工作人员的身上，就难以起到应有的作用。因此，考核对象需要落实到具体领导或者具体工作人员身上，才能够进一步强化各级政府、各级领导抓食品安全的责任感、紧迫感；才能使食品安全监管人员更好地履行监管职责。

（三）考核内容，即“考核的事项”。食品安全绩效考核的内容比较广泛，可以从不同的视角、不同的层面进行综合评价。但有一点是毋庸置疑的，即食品安全关系千家万户的切身利益，关系着社会稳定的大局。因此，应当将社会公众对当前食品安全状况的满意度，作为食品安全绩效考核的最重要指标来衡量。这样，考核出来的结果才能体现民意，才能避免考核走过场、流于形式。此外，地方政府对食品安全监管经费保障是否到位、地方政府是否有护短倾向、农村市场是否监管到位等都是考核主体重点考核的内容。

（四）考核原则，即“考核的标准”。为确保食品安全绩效考核制度落实到位，绩效考核应当坚持科学合理、公正透明、简便易行、以考促管、激励引导的考核原则。按照激励和约束相结合、便于执行和操作的原则，科学设置考核项目和指标体系，合理确定考核方法，完善考核评价程序。绩效考核还坚持从严原则。考绩不严格，就会流于形式，形同虚设；考绩不严，不仅不能全面地反映被考核对象的真实情况，而且还会产生消极的后果。

（五）考核方式，即“考核的内容”。食品安全绩效考核的方式应当坚持过程考核与结果考核、定性考核与定量考核、年终考核与日常考核的有机结合，积极探索食品安全监管绩效考核机制，动态反映监管工作的实际情况，努力实现主观愿望与客观效果、价值取向与功能效用的和谐统一。

（六）考核结果，即“考核的等次”。我国食品安全绩效考核结果设置优秀、良好、合格、不合格四个等次，并作为对食品安全监管工作的总体评价，由食品安全监管部门向被考核的食品安全监管部门所在地的政府通报，并以适当方式、在适当范围内公布。考核结果为优秀等次的，食品安全监管部门给予通报表彰和奖励；考核结果为不合格的，给予通报批评。目前，一些地方推行的“一票否决制”，实际上也是监管绩效考核的一种特殊形式。

四、创新发展

有效的食品安全绩效考核机制能够提高监管部门及其监管人员的成就感和主人翁地位，充分调动他们工作的积极性和主动性。

（一）实现考核主体多元化，增强考核的权威性

我国现行食品安全绩效考核基本是政府部门的自我考核评价，缺乏反映民意的有效机制，公众参与考核评价的范围很窄。因此，构建科学的食品安全绩效考核体系必须改变过去单一的、自上至下的考核评价局面，实现考核主体多元化，这也是合作治理的题中应有之意。需要建立一个体制内部与体制外部相结合、领导考核与群众考核相结合的多元化考核体系。为此，食品安全绩效考核应当扩大公众参与力度，让公众更广泛地参与食品安全绩效考核。

食品生产经营的目的在于满足公众消费。公众对食品安全的满意度才是最真实、最有说服力的。为保证食品安全绩效考核的公正性，建议引入包括人大代表、公众、媒体在内的第三方力量参与考核，强化公众和媒体的监督权，增加民意的分量，提高考核的质量。只有多搜集民意、聆听民声，掌握民众的真实感受，打破以往考核的“唯上”倾向，才能真正实现考核的公开化、规范化和制度化，增强考核的权威，提升考核的水平。

（二）充分利用考核结果，发挥考核的激励功能

食品安全绩效考核制度的设计，着眼于激励与约束、动力与压力的有机结合。考核不是目的，而是推动各项工作落实的手段。通过绩效考核工作的开展，促进各被考核对象发现成绩，找出不足，实现催人奋进、励人争先、全面促进、共同提高的目的。对食品安全监管成绩突出的地区、部门、城市，应当给予适当的表彰和奖励；对问题比较突出部门或城市，应当提出具体的整改建议和要求，并将整改效果作为下一年度考核的重点。所以，绩效考核能够充分发挥综合评价的激励、鞭策和促进的功能，鼓励、调动和提升各被评价单位的积极性、创造性，使被评价单位通过综合评价以更加坚强的组织领导、更加扎实的实践探索、更加科学的制度创新和更加不懈的工作努力，将食品安全工作提升到一个新水平，全面保障广大人民群众的饮食安全。

（三）加大行政问责力度，健全责任追究机制

近年来，我国不断强化食品安全监管绩效考核机制建设，充分发挥绩效考核结果的奖惩功能。2012 年 6 月 23 日，国务院印发了《关于加强食品安全工作的决定》（以下简称《决定》），该《决定》首次明确将食品安全纳入地方政府年度绩效考核内容，并将考核结果作为地方领导班子和领导干部综合考核评价的重要内容。《决定》规定对于发生重大食品安全事故的地方，在文明城市、卫生城市等评优创建活动中实行一票否决。

近年来，食品安全事故屡见不鲜，却鲜有因为食品安全问题而受到问责的。有了法律法规却不去认真执行，违反了法律法规，却能安然无恙，

这只能说明一个问题，那就是我国食品安全责任追究机制不健全。

当前，应当加快制定、完善有关食品安全责任追究的法律法规，推动建立地方政府负总责、有关部门各负其责、企业履行主体责任的食品安全责任体系，强化责任追究。对在食品安全监管中失职渎职、推诿扯皮、吃拿卡要、地方保护的，要实施重典，一律追责、问责，决不手软。各级政府应当通过新闻媒体及时将被追责、问责主体予以曝光，接受社会监督，重塑政府威信。当问责制成为常悬在监管者头上的“利剑”时，他们就会不断地自觉提升责任意识和监管水平，由被动监管变为主动监管，整日尽心于食品安全。食品安全问题，不仅仅是监管者的责任，也是全民、全社会的责任。只有全民参战、全社会防控，才能让试图以不安全食品谋取非法暴利者成为过街老鼠。

（四）规范绩效考核措施，强化考核的公正性

为实现绩效考核的公正、公平、公开，食品安全绩效考核主体应当以多角度进行考核，考核总成绩由考核组评分、自我评价、群众满意度调查三个方面构成。考核组评分应当以食品安全工作中的突出问题及其监管工作中的重要事项为重点。考核要坚持日常考核与集中考核相结合，以日常考核为主，明确数量标准、质量标准，促进执法人员认真完成工作任务。自我评价应当以监管部门和监管人员执行国家法律法规及政策、工作态度、工作效率服务质量、自身建设方面为重点，通过自我认识及评价引导和鼓励执法人员多干事、干成事，提高监管水平。满意度调查是以公众对食品安全问题是否得到有效解决，食品安全保障水平是否得到切实提高，食品安全满意度是否得到真正提升为重点。

（五）优化绩效考核体系，增强其科学性和可操作性

为通过考核提升食品安全监督管理能力和水平，推进各项管理工作步入制度化、规范化、有序化轨道，使考核方案能反映实际问题又便于组织实施，具有科学性和可操作性，需要创新考核方式，探索实施动态考核新方法。考核方案要突出两个特点：一是具体化，说明硬性遵守的具体规章

制度，说明监管食品经营企业、餐饮服务企业的频次，说明执法的具体次数等；二是量化，考核细则目标一律量化，对违法的各种情况扣分都细化至分数，合理划分目标分值，突出重点目标分值的比重，通过数字反映实绩，直观明了，说服力强。

第七节　创新食品安全案件移送机制①

食品安全问题是全社会共同关注的重大社会问题。建立健全涉嫌食品安全犯罪案件移送机制，有利于严厉打击、震慑危害食品安全违法犯罪活动，保障公众身体健康和生命安全，维护社会和谐稳定，推动食品安全治理工作的有序开展。

一、客观需要

创新食品安全案件移送机制，及时查处食品安全违法犯罪案件，是践行食品安全依法治理理念、提升食品安全治理水平的客观需要。

（一）打击食品安全违法犯罪行为的需要

食品安全监管机关对在行政执法过程中发现的涉嫌犯罪的案件，有将相关案件移送公安、司法机关处理的义务。我国行政处罚法对此作了明确规定。该法第 7 条、第 22 条、第 28 条、第 61 条规定了行政机关对违法行为构成犯罪案件的移送义务以及不移送的法律后果。及时移送涉嫌犯罪案件，不仅是依法行政的需要，也是打击违法犯罪行为的需要。当前食品安全违法犯罪行为呈现多样化、隐蔽化、智能化等特征，公安、司法机关拥有强有力的侦查手段和丰富的办案经验，食品安全监管机关及时移送涉嫌犯罪案件，有利于追查源头、有效控制食品安全事件的发生、快速查处食品安全犯罪案件、更彻底地消除扰乱食品安全秩序的违法犯罪行为。只有建立顺畅的案件移送机制，才能使法网疏而不漏，有力打击各类损害市

---

① 徐景波："创新食品安全案件移送机制"，载《经济研究导刊》2013 年第 11 期。

场经济秩序和社会管理秩序的食品安全犯罪行为。

（二）预防和杜绝以罚代刑现象发生的需要

食品安全犯罪不同于普通刑事犯罪，该类案件一般是先由食品安全监管部门发现查处，然后再根据案件性质、具体情节以及危害程度，决定是否移送公安机关。公安机关决定是否立案或者立案数量的多少很大程度上取决于行政机关移送材料的质量和移送数量的多少。实践中存在着食品安全监管人员徇私舞弊、玩忽职守，故意不移送应当移送的涉罪案件；存在受部门利益驱使，部门领导主观上把一些应向公安机关移送的涉嫌构成犯罪的食品安全案件不移送，而以行政处罚代替刑事处罚。所以，当前建立食品安全案件移送机制，杜绝以罚代刑，严厉打击食品安全犯罪有其客观必要性和现实性。

（三）解决食品安全案件移送不力的需要

我国现行的食品安全监管体制是以分段监管为主、品种监管为辅的监管模式，但在食品安全监管的实际工作中，各职能部门监管的角度、方式不同，处理问题的依据不统一，造成重复监管、多头监管、监管无序的现象时有发生。同时，我国食品产业的规模化、组织化、集中化程度相对较低，食品产业呈现多、小、散、低的现象，给我国食品安全监管带来了特殊的挑战。前店后厂、即做即售的小食品加工企业，生产与流通环节难以界定，容易造成执法主体不明、责任不清、职能交叉、重复执法。如查处一些地下非法病死猪的屠宰加工窝点时，涉及商务、工商、质监、卫生等多个职能部门，要多个部门进行联合办案，因此具体由哪个部门牵头进行移送则在法律上没有明确的规定。只有明确食品安全监管部门监管职责，案件移送机制才能正常运行。

二、实践探索

为解决行政执法机关与公安、司法机关长期以来在涉嫌犯罪案件移送及刑事追溯方面存在的以罚代刑、有案不移、有案不立、有罪不究等现象，国务院及相关部委陆续出台了一些规范性文件。如2010年1月28日，最高人民法院、最高人民检察院、公安部、司法部联合发布《关于依法严惩危害食品安全犯罪活动的通知》（法发〔2010〕38号），要求认真受理、审查食品安全监管部门移交的涉嫌危害食品安全犯罪案件，依法及时立案侦办，并及时将有关情况通报监管部门。公安机关在案件查处工作中需要有关部门给予支持协助的，有关部门要积极予以支持。有关部门和机构要严格执行不符合安全标准食品及食品中有毒、有害非食用物质鉴定的相关规定，为案件侦办提供依据。2011年12月20日，农业部、公安部等八部门发布了《“瘦肉精”涉案线索移送与案件督办工作机制》的通知（农质发〔2011〕10号），进一步完善行政执法与刑事司法相衔接的工作机制，做好案件的督办工作，加大对“瘦肉精”违法犯罪行为的打击力度。

2006年3月2日，最高人民检察院和全国整规办、公安部、监察部联合下发《关于在行政执法中及时移送涉嫌犯罪案件的意见》。2011年1月18日，卫生部发布实施了《关于加强违法使用非食用物质加工食品案件查办和移送工作的通知》（卫监督发〔2011〕14号）。

以上这些规范性文件为食品安全涉罪案件移送机制的建立提供了初步的制度安排和总体框架，其内容主要涉及以下两个方面。

一是案件移送的基本要求。主要规定食品安全监管机关应当在规定的时间内做出批准移送或者不批准移送决定，做出移送决定的案件，应当尽快向同级公安机关移送。公安机关对食品安全监管机关移送的涉嫌犯罪案件应当履行规定的接受手续，并在规定的期限内开展审查。检察机关应当对公安机关不予立案的决定依法进行监督，及时跟踪食品安全监管机关移送公安机关的涉嫌犯罪案件，对立案后久侦不决的案件加强督促，并派员参加公安机关疑难案件的讨论。

二是案件移送程序。案件移送程序是落实食品安全案件移送制度的方式方法，案件移送程序是否完善，在一定程度上会影响案件移送效果的正常发挥。根据国务院《行政执法机关移送涉嫌犯罪案件的规定》的有关规定，食品安全涉罪案件移送的程序包括启动阶段、核定阶段、移送阶段、接受阶段、立案阶段、交接阶段。

三、创新发展

食品安全涉嫌犯罪案件的移送需要诸多制度的互相支撑才能形成强有力的案件移送机制。依法依规做好食品安全涉罪案件查办和移送工作，是各级食品安全监管机关和公安机关必须履行的职责，也是今后一个时期食品安全监管工作的一项重点内容。各级食品安全监管机关要高度重视，严格落实监管责任，凡是发现涉嫌犯罪的行为，要严格按照法律规定和程序进行案件移送。

（一）建立涉罪案件移送沟通机制

各级食品安全监管机关要与当地公安机关建立食品安全涉罪案件移送的联系机制，加强案件移送后的联动配合，确保工作衔接顺畅、案件查处及时有力。食品安全监管机关要认真开展食品安全违法案件的调查取证，做好证据收集、固定工作，防止证据丢失，必要时可以通报当地公安机关提前介入。需要其他地区协查、协办的，要按照执法程序及时提出协查、协办要求，协查协办地应当认真配合做好协查、协办工作。食品安全监管机关和公安机关发现食品安全违法案件超出管辖范围的，要按照相关规定及时向上级主管部门报告；对跨省份的食品安全违法案件，省级食品安全监管机关和公安机关要及时向国家主管机关和公安部报告，并及时做好案件移送工作。上级食品安全监管机关和公安机关应当对下级食品安全监管机关和公安机关执行相关规定的情况进行督促检查，定期抽查案件查办情况，及时纠正案件移送工作中的问题和错误。

（二）提高监管执法人员的综合素质

食品安全涉罪案件的移送是一项涉及多个部门的严肃工作，要不断加强对食品安全监管执法人员专业素质与政治素质的培训与教育。过硬的专业素质和良好的政治素质是确保食品安全执法质量的关键。为此，食品安全监管部门要组织执法人员认真学习《行政执法机关移送涉嫌犯罪案件的规定》《行政处罚法》《刑法》《刑事诉讼法》和《食品安全法》等与食品安全有关的法律法规；确保执法人员在执法过程中，能严格按法定程序收集和保全有关证据，对违法事实、涉案金额等符合刑法关于追究当事人刑事责任规定的，要有诉讼意识，及时向本机关领导提出移送建议，写出移送案件的专题报告，及时向同级公安机关移送，同时抄送同级人民检察院，确保案件及时移送，最大限度地避免漏移，同时也为公安机关及时介入、收集固定诉讼证据争取时间，避免人为因素造成证据灭失，提高打击效能。

（三）建立公安机关提前介入机制

公安机关提前介入模式在案件移送机制中的作用主要体现在以下三个方面。一是及时固定证据，查获违法犯罪嫌疑人。食品安全监管机关在查处涉嫌犯罪行为的过程中，由于其权限所限，往往存在着调查难、取证难、抓获违法犯罪嫌疑人难等问题。对此，公安机关基于自身有采取法定侦查措施的权力，提前介入案件调查，无疑有利于及时固定证据，抓获涉嫌犯罪人。二是准确把握罪与非罪的标准。由于食品安全监管执法人员对刑事追诉把握不准，往往导致该移送的案件没有移送，不该移送的案件却移送的现象，不仅造成行政资源和司法资源浪费，且严重影响食品安全监管执法人员移送案件的积极性。公安人员对刑事追诉标准把握较准确，由他们提前介入案件调查，可以准确把握罪与非罪的标准，提高案件移送的准确率。三是拓宽了案件线索来源，增加了案件移送数量。

（四）强化案件移送责任追究机制

食品安全问题事关民众生命健康、社会稳定、政府形象，非常容易引起轰动效应。某些地方食品安全监管机关领导或者地方政府领导存在怕担风险的心理、“家丑不外扬”的心理，往往把案件藏着、掖着，封杀在公众不知情的状态中。还有一些地方领导打着为地方经济发展提供宽松环境、为地方企业服好务的旗号，为出了问题的企业充当“保护伞”，干扰案件的移送和办理。

因此，要把有权必有责、用权受监督、失职要追究的行政原则融入对食品安全涉嫌犯罪案件的移送工作之中，严格执行《行政执法机关移送涉嫌犯罪案件的规定》，对该移送而不移送的案件和该追究刑事责任而不追究的，要明确责任追究主体，根据个案情况分清责任，层级追究主要领导、分管领导及具体责任人员的责任，对涉嫌在移送案件工作中存在渎职行为的，要坚决予以严惩，决不姑息。弘扬正气、张扬法治，遏制和减少违法不移送案件的现象。

(五) 完善涉罪案件移送法律法规体系

按照国务院《行政处罚法》《行政执法机关移送涉嫌犯罪案件的规定》《国务院办公厅关于推行行政执法责任制的若干意见》、最高检等部门联合发布的《关于在行政执法中及时移送涉嫌犯罪案件的意见》以及食品安全监管的有关法律法规,制定涉嫌食品犯罪案件移送办法，建立起包括案件移送范围、移送标准、移送程序、移送时间以及移送职责在内的各项工作机制，以确保移送有章可循、有据可依，促进涉嫌食品犯罪案件移送工作的规范化、法制化和科学化。

总之，食品安全案件移送机制的建立与完善，是一项需要长期努力的系统复杂工程，它不仅涉及行政权与刑事司法权的关系，而且也涉及行政权在不同行政执法机构之间的配合与协调关系，还涉及刑事司法权在公安司法机关之间的配置与协调关系。完善食品安全案件移送机制，需要进一步完善有关法律法规制度，并使其得到有效运行。

第八节　充分利用民事手段强化食品安全治理[①]

长期以来，我国对食品安全治理比较偏重于行政手段。许多人存在一种思维定势，一谈到解决食品安全问题的对策，就自然而然地想到行

① 徐景波：“充分利用民事手段强化食品安全治理”，载《中国食品安全报》2013 年 10 月 29 日。

政监管手段。行政监管手段具有主动、快捷、强力等诸多优点，但这种手段往往需要投入大量人力、物力和财力，所需成本和代价较高。面对众多的食品安全问题，行政监管的能力和效果是有限的。如何充分利用民事手段治理食品安全问题，是目前需要认真思考的重大问题。随着食品安全社会共治格局的逐步完善，民事手段应当逐步成为食品安全治理的第一手段。

一、民事手段治理食品安全问题的优势

（一）有利于降低食品安全治理成本

当前，我国仍处在食品安全风险高发期。面对数目众多、业态各异的食品生产经营者，仅仅依靠政府的力量，减少乃至杜绝食品安全事故是不现实的。食品安全法律制度的实施，除了需要各级政府及其食品安全监管部门的强力监管外，还需要其他主体的广泛参与，从而形成食品安全社会共治的大格局。食品安全监管资源的不足是国际社会普遍面临的问题。在食品安全治理体系中，民事手段发挥着不可替代的作用，其可以有效弥补当前政府监管资源的不足，极大地降低食品安全治理的成本，走出一条更为宽广的道路。

（二）有利于保障消费者合法权益

在市场经济条件下，凡是能够运用民事手段处理的问题应当尽可能地运用民事手段。民事手段是由受害的消费者发动，存在积极的实施动力，并且可以发挥律师等专业人士的辅助力量。尤其是民事连带责任在食品安全领域的运用，拓宽了消费者维权的路径，增加了责任人的数目，扩大了责任财产的数额，将求偿不能的风险留在了债务人内部，确保了消费者救济实现的可能性。连带责任的运用，使得消费者能选择销售者、集中交易市场的开办者、柜台出租者和展销会举办者等责任主体作为行使权利的对象，从而获得快速和便利的赔偿。由此可见，连带责任降低了消费者寻求救助的成本，在普遍性侵权大量存在的食品消费领域，运用这样的制度有

助于防止侵权的泛滥。而且，与消费者相比，各个连带责任主体获取食品相关信息的能力相对较强。譬如，依据《广告法》的规定，广告主在委托他人设计、制作、发布广告时有义务向广告经营者、广告发布者提供一系列与商品质量、经营资格等相关的证明文件。而普通消费者却很难获得这些证明文件。对这些具有信息优势的主体课以连带责任，有助于敦促他们利用自己掌握的信息相互监督，以减少信息不对称给消费者带来的损失。

（三）有利于遏制食品安全事故发生

多年来，在食品安全治理方面，我国重视行政手段和刑事手段，但这两种手段有时存在着运动式执法的特征。无论执法机关如何勉力，都会存在监管死角。而倚赖民众的参与，尤其是消费者的积极维权，包括提起民事诉讼，即所谓的“私人执法”，是防控食品安全问题的良策。由于消费者人数众多，容易在食品安全问题的前端发现问题，如果在法律机制上赋予维权者以利益激励，则能调动其维权的积极性，达到良好的“执法”效果。20世纪初，美国的食品安全事件也频频发生，美国先后颁布一系列法律，除了完善监管体系，还规定了惩罚性赔偿制度。这一制度成为遏制食品安全问题的一把利剑。同样，我国的《消费者权益保护法》《侵权责任法》《食品安全法》等法律对惩罚性赔偿制度都有详尽的规定。所以，只有行政手段、刑事手段和民事手段多管齐下，食品安全状况才能得到根本性的改善。

二、充分发挥惩罚性赔偿责任的惩戒作用

我国《食品安全法》在规定一般民事赔偿责任的同时，引入了英美法系中的惩罚性赔偿制度。该法第96条规定：“生产不符合食品安全标准的食品或者销售明知是不符合食品安全标准的食品，消费者除要求赔偿损失外，还可以向生产者或者销售者要求支付价款十倍的赔偿金。”这一规定确立的食品安全惩罚性赔偿责任制度，在保障消费者权益方面起到了重要的作用。

（一）惩罚性赔偿责任的功能

惩罚性赔偿的功能可以从加害者和受害者两个角度来理解。从加害者的角度看，惩罚性赔偿可以使加害人从惩罚性赔偿中吸取教训，避免类似事件的发生。从受害者的角度看，可以激励受害者提起诉讼，使消费者的个人利益和社会公共利益得到保护。此外，惩罚性赔偿也能对其他人起到良好的警示与教育作用。

（二）惩罚性赔偿责任的构成要件

在实践中，判断食品生产经营者是否应当承担惩罚性赔偿责任，一般需要考虑三个方面的因素：一是主体的特定性。根据《食品安全法》第96条第2款的规定，惩罚性赔偿责任的赔偿主体为不安全食品的生产者和销售者，有权请求惩罚性赔偿的是消费者。二是行为的违法性。即食品生产经营者违反相关法律规定，生产不符合食品安全标准的食品，或者销售明知是不符合食品安全标准的食品，侵害消费者的合法权益。三是主观差异性。《食品安全法》对食品生产者和销售者区别对待，对生产者适用的是严格责任规定，即生产者只要生产不符合食品安全标准的食品就适用惩罚性赔偿制度；对销售者适用的是过错责任规定，即明知是不符合食品安全标准而进行销售的，才适用惩罚性赔偿制度。与一般民事赔偿责任不同，惩罚性赔偿责任并不要求违法行为与损害之间存在因果关系。

（三）惩罚性赔偿制度的完善

现行《食品安全法》规定的十倍的惩罚性赔偿制度，是建立在“实际价款”上的，而并不是建立在消费者实际遭受的或者实际需要填补的损失上的，所以，惩罚性赔偿数额确立的基数并不合理。一般来说，对于日常生活中的食品消费支付的价款都比较少，即使适用“十倍”的赔偿，对消费者也并不能起到实际上的抚慰作用，对违法经营者也起不到有效的震慑作用。此外，一些地方往往将“消费者”限定在《消费者权益保护法》所规定的“为生活消费”，职业打假人往往被排除在“消费者”之外。一些地方往往将受害人受到“实际损害”作为受害人主张获取惩罚性赔偿的前提。

反观美国，在1992年，79岁的老妪莉柏克被麦当劳一杯价值49美分的热咖啡烫伤，最后法院认定咖啡存在质量缺陷并判决由麦当劳支付天价惩罚性赔偿270万美元。这一惩罚性赔偿的典型案例一经公布，即在全美社会形成威慑力，有效提升了相关行业食品安全自律标准。同样是数倍赔偿责任，但实际赔偿数额却相差甚远。为此，我国在修订《食品安全法》时，应当在法律责任章节中完善食品安全民事赔偿责任，通过设置更高倍数的惩罚性赔偿金，或者通过设定最低赔偿金的方式，或者借鉴英美国家采取的惩罚性赔偿的标准基数，将惩罚性赔偿责任机制进一步落到实处。

此外，惩罚性赔偿制度的完善，还应当推行举证责任倒置原则。由于信息不对称、经济实力不对等等多重因素，让受害的消费者去证明销售者“明知”是十分困难的。如果实行举证责任倒置，只要销售者不能证明自己不是“明知”，就可以认定其主观上有过错，承担损害赔偿责任，这样既可以极大地提高消费者维权的积极性，也可以对违法者起到一定的震慑作用。

三、充分发挥连带责任的担保功能

食品安全领域的连带责任主要体现在以下几个方面：集中交易市场的开办者、柜台出租者和展销会举办者与食品经营者之间的连带责任；在虚假广告中推荐食品的社会团体或者其他组织、个人与食品生产经营者之间的连带责任；广告经营者、广告发布者与广告主的连带责任；认证机构与生产者、销售者的连带责任；检验机构与食品生产经营者的连带责任。

食品安全民事连带责任制度的设计有助于弥补食品安全监管机构人力、物力、财力匮乏所带来的监管漏洞。连带责任增加了责任主体的数量，提高了债权的安全性和债权实现的便利性，有利于调动广大消费者维权的积极性；与此同时，连带责任能够激励相关责任主体，并在相关主体间形成相互监督、相互提醒的机制，以便共同遵守法律、维护食品安全秩序。

（一）集中交易市场的开办者、柜台出租者和展销会举办者与食品经营者之间的连带责任

集中交易市场和展销会是进行食品交易活动的重要场所。这些场所的存在，在方便交易、方便消费的同时，也给监管工作带来了压力。长期以来，如何确定集中交易市场的开办者、柜台出租者和展销会举办者的食品安全法律责任，是食品安全工作中的难题。

基于集中交易市场的开办者、柜台出租者和展销会举办者的不同法律地位，我国《食品安全法》确定了集中交易市场的开办者、柜台出租者和展销会举办者的以下法律义务：一是审查入场食品经营者的许可证。二是明确入场食品经营者的食品安全管理责任。应当与入场食品经营者签订食品安全责任协议书，明确入场经营者的食品安全管理责任。三是定期对入场食品经营者的经营环境和条件进行检查。可以建立入场经营者的监管档案。四是发现食品经营者有违法行为的，应当及时制止并立即报告所在地县级食品药品监管部门。

长期以来，一些集中交易市场的开办者、柜台出租者和展销会举办者见利忘义，片面追求入场经营者的数量、规模和入场费，而忽视了对入场经营者的管理。法定管理义务的怠于履行虽表现为消极的不作为，但往往是导致集中交易市场、展销会发生食品安全事故的主要根源。为此，《食品安全法》规定，集中交易市场的开办者、柜台出租者和展销会举办者对入场食品经营者怠于或者拒绝履行法定管理义务，导致市场或者展销会发生食品安全事故，在入场经营者承担食品安全责任的同时，集中交易市场的开办者、柜台出租者和展销会举办者应当承担民事连带责任。

（二）虚假代言人与食品生产经营者的连带责任

为了占领食品市场，某些食品生产经营者利用“名人效应”，邀请有关社会团体或者其他组织、个人在食品广告中向消费者宣传其生产经营的食品的功能和优点，以吸引广大消费者，扩大消费市场，增加商业利润。

有些团体、组织和名人、明星也利用消费者对其敬仰和信赖，为一些食品生产者作代言人，对其食品做出各种夸大其辞的不实宣传，从中获取巨额的广告费，甚至向消费者推荐一些不符合食品安全标准的食品，严重损害了消费者的合法权益。

为强化广告者的责任意识，切实维护消费者合法权益，《广告法》第38条规定了广告主承担民事责任，广告经营者、广告发布者承担连带责任的情形，但该条款尚未对自然人尤其是明星大腕虚假代言的连带责任作出明确规定。《食品安全法》第55条增设了虚假代言自然人对受害消费者的连带责任。该法规定社会团体或者其他组织、个人在虚假广告中向消费者推荐食品，使消费者合法权益受到损害的，与食品生产经营者承担连带责任。消费者因食用广告宣传的食品受到损害，既可以向食品生产经营者提出赔偿请求，也可以向广告的代言人提出赔偿请求。《食品安全法》的出台弥补了《广告法》的缺陷。

（三）广告经营者、广告发布者与广告主的连带责任

所谓食品广告，是指食品生产经营者通过一定媒介和形式直接或者间接地介绍自己所生产经营的食品的活动。在市场经济条件下，食品生产经营者通过广告，向社会广而告之其生产经营的食品的优点，以争取占有更大的市场，获取更多的利润，本无可厚非。但是，目前有些食品生产经营者，违反国家有关法律法规，大肆发布虚假食品广告，欺骗、误导消费者，严重损害了消费者的权益，对构建和谐社会也造成了极大的损害。《广告法》第38条规定："违反本法规定，发布虚假广告，欺骗和误导消费者，使购买商品或者接受服务的消费者的合法权益受到损害的，由广告主依法承担民事责任；广告经营者、广告发布者明知或者应知广告虚假仍设计、制作、发布的，应当依法承担连带责任。"这是从侵权法角度规定了虚假广告行为人对受害消费者的民事责任（包括连带责任）。

根据目前食品广告市场的实际情况，《食品安全法》第54条规定："食品广告的内容应当真实合法，不得含有虚假、夸大的内容，不得涉及疾病预防、治疗功能。"但该条款欠缺对食品生产经营者、广告经营者、

广告发布者的民事连带责任的相关规定。为此，建议将《食品安全法》第54条修订为：食品广告的内容应当真实合法，不得含有虚假、夸大的内容，不得涉及疾病预防、治疗功能。食品生产经营者应当对其食品广告内容的真实性、合法性负责。明知或者应知食品广告虚假仍设计、制作、发布，使消费者的合法权益受到损害的，广告的设计者、制作者、发布者与食品生产经营者承担连带责任。

（四）认证机构与食品生产经营者的连带责任

近年来，随着各种食品安全事件成为舆论焦点，食品安全成为风口浪尖上的话题。为促进食品企业不断提高食品安全水平、规范食品市场、保障公众健康，国家建立了食品安全认证制度。认证制度在食品安全领域的适用可以引导社会转变消费观念，让百姓看“证”消费，增强消费信心。同时，食品安全认证制度还明确了食品企业和相关政府部门的职责，提高了政府部门对食品安全监管的有效性，以最小成本达到食品安全保障的最大效益。

《食品安全法》《认证认可条例》规定认证机构应当依照国家规定对准许使用认证标志的产品进行认证后的跟踪检查；对不符合认证标准而使用认证标志的，要求其改正；情节严重的，取消其使用认证标志的资格。在对目前认证制度调查中发现，一方面认证机构对认证产品有效跟踪义务的缺失；另一方面认证行业本身却因制度原因趋于泛滥。据了解，三鹿集团在其发展过程中，三鹿集团及其各子公司共计获得了40多项产品的国家QS许可。这些认证证书成为三鹿集团在应对危机初期对外高调宣传的工具。而随着案件的不断推进，我们有理由怀疑部分认证机构有不作为的行为，至少是法律严令的认证机构对于认证企业持续跟踪义务沦为虚设。

《产品质量法》第57条规定，认证机构对不符合认证标准而使用认证标志的产品，未依法要求其改正或者取消其使用认证标志资格的，对因产品不符合认证标准给消费者造成的损失，与产品的生产者、销售者承担连带责任。因此，只要认证机构没有进行跟踪检查或者发现其不符合认证标准而未采取相应措施的，即具有认证证书颁发以后的不作为行为的，产品不符合认证标准给消费者造成损失的，与生产者、销售者承担连带责任。虽然法律规定了认证机构对于消费者的赔偿责任，但实践中认证机构真正被追究责任的案件很少。这表明我国现行的认证制度的功能并未得以发挥，对认证机构连带责任追究机制还不完善。建议在《食品安全法》修订中增加："认证机构出具虚假认证结论，使消费者的合法权益受到损害的，应当与食品生产经营者承担连带赔偿责任"。

（五）检验机构与食品生产经营者的连带责任

为了消除食品安全隐患，提高食品质量，保证公众的生命和健康，维护社会稳定，《食品安全法》规定了食品检验机构独立执业制度。通常情况下，食品检验机构按照国家有关认证认可的规定取得资质认定后，方可从事食品检验活动。食品检验由食品检验机构指定的检验人独立进行。检验人应当依照有关法律、法规的规定，并按照食品安全标准和检验规范对食品进行检验，尊重科学，恪守职业道德，保证出具的检验数据和结论客观、公正，不得出具虚假的检验报告。食品检验实行食品检验机构与检验人负责制。食品检验报告应当加盖食品检验机构公章，并有检验人的签名或者盖章。食品检验机构和检验人对出具的食品检验报告负责。如果食品检验机构、检验人不履行法定职责，出具虚假检验报告的，势必会对食品安全工作造成危害，应当承担相应的法律责任。

食品检验机构人员的特殊身份，一般是独立的第三方检验人，应当客观、公正作出检验结论。如果食品检验机构与食品生产经营者串通，故意提供与事实不符的检验报告或者意见，给他人造成损害的，则构成共同侵权，依据法律关于共同侵权的规定，食品检验机构与食品生产经营者应当承担连带民事赔偿责任。

第六章　思维创新篇

一个民族想要站在科学的高峰，就一刻也不能离开思维。

［德］弗里德里希·恩格斯

创新食品安全治理思维①

恩格斯曾经指出，人类的思维是“地球上最美丽的花朵”，“一个民族想要站在科学的高峰，就一刻也不能离开思维。”作为人类生命存在的表达和生命力量的展示，超越时空的思维具有无限的价值。食品安全治理是新时代的伟大创举。从事食品安全治理工作，必须拥有宏观性、全局性和战略性思维，善于登高望远，能以非凡的视野、宽广的胸怀，推动食品安全工作立足新起点、顺应新期待、实现新跨越。

一、从批判型思维到建设型思维的转变

按照对事物态度的不同，思维可以分为批判型思维和建设型思维。所谓批判型思维，是指对既存的事物、秩序、观点等采取怀疑、排斥、拒绝等态度的思维。与此相反，对现存的事物、秩序、观点等给予赞同、认可、肯定等态度，或者在怀疑、排斥、拒绝的基础上，积极提出建设性意见或者建议的思维，则为建设型思维。

人类的思维总是在努力地成长着。从积极的角度来看，批判型思维倡导对传统或者经典范式的怀疑与批判精神，主张独立思考，审慎论证，不迷信书本、不盲从权威、不拘泥传统，要敢于打破范式、勇于推翻窠臼。因此，批判型思维往往留给人们的感觉或者印象是：分析问题入木三分，表达观点振聋发聩，抒发力量气势磅礴。总的看来，批判型思维能引发思考、激发灵感、启迪智慧、鼓舞士气。然而，从消极的角度来看，批判型思维者往往习惯于简单地否定或者彻底地批判，对既存事物只仅仅说“不”，而不告知如何才“行”，这种思维往往给人以一种消极、冷酷、刻薄的感觉，有时难以得到公众的接受和社会的认可。

然而，从本质上看，无论是批判型思维，还是建设型思维，两者都属

① 徐景和：《食品安全综合协调与实务》，中国劳动社会保障出版社2010年版。

于完美型思维。它们是以不同的表达方式，共同追求着深刻、卓越和完美。然而，需要牢牢记取的是，批判型思维和建设型思维两者之间的差别，绝不仅仅是表达方式的不同，事实上，两者的思维使命、思维能力、思维胸怀、思维境界存在着巨大的差别。建设型思维比批判型思维更为深刻、豁达、理性和成熟。革命党和建设党的历史使命不同，思维方式和治理理念也应当有所差别。

在学术界，批判型思维得到了国际社会的充分肯定。有的学者甚至指出，在现代社会，批判型思维被普遍确立为教育，特别是高等教育的目标之一。养成批判型思维能力和精神气质，对于应付复杂多变的世界、提升现代社会生活的人文精神，是十分必要的。在学术界，有人认为，提出一个批判性命题，就等于事业成功了大半部分。然而，在社会管理上，一个批判性命题的提出，恐怕仅仅是万里长征的第一步，繁重而艰巨的建设任务才刚刚开始。与批判型思维相比，建设型思维则需要付出更多艰苦的努力和创造。

从事食品安全治理工作，需要实现从批判型思维到建设型思维的转变。事实上，食品安全微观问题的存在，催生了食品安全的宏观治理。没有食品安全分段监管问题的存在，就没有食品安全宏观治理存在的必要。从事食品安全治理工作，不仅要持有批判型思维，善于发现问题，更要持有建设型思维，勇于破解难题。

坚持建设型思维，要积极实现从行政监管向社会治理的转变。在食品安全保障中，政府、企业、社会均扮演着十分重要的角色。一般说来，行政监管往往将复杂的食品安全关系简构成纵向的指令与服从的关系，而社会治理则将食品安全关系作为网状的协同与互动关系。在食品安全保障中，各利益相关者均享有一定的权利，承担一定的义务。首先，社会治理认可共同利益。不同的利益主体有着共同的利益基础，正是这种共同的利益基础才使不同的主体凝聚起来，形成命运共同体。所以，治理不是单个利益主体的单边活动，而是多个利益主体的多边活动，而且这种活动是不同利益主体间的彼此互动。在食品安全方面，政府、企业和消费者有着共同的利益基础，即安全。忽视、抛弃食品安全这一利益基础，任何主体的利益最终都可能会荡然无存。其次，治理提升不同利益。社会治理并不是简单否认利益相关者的各自利益，而是在巩固和强化共同利益的前提下，努力扩展不同利益主体的各自利益。正是不同利益主体利益的充分有效满足，才能最终确保利润增长、经济发展、贸易提升、民生改善与社会和谐等多元价值目标的实现。

坚持建设型思维，要积极实现从分散监管向相对集中监管转变。一段时期以来，我国的食品安全监管体制突出表现为体制不顺、职责不清、效能不高等弊端。经过几年的艰难探索，已初步完成了两大结构性转变：一是从双轨监管到单轨监管的转变，即从卫生监管、质量监管到安全监管的转变。二是从分散综合到统一综合的转变，即将跨环节、跨部门的主要监管要素，从由多个部门负责综合统一到由一个部门进行综合。然而，今天我国食品安全的监管体制改革是否达到了理想状态呢？从有关方面的研究看，目前的监管体制仍然处于过渡期，在一定程度上还存在着协调成本巨大、监管效率低下等突出问题，还需要向相对集中监管体制方面奋力推进。从国际社会的发展趋势来看，下一步应当实现从多段监管到少段监管的历史性转变。这是上层建筑适应经济基础变革的客观需要和必然选择。

二、从求同型思维到存异型思维的转变

按照价值取向的不同，思维可以分为求同型思维和存异型思维。所谓求同型思维，是指将生存与发展、交流与合作限定在事物的同型同构、同质同格、同态同势基础上的思维。而所谓存异型思维，是指对不同类型、不同特性、不同风格的事物秉承理解、认同、包容与合作的思维。上世纪，两次世界大战结束后，国际社会形成了以苏联为首的社会主义阵营和以美国为首的资本主义阵营，两大阵营长期实行冷战对峙，就是最为典型的求同型思维。

求同型思维与存异型思维的认知基础不同。前者往往认定只有同型同构、同质同格、同态同势的事物间，才可以相互吸收与融合、才可以交流与合作，而不同类型、不同特性、不同风格的事物间，只能相互排斥，相互对抗。而后者往往认同不同类型、不同特性、不同风格的事物自身的特

殊价值，其可能形成一定的竞争关系，但未必形成直接的对抗关系。求同型思维与存异型思维的处置态度不同。前者对相同的事物、观点往往随性地表现出关心与支持，而对不同的事物表达着排斥与对抗。而后者对不同的事物、观点，往往能采取理解、包容的态度。

求同型思维与存异型思维的观察视角不同。对事物同异的判断，往往取决于观察者的视角和胸怀。即便是同一事物，如果观察者以不同的思维审视，也会得出完全不同的结论。平视型思维或者封闭型思维收获的更多是差别；而俯视型思维或者开放型思维，收获更多的是同一。比如，平台上相遇的一对男女，进入脑海的第一概念就是性别差异，但如果你站在高山上俯视山脚下的一对男女，那么被观察者则几乎完全相同，男女之别在如此广阔的视野中已经变得不重要了。仅仅收获差异，说明观察者与被观察者处于同一层次和水平。智慧者的高明之处就是要善于从差别中寻求共同，扩大共识，形成互补，达成合作，促进互动，实现共赢。

求同型思维与存异型思维的思维定式不同。事物间关系的处理，往往取决于思维定式的差别。对立统一规律启示我们，任何事物之间都可能存在对立与统一、融合与排斥的关系。同质同性可能相融，也可能相斥，这既是自然规律，也是社会规律。在纷繁复杂的世界里，坚持存异型思维，尊重差别，学会理解，懂得宽容，有利于互助和谐，有利于合作发展，有利于实现共赢。

事实上，正如分立与交融一样，求同与存异也是事物成长的基础和方式，本身并无孰先孰后、孰优孰劣之分。是求同，还是存异，应当按照时间与空间、主观与客观的需要来选择。在求同型思维已成思维定式的情况下，确有必要强化存异型思维的成长，从而使思维发展更全面、更丰富、更协调，创造出更为广阔的思维空间。

从事食品安全治理工作，需要实现从求同型思维到存异型思维的转变。普遍性寓于特殊性之中。没有食品安全特殊性的不断拓展，也就没有食品安全普遍性的有效提升。没有分段监管的差别存在，也就没有统一协调的存在必要。在食品安全监管工作中，应当把握好共性与个性、普遍与特殊、一般与例外等关系，努力提升食品安全监管工作的生机与活力。

在食品安全监管要素建设上，应当坚持分类建设、区别对待。凡是跨环节、跨部门的要素，都应当努力实现统一，从而避免上下环节之间出现矛盾和冲突。比如，食品安全标准的制定，就应当由食品安全治理部门负责，食品安全标准应当采取“法典”的方式进行，从而保证整个食品安全标准的理念统一、结构和谐、体系完整、逻辑科学。目前，《食品安全法》已经明确赋予了食品安全综合监督部门负责食品安全标准的制定。食品安全综合监督部门应当以此为契机，对现行的食用农产品质量安全标准、食品卫生标准、食品质量标准和有关食品的行业标准中强制执行的标准予以整合，统一公布为食品安全国家标准。但是，没有食品安全国家标准的，可以制定食品安全地方标准。没有食品安全国家标准或者地方标准的，应当制定企业标准。只有这样，才能加快食品安全标准体系建设步伐。

在食品安全监管政策制定上，应当充分考虑我国地域差别、城乡差别、民族差别等特点，在保持监管理念、监管原则、监管目标一致的前提下，坚持分类指导、分步实施的原则，积极鼓励各地从本地实际出发，因地制宜、因时制宜，创造性地开展监管工作。实践已经反复证明，只有因势而定、因情而为、具体问题具体分析，才能制定出符合客观实际的监管政策，才能促进食品产业的健康发展，才能实现食品安全的有效提升。目前，可以根据地区或者行业差异，选择建立若干食品安全示范区或者示范行业，充分发挥其对食品安全的辐射和引领作用。

三、从独占型思维到共享型思维的转变

根据占有方式的主要差别，思维可以分为独占型思维和共享型思维。所谓独占型思维，是指当事人对有限的资源进行竞争或者争夺，优胜者排他地占有、使用、支配和收益资源的思维。而共享型思维是指当事人与他人对有限的资源共同占有、使用、支配和收益的思维。有人指出，东北虎属于独占型动物，而西北狼则属于共享型动物。

采取独占型思维还是共享型思维，取决于社会发展阶段。一般说来，在人类社会早期，在物质财富相对贫乏的原始社会，面对生存的压力，人

类往往采取共享型思维，在共担风险的同时，也共享劳动成果。后来，随着剩余财产的出现和私有制的产生，人类进入阶级社会，一部分人凭借国家机器无偿占有他人的劳动成果。而在社会生产力高度发达的今天，当社会财富的创造需要广泛参与时，按照适当方式分享劳动成果则成为构建和谐社会的必要方式。

采取独占型思维还是共享型思维，取决于认知水平提升。关于剩余价值的创造、剩余价值的形成和剩余价值的分配，不同的阶级立场和不同的认知能力，给出的答案相去甚远。现代社会普遍认为，任何剩余价值的创造都是各种生产要素共同形成的结果。“土地是财富之母，劳动是财富之父”，劳动是剩余价值创造的唯一源泉，而生产要素则是剩余价值形成的基本条件。现代社会劳动，既不是简单的“资本雇佣劳动”，也不是“劳动占有资本”，而是“资本和劳动的有机结合”。对企业生产经营活动应当实行多元治理，对企业生产经营成果应当实行多元分享。

采取独占型思维还是共享型思维，取决于风险承担能力。应当看到，权利和义务是统一的，利益与风险是共存的。在享有权利和利益的时候，也必须承担义务和风险。只享有权利和利益，而不承担义务和风险，不符合市场经济法则。对任何事物，是采用独占还是共享，主要取决于主体对于风险与利益的分析判断。在某些领域，若想占领制高点，即便承受风险，也必须通过独占握有杀手锏，否则，就有可能受制于人。而有些领域，通过共享来分散风险，更符合经济原则。

奉行独占型思维者，往往缺乏团队精神。在创业时，固执地依靠自身的力量等待预期条件的成就，因而往往错失发展良机。而在守业时，往往又在事业呈现希望时纵起独吞独占之心，见利忘义，另起炉灶，最终分道扬镳。一般说来，独占型思维大都属于农业社会思维。

从事食品安全治理工作，需要实现从独占型思维到共享型思维的转变。食品安全是天大的事，大家的事，永恒的事，必须组织动员各方面的力量共同参与、协力保障。尤其在当前分段监管的情况下，更要立足全局、敞开胸襟、相互支持、密切合作，共同承担起维护食品安全的重任。

食品安全综合监督部门的重要职责之一，就是通过建立食品安全协作平台，推动食品安全交流与合作，落实食品安全监管责任。如食品安全综合监督部门与各具体监管部门共同制定、实施食品安全风险监测计划，相互通报食品安全风险信息，组织专家审评食品安全标准，共同制定年度监督管理计划，统一发布重大食品安全信息等。《食品安全法》第6条明确要求：县级以上卫生行政、农业行政、质量监督、工商行政管理、食品药品监督管理部门应当加强沟通、密切配合，按照各自的职责分工，依法行使职权，承担责任。在食品安全监管上，实现从独占型思维到共享型思维的转变，主要体现在以下几个方面。

在食品检验上，应当按照科学布局、合理分工、突出重点、体现特色、面向社会、独立负责的原则，积极推动检测资源的有效整合。鼓励检测机构联合重组，面向社会，有偿服务。应当彻底改变目前检测机构部门所有、封闭运行、自我满足、低效徘徊的困境。为此，必须转变观念，努力实现从部门所有观到社会使用观、从自我信任观到社会信赖观的转变，在保持检测机构公益性的前提下，积极推动检测机构面向社会，提供优质高效服务。

在食品安全信息上，应当按照信息传播规律，充分利用现代技术手段，建立食品安全信息平台，彻底打破部门所有、相互封闭、各自为政、重复建设的局面，建立起统一、开放、协作、共享的信息收集、整理、分析、传输和利用机制，确保食品安全信息的有效传递，最大限度地发挥信息效用。食品安全综合监督部门应当建立食品安全综合网。

在食品安全合作上，应当与国际社会共同推动制定国际食品安全监管战略，建立健全食品安全国际合作机制，深化食品安全国际交流和合作，共同应对传统和现代食品安全风险挑战。作为食品生产与消费大国，我国应当积极参与有关食品安全的国际组织和地区性组织，并充分发挥应有的建设性作用。

四、从封闭型思维到开放型思维的转变

按照与外界交流的态度，思维可以分为封闭型思维和开放型思维。前

者是指对外界采取闭锁的态度，拒绝与之交流并自我调节的思维，而后者则是指对外界采取开放的态度，积极与之进行交流与互动的思维。一般说来，封闭型思维往往具有内向性、凝固性、单一性、排斥性、狭隘性等特点，往往追求安逸、渴望稳定、恐惧开放、拒绝交流，其结果是坐井观天、夜郎自大、因循守旧、封闭僵化；而开放型思维具有外向性、舒展性、多元性、适应性、合作性等特点，往往追求新颖、渴望变革、拒绝封闭、积极与外界沟通与交流，并努力在过程中实现互动与成长。

采取封闭型思维还是开放型思维，有的取决于社会的环境。封闭型思维基本属于传统农业社会思维。受生产方式、经济规模、活动空间等影响，传统农业社会的人们往往陶醉于“桃花仙境”，鸡犬之声相闻，老死不相往来，眼界往往受到一定的限制，思维概念、思维逻辑、思维方式等呈现出封闭、保守、单一、片面等特点。而开放型思维则属于工业社会和信息社会的思维。随着经济全球化和贸易自由化的发展，世界变成了小小的“地球村”，思维因自由而有了张力、因流动而有了活力、因创新而有了魅力。思维的空间得到了扩展，思维的能力得到了提升。

采取封闭型思维还是开放型思维，有的取决于自身的实力。任何组织和个人都渴望安全，然而采取何种安全战略，则往往取决于自身的实力以及对外依存关系。比如说，按照股权结构与资本流动性质，公司可以分为闭锁性公司和开放性公司。有限责任公司属于闭锁性公司，公司股东人数有最高限制，股东转让出资有严格限制。股份有限公司或者上市公司属于开放性公司，股东人数没有限制，其股票可以在证券市场上公开发行，可以自由流通、转让。相对来说，有限责任公司通过实施人合的封闭战略，可以保持股东地位稳定和投资安全，而股份有限公司或者上市公司，通过实施资合的开放战略，可以有效吸收社会资本，但该类公司股权容易发生变更，投资安全相对小些。

采取封闭型思维还是开放型思维，有的取决于成长的态度。以不同的态度对待成长，则成长的结果往往有所不同。以积极的态度对待世界，世界就会因开放而成长；相反，以消极的态度对待生活，生活就会因封闭而窒息。如大陆法系和英美法系，在对待他方法律文化方面，就采取了不同的态度。英美法系国家，在坚持判例法传统的同时，积极吸收成文法文化，使两种法律文化相互激荡与融合，实现了法律制度长足的进展；相反，大陆法系国家，因担心国家政体、法律传统等受到影响和破坏，在法律制度借鉴与吸收上始终裹足不前，法律文化的积累相对缓慢。

从事食品安全综合监督工作，需要实现从封闭型思维到开放型思维的转变，因为开放是当今时代的基本特征和客观要求。

从事食品安全综合监督工作，必须有对全世界开放的胸怀。疯牛病、口蹄疫、禽流感等，留给各国食品安全监管工作的启示是：今天，食品安全已经成为全球面临的重大问题。许多食品安全风险挑战，需要全世界共同应对；许多食品安全难题，需要全世界共同破解。随着经济全球化和贸易自由化的发展，许多企业跨国进行食品生产经营。食品供应链的全球化往往引发全球化的食品安全问题。联合国粮农组织和世界卫生组织《保障食品的安全和质量：强化国家食品控制体系指南》明确指出：全球食品贸易的崭新环境促使进口国和出口国均要履行重要的义务，以加强各自的食品控制体系，实施并强化基于风险的食品控制体系。全程治理、风险治理和社会治理已经成为国际社会食品安全治理的基本理念，共同的治理理念推动各国在食品安全领域可以开展广泛的交流与合作。

从事食品安全综合监督工作，必须有对全社会开放的意识。从农田到餐桌的全过程，食品安全的有效保障有赖于各食品生产经营单位、食品安全行政监督部门、食品技术监督机构、食品行业协会和学会、新闻媒体和广大消费者的共同努力。在食品生产、经营与消费领域，信息、知识的不对称在一定程度上影响着消费者的切身利益。只有对全社会实行最广泛的开放，才能有效地吸引、激励全社会的广泛参与，才能形成食品安全监管与保障的合力。

从事食品安全综合监督工作，必须有对全系统开放的气魄。食品安全监管系统包括行政监管和技术监督，包括综合监督和具体监管，食品安全综合监督部门是食品安全监管工作的总牵头、总领队、总平台，其重大决策、重大部署、重大安排，都应当对各食品安全具体监管部门开放，充分争取各监管部门的意见和建议。食品安全综合监督部门应当进一步整合监管资源，并使这些资源对全社会开放。

五、从人治型思维到法治型思维的转变

按照意志冲突时选择方式的不同，思维可以分为人治型思维与法治型思维。一般说来，在个人意志与国家意志发生冲突时，个人意志自觉服从国家意志或者集体意志的思维，乃法治型思维；相反，个人意志超越或者凌驾国家意志或者集体意志的思维，则为人治型思维。也就是说，当个人意志与法律发生冲突时，个人服从法律的思维，为法治型思维；个人凌驾法律的思维，就是人治型思维。法治文明是人类文明的高级形态。

奉行人治型思维还是法治型思维，取决于治国理念的理性选择。数千年来，面对权力持有者的疯狂与恣意给权利拥有者带来的凄惨与苦难，披荆斩棘、启唤真知的思想家努力探索着治国的理念及方略。人类的最终选择是厉行法治。这是因为法律是公众意志的表达，具有民主性、普遍性和稳定性等特征。然而，在现实生活中，并非所有的人都坚定不移地信仰法律。将法律视为武器或者工具，以人治法，以法治人，使堂堂皇皇的法治沦为真真切切的人治的现象绝非寥落晨星。

奉行人治型思维还是法治型思维，取决于民主政治的发育程度。一个国家选择人治还是法治，并不是个人的恩赐，而有其内在、深厚的社会基础与发展动因。市场经济是法治的孵化器，而民主政治则是法治的助产婆。没有民主的良性发育，没有权力的有效制约，所谓的法治只能徒具形式，而无实质意义。

奉行人治型思维还是法治型思维，取决于法治文化的养成状况。法律是创造新型社会的工具。法律的使命是幸福，法律的理念是自由，法律的价值是公正。法治将使社会生活更加阳光、轻松与和谐。然而，法治始终是在与形形色色的人治的惨烈斗争中逐步成长起来的。法治是社会主义的旗帜、基础和生命线。没有民主，就没有社会主义；没有法治，同样也没有社会主义。社会主义的本质要求是法治。只有当法治观念和法治精神被普遍倡导并养成习惯时，法治深邃且恒久的价值才能得以实现。

事实上，人治型思维与法治型思维的差别，还体现在身份性关系和契约性关系、私利性关系和公益性关系、个体性关系和社会性关系等方面。人治型思维属于情感型思维，缺乏对法律和权利的敬畏，利欲熏心，自以为是，狂妄自大，最终走向疯狂和灭亡。而法治型思维属于理智型思维，尊重规则，节制欲望，各定其位，各尽其职，各得其所，各获其乐，最终走向安宁与和谐。

从事食品安全综合监督工作，需要实现从人治型思维到法治型思维的转变。食品安全治理不应替代各具体监管部门的具体监管，而是超越具体监管，从更高的层面上为各具体监管部门的监管导引方向、创造环境。

从事食品安全综合监督工作，应当弘扬责任意识。法律关系的本质是权利义务关系。食品安全综合监督部门的特殊职责使命是：倡导现代理念，完善治理规则；构建治理平台，建立科学体系；整合监管资源，提高治理合力；落实治理责任，推动联合治理。食品安全综合监督作为高端治理，需要从全局上、战略上和方向上把握食品安全治理工作，尤其要在食品安全治理理念、治理体制、治理法制和治理机制上有所创新、有所突破。

从事食品安全综合监督工作，应当突出程序意识。食品安全治理的目标是和谐、统一、高效与安全。实现这一目标，需要各部门充分沟通、积极协商与通力合作，而重大决策、执行、监督只有按照法定程序进行，才能保障各食品安全监管部门充分参与、积极配合和有效行动。在食品安全治理中，各参与主体享有平等的地位、待遇、人格与尊严，有利于激发参与者的积极性与创造性，形成向心力、凝聚力和战斗力。

从事食品安全综合监督工作，应当注重证据意识。无论是制定食品安全政策，还是制定食品安全标准，乃至处理食品安全事件，都需要必要的科学支撑。食品安全风险评估结论、食品安全风险监测报告、食品安全事故调查结论等，是开展食品安全监管的重要根据。只有紧紧依靠科学事实，食品安全综合监督才能经得起实践的考验。

从事食品安全综合监督工作，应当树立时效意识。时间就是生命。食品安全风险如果得不到及时有效的解决，就可能最终演变成食品安全事故。从事食品安全治理工作，需要见微知著，需要多谋善断，需要雷厉风行，切不可推诿懈怠、敷衍塞责、麻木不仁，否则，细微的食品安全风险最终都有可能酿成历史性悲剧。

六、从微观型思维到宏观型思维的转变

按照包容空间的大小，思维可以分为宏观型思维和微观型思维。宏观型思维是思维主体对宏观世界进行的全局性思维；而微观型思维则是思维主体对微观世界进行的局部性思维。宇宙由宏观和微观构成，宏观无限大，微观无限小，宏观包含着微观，微观反映着宏观。与此相适应，人类的思维也分成宏观型思维与微观型思维。

宏观型思维与微观型思维各具特色、各领千秋。宏观型思维侧重于对事物的结构性、全局性和战略性思考和把握，思维视野相对宏大，思维方式相对粗放、思维结果相对稳定；而微观型思维则侧重于对事物的具体性、细致性和战术性思考，思维视野相对微小，思维方式相对细密、思维结果相对易变。宏观型思维要求正确处理实践活动中各方面、各阶段之间的复杂关系，科学把握宏观目标、宏观布局、工作重点、实践步骤、具体方法、保障措施等因素之间的关系，以求达到全局的最佳效果。

以经济学为例，宏观经济学研究国民经济运行的方式与规律，根据产量、收入、价格水平和失业等总量来分析经济问题；而微观经济学则研究具体经济单位，根据价格、分配、产权等单量来分析经济问题。宏观经济学把资源配置作为既定的前提，研究社会范围内的资源利用问题，以实现社会福利的最大化；而微观经济学解决的则是资源配置问题，即生产什么、如何生产和为谁生产的问题，以实现个体效益的最大化。宏观经济学的研究方法是总量分析，即对能够反映整个经济运行情况的经济变量的决定、变动及其相互关系进行分析；而微观经济学的研究方法是个量分析，即研究经济变量的单项数值如何决定。宏观经济学假定市场机制是不完善的，政府有能力调节经济，通过“看得见的手”纠正市场机制的缺陷；而微观经济学的基本假设是市场出清、完全理性、充分信息，认为“看不见

的手”能自由调节实现资源配置的最优化。

从事食品安全综合监督工作，需要实现从微观型思维到宏观型思维的转变。食品安全治理是对食品安全具体监管活动的协调，需要从全局的角度把握食品安全监管规律、引导具体监管活动按照正确方向发展。

从事食品安全综合监督工作，应当突出全局意识。智库百科指出，所谓全局，是事物诸要素相互联系、相互作用的发展过程。从空间上说具有广延性，全局是指关于整体的问题；从时间上说具有延续性，全局是指关于未来的问题。全局意识是指一切从系统整体及其全过程出发的思想和准则，是调节系统内部个人和组织、组织和组织、上级和下级、局部和整体之间关系的行为规范。全局观念要求具有认清局势、尊重规则、团结协作、甘于奉献的特质。食品安全治理部门负责对整个食品安全具体监管工作的协调，必须善于洞察全局、思考全局、谋划全局、指导全局、配合全局、服务全局，通过对种植养殖、生产加工、市场流通、餐饮服务监管活动的有效协调，保障食品安全各项监管工作的理念统一、价值协调、工作衔接、秩序和谐，从而全面提高食品安全水平。

从事食品安全综合监督工作，应当增强前瞻意识。所谓前瞻，通常是指人们根据已知条件对客观事物未来发展趋势和规律的判断和把握。前瞻意识是全局意识的重要内容和特殊表现。任何事物都是不断发展变化的，但并不是任何人都能理性思考并科学把握事物发展的趋势和未来。从事食品安全综合监督工作，必须登高望远，研究规律，把握趋势，引导食品安全监管工作不断走向深入。当前，更为重要的是，食品安全综合监督部门应当以全球的视野，深刻分析国际食品产业发展态势、食品安全监管改革走势，指导我国食品安全监管工作科学发展。

从事食品安全综合监督工作，应当树立战略意识。所谓战略，通常是指决定全局的策略，战略具有全局性、预见性以及谋略性等基本特征。战略往往决定全局和未来。从事食品安全工作，对事关食品安全的重大问题应当超前思考，科学谋划，并通过若干重大战役和若干战术设计，努力实现战略目标。未来，仍然需要深入研究理念创新、产业提升、行业自律、社会参与、标准提高、科技支撑、责任落实、国际合作等战略。

第七章　战略创新篇

在全球化时代，要从世界看国家，而不能从国家看世界。

——周有光

创新食品安全治理战略[①]

食品安全治理战略是指食品安全监管部门制定的有关食品安全治理工作的全局性、方向性的目标和策略。研究食品安全治理战略，目的在于进一步明确食品安全工作的发展目标、发展方向、发展重点、发展步骤和发展方法等，总揽全局、协调各方，更加积极主动地适应经济社会发展和食品安全监管工作的需要，努力提升食品安全治理能力，不断开创食品安全工作的新局面和新境界。

一、理念创新战略

（一）社会背景

理念，通常是指人们经过长期的理性思考及实践所形成的反映事物运动规律的指导思想、根本目标、核心价值等。一般说来，理念具有基础性、根本性、核心性、终极性等特点。进入新世纪以来，随着经济全球化和贸易自由化步伐的加快，食品安全问题已凸显成为国际社会共同面临的重大社会问题。在这场关乎人类生存与发展的考验中，国际社会正在进行着一系列的变革与创新。这些变革和创新，概括起来，主要是治理理念、治理法制、治理体制、治理机制、治理方式、治理战略、治理文化方面。其中，最为重要的就是治理理念的变革与创新。

改革开放以来，我国从农业社会向工业社会、从封闭社会向开放社会、从传统社会向现代社会快速转轨，取得了举世瞩目的成就。然而，全面完成转轨，实现历史跨越，还需要进一步放眼全球、解放思想、把握规律、更新观念。

近年来，国际社会在食品安全治理理念创新上取得了重要成果。一是

① 徐景和：《食品安全综合协调与实务》，中国劳动社会保障出版社 2010 年版。

全程治理。食品安全治理应当涵盖从种植、养殖、生产、加工到贮存、运输、销售、消费等全部环节，避免因食品生产经营中的某一环节存在缺陷而导致整个食品安全保障体系的崩溃，最大限度地保障公众的切身利益；食品生产经营的每一个环节都有其源头，只有从源头抓起，才能有效确保食品安全，各环节间要保持密切的联系，防止因出现断档而产生监管盲区和盲点；对每一环节的监管都必须尽职尽责，努力将风险解决在本环节内，而不能将风险放逐到下一环节。二是风险治理。近年来，国际社会开展了以风险评估、风险管理和风险交流为主要内容的食品风险分析。联合国粮农组织、世界卫生组织以及有关地区性组织多次召开会议，深入研究并积极推动食品安全风险治理，将风险评估结果作为制定食品安全标准和开展食品安全治理的重要基础。许多国家和地区已经把食品安全风险评估制度作为食品安全治理的基本制度。三是社会治理。食品安全涉及每个家庭和个人。保障食品安全是全社会的共同责任，政府、企业、消费者、行业协会、社会团体和新闻媒体等各利益相关者都应当积极参与食品安全治理，努力在自己的责任范围内做好食品安全保障工作。此外，在不同国家和地区，因监管体制和监管方式的不同，食品安全治理还强调和谐治理、责任治理、效能治理等。

2009 年的《食品安全法》坚持了预防为主、科学管理、明确责任、综合治理的食品安全工作思路，体现了食品安全现代治理理念。坚持人本治理，把保障公众身体健康和生命安全作为食品安全立法宗旨；坚持全程治理，把从农田到餐桌的全过程各个环节纳入治理；坚持风险治理，将风险监测、风险评估作为制定安全标准、实施安全治理的科学基础；坚持社会治理，积极鼓励企业、行业协会、基层群众性自治组织、新闻媒体和消费者等参与食品安全治理；坚持责任治理，全面落实“地方政府负总责、监管部门各负其责，企业是第一责任人”责任体系，各部门按照各自职责分工，依法履行职权，承担责任；坚持和谐治理，要求各食品安全监管部门加强沟通，密切配合，共同确保食品安全。

（二）具体要求

理念在事物的运行中最为核心、最为重要，是事物运行的灵魂，决定着事物发展的方向。科学的理念需要科学的法制、体制和机制加以贯彻落实。贯彻落实科学发展观，实施理念创新战略，其基本要求如下。

一是丰富治理理念。理念解决的是方向问题。食品安全治理理念随着时代的发展而发展。在不同的历史时期和不同的国家，食品安全治理所面临的形势和任务不同，所依赖的治理理念也有所不同。比如，在市场经济条件下，效能治理是重要的治理理念。但是，实现效能治理，是采取协调的方式，还是采取统一的方式，则需要根据社会经济条件等多种因素进行选择。2004 年我国提出修改《食品卫生法》，后修改为《食品安全法》，加入了全程治理、风险治理、社会治理、责任治理等内容，极大地丰富了食品安全的治理理念，形成了全社会共同筑建食品安全保障体系的雏形。

二是完善治理制度。制度解决的是道路问题。《食品安全法》按照理念现代、价值和谐、体系完备、制度完善的总要求，按照安全性原则、科学性原则、预防性原则、教育性原则、全面性原则和效益性原则，完善了食品安全监管体制、食品安全标准制度、食品安全风险监测制度、食品安全风险评估制度、食品生产经营基本准则、食品生产经营许可制度、食品添加剂生产许可制度、食品召回制度、食品检验制度、食品进出口制度、食品安全信息公布制度、食品安全事故处置制度、食品安全责任追究制度等，使食品安全监管工作更加系统化、规范化、制度化。但是，必须看到，《食品安全法》仅仅确立了各项制度的基本框架，而每项具体制度都包含着十分丰富的内容，需要通过行政法规、规章或者规范性文件加以细化和落实。食品安全综合协调部门应当与政府法制部门密切配合，积极推动食品安全监管制度的进一步完善。

三是优化治理体制。体制解决的是格局问题。《食品安全法》确立了现阶段我国食品安全实行综合协调与分段监管相结合的食品安全监管体制，它从法律层面上结束了我国长期以来在一个环节上实行卫生、质量双要素监管的落后体制，基本实现了一个环节由一个部门监管的目的，在推动我国食品安全监管体制改革上向着理想目标迈出了重要一步。同时，《食品安全法》认真总结了食品安全综合监督工作探索的经验，使食品安全综合协调工作从模糊走向清晰，从探索走向成熟。《食品安全法》初步完成了食品安全监管体制改革“双轨”变“单轨”、“小综”变“大综”的两大任务，同时为未来我国食品安全监管体制改革实现“多段”变“少段”留下了较为广阔的空间。食品安全综合协调部门应当把握时代发展规律，积极推进食品安全监管体制向科学化、统一化、高效化方向迈进。

四是健全治理机制。机制解决的是动力问题。食品安全治理需要各利益相关者的全力保障。如何通过分工与合作、激励与约束等方式，推动企业、地方政府和国务院各相关部门履行食品安全管理和监督责任，需要进行深入的研究和探索。《食品安全法》规定了食品生产经营者、国务院各有关部门、地方各级人民政府的食品安全责任。在新的体制下，如何建立起协作平台，使县级以上卫生行政部门、农业行政、质量监督、工商行政管理、食品药品监督管理部门加强沟通、密切配合，按照各自职责分工，依法履行职权，承担责任；如何建立健全食品安全全程监督管理的工作机制，充分利用现代科学技术手段，建立电子网络监管平台，将各监管对象的生产经营及其管理情况纳入网络监管系统，提高监管的针对性和有效性，降低监管成本，提高监管效率，需要进行深入细致的研究和广泛扎实的实践。《食品安全法》赋予食品安全综合协调部门公布食品安全信息等职责，综合协调部门可以充分利用信息的力量，建立起科学的工作机制，解决食品安全保障体系中运行动力的问题。

二、产业提升战略

（一）社会背景

食品产业是国民经济的支柱产业、事关民生的健康产业，直接关系着经济社会发展和公众的身体健康。食品产业发展状况直接影响着食品安全状况。因此，从产业发展的角度来研究食品安全问题，就是从根本上和战略上解决食品安全问题。食品安全综合协调部门应当与有关部门密切配合，在保障食品安全的基础上，积极推动我国食品产业水平的不断提升。

改革开放以来，我国食品产业得到了持续快速发展。以食品工业为例，《食品工业“十一五”发展纲要》指出：“十五”时期，我国食品工业持续快速健康发展，经济效益稳步提高；主要食品产量大幅度增加，产品结构调整取得新进展；产品质量明显改善，食品安全水平稳步提高；企业组织结构进一步优化，生产集中度逐步提高；食品工业区域布局渐趋合理，企业集群式发展的格局逐渐形成；食品科学技术较快发展，加工装备水平不断提高，食品工业已成为国民经济发展中增长最快、最具活力的产业之一。

尽管如此，与世界先进水平相比、与全面建设小康社会的新要求相比，我国食品产业还存在着一定差距，主要表现为：食品工业转化增值能力较低，整体水平亟待提高；高附加值产品比例偏低，品种结构不够合理；企业规模偏小，组织结构有待进一步优化；食品工业布局尚不尽合理，区域优势没有充分发挥；食品工业关键技术研究与装备水平不高，自主创新能力亟待加强；食品安全保障水平仍然较低，总体形势不容乐观。

面对国民经济持续快速发展和城市化水平的提高给食品工业发展创造的巨大的需求空间，面对西部大开发、振兴东北地区等老工业基地、促进中部崛起和建设社会主义新农村等重大发展战略为食品工业创造的新的发展机遇，面对国家重视发展循环经济为食品工业发展营造的良好的宏观环境，面对全球经济和区域经济一体化进程的加快为我国食品工业在更大范围内配置资源、开拓市场创造了良好条件等积极因素。“十一五”期间，我国食品产业发展确立了自主创新、科技先导，培育品牌、做大做强，突出优势、集聚发展，注重营养、提高质量，标准先行、保障安全，节约资源、综合利用的原则，并确定了战略重点和战略措施。

近年来，我国食品工业按照“十一五”发展纲要确定的目标快速发展，呈现出良好的态势。2008 年，尽管经历了前所未有的困难和挑战，但食品行业全年运行仍然呈现“增长较快、价格回稳、结构改善、效益提高”的格局，全年全国食品工业生产增加值增长 14.80%，高出全国工业增速 1.9 个百分点。32 152 家规模以上食品企业全年完成现价工业总产值 41 997.33 亿元，比上年同期增长 29.70%，提前完成国家“十一五”食品工业发展规划中提出的发展目标。食品工业（扣除烟草制品业）对全国工业增加值贡献率达到8.63%，拉动全国工业增加值增长1.11个百分点。

根据中国食品工业协会的分析，当前，影响我国食品工业健康发展主要的问题有以下几点。一是食品安全问题。2008年发生的“三鹿奶粉”事件对我国食品工业造成一定程度的信用危机，直接影响了食品市场和食品工业的发展。二是食品产业问题。我国食品工业中九成以上是中小企业，中小食品企业信用等级低，普遍存在资金不足问题，各种生产资料价格上涨，生产成本增加，中小型食品企业获利艰难。三是科技创新问题。与国外相比，我国食品产品品种较单一，附加值不高；企业创新能力和产品市场竞争力不强。

实践表明，食品安全保障与食品产业发展密切相关。从执行层面来看，安全监管与产业促进应当分离，但从宏观层面上看，安全监管与产业提升应当有机结合。一方面，食品安全综合协调部门应当积极配合食品行业管理部门，研究制定食品产业发展纲要，推动食品产业的升级换代；另一方面，食品安全综合部门应当积极组织食品安全具体监管部门，研究食品安全监管措施，促进食品产业的跨越发展。

（二）具体要求

全面提高我国食品安全水平，必须采取综合手段，不断提高食品产业素质，努力促进食品产业向规模化、集约化、标准化方向发展。

一是鼓励科技创新。以科技为先导，继续瞄准世界食品生产技术与产业发展前沿，加快推进食品产业科技创新和技术进步，进一步增强食品产业原始创新、集成创新和引进消化吸收再创新能力，不断提高食品生产工艺水平和科技含量。推动重点食品企业与科研院所搭建科技创新平台，建立技术研发中心、重点实验室和产业化试验基地，广泛开展食品产学研的有机合作，推进行业共性及关键技术研发，提高自主创新能力。鼓励用高新技术改造传统食品产业，加快科技成果推广应用，推进食品产业化、规模化和集约化步伐。政府部门尤其要在食品安全关键技术研究方面进一步加大投入。要从根本上解决食品安全问题，建立食品安全保障体系，必须依靠科技创新。

二是实施品牌战略。品牌就是实力，品牌会使企业信用价值倍增。要积极引导食品企业强化品牌意识，大力推动品牌建设，培育和发展一批知名度高、市场占有率高、竞争能力强的品牌产品、品牌企业、品牌基地，带动食品工业升级。通过对龙头企业进行扶持，创造更好的政策环境，引导企业由初级加工向精深加工拓展，由粗放管理向科学管理提升，不断提高龙头企业的产品开发和自主创新能力，形成一批具有自主知识产权和核心竞争力的产品。鼓励支持农产品商标注册，加大营销推介力度，发挥名牌带动作用。

三是推动集聚发展。遵循经济规律，充分发挥不同区域的比较优势，加快资金、技术、人才等要素向优势产区和优势行业流动，促进产业延伸，培育产业集群，形成特色食品加工产业带（区）。鼓励和推动企业通过并购、重组、联合等方式，拓展经营规模，做大做强，提高食品工业的生产集中度。另外，在我国工业化、城镇化的进程中，更多的农村人口向非农产业和城镇转移，生活方式的城市化和消费结构的商品化将带动工业化食品的需求不断增长。同时，随着城乡居民收入水平和生活质量的提高，人们更加重视食品的多样性、功能性、安全性，食品消费将由原料型食品为主向加工型食品为主转变，从粗加工食品为主向精深加工食品为主转变，食品消费结构呈现升级趋势。为适应食品消费需求的变化，产品需要逐步向提高附加值、改善产品质量的方向发展。

四是提升准入门槛。根据食品产业发展和食品消费结构变化的趋势，不断提高食品企业准入门槛，加快落后产业淘汰步伐，把食品产业发展同调整地区生产布局、推动食品产业化经营紧密结合起来。加快食品工业改组改造步伐，提高企业的产业化、规模化和集约化水平。在调整食品产业结构、淘汰落后产业的过程中，尤其要注重企业食品安全保障体系的建立。目前大部分发达国家对于进口食品企业的要求是必须建立 HACCP 管理体系，否则不予进口。我国也要逐步推广 HACCP 等食品安全管理体系的应用，首先要求高风险食品生产企业和学校食堂等人群聚集的地方必须建立 HACCP 管理体系，然后逐步推广，使其成为许可的前置条件。只有这样提高准入门槛，食品安全才能从根本上得到保障，食品产业的发展才能建立在比较坚实的基础上。

三、行业自律战略

（一）社会背景

保障食品安全是企业、行业、政府和社会的共同责任。《食品安全法》在突出企业、政府和社会各方责任的同时，强调“食品行业协会应当加强行业自律，引导食品生产经营者依法生产经营，推动行业诚信建设”。近年来发生的重大食品安全事件表明，影响当前我国食品安全的主要因素是：部分食品生产经营者面对市场诱惑和利益驱动，违背食品安全和诚信原则，违法违规生产经营，严重损害了广大消费者的切身利益。

实行食品行业自律战略，是解决我国社会转型期食品生产经营企业信用缺失问题的深远战略，是促进我国食品行业科学发展的长效之举。2003 年以来，国家食品药品监督管理局承担食品安全综合监督职责后，与有关部门制定了《关于加快食品安全信用体系建设的若干指导意见》，提出了食品安全信用体系建设的指导思想、基本原则、主要目标和保障措施，按照分类管理、分步实施的工作思路，选择试点城市和试点行业开展了食品安全信用体系建设试点工作，按照从农田到餐桌全过程控制的思路，推动食品行业协会和地方政府建立生产经营档案和监督管理档案，全面记录和反映企业信用状况，并在此基础上逐步实行分类监管。总体来看，食品安全信用体系建设取得了积极的成果，推动了食品行业自律。

然而，从制度建设的角度来看，我国食品行业自律刚刚起步。食品安全信用体系建设工作还存在着一定的困难与问题。一是宏观政策支持不足。食品安全信用体系建设的纵深发展有赖于国家信用体系建设的整体推进。2007 年 3 月 23 日《国务院办公厅关于社会信用体系建设的若干意见》提出社会信用体系建设应当坚持“统筹规划、分类指导，政府推动、培育市场，完善法规、严格监管，有序开放、维护安全”的原则，建立全国范围信贷征信机构与社会征信机构并存、服务各具特色的征信机构体系，最终形成体系完整、分工明确、运行高效、监管有力的社会信用体系基本框架和运行机制。目前，该意见的落实还需要若干配套制度支撑。二是信用中介支持不足。从事信用中介服务的机构很多，但能够承担食品安全信用信息征集、评价等信用活动的中介机构较缺乏。过去，食品安全信用信息征集、评价等活动，主要由相关行业协会或者监管部门聘请相关领域的专家进行，规范性、专业性和权威性有待进一步提高。三是法律法规支持不足。食品安全信用体系建设涉及信息公开与商业秘密的关系，信息的征集、评价、披露等涉及许多主体的利益，食品安全信用建设难以获得国家法律层面强有力的支撑和保障。四是理论研究支持不足。我国从食品安全的角度研究信用的人员较缺乏，食品安全信用体系建设缺乏厚重的理论支撑，迫切需要进行大视角、宽领域、深层次的研究。五是信用机制发挥不足。如何建立信用奖惩机制，推行行政性、行业性、市场性、社会性、司法性等失信联防机制，对失信主体依法进行负面信用记录公示、警告提示、限制准入、降低信用等级、法律处罚等惩戒，形成“一处失信，处处受阻”“一处失信，处处受制”的局面，还需要多部门认真研究并联动实施。

（二）具体要求

《国务院办公厅关于社会信用体系建设的若干意见》的出台，标志着我国社会信用体系建设进入了新的发展阶段。未来的食品行业自律应当着力进行以下方面的建设。

一是推进信用文化建设。采取多种行之有效的方式，加快食品企业诚信宣传教育，增强企业法制意识、责任意识、诚信意识，逐步形成以守法、履责和诚信为核心的企业诚信文化。要树立“诚信为本、质量第一”的理念，制定行业自律公约，推动企业积极履行食品安全第一责任人的责任，遵守食品行业职业道德和职业规范；树立“严守规则、安全生产”的理念，严格执行有关食品安全法律、法规和标准，建立健全食品安全生产、经营的制度，建立并落实岗位责任制，不制售假冒伪劣食品；树立“诚实信用、公平交易”的理念，按照食品市场准入制度的要求，不采购、不使用不符合食品安全标准的食品原料、食品添加剂及相关产品，保证食品信息的真实性，不虚假宣传、不误导、欺骗消费者。

二是深化信用体系建设。食品安全综合协调部门应当认真总结以往食品安全信用体系建设的有益经验，大力推进以食品安全信用体系建设为核心的行业自律战略。应当坚持制度建设与教育宣传相结合、企业责任与行业自律相结合、政府推动与社会监督相结合、失信惩戒与诚信褒奖相结合，加快食品安全信用法律制度建设，形成完备的食品安全信用标准、征集、评价、披露和奖惩等制度。应当大力培育食品安全信用需求，即稳定政府信用需求、强化企业信用需求、启动个人信用需求。应当充分发挥信用奖惩机制作用，协调各食品安全监管部门实行分类管理，对长期自律守法诚信生产经营的企业，给予宣传、支持和表彰，在日常监管检查、企业年检、产品抽验、出口报关等方面提供适当的便利；对违法违规失信企业，根据失信程度，可采取信用提示、警示、公示、取消市场准入、限期召回产品及其他行政处罚措施进行惩戒。应当深入开展食品安全信用基础研究，促进食品安全信用建设向深度和广度方向发展。

四、社会参与战略

（一）社会背景

食品作为人类生存的必需品，拥有最广泛的利益相关者，关系到每一个家庭和人。确保食品安全需要全社会的共同参与。经验表明，在任何国家，即便是发达国家，仅仅依靠监管部门的有限力量，无论是监管的广度，还是监管的深度，都受到一定的制约和影响。社会参与虽然有时不能对监管对象产生直接的法律效力，但其具有的广泛性、全面性和及时性特点，具有其他监管方式所不具有的优势，可以有效弥补行政监管的不足。组织和动员各类社会力量参与食品安全保障，是食品安全治理理念的重大变革。

联合国粮农组织和世界卫生组织在《保障食品的安全和质量：强化国家食品控制体系指南》中强调指出，当一国主管部门准备建立、更新、强化或者在某些方面改革食品控制体系时，该部门必须充分考虑加强食品控制活动基础的若干原则及其意义。其中之一就是“充分认识食品控制人人有责，需要所有的利益相关者积极合作”。如在风险分析的整个过程中，就危害和风险、与风险有关的因素及风险观念问题在风险评估人员、风险管理者、消费者、产业界、学术界以及其他的利益相关者之间进行信息和观点的交互式交流，包括对风险评估结果的解释和风险管理决定的依据。2008 年 3 月联合国系统驻华系统代表办事处出版的《推动中国食品安全》在相关政策建议中指出，是否能有效保证公众健康和保护消费者，取决于利益相关各方、各级政府、食品企业、初级产品生产者、消费者和传媒的有效合作。因此，在食品安全保障中，必须坚持大社会安全观，正确处理好政府、部门、企业、行业、消费者之间的关系，充分调动社会各方面的积极性、主动性和创造性，共同保障食品安全。

《食品安全法》借鉴了国际社会的成功经验，明确了社会参与等食品安全工作的基本原则。该法规定：食品行业协会应当加强行业自律，引导食品生产经营者依法生产经营，推动行业诚信建设，宣传、普及食品安全知识；国家鼓励社会团体、基层群众性自治组织开展食品安全法律、法规以及食品安全标准和知识的普及工作，倡导健康的饮食方式，增强消费者食品安全意识和自我保护能力；新闻媒体应当开展食品安全法律、法规以及食品安全标准和知识的公益宣传，并对违反本法的行为进行舆论监督；任何组织或者个人有权举报食品生产经营中违反本法的行为，有权向有关部门了解食品安全信息，对食品安全监督管理工作提出意见和建议。

坚持食品安全社会参与战略，要善于从企业、政府、社会三大领域及其相互关系来把握食品安全。在不同的社会以及不同的领域，企业、政府和社会之间的关系不同。在食品安全领域，企业、政府和社会之间的关系最为紧密、最为和谐。坚持食品安全社会参与战略，有利于形成纵横交错的食品安全治理网络，及时发现食品安全隐患和漏洞，促进食品企业依法生产经营，促进监管部门依法履行监管职责。

（二）具体要求

从我国的基本国情出发，坚持食品安全社会参与战略必须做好以下几项工作。

一是建立和谐治理关系。首先，要妥善处理政府治理与企业治理的关系。各级政府对辖区内的食品安全负总责。对食品市场进行监管，是政府履行职责的应有之意。在食品安全社会治理体系中，由于政府是公共利益的忠实代表，所以，政府治理往往被认为是最权威、最坚决、最公正的治理。食品企业对食品安全负首责。在食品安全的社会治理体系中，企业的治理往往被认为是最直接、最根本、最经济的治理。企业是食品的生产者和经营者，应当依照法律、法规和食品安全标准从事生产经营活动，对社会和公众负责，保证食品安全，接受社会监督，承担社会责任。随着科学技术的发展，从农田到餐桌的食品生产经营活动日趋复杂，只有食品生产经营企业才能对其生产经营活动了如指掌，才能采取更加有效的措施应对食品安全的风险，企业的安全意识、安全条件以及安全措施直接影响乃至决定着企业的食品安全状况。没有食品企业对于食品安全完善的保障措施，即便再完善的政府外部监管也恐怕难以取得理想的效果。消费者、食品行业协会等的治理不可忽视。消费者、食品行业协会的治理往往被认为是最广泛、最彻底、最及时的治理。其次，要正确处理中央治理与地方治理的关系。在中央层面上，《食品安全法》确立了综合协调和分段监管相结合的食品安全监管体制。国务院设立食品安全委员会。国务院卫生行政部门承担食品安全综合协调职责，负责食品安全风险评估、食品安全标准制定、食品安全信息公布、食品检验机构的资质认定条件和检验规范的制定，组织查处食品安全重大事故。国务院质量监督、工商行政管理和国家食品药品监督管理部门依照本法和国务院规定的职责，分别对食品生产、食品流通、餐饮服务活动实施监督管理。在地方层面上，《食品安全法》规定，县级以上地方人民政府统一负责、领导、组织、协调本行政区域的食品安全监督管理工作，建立健全食品安全全程监督管理的工作机制；统一领导、指挥食品安全突发事件应对工作；完善、落实食品安全监督管理责任制，对食品安全监督管理部门进行评议、考核。县级以上地方人民政府依照本法和国务院的规定确定本级卫生行政、农业行政、质量监督、工商行政管理、食品药品监督管理部门的食品安全监督管理职责。有关部门在各自职责范围内，负责本行政区域的食品安全监督管理工作。上级人民政府所属部门在下级行政区域设置的机构应当在所在地人民政府的统一组织、协调下，依法做好食品安全监督管理工作。

二是形成有效治理网络。首先，要加快完善宣传教育网络。食品安全综合协调部门要组织制定食品安全宣传教育规划，完善食品安全宣传教育网络，大力宣传食品安全法律法规和科学知识，增强社会和公众参与食品安全监管的积极性主动性，提高公众的食品安全风险意识和依法维权意识，树立科学、理性消费观念。其次，要加快完善监督协管网络。选择具有一定食品安全专业知识、热心社会公益事业的人为基层食品安全协管员、信息员，组织他们加强对辖区食品市场的日常巡查和信息收集报告工作，及时发现、制止、报告食品违法违规行为。再次，要加快建立投诉举报网络。食品安全具体监管部门要按照《食品安全法实施条例》第53条的要求，完善投诉举报网络，建立投诉举报奖励制度，鼓励广大人民群众积极投诉举报制假售劣食品行为。最后，要加快建立媒体互动机制。充分利用现代新闻传播媒介快速、及时、广泛等特点，大力宣传食品安全知识和食品安全监管工作，宣传优秀企业和名牌产品，揭露曝光食品违法违规行为，协助食品安全监管部门发现食品安全苗头性问题和潜在的食品安全违法行为，协助食品安全监管部门及时采取处置措施，消除食品安全隐患，控制食品安全事件的发生。积极争取人大政协和民主党派、人民团体的参与。定期向人大、政协报告和通报食品安全工作，争取人大、政协检查、视察食品安全监管工作。主动征询听取人大代表、政协委员和民主党派、人民团体对食品安全监管工作的意见和建议，积极争取他们对食品安全工作的参与和支持。

三是促进行业协会发展。在社会参与共同构建食品安全保障体系的过程中，行业协会起着非常重要的作用。在大社会小政府的背景下，我国政府确立了“大部制”的改革方向，政府公务人员存在不断精简的趋势。在这种状态下，政府的监管力量难以覆盖到每个监管对象，那么，行业协会则起到了联系政府与企业的桥梁作用。行业协会制定行业自律规则，约束协会内的企业自觉遵守，对不遵守的企业按照市场经济的运作方式采取一定的措施，间接弥补了政府监管力量的不足。另外，在信用体系建设过程中，信用征集、信用评价等工作由行业协会来完成，较政府部门完成更具便利性、客观性。行业协会可以向政府职能部门提供本行业发展趋势的报告，提出行业经济政策和发展规划，参与制定行业规则和标准，为监管部门提供监管信息等，成为政府食品安全监管工作很好的辅助力量。

五、标准提高战略

（一）社会背景

所谓标准，按照《标准化和有关领域的通用术语　第 1 部分：基本术语》（GB/3935. 1—1996）的相关规定，是指为在一定的范围内获得最佳秩序，对活动或者结果规定共同的和重复使用的规则、导则或者特性的文件。该文件经协商一致并经一个公认的机构批准。食品安全标准是食品企业生产经营的基本准则，是食品安全监管部门监督管理的重要依据。改革开放以来，我国食品标准管理工作取得了显著成绩，确立了食品标准体系框架和食品标准管理体制，组建了食品标准专业机构，全面加强食品标准基础研究，加大了标准清理修订和统一协调力度，制定了食品标准发展规划，明确了食品标准发展目标，加强了食品标准的宣传贯彻，提高了全社会的食品标准意识。

国际社会历来高度关注食品安全标准建设。1961 年第 11 届粮农组织大会和 1962 年第 16 届世界卫生大会分别通过了创建国际食品法典委员会（CAC）的决议以来，已有 173 个成员国和 1 个成员国组织加入国际食品法典委员会，制定了有关食品标识标准、食品卫生标准、食品安全风险评估准则、采样分析标准、检查确认程序标准、动物源性食品标准、食品添加剂限量标准、农药残留最大限量标准、兽药残留最大限量标准等大量标准，共同推动食品标准化领域的国际合作，取得了丰硕的成果，为保护公众健康和维护公平贸易做出了积极贡献。

近年来，在许多重大食品安全案件的查处中发现，过去我国的食品标准存在着一些突出问题，如标准理念不够科学、标准定位不够准确、食品标准管理不够统一、标准体系不够协调、标准基础研究薄弱、部分标准指标缺失、标准结构不够合理以及标准形式不够完善等问题。在科学的基础上制定标准，加强食品安全标准的统一与协调，已经成为食品生产经营企业和食品安全监管部门的多年期盼。2004 年 9 月 1 日，《国务院关于进一步加强食品安全工作的决定》（国发〔2004〕23 号）指出，要建立健全食品安全标准，尽快清理与食品安全有关的产品和卫生标准，构建食品安全标准体系。2007 年 4 月 17 日，《国务院办公厅关于印发国家食品药品安全“十一五”规划的通知》（国办发〔2007〕24 号）指出，进一步加大食品安全标准的制订修订工作的力度，基本建立统一、科学的食品安全标准体系。推动我国食品安全标准采用国际标准和国外先进标准的进程，积极参与国际标准制订修订。根据我国食品生产、加工和流通领域具体情况，制定具有可操作性的过渡标准或者分级标准。2007 年 8 月 5 日，《国务院关于加强产品质量和食品安全工作的通知》（国发〔2007〕23 号）提出要加快标准体系建设。要及时跟踪和掌握国外先进标准情况，健全技术标准服务平台和标准制定修订快速应急机制，完善国家标准，涉及健康和安全的主要指标要符合国际标准。要抓好食品标准的制订修订工作，尽快形成科学统一权威的食品标准体系。鼓励企业制订具有竞争力、高于现行国家标准的企业内控标准。2009 年 2 月 28 日第十一届全国人民代表大会常务委员会第七次会议通过的《食品安全法》和 2009 年 7 月 20 日国务院第 73 次常务会议通过的《食品安全法实施条例》，对食品安全标准体系、食品安全标准范围、食品安全标准效力、食品安全标准起草、食品安全标准审评、食品安全标准备案、食品安全标准修订等作出了全面细致的规定，从法律层面实现了对我国食品安全标准的统一管理。

（二）具体要求

按照保障基本、注重科学、完善体系、统一管理、强化效力的总体思路，强化食品安全标准提升战略，应当着重做好以下工作。

一是加快标准整合步伐。因监管思路和监管体制等方面的原因，过去我国食品标准体系较为混乱，经多次清理与协调，标准之间的协调性有所增强，但卫生标准与质量标准并存的格局并没有彻底改变。《食品安全法》规定，国务院卫生行政部门负责食品安全标准的制定。除食品安全标准外，任何部门和单位不得制定其他的食品强制性标准。食品安全综合协调部门应当着手将食用农产品质量安全标准、食品卫生标准、食品质量标准和有关食品的行业标准中强制执行的部分予以整合，统一公布为食品安全国家标准，彻底解决标准之间打架的问题。在清理整合原有食品标准过程中，应当注意参考相关的国际食品标准，认真解决标准结构不配套、指标设计存在空白的问题，确保我国食品安全标准的完整和统一。与此同时，应当加快组建由医学、农业、食品、营养等方面的专家以及国务院有关部门的代表组成的食品安全国家标准审评委员会，对食品安全国家标准草案的科学性和实用性等内容进行审查，确保食品安全标准科学合理、安全可靠。

二是大力完善标准体系。按照《食品安全法》，食品安全标准分为国家标准、地方标准和企业标准。为构建科学合理、系统配套、协调一致的食品安全标准体系，国务院卫生行政部门应当会同国务院农业行政、质量监督、工商行政管理和国家食品药品监督管理以及国务院商务、工业和信息化等部门制定食品安全国家标准规划及其实施计划。同时，积极推进食品安全地方标准和企业标准。没有食品安全国家标准的，省、自治区、直辖市人民政府卫生行政部门可以组织制定食品安全地方标准。企业生产的食品没有国家标准或者地方标准的，应当制定企业标准，作为组织生产及政府部门监管的依据。国家鼓励食品企业制定严于国家标准或者地方标准的企业标准。企业标准应当报省级卫生行政部门备案，在本企业内部适用。

三是提升标准科学水平。食品安全风险评估结果是制定、修订食品安全标准的科学依据。食品安全综合协调部门应当在建立完善食品污染物监测网络和食源性监测网络的基础上，组织专家团队开展食品安全风险评估工作，并根据风险评估结果，制定或者修订食品安全标准。这是我国食品安全标准从经验管理到科学管理的重大转变。总体看来，我国现有食品安全标准水平偏低，有必要确定食品安全标准提高行动计划，加快提升食品安全标准，确保食品安全标准以保证公众安全为宗旨，内容科学合理、安全可靠，使我国的食品安全标准与确保公众饮食安全的目标相一致，与全面提升食品产业发展的要求相契合。另外，还应当加大采用国际标准的力度，我国的食品安全标准是否采用 CAC 认可的国际标准，在一定程度上影响着我国食品国际贸易的发展。

六、科技支持战略

（一）社会背景

科学技术是第一生产力。科学技术发展是提升食品产业水平和食品安全保障水平的最根本、最有效的途径。考虑到科学技术对食品安全的重要支撑和促进作用，《食品安全法》第 11 条规定，国家鼓励和支持开展与食品安全有关的基础研究、应用研究，鼓励和支持食品生产经营者为提高食品安全水平采用先进技术和先进管理规范。全面提高我国食品安全保障水平，必须大力实施科技支撑战略。

2001 年世界卫生组织发布的《全球食品安全战略》提出，实现降低食源性疾病对健康及社会影响目标的途径之一，就是以科学为基础，制定保障整个食品生产过程安全的各项措施，杜绝食品被有害微生物和化学物质的污染。具体措施包括加强食源性致病菌监测体系，改进风险评价的方法，创建评价新技术、产品安全性的方法等。2003 年联合国粮农组织、世界卫生组织出版的《保障食品的安全和质量：强化国家食品控制体系指南》指出，在全球范围内，食源性疾病的发病率日趋上升，在食品安全和质量要求方面不断出现的争端严重阻碍了国际食品贸易的发展。如果要使这种状况得以改善，必须对许多食品控制体系进行改变和完善。对于发展中国家而言，发展和加强基于现代风险评估概念之上的食品控制体系，更是显得空前之重要。

食品安全科技支撑体系十分广泛，如食品安全风险监测体系、风险评估体系、检验检测体系、安全评价体系、过程控制体系、全程追溯体系等。“十五”期间，我国实施了“食品安全关键技术”重大科技专项，将食品安全科技创新纳入我国中长期科学技术发展规划。“十一五”期间，我国实施了“国家食品药品安全‘十一五’规划”，加大了食品环境监测监控、食品污染物和食源性致病菌监测、非食品原料监测、食品质量安全检验检测、食品安全快速检测、食品品种特征溯源技术、食品产地图谱技术、食品产地标签和条码示踪技术、食品安全突发事件预警技术等方面的研究。总体来看，食品安全科技支撑取得了重要进展，风险监测与风险评估技术已经迈出重要步伐，食品安全标准化取得积极进展，检验检测技术已有显著进步，控制技术模式已经开始得到应用。

长期以来，我国的食品科技体系主要围绕解决食物供给数量而建立，与提高食品安全的要求相比，科技支持体系还相对薄弱。主要表现在：风险监测体系不完善、食品中的许多污染情况家底不清、未采用与国际接轨的风险评估技术、食品安全标准体系不完善、食源性危害关键检测技术仍然比较滞后、食品过程控制技术相对落后，以及安全控制体系尚未得到广泛应用。全面提高我国食品安全水平，必须对食品生产经营各环节、各方面进行有效监管，而实施有效监管则必须广泛采用先进的科学技术手段和方法。

（二）具体要求

一是制定科技支持规划。《食品安全法》规定，国家建立食品安全风险监测制度，对食源性疾病、食品污染以及食品中的有害因素进行监测。食品安全综合协调部门要参考世界卫生组织（WHO）和联合国粮农组织（FAO）关于食品风险评估的基本原则，建立完善食品安全风险监测评估机构、评估模型和方法，通过科学布局食品污染物监测网络和食源性致病菌监测网络，获取大量重要的食品安全信息，并组织专家团队对这些信息进行评估，以此作为制定食品安全标准和开展食品安全监管工作的依据。

二是完善科技支撑体系。食品安全综合协调部门要针对我国检验检测机构面临检验市场逐步对外开放的情况，加大对食品检验检测资源的整合力度，加强对检验检测技术的研究，不断提高检验检测能力和水平，积极应对市场竞争的挑战。根据食品行业发展和国际食品贸易发展的需要，按照统筹规划、科学合理的原则，研究探索建立一个统一协调、分工合理、职能明确、技术先进、功能齐全、人员匹配、运行高效的食品安全检验检测体系，在全国范围建立从国家到省、市、县各层次配套的食品污染物、食源性致病菌监测网络和报告体系，在此基础上建立全国性的食源性疾病暴发预警系统，用先进的科技手段和方法加强对监测信息的分析，提高对食源性疾病暴发的快速预测、溯源能力和预警能力。监测范围涵盖产地环境、生产投入物、生产加工过程、储运、食品贸易等食品生产、流通和消费的全过程，其中特别要加强对食品生产源头检测技术手段和方法的研究。在检测能力上，要满足国家和地方食品标准以及国际标准对食品安全参数的需求，确保食品技术支撑机构达到并符合国际良好实验室规范，并要有相当部分的食品检测实验室达到并获得国际相关实验室的互认。

三是鼓励科学技术研究。食品安全综合协调部门要加快对食品安全过程控制技术的研究，开发食品中安全性控制技术。开展关键技术的研究和应用，探索研究建立适合我国国情的食品安全管理模式，研究完善食品安全示范区管理机制，为食品安全建立科技创新平台，推进食品安全产学研相结合。通过科研和开发新技术，使制、修订的食品安全标准更加符合科学合理的原则，更加具有实际操作性。要加强对食品安全标准验证技术的科研开发，尽快建立标准验证制度，确保食品安全标准必须经过规定的实验室验证后方可通过，提高我国食品安全标准的科学性和适用性。加强对食品安全标准的科学研究，建立反馈制度，根据最新的研究成果及时复审和修订食品安全标准，确保标准的时效性和适应性。为提高我国食品安全标准水平，确保我国食品标准与国际食品标准相适应，推动我国食品标准国际化，要加强与国际的科研合作，积极参与国际食品标准制定交流活动，参加食品法典委员会（CAC）及其分委会活动，加大对国际食品标准借鉴力度，吸收消化其科学先进的方法技术，提高我国食品安全标准制、修订工作水平。

目前，我国有关食品安全的基础研究和应用研究还相当薄弱，《国家食品药品安全“十一五”规划》确定了食品安全基础研究和应用研究规划项目，如食品环境监测监控研究、食品污染物和食源性致病菌监测研究、非食品原料监测研究、食品质量安全检验检测研究、食品安全快速检测研究、食品安全相关标准研究等。国家通过制定规划、确定项目、扶持经费等手段，鼓励和支持与食品安全有关的基础研究和应用研究，提升食品安全的科技支撑力度，提高食品安全的科技保障水平。

四是推行科学监管方式。提高食品安全依靠科学技术进步，依靠先进管理制度。食品生产经营者的科技水平和管理水平，直接影响着食品安全状况。目前，国际社会在食品生产经营管理方面制定了许多管理规范，如GMP、HACCP等，国家应当采取切实有效的措施，积极鼓励和大力支持企业采用各种先进技术和先进的管理规范。近几年，发达国家建立了从源头治理到最终消费的监控体系以保障食品的安全，广泛采用“良好农业规范”（GAP）、“良好兽医规范”（GVP）、“良好生产规范”（GMP）和“危害分析与关键控制点分析”（HACCP）等先进的安全控制技术，对提高食品质量安全非常有效。而我国在实施 GAP 、GVP 的源头治理方面，科学数据尚不充分，在采用 HACCP 方面，食品企业才刚刚开始，因此需要食品安全综合监管部门大力推广这些先进的管理规范，只有这样，我国的食品安全才能从根本上得到保障。

七、责任落实战略

（一）社会背景

所谓责任，通常是指当事人所承担的各种法律约束。责任，既是制度安排的重要内容，也是机制建设的重要方面。进入新世纪以来，围绕责任清晰、责任匹配和责任落实三个方面的问题，我国在食品安全领域进行了不懈的探索与实践。

2003 年 7 月 16 日，《国务院办公厅关于实施食品药品放心工程的通知》（国办发〔2003〕65 号）（以下简称《通知》）下发，在多年整顿和规范市场秩序的基础上，该《通知》初步明确了食品安全监管责任：一要“地方负责，落实责任”，坚持“全国统一领导、地方政府负责、部门指导协调、各方联合行动”的方针；二要“分工协作，综合治理”，实施食品药品放心工程由食品药品监管局牵头，发展改革委、教育部、公安部、农业部、商务部、卫生部、工商总局、质检总局、环保总局等部门配合，同心协力，齐抓共管。

2004 年 9 月 1 日，《国务院关于进一步加强食品安全工作的决定》（国发〔2004〕23 号）进一步理顺了有关监管部门职责：按照一个监管环节由一个部门监管的原则，采取分段监管为主、品种监管为辅的方式，进一步理顺食品安全监管职能，明确责任；按照责权一致的原则，建立食品安全监管责任制和责任追究制；在强化地方政府对食品安全监管责任方面，规定地方各级人民政府对当地食品安全负总责，统一领导、协调本地区的食品安全监管和整治工作。

2005 年 3 月 30 日，国务院办公厅下发了《2005 年全国食品药品专项整治工作安排》（国办发〔2005〕20 号），要求地方各级人民政府要对本地食品药品安全负总责，农业、商务、卫生、工商、质检、食品药品监管等部门要认真履行职责，公安、监察、司法机关和新闻宣传单位要积极配合和支持，确保专项整治取得实效。

2006 年 3 月 31 日，国务院办公厅下发了《2006 年全国食品安全专项整治行动方案》（国办发〔2006〕24 号），提出全面落实食品安全责任制和责任追究制。各地区、各部门要按照权责明确、行为规范、监督有效、保障有力和责权一致、实事求是、客观公正、落实到位的原则，将食品安全专项整治行动的具体任务和工作目标逐级分解落实，逐级考核，确保抓实抓细抓出成效。

2007 年 4 月 27 日，国务院办公厅下发了《2007 年全国食品安全专项整治方案》（国办发〔2007〕28 号），提出要“建立健全食品安全责任体系”。一是地方各级人民政府要对本地食品安全工作负总责，层层落实责任制和责任追究制；二是各监管部门要按照职能分工把关、密切配合，全面落实监管责任；三是引导企业真正成为食品安全第一责任人。2007 年 7 月 26 日国务院发布的《国务院关于加强食品等产品安全监督管理的特别规定》及 2007 年 8 月 5 日国务院发布的《国务院关于加强产品质量和食品安全工作的通知》（国发〔2007〕23 号），对地方政府责任、监管部门责任、企业责任、检验检测机构的责任均做出了初步规定。

2009 年 2 月 28 日，十一届全国人大常委会第七次会议通过的《食品安全法》，明确规定食品生产经营者应当依照法律、法规和食品安全标准从事生产经营活动，对社会和公众负责，保证食品安全，接受社会监督，承担社会责任。同时该法也明确规定了国务院有关部门的食品安全监管责任。县级以上地方人民政府统一负责、领导、组织、协调本行政区域的食品安全监督管理工作，建立健全食品安全全程监督管理的工作机制；统一领导、指挥食品安全突发事件应对工作；完善、落实食品安全监督管理责任制，对食品安全监督管理部门进行评议、考核。2009 年 3 月 4 日国务院办公厅下发的《关于认真贯彻实施食品安全法的通知》（国办发〔2009〕25 号）以及 2009 年 7 月 8 日国务院通过的《食品安全法实施条例》，对食品安全责任作出了更为具体的规定。

以上法律法规及相关文件的紧密出台，是责任政府为落实食品安全监管责任所采取的一系列具体措施，表明了我国政府监管食品安全、提升食品安全保障水平的决心。

（二）具体要求

一是明确责任分工。《食品安全法》及其实施条例明确了分工负责与统一协调相结合的食品安全监管体制。从理论上讲，食品安全分段监管职责是清晰的，但在具体实践中，往往还存在一定的交叉与空白。食品安全法将小作坊、小摊贩管理办法的起草留给各省级人大完成，因机构改革等原因，只有个别省份公布该管理办法，小作坊、小摊贩的管理基本处在空白状态；对于前店后厂、农产品不改变形状的初级加工等，到底属于质检部门监管还是工商、农业部门监管，没有具体的界定。经常出现有利益时大家争着去，出现了问题大家找各种理由推卸责任的情况。因此在分段监管各环节之间出现交叉与空白时，食品安全综合协调部门应当及时组织相关方面协调，明确责任分工，督促工作落实。

二是完善履责保障。食品安全各监管部门履行法定职责，均需要相关的条件作为保障。如食品安全综合协调部门组织建设食品污染物监测网络和食源性致病菌监测网络，需要大量的资金投入。国际食品法典委员会（CAC）一直要求发展中国家建立监测网络，收集基础性数据，以此为依据制定食品安全标准，但是大部分发展中国家都无法完成这个任务，主要原因还是没有足够的资金；食品安全综合协调工作还需要涵盖食品科学、化学、生物学、流行病学等相关学科的专家团队，以便开展食品安全风险评估；食品药品监管部门履行餐饮服务食品安全监管职责，需要相应的行政监管与技术监督队伍保障。

三是健全责任机制。食品安全综合协调部门应当提出切实可行的工作目标，制定考核措施，组织有关人员加强对责任目标落实情况的监督检查和考核，通过不定期考核、年终考核，结合对当地安全状况的评估情况，确定相关部门的年度工作业绩，并将此项纳入政府绩效考核内容。食品安全综合协调部门还应建立健全食品安全责任追究制度，在强化食品安全各责任主体的责任意识的同时，加强责任追究，推进食品安全工作任务的落实和目标的实现。

在推进食品安全监管责任落实过程中，要充分考虑和发挥监管人员的作用。各级食品安全监管人员是落实食品安全监管责任、实现食品安全目标的最基本的责任主体。《食品安全法》对食品安全监管人员履行职责，开展食品安全监管工作提出了明确的规定，同时也对其依法开展食品安全监管工作的行为制定了相应的制约和惩戒条款，食品安全综合协调和食品安全监管部门要制定行政执法监督责任制度，加强对食品安全监管人员执法行为的监管，确保公开、公正、公平履行食品安全监管职能，严控不作为、滥作为、越权执法等行为的发生。

八、国际合作战略

（一）社会背景

我国政府高度重视并积极参与国际食品安全组织活动，不断拓宽对外交流合作的渠道和领域。20 世纪 80 年代，我国政府相关部门就与世界卫生组织（WHO）、世界贸易组织（WTO）、联合国粮农组织（FAO）、食品卫生法典委员会（CCFH）、食品标准委员会（CFS）等涉及食品安全的国际组织建立了关系并开始了合作。

我国积极参加国际食品法典委员会。1984 年加入国际食品法典委员会（CAC），2006 年经 CAC 大会批准我国成为国际食品添加剂和农药残留两个法典委员会主持国，2007 年开始，我国作为主持国成功开展举办国际食品添加剂委员会会议和农药残留委员会会议。我国牵头起草或者参与的国际食品法典标准有：《减少和预防树果中黄曲霉毒素污染的生产规范》《食品添加剂通用法典标准（GSFA）》食品分类系统修订和 GSFA 前言部分、二噁英测定、丙烯酰胺等。

我国积极加强食品安全技术交流与合作。鼓励和支持技术专家参与各类食品安全技术培训、研讨、交流和水平比对等活动，并接受国外技术专家来访、学习和培训。自 2001 年以来，先后同美国、欧盟、意大利、加拿大、德国、英国、瑞士、丹麦、澳大利亚、新西兰和泰国等国家开展了一系列食品安全和实施卫生与植物卫生措施协定（SPS）领域的技术培训与交流项目。先后邀请美国、欧盟、日本的专家来华举行 HACCP 指南及其应用、贝类卫生控制计划、残留监控、肯定列表制度等专题培训。进出口食品检验检疫实验室还多次参与英国食品分析能力测试（FAPAS）等国际比对实验，定期参加亚太实验室认可合作组织（APLAC）、澳大利亚国家测试认可委员会（NATA）等知名认可机构组织的国际能力验证活动。

我国注重发展国际食品安全合作。同日本、韩国、澳大利亚、新西兰、新加坡、挪威、俄罗斯等国家和香港地区定期、不定期地举行研讨会或者专家互访。与美国、欧盟、俄罗斯、日本、韩国、新加坡、泰国、蒙古国、越南、菲律宾、丹麦、法国、荷兰、爱尔兰、匈牙利、波兰、意大利、挪威、瑞士、加拿大、巴西、阿根廷、智利、墨西哥、乌拉圭、澳大利亚、新西兰、南非、中国香港、中国澳门等 30 个国家和地区签署了多个涉及食品安全领域的合作协议或者备忘录，签署了多个进出口食品检验检疫卫生议定书，确立了中国与有关进出口食品贸易伙伴国家或者地区的长效合作机制。

我国积极承办食品安全国际会议。2000 年以来，我国已经承办了多次重大的食品安全国际会议，特别是 2004 年 11 月，在北京成功举办了全球食品安全论坛，有 450 位代表参加会议，该论坛对推动我国加强食品安全国际合作和交流起到了重要作用。2007 年 11 月，我国举办了国际食品安全高层论坛，发表了《北京食品安全宣言》，敦促世界各国进一步加强食品安全国际交流与合作。

（二）具体要求

一是拓宽合作交流视野。国际食品贸易的快速发展使食品安全问题在很短的时间内就可能扩散到世界各个地方，世界各国应当在食品安全监管体制、政策法规、行政监管、技术监督、信息交流、能力建设等多个领域积极开展交流与合作。必须适应经济全球化和贸易自由化发展的需要，不断拓宽交流与合作的视野，在交流与合作中不断提升我国食品安全监管水平。食品安全综合协调部门要积极创造条件，牵头组织食品安全管理人员和专家参与国际组织和外国各类食品安全技术培训、研讨、交流等活动，同时欢迎和邀请国外食品安全官员和技术专家来访培训交流；要积极组织开展国际双边、多边食品安全技术培训和交流项目，如食品安全标准制定、食品检验检测技术创新，从而加快我国食品安全技术支撑体系的建设。

二是建立合作沟通机制。为深入推进国际合作战略，我国应当不断完善与其他国家的食品安全合作沟通机制，强化国家间磋商和合作，共同探讨解决存在的食品安全问题，努力消除食品贸易壁垒。特别是要通过开展食品安全国际合作，通过开展坦诚对话与双边、多边合作，签订合作协议和备忘录，确立进出口食品贸易伙伴国家或者地区的长效合作机制，消解日益抬头的贸易问题政治化和贸易保护主义对我国食品贸易的干扰。

三是推动研究成果共享。这一要求的主要目的是达到监测网络数据共享，风险评估结果共享，最终达到标准互认、消除食品国际贸易壁垒的目的，以降低各国在食品安全监管方面的行政成本，提升预警能力。食品安全综合协调部门既要加强政府间的食品安全信息互通，又要推进各国间民间信息交流与跨地区的监督。加强国家间食品安全风险管理信息交流机制建设，促进国家间食品安全风险交流人员、风险管理人员和相关利益者的相互沟通和交流；建立国家间食品安全风险管理信息及时通报和共商机制以及食品安全相关数据的官方和专家共享系统，逐步实现食品安全管理的一致行动。

附录　图说食品药品安全治理①

食品药品安全问题是全社会共同关注的基本民生问题，也是全世界共同关注的重大社会问题。大道可以至简，至简方为大道。

对于食品药品安全这个科学性、专业性、实践性较强的话题，可以用几幅简单明了的图案来阐释安全、风险、责任、共治的深刻内涵。

一、高脚杯——守住食药安全底线

高脚杯，因杯托上立着一只细长的脚而得名。高脚杯由杯口、杯肚、杯茎、杯座4个部分组成。据说，高脚的设计在于避免手温影响红酒的温度，从而更好地保持酒的品质和口感。高脚杯，从构思、设计到吹制的整个过程，都融入了创作者对红酒的独特见解和深刻感悟。

诗人宁静知远写过一首《红酒醉了高脚杯》："钴蓝的脚醉了，伴你嫣然，缓转悠然；溢彩的肩醉了，与你同梦，回蓝桥的那边；最宽阔的胸膛也醉了，流转中流连，终留不住永久的红颜；那一抹酡红也醉了，甜美了酸涩，只为融化在那片唇吻间。"在这首诗里，不知诗人是"醉"了酒，还是"醉"了杯。

健康是促进人全面发展的必然要求。随着人们生活从温饱型向小康型、享受型转变，全社会对健康问题的关注越来越高，对食品药品安全问题的关注也越来越强烈。食品药品安全问题是公众最关心、最直接、最现实的问题。关注食品药品安全问题，就是关注人类的生存和发展，就是关注自身的健康与幸福。

食品药品是人类社会赖以生存和发展的重要物质资料。在人类社会的早期，生存

---

① 徐景和、王春梅（首席舆情分析师）："图说食品药品安全治理"，载《中国医药报》2017年5月22日。

条件恶劣，劳动工具有限，食品药品生产十分艰辛。那时，人们普遍对食品药品心怀感激，对食品药品安全心存敬畏。食品药品安全事关百姓的命，自然也就成为百姓心中的天。

如果说，这支精美的高脚杯中装满芳香的“红酒”就是食品药品，那么，它也同时装满了众多利益相关者的利益。如企业可以通过生产销售产品获得利益；政府可以通过征收税款获得财政收入；检验、认证机构可以通过提供检验、认证服务获得检验、认证费；行业协会可以通过提供行业服务扩大行业影响；消费者可以通过使用或者消费获得营养和健康。安全是什么？安全就是这支高脚杯的杯茎。杯茎如果断裂，芳香的红酒就会飞溅而出，所有利益相关者的利益就会荡然无存。所以，必须深刻地认识到，安全是所有利益相关者共同的利益基础，安全也理应成为所有利益相关者共同的价值追求。保障食品药品安全所有利益相关者的利益，就必须精心呵护食品药品安全。

根据消费者与厂商的信息对称情况，经济学家将产品分为搜寻品、经验品和信任品。对于搜寻品，消费者在购买之时就可以知道其质量；对于经验品，消费者往往在产品消费后才知道其质量；而对于信任品，消费者在产品消费后也难以知道其质量。食品药品基本属于信任品，这就决定了“安全”对于消费者健康的极端重要性；“安全”是食品药品生产经营必须坚守的底线。

二、太极图——安全风险对立统一

《百度百科》对“太极”有着精彩的解说——太：初始、宗源、无上；极：最端之位、结构之元；太极的字面含义：最高级、最标准、最完美之义；太极的真实含义：事物存在与运动的机理，以旋机为运动形式，以圆融为运动品质。

太极图是图式最简单而内涵最丰富、造型最完美的图案。古今中外没有哪个图案有如此深刻的内涵，它可以概括宇宙、生命、物质、能量、运动、结构等内容，可以揭示宇宙、生命、物质的起源。太极图有七大含义：结构、规则、玄机、均衡、圆融、变易和方向。

为了更好地认知这多彩多姿的世界，人类对世界进行了抽象与分割。当这种抽象与分割从金、木、水、火、土“五分法”演进到阴、阳“二分法”时，世界就变得更加简单，认识就变得更加深刻，视野就变得更加开阔。

人类对于食品药品安全的认识经历了漫长而曲折的过程。神农尝百草，一个

“尝”字，道尽无尽艰辛。在食品药品安全探索的道路上，人类找到了风险治理理论，恰似马克思找到了资本主义社会最普遍的现象“商品”那样，从此便一切豁然开朗了。

反者道之动。对立统一规律告诫我们，安全与风险，对立统一、相克相生、此消彼长。只有在安全与风险的“对立”中研究食品药品安全，才能掌握食品药品安全的奥秘；只有在安全与风险的“统一”中研究食品药品安全，才能掌握食品药品安全的真谛。知己知彼，百战不殆。保障食品药品安全，必须有效防控食品药品风险。

今天，风险治理已成为研究食品药品安全问题的逻辑支点和理论基石。风险治理理论的提出，在食品药品安全发展史上具有里程碑、转折点和划时代的重大意义。它标志着人类已占据了破解食品药品安全问题的切入点、着力点和制高点，食品药品安全的治理正在从经验治理向科学治理、从传统治理向现代治理快速转变。今天，我们正在进行着一场极不平凡的历史性跨越。

风险无处不在、无时不有，但风险有轻有重、有缓有急，对食品药品安全风险必须进行分类治理、全程治理、专业治理、能动治理、社会治理、持续治理、递进治理、智慧治理等。这是人类经历了无数探索与实践总结出来的现代治理艺术。

今天的平安无事，绝不意味着明天的万事大吉；今天的平安无事，恰恰告诉我们，风险正在向我们悄悄逼近。自然风险固然可忧，但麻痹和懈怠等管理风险更为可怕。从事食品药品安全治理，必须牢固树立风险意识，居安思危，警钟长鸣。

三、河流——推进全程流域治理

河流是地球生命的重要组成部分。河流孕育了生命，也孕育了文化。较大的河流被称为江、河、川等；较小的河流被称为溪、涧、曲等。每条河流都有河源和河口。河源是河流的发源地，河口是河流的终点。河之美，在于九曲回转；河之韵，在于奔腾不息。千百年来，不知有多少文人墨客将满腔诗情倾注于大江大河，浓墨重彩地描绘它、赞美它。

李白的《将进酒》：“君不见，黄河之水天上来，奔流到海不复还”；杜甫的《登高》：“无边落木萧萧下，不尽长江滚滚来”；杨慎的《临江仙》：“滚滚长江东逝水，浪花淘尽英雄”；苏轼的《念奴娇·赤壁怀古》：“大江东去，浪淘尽，千古风流人物”，所有这些都给人们留下了无尽遐想。

根据水文和河谷地形特性，每一条河流都可以分为上游、中游和下游。食品药品的研制、生产、流通和使用，恰似一条奔腾不息的河流。

千丈之堤，以蝼蚁之穴溃；百尺之室，以突隙之烟焚。保障食品药品安全，必须

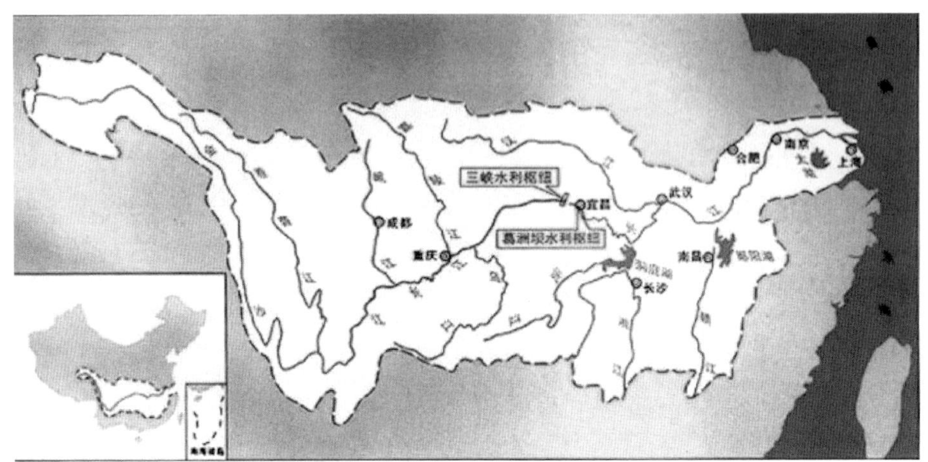

（此图仅为示意）

严把从农田到餐桌、从实验室到医院的全过程。为了最大限度地保护消费者，必须将全程治理理念深深嵌入到食品药品安全保障全过程。如果仅仅在最后阶段采用检验、下架、召回、退市等手段，是无法对消费者提供充分有效的保障的，而且这也违背了市场经济奉行的经济原则。必须密切关注食品药品产业链、价值链、利益链、风险链、责任链，避免因某一链条的缺陷导致体系的崩溃。同时，要保持各链条间的密切联系，防止因出现断档而产生治理盲点和盲区。

食品药品生产经营可以分为若干环节，每一个环节都有其源头，上一环节的末端就是下一环节的源头。只有从源头开始把关，才能最大限度地减少风险的传播。分段生产经营绝不意味着该企业只对该环节存在的风险承担责任。事实上，该企业应当对源于该环节的风险承担全程控制的责任。

如果说，食品药品安全全程治理恰似河流治理，那么，仅仅把控河流的“主航道”是远远不够的。因为许多暗渠和支流在向主航道中排污。要使河清江澄，必须从河流的“主航道”治理转变为河流的“全流域”治理，以更宽广的视野构建食品药品安全社会共治的大格局。

四、车轮——构建社会共治格局

轮子是人类较为古老的发明。最早使用轮子的民族可能是最聪明的民族。轮子，不仅因其“圆”而完美，更因其“动”而多彩。

唐代大诗人杜甫在《兵车行》中开篇道：“车辚辚，马萧萧，行人弓箭各在腰。”隆隆的战车，仿佛就在眼前。岳飞《满江红》中“驾长车，踏破贺兰山缺”，抒发了重整山河的万丈豪情。车轮滚滚，不仅缩短了人们由此地到彼地的时间，更加速了人类文明的进程。

现代的车轮是由轮胎、轮辋与轮辐构成的一个整体，每一部分都不可或缺，恰似食品药品研制、生产、流通、使用的社会化大生产全过程。

联合国粮农组织和世界卫生组织在《保障食品的安全和质量：强化国家食品控制体系指南》中强调指出：当一国主管部门准备建立、更新、强化或在某些方面改革食品控制体系时，该部门必须充分考虑加强食品控制活动基础的若干原则及其意义。其中之一就是“充分认识食品控制人人有责，需要所有的利益相关者积极合作”。

从全球角度来看，食品药品安全问题具有多样性、广泛性、复杂性、叠加性、高发性等特征，而作为最大的发展中国家，我国食品药品安全面临的问题更复杂、更敏感、更艰巨、更急迫，必须组织和动员全社会力量积极参与食品药品安全治理，推动建立新型治理关系，实现食品药品安全的社会共治。

在新时期，食品药品安全关系已不再仅仅是政府与企业之间命令与服从的简单线性关系，而是企业、政府、社会之间互助与互动的复杂网状关系。这种特殊结构正不断塑造着各利益相关者间平等、合作、伙伴的新型关系，构造互动、互助、互利的新型格局。因此，必须加快构建企业负责、政府监管、行业自律、部门协同、公众参与、社会监督、法治保障的食品药品安全社会共治大格局。在食品药品研制、生产、流通、使用过程中，任何一个环节或者一个端点出现问题，就像车轮的某一处被扎破一样，必须立即停下来进行修补，否则就可能车毁人亡。

车轮的内胎充满了气体，如同市场环境。在这个空间里，只要诚实守信、遵法守规，企业就可以自由生产与经营，这是民法构建的第一秩序。为了防止内胎爆裂，须在内胎的外面加上外胎，这是经济法对民事法律关系的再调整、再保护。同时，为了强化轮胎的承受能力，政府会综合运用多个调控手段“辐条”进行再强化、再保障。如果说整个“车轮”就是一个食品药品安全的命运共同体，那么，所有的“辐条”就是食品药品安全的利益相关者。没有利益相关者的着力支撑，车轮则难以承受货物之重。

五、秋千——建立统一权威体制

在木架或者铁架两边悬挂绳索，下拴横板。人在板上或站或坐，两手握绳，利用蹬板的力量，身躯前后向空中摆动。秋千这种由中国古代北方少数民族创造的运动，在春秋时期传入中原地区，并很快流行起来。事实上，秋千的起源可以追溯到更早的远古时代，人们为了获得高处的食物，在攀登中创造了荡秋千的活动。

“法，国之权衡也，时之准绳也。权衡所以定轻重，准绳所以正曲直。”秋千是一种在平衡中创造美感、获得愉悦的运动，其前提是要确定轻重、校正曲直。当前，我国食品药品监管已经跨入统一监管的新时代，“荡”好食品药品安全治理的“秋千”，必须恪守法律准绳，懂得权衡之道。

新世纪以来，我国食品药品监管体制在不断改革与探索中。党的十八大提出建立统一权威的食品药品监管体制。从多元监管体制到统一监管体制，这是时代发展的必然和人民选择的必然。

所谓统一，包括法律统一、标准统一、体系统一、形象统一、文化统一；所谓权威，包括科学监管、专业队伍、技术监督、严格执法、廉洁自律。

食品药品安全的统一监管，绝不意味着食品药品监管部门可以包打天下。食品药品安全的风险来源具有社会性、风险危害具有社会性、风险应对具有社会性，保障食品药品安全必须实行多兵种联合作战，必须实行全社会协同共治。

过去，多部门在食品安全领域一起荡“秋千”。由于缺乏统一指挥，尽管各自用力，但彼此间缺乏协调，“秋千”自然荡得不高。后来，设立了食品安全办，负责“吹口哨”，加大统一协调力度。食品安全办不仅是协调者，也是督办者。这时，“秋千”能否荡得高呢？这主要取决于两点：一是“口哨”是否吹得清脆而响亮；二是荡“秋千”者是否真正投入而卖力。时代和使命要求，食品安全办应有更强的力量和更大的作为！

此时，还有一个问题不可忘记，那就是“秋千”的两条绳索是否足够长？在食品药品安全领域，这两条绳索就是产业发展水平和诚信发育水平。全面提升我们食品药品安全水平，必须付出持久而艰苦的努力，加快提升产业发展和诚信发育水平。

历史的经验证明，只有建立统一权威的食品药品监管体制，才能真正有效保障公众饮食用药安全，这也是世界食品药品监管改革的首要目标。

六、拼图——打造统一治理平台

世界本来是完整的，分割往往是人为的，就像一整张图片被人为切割成一片片拼图。倘若忽视其完整性、整体性和系统性，单打独斗，就会形成力量孤岛。只有通过融合互联，将“碎片化”的拼图予以连接、激活，才能实现协同共赢。

农业社会属于自然经济时代，工业社会属于市场经济时代，信息社会属于共享经济时代。封闭排斥，意味着僵化和停滞；开放包容，孕育着力量和希望。

研究食品药品安全治理，有两个重要概念：一是“理念”，二是“机制”。理念决定方向，法制决定轨道，体制决定格局，机制决定动力，方式决定效能。

在食品药品安全领域，机制有两种含义：一是工作载体或者工作平台，如综合协调机制，这种意义上的机制可以称为表层机制，其主要功能是整合治理资源、增强治理合力。二是运行机理或者运行动力，如信用奖惩机制，这种意义上的机制可以称为深层机制，其主要功能为落实治理责任、激发治理活力。

人们常常容易将制度和机制混为一谈。举例说，2009 年版的《食品安全法》规定了食品安全举报制度。当时，很多人建议对查证属实的举报行为给予一定的奖励。当时由于某些原因，举报“有奖”的目标未能实现。

后来《食品安全法》在修订时，人们再次提出对举报人给予一定的奖励，这一建议得到了各方面的普遍赞成。食品安全举报是个制度，有奖则是这个制度有效运行起来的机制。所以说，机制是使纸面上的法律转化为行动中的法律的有效方式。

只有材料，没有结构，便无功能。为克服食品药品治理的“碎片化”，多年来，食品药品监管部门致力于打造统一的治理平台，如综合协调、区域协作、全程监管、资源整合、信息共享、应急处理和案件移送等机制。

体制、法制往往具有统一、稳定的优点，但也有固化、僵化的不足。由于灵活性和适应性强，机制可以在一定程度上弥补体制、法制的缺陷。此外，机制运行的效果也可以在一定程度上检验体制和法制的设计是否科学、合理。从这个意义上讲，机制犹如一双无形之手，也可以对体制、法制进行纠偏，让被人为分割的拼图完美契合，浑然一体。

七、奔牛——激发社会创造活力

著名物理学家阿基米德曾说过：“给我一个支点和杠杆，我可以撬动整个地球。”这个“支点和杠杆”是表层意义上的机制。而“老牛亦解韶光贵，不待扬鞭自奋蹄”，能够激发“老牛”锐意进取、奋发作为的动力，就是深层意义上的机制。

“勿言牛老行苦迟，我今八十耕犹力”“横眉冷对千夫指，俯首甘为孺子牛”“老牛亦解韶光贵，不待扬鞭自奋蹄”……牛在农耕文化中具有重要地位。它不仅是重要的生产工具，还是人类的亲密伙伴。人们把具有开拓精神的人誉为“拓荒牛”；把吃苦耐劳的人叫作“老黄牛”；把年轻而有闯劲的人称作“初生牛犊”，可见“牛”在人们心目中的美好形象。

上文所述的机制，似乎是个抽象的概念，其实它就是使行为人自己想做事、愿做事、肯做事的各种动力或者压力。马克思指出，人们奋斗所争取的一切，都同他们的利益有关。霍尔巴赫指出，利益是人类行动的一切动力。机制，就是利益、地位、待遇、前途、形象、命运等使人们感觉到有“奔头”的一切措施。

机制就像一个魔棒，拨动了人们心中的琴弦，演绎出无数精彩的华章。多年来，食品药品监管部门解放思想，积极探索，创造了综合评价、典型示范、绩效考核、有奖举报、贡献褒奖、信用奖惩、分类监管、量化分级、能力评价、信息公开、责任连带、责任约谈、责任追究等机制，激活了政府、企业、行业、社会、媒体等各方面的积极性和创造性，开创了食品药品安全社会共治的新局面。

食品药品安全治理是一幅充满智慧和力量、凝聚奉献和创造的画卷。随着社会的发展和时代的进步，这幅画卷正在向世人徐徐打开：国际化视野，社会化思维，专业化队伍，信息化手段，科学化管理，法治化方式，现代化治理……更多精美的画卷正在等待着食品药品监管者以及全社会的共同编织。

内容提要

abstract

本书从综合、理念、体制、法制、机制、思维、战略等方面论述了食品安全治理创新的实现途径和基本手段。全书共分七章，第一章为综合创新篇，包括迎接食品安全治理的新时代、科学把握食品安全的概念与发展趋势、积极探索我国食品安全监管理论体系等内容；第二章为理念创新篇，包括坚守现代食品药品安全治理理念、深化食品药品安全风险治理认识等内容；第三章为体制创新篇，包括完善统一权威的食品药品监管体制、新世纪食品安全监管体制历史沿革、健康产品安全统一监管的历史必然等内容；第四章为法制创新篇，包括全力解决食品安全法制失灵、完善食品安全法律制度、食品立法模式选择及其影响等内容；第五章为机制创新篇，包括创新食品安全治理机制、食品安全追溯体系建设、食品安全具体机制创新等内容；第六章为思维创新篇，介绍创新食品安全治理思维；第七章为战略创新篇，介绍创新食品安全治理战略。

本书可供从事食品安全研究的政府、高校、研究机构的专业人员借鉴学习，也可作为高等院校相关专业的参考用书。